中国学术思想史

中国法思想史新编

马小红 著

南京大学出版社

南京大学人文社会科学"九八五工程"重大项目
中 共 江 苏 省 委 宣 传 部
资 助 出 版

中国学术思想史
- 学术与出版委员会 -

主　任：朱庆葆
副主任：夏维中　金鑫荣
（以下按姓氏笔画排序）
委　员：王　宁　朱庆葆　刘笑敢　江晓原　许苏民　汪荣祖
　　　　张中秋　范金民　金鑫荣　洪修平　莫砺锋　夏维中
　　　　黄朴民　黄俊杰　熊月之　瞿林东
办公室：赵　芳

主　编：蒋广学
副主编：许苏民　周　群　金鑫荣　夏维中（常务）

目 录

前言 中国法思想史研究的应有之义 / 1
  (一)"中国法思想史"研究之定位 / 1
  (二)学科研究视角下的"中国法思想史" / 6
  (三)"中国法思想史"研究之反思 / 9

一 神权法时代与天之信念 / 13
  (一)将法视为"神"的产物是不同地域文明伊始的共同点 / 16
  (二)神权法时代法思想的主要内容与特点 / 20
  (三)春秋战国诸子有关"天命"思想的继承与改造 / 38
  (四)中国社会的"天治主义"与天之信念 / 52

二 先秦儒家以人性善为基础的法律理想主义 / 56
  (一)先秦儒家法思想的特点 / 56
  (二)儒家的代表人物 / 60
  (三)孔子对法的论述 / 67
  (四)孟子与荀子对孔子法思想的发展 / 76
  (五)儒家礼治、德治、人治思想的分析 / 93
  (六)先秦儒家法思想中改良理论的分析 / 105

三 法家以人性"好利恶害"为基础的法律工具主义 / 111
  (一)法家法思想的特点 / 111
  (二)法家的代表人物 / 116
  (三)法家的法治理论与韩非对法家的总结 / 126

（四）法家与儒家的博弈／142

四 以道家与黄老学派为中心的法律自然主义／155
（一）法律自然主义的定义与特点／156
（二）道家的"纯自然主义"法思想／163
（三）阴阳家的"神秘自然主义"及其法思想／169
（四）黄老学派的法思想／172
（五）以儒家为本的主流思想中的法律自然主义／178

五 以儒家为本的主流法思想与"法律现实主义"／191
（一）"主义"辨正与主流法思想的特点／191
（二）汉武帝时期主流法思想的形成与内容／200
（三）魏晋时期的律学对主流法思想的深化／211
（四）隋唐时期主流法思想的法典化／220
（五）宋明之际主流法思想的僵化与衰败／228
（六）"主流法思想僵化"之分析／243

六 主流法思想的地位与非主流法思想的发展／245
（一）汉中期后主流法思想的普及／246
（二）有关法律问题的探讨与争论／267
（三）非主流法思想的发展／283

七 主流法思想主导地位的终结／296
（一）明末清初启蒙思想家出现的历史背景／297
（二）黄宗羲的法思想／303
（三）王夫之对传统"法治"思想的改造／310
（四）启蒙思想家的历史地位／317
（五）改良、立宪思潮与主流法思想主导地位的终结／322

附录
一 中国传统法中的"和谐"观／339
（一）"和谐"与"乐"——和谐原义／339
（二）"礼乐政刑,其极一也"——和谐理念的发展／343
（三）"法之不可犯,不若礼之不可逾"——古代法律体系对和谐理念的体现／347

（四）古今法理念的连接 / 352

二　中国古代的"权力"理念 / 356
（一）问题的提出："定义"中国古代社会的性质 / 356
（二）中西不同的权力理念源于对人性认识的差异 / 361
（三）结语：中国古代是一个"混合政体" / 366

三　价值观与法律的关系 / 369
（一）价值观与法律的表达 / 370
（二）价值观与法律的实际运作 / 375
（三）价值观与法律关系的思考 / 378
（四）结语 / 380

四　律、律义与中华法系关系之研究 / 382
（一）律与中华法系的概念 / 383
（二）律学：律义的阐释由法而儒的转变 / 390
（三）礼的拟制：律制日益简约，律义日益深邃 / 397
（四）对本文开篇提出问题的解答 / 403

参考文献 / 404

主要人名索引 / 411

重要流派索引 / 414

重要名词及内容索引 / 416

前 言

中国法思想史研究的应有之义

在近两三年《中国法思想史新编》的撰写过程中,我不由得对前人学术思想史的研究成果格外关注,有许多著作置于床头、案上,每有闲暇或写作间隙,便会翻阅。读这些书的目的,在于用心体会"中国学术思想史"这一系统性课题的主旨,寻找自己的研究视角与"中国法思想史"研究的应有之义,希望能在前人研究的基础上,有所斩获。

(一)"中国法思想史"研究之定位

通过大量的浏览阅读,我认为学术思想史的研究有三种视角:

一是原汁原味地描述先哲的思想及其传承,理解务求其深,陈述务求其真。比如东方出版社(北京)1996年重印的"民国学术经典文库"之"思想史类"丛书中的杨东莼著《中国学术史讲话》、顾颉刚著《汉代学术史话》、陈钟凡著《两宋思想史评述》、嵇文甫著《晚明思想史论》;中华书局(北京)1989年出版的梁启超著《饮冰室合集·专集》之《老子哲学》、《孔子》、《墨子学说》、《墨子学案》等。

二是以现代的学术研究方法,阐释以往的思想,以今释古。目前有关成果大部分属于此类。如中华书局(北京)1989年出版的梁启超《饮冰室合集·专集》之《清代学术概论》、《先秦政治思想史》;华东师范大学出版社(上海)1995年出版的章太炎著《国学讲演录》;商务印书馆(北京)1997年出版的钱穆著《中国近三百年学术史》;人民出版社(北京)1995年出版的侯外庐、赵纪彬、杜国庠著《中国思想通史》;安徽文艺出版社(合肥)1999年出版的李泽厚著《中国思想史论》,复旦大学出版社(上海)2001年出版的葛兆光著《中国思想史》等。

三是为我所用,借评论古人的学术思想而阐述自己的观点、主张。如广西师范大学出版社（桂林）2006年出版的傅斯年著《中国古代思想与学术十论》；三联书店（北京）1949年出版的吕振羽著《中国政治思想史》；上海古籍出版社（上海）1998年出版的朱维铮导读、梁启超撰《清代学术概论》；上海复旦大学出版社（上海）2001年出版的蔡尚思著《中国思想研究法》；三联书店（北京）2005年出版的钱穆著《中国思想通俗讲话》等。

  以上三种视角，并无截然的划分，在陈述古人思想及学术传承时，作者难免会阐发自己的观点，会与近代以来形成的学科相联系。这三种视角更无优劣之分，卓有见解的著作往往三种视角兼具，只是偏重不同而已。因此，无论是从传统学术思想原本的客观出发，还是从现代学科角度的分析以及阐述个人主张的立场出发，都不免以"思往事以知来者"为目的。正如梁漱溟所言：

  "说我今日见解思想，一切产生于问题刺激，行动反应之间，自是不错。然却须知，尽受逼于现实之下，劳攘于现实之中，是产不出什么深刻见解思想的；还要超出其外，静心以观之，才行。"①

  近代以来的思想大家在研究以往的学术思想时，无不纵观古今，以求得学术上的真实及现实与未来的价值。

  如梁启超言：

  "历史的目的在将过去的真事实，予以新意义或新价值，以供现代人活动之资鉴。"②

  如冯友兰言：

---

① 梁漱溟著《中国文化要义》，上海：世纪出版集团，上海人民出版社，2011年版，第5页。凡以下引用本书者，只注页码。

② 《饮冰室合集》第12册，《专集之九九·中国历史研究法》（补编），北京：中华书局，1936年初版，1989重印，第5页。凡以下引用本书者，只注页码。

"忆往思,述旧闻,怀古人,望来者。"①

如梁漱溟言:

"认识老中国,建设新中国。"②

学习、深思前辈思想家、学者研究中国传统学术思想史之论,目的在于寻找"中国法思想史"研究的定位,在于寻求"中国传统法思想史"研究的应有之义。

我认为,作为"中国学术思想史"丛书中的一本,"中国法思想史"的主要视角应该是从现代法学的视角出发,分析中国历史上的思想家、学派、思潮有关"法"的论述与传承。这就涉及了中国古代究竟是否有"法学"以及"法"的概念问题。

中国古代是否有"法学"? 类似这样的问题,是近代以来不同学科的研究中所遇到的普遍问题,比如,中国古代有没有"史学",有没有"哲学",有没有"经济学",等等。这种问题出现的原因在于,古今、中西学界研究问题的方法与视角有所不同。"学科"的概念以及分类的研究方法来自西方。虽然西方古代社会中也没有近代"学科"的划分,但分科研究自亚里士多德便开始了。柏拉图《理想国》中译本的译者郭斌和、张竹明认为:

"柏拉图的学问可称为综合性的;亚里士多德的学问则可称为分科性的。亚里士多德的著作大致分为九种:① 逻辑学、② 物理学、③ 心理学、④ 生物学、⑤ 形而上学、⑥ 伦理学、⑦ 政治学、⑧ 修辞学、⑨ 诗学。"③

"分科性"研究是中国古代学术思想中不曾有的,不独法学,史学也是如此。如马克斯·韦伯言:

---

① 冯友兰著《三松堂全集》(第一卷),"三松堂自序",郑州:河南人民出版社,1985年版,第1页。凡以下引用本书者,只注页码。
② 梁漱溟著《中国文化要义》,"重印《中国文化要义》自序"。
③ [古希腊]柏拉图著,郭斌和、张竹明译《理想国》,"译者引言",北京:商务印书馆,2002年版,第iv-v页。凡以下引用本书者,只注页码。

"高度发达的中国历史学唯独缺少修昔底德斯的研究方法。""无论印度的各种启示或近东的各种编集成典,内容广博的法律或印度和其他国家的法律书籍,都缺乏严格系统化的思想形式;而这种思想形式对于罗马法以及受它影响的西方法律的理性法学都是不可缺少的。"①

近代"学科"的研究方法正是发源于古希腊学术研究的"分科"传统。所以如果从研究方法考察,应该承认中国古代是没有"法学"的。即使现在学界常常提起、并常以之与西方法学相比拟的"律学",实际上也只是"经学"的副产品。

中国古人将"学问"以及研究这些学问的论著,划分为经、史、子、集四部(或四类)。除"集"部偏重于文学,经、史、子可以说都是"综合性"的学问。②类似现在"法学"方面的内容,散见于经、史、子各部书籍之中,比如有关法的主流思想、原则为经学所囊括;法律经验的总结与教训为史学所囊括;有关法的主张与争论为子学所囊括。如果与现代法学类比的话,"经"阐述了法的应有之义;"史"总结了历代立法司法的沿革及经验教训;"子"则为思想家、学者对"经"中所主张的法律原则的阐释以及各自的法律主张。因此,尽管中国古代没有现代意义上的"法学",但法学因素的存在却自不待言。如果用现代法学的概念来归纳、分析中国古代的法思想,那么经、史、子当中都存在大量的史料。

法学如是,"法"概念也如是。如果用现代法的概念,研究中国古代法,那么反映经学思想的"礼"也须纳入其中。首先,为现代社会所公认的"法",有两部分基本的内容,即法治与法制。法治,主要言法的主流价值观,也就是法的精神之所在,即法应该是公正、平等、正义的,等等。法制,主要言法的类

---

① 黄宪起、张晓琳译《韦伯文集:文明的历史脚步》,上海:三联书店,1997年版,第2页。

② 经,主要指儒家的经典,包括识字、解字、句读的"小学"之学与阐述修身、齐家、治国、平天下的"大学"之道。儒家经典所倡导的人伦秩序与道德,在汉之后始终是统治者提倡、社会公认的主流价值观。《四库全书·经部总叙》言"经"的作用为"垂型万世"。史,为历史的记载与评述,分为官修正史、诏令、时令、别史、杂史、地理沿革、政书、史评等类。子,是中国古代对著书立说而名扬于世之人的尊称。所以子类书籍是经书之外的思想家、政治家、学者的论著,《四库全书·子部总叙》言"自六经以外立说者,皆子书也。"集,以屈原《楚辞》为最古,后世诗词歌赋及评论皆归类于集中。

型、体系、制度、规范与实施保障。其次,就中国古代社会而言,"法"字的含义主要指的是法制。而法的精神、立法司法的指导思想、社会主流的价值观则称之为"礼",礼的主旨是维护儒家经典所提倡的人伦道德。所以,古今比较的话,古代的"法"字相当于现代的"法制",而古代的"礼"字则相当于现代的"法治"。再次,从字义内涵的演变看,古代的礼与法,在近代社会中恰好走过了相反的道路,"法"字的内涵随着社会的发展而不断扩容,其将古代社会中礼的有关部分(法律精神与原则)纳入其中,称为法治。而"礼"的字义则随着近代社会的发展,退出文化的核心地位,内涵不断萎缩。在古代社会内涵深广、被誉为中华文明之标志的礼,在现代社会中却仅被理解为发自风俗习惯的举止规范,如"礼貌"、"礼仪"等等。所以,以扩容了的近代"法"字字义,研究中国古代的法,作为法的精神及主流价值观之所在的礼,自然应该被纳入研究范畴。尤其学术思想史的研究,经与礼更应该被作为重点,因为它相当于现代社会中的"法治",是社会的主导或主流价值观。

思想偏重观点,学术偏重传承。从观点与传承两个方面考察,我认为,一方面,就内容而言,在中国历史上影响持久广泛的神权法思想(包括三代为政思想及儒家、墨家、阴阳家有关论述)、儒家思想、道家思想、法家思想、以儒家为本的主流思想都应该纳入研究范围中。另一方面,就研究方法而言,研究视角的确定应该是"法学"的,即在基本史实的基础上,对古代以至近代不同历史时期的思想家、学派的法律主张及其传承做出现代法学的阐释。正是基于这样的视角和对历史资料的认识,笔者冒昧采用了"主义"这一近代才出现的词汇来归纳中国古代思想家、学派有关法的主张并为之"定性"。如先秦儒家的法律理想主义、法家的法律工具主义、道家与黄老学派的法律自然主义、主流思想的法律现实主义,等等。①

---

① 这种定性在前人的研究中也出现过。比如,梁启超《先秦政治思想史》从政治学的角度将夏、商、西周的学术思想定位为"天治主义",参见《饮冰室合集》第9册,《专集之五十》,第19—22页。在《中国法理学发达史论》中将儒家定位为"礼治主义"、道家定位为"放任主义"、法家定位为"法治主义",参见《饮冰室合集》第2册,《文集之十五》,第88—94页。冯友兰从哲学角度将道家定位为"浪漫派",将朱杨定位为"快乐派"、将墨家定位为"功利派",参见冯友兰著《人生哲学》,收录于《三松堂全集》(第一卷)。

梳理历史上不同学派的法律主张及其传承，以现代法学研究的方法及视角为其定性，我想这应该是"中国法思想史"研究的应有之义。

（二）学科研究视角下的"中国法思想史"

以学科的视角研究中国古代社会，不免会感到中国古代社会的诸多方面存在缺陷。但应该引起我们警惕的是：在古代社会体系中，原本合理且并行不悖的思想、学术、教化、制度等，是在学科的透视下才显出不足与落后的。我们应该清楚，这种不足与落后一是因为学科的视角本身有所欠缺而造成的；二是因为是相对于近现代社会发展而言的。1997年，我在《中国古代社会的法律观》中曾说：

> "中国传统文化融会贯通，传统法律是整个传统文化的一个有机组成部分。而中国传统文化的突出特点即整体的和谐与局部的缺陷。用今人的眼光来评判分析传统文化的某一部分，都会给人以缺憾的感觉，如宗教、哲学、科技、法律等。但若将这些有缺憾的个体放到或融合到整个传统文化中去加以考察，它们所处的地位却又恰如其分。局部的缺乏换来了整体的和谐，这也许可以称为'合理的缺陷'。"①

在近年的研究中，我又认识到，这种"合理的缺陷"来自社会发展、观念的转变，尤其来自不同于以往的"学问"（学术）研究方法的转变。为此，在2004年出版的《礼与法：法的历史连接》②中，我区分了"古代法"与"传统法"的不同。古代法是已经静止了的过去，是已经无法改变的客观存在。而传统法则是每一个时代思想家、学者对古代法的解释。已经成为"过去"、"静止不变"的古代法，通过当代人的解释，转化成为"活"在当下社会中的传统法。因此，传统法不是静止的，而是流动的，是古代法与现实社会的连接。从这一意义上说，传统法在现实中的作用，不取决于被传承的古代法的自身，而取决于

---

① 马小红著《中国古代社会的法律观》，"后记"，郑州：大象出版社，1997年版。

② 马小红著《礼与法：法的历史连接》，第一章"'古代法'与'传统法'"，北京：北京大学出版社，2004年版。凡以下引用本书者，只注页码。

当下人们的阐释。2009年，在对中国传统法文化的继续研究中，我更进一步认识到，中国的古人已经出色地完成了历史赋予他们的使命，他们创造的文明为世界四大文明之一，就法律而言，中华法系也是世界五大法系之一。①如杨鸿烈指出的那样：中华法系"在世界五大法系中——罗马法系、英国法系、印度法系、回回法系——能独立自成一个系统，并且是日本明治维新以前法律唯一的典型。"②我们的祖先与前辈为我们留下了丰富的文化遗产，而如何运用这些文化瑰宝，取决于我们对以往的阐释，取决于我们当下对传统法的构建，"一代人有一代人的历史使命"。③我们不应当将当代法律发展中的不如人意之处推诿于古人。

以现代法学研究的视角分析古代思想家、学派对法律的论述和主张，始于清末以梁启超为代表的维新立宪派。在亘古未有的中弱西强的社会大变动中，在西方思想、制度、炮火风靡世界的国际格局下，摆在"梁启超们"面前的主要使命是效法西方、救亡图存。在西强中弱的不利环境中，对延续了数千年思想、制度的反思与批判是大势所趋，也是那一代人的历史使命。对照西方的"法"，梁启超对中国的"人治"发出这样的感叹：

"呜呼！荀卿'有治人，无治法'一言，误尽天下，遂使吾中华数千年，国为无法之国，民为无法之民。"④

---

① "法系"是近代比较法学研究中出现的概念。中国学界认为，"法系"划分最早出自日本法学家穗积陈重的研究。穗积陈重1884年在日本的《法学协会杂志》第一卷第五号（日本明治十七年三月）发表《法律五大族之说》，认为世界不同的地区，有不同的君主制度、不同的宗教信仰和不同的自然环境。而风土、宗教、民俗相类似的国家，法律制度也大致相同。由此，世界的法律可以分为五"族"，即"印度法族"、"支那法族"、"回回法族"、"英国法族"、"罗马法族"。穗积陈重关于"法族"的划分，应该是源自英国法律史学家梅因的《古代法》。在《古代法》中，梅因将不同文明的法律划分为"进步社会"（西方）的法与"静止社会"（西方以外的地区和国家）的法两类。

② 杨鸿烈著《中国法律发达史》（上），第一章"导言"，上海：上海书店，1990年版，据商务印书馆1930年版影印。

③ 参见马小红、庞朝骥等著《守望和谐的法文明》，"前言"，北京，北京大学出版社，2009年版。

④ 《饮冰室合集》第2册，《文集之一九·论立法权》，第103页。

受西方法学的影响，中国学界普遍认为中国社会的法律虽有数千年的传承，但是并不健全，甚至将古代中国径直称为"无法之国"。梁启超所处的时代，是一个弱肉强食的时代，是一个以武力论"英雄"的时代。仿效西方，完成中国法律由古代向近代的转折是当时思想先驱无奈而明智的选择。当时的国际形势也确如梁启超言——不变法则无立足于国际社会的资格：

"印度大地最古之国也，守旧不变，夷为英藩矣；突阙地跨三洲，国历千年，而守旧不变，为六大国执其权分其地矣；非洲广袤，三倍欧土，内地除沙漠一带外，皆植物饶衍，畜牧繁盛，土人不能开化，拱手以让强敌矣……"①

中国近代的变法又必然会"矫枉过正"，因为中国是一个历史文化延绵传承了五千年之久的国度，而近代变革的要求却并非内部发展需要的结果，外界压力是变法的主因。这种被专家学者称为"外源式的法制现代化"②，缺少传统法变革的基本社会条件——市场经济，因此许多人不免对变法的必要性有所质疑。更为重要的是，当时在中国人的心目中，"祖宗之法"具有天然的权威和合法性，朝廷大臣上书开篇必言"三皇五帝"、"唐尧虞舜"、"禹汤文武"。"沿袭"祖宗之法在中国人的心目中是天经地义的。若无冲决一切网罗的决心，变革的道路就无法开辟。故谭嗣同言："今日中国能闹到新旧两党流血遍地，方有复兴之望，不然则真亡种矣。"③这就是百余年前中国无法摆脱变革就要"矫枉过正"的原因。一百年前的仁人志士勇敢地承担起批判与反思的历史重任。在魏源的《海国图志》中，中国人知道了欧美不同于往日祖先们所遇到的"夷狄"；在严复、马建忠等人对西方的考察叙述中，中国人知道了"西人治国有法度"；在戊戌变法与辛亥革命的血雨腥风中，中国人逐渐了解中国落伍于世界的原因。

一代人有一代人的历史责任。如果说，百余年前那一代人的使命是以批判

---

① 《饮冰室合集》第1册，《文集之一·变法通义》，第2页。
② 参见吕世伦、姚建宗著《略论法制现代化的概念、模式和类型》，载《法制现代化研究》（第一卷），南京：南京师范大学出版社，1995年版。
③ 转引自蔡尚思、方行编《谭嗣同全集》，"编者的话"，北京：中华书局，1981年版。

来开辟中国包括中国法律近代化之路的话，那么我们今人的使命则应该是发掘和建设性的，这是我们所处的时代使然。任何现实社会中的法律发展都不可能"中断"历史。时过境迁，先辈们的奋斗使我们有了一个良好的国际环境，使我们有暇从容面对古代社会与前人所造就的法，可以对以往的法律及前人的法思想、法观念进行更深入细致的考察。更重要的是，因为我们如今可以不再以武力或国力的强弱去论文化或法文化的优劣，也可以不再以西方的法模式为唯一标准对中国古代法进行评判。继承我们先辈的勇气，而不是固守沿袭先辈们在他们所处的历史条件下所阐述的一些"观点"，与时俱进，从历史中发掘法律现代化的资源，正是我们这一代人的历史使命，这也是百余年前先辈们的期望。

当然，批判与继承在任何时代都不是截然分离的，通过对近代法思想史研究的考察，我们应该清楚的是：在"中国法思想史"的研究中、在一切学术史的研究中，反省、批判是应有之义，继承、弘扬也是应有之义。

(三)"中国法思想史"研究之反思

以现代法学的视角研究中国历史上曾经出现过的思想家、学派的法思想与主张，方法论的反思是一个绕不开的话题。1918年，傅斯年一气列举了中国古代学术思想界的七大基本谬误，痛斥一些学者对学术追求真理之目的的淡化，而以学术迎合政治、社会，甚至帮派的需要；痛斥学界的一些人不以学术为使命，而人云亦云，若乌合之众，毫无思想观点，毫无理念可言；痛斥借"致用"之名，将学术视为手段，处处迎合，不以为耻，反以为荣的行为。① 一言以蔽之，学术

---

① 参见傅斯年著《中国古代思想与学术十论》，桂林：广西师范大学出版社，2006年版，第189—197页。凡以下引用本书者，省去出版地、出版社、出版年。傅斯年列出的中国古代学术思想界七大基本谬误是：一为"以学为单位者甚少，以人为单位者转多"；二为"不认个性之存在，而以为人奴隶为其神圣之天职"；三为"不认时间之存在，不察形势之转移"；四为"不解计学上分工之原理，'各思以其道易天下'"；五为"中国学人，好谈致用，其结果乃一无所用"；六为"名家之学，中土绝少，魏晋以后，全无言者；即当晚周之世，名家当途，造诣所及，远不能比德于大秦，更无论于近世欧洲。中国学术思想界之沉沦，此其一大原因"；七为"中国学术思想界中，实有一种无形而有形之空洞间架，到处应用"，"于是千篇一律，一同而无不同；惟其到处可合，故无处能切合也"。

的不独立与思想的不自由是傅斯年所列举的学术思想界谬误的根源所在。由此可见，学术的独立与思想的自由实为近代学术思想形成的基石。因此，致力于学术的独立与自由，以适应近代国际学界的发展，也是中国近代许多立志救亡图存的先进思想家和学者的追求。梁启超晚年曾反思自己不能厘清政治与学问（学术）的界限，①认为将学术作为目的而非手段，"为学问而学问"应该是从事学术研究的人必有的"学者的人格"："为学问而学问，断不以学问供学问以外之手段。故其性耿介，其志专一，虽若不周于世用，然每一时代文化之进展，必赖此等人。"②学术与政治的分野，马克斯·韦伯以"民主"为例做过很精彩的解释：

"如果是在公众集会上讲论民主，他无须隐瞒自己的态度；在这种场合，立场鲜明甚至是一个人难以推卸的责任。这里所用的词语，不是科学分析的工具，而是将其他人的政治态度争取过来的手段。它们不是为深思熟虑疏松土壤的铧犁，而是对付敌手的利剑，是战斗的工具。与此相反，如果在讲座或课堂上，以这种方式使用词句，那未免荒唐透顶。例如，如果要在课堂里讨论民主，就应当考虑民主的不同形态，分析它们的运作方式，以及为每一种形态的生活条件确定具体的结果。然后还要将它们同那些非民主的政治制度加以比较，并努力使听讲人能够找到依据他个人的最高理想确定自己立场的出发点。但是，真正的教师会保持警惕，不在讲台上以或明或暗的方式，将任何态度强加于学生。"③

傅斯年深恶痛绝的古代学术思想界的谬误，实为近代中国在国际学界丧失话语权的原因。但是，我们应该区分的是，这些在傅斯年眼中的谬误，缘于中国

---

① 梁启超曾自我反省，言："将现在学风与前辈学风相比照，令吾曹可以发现自己种种缺点。知现代学问上笼统影响凌乱肤浅等等恶现象，实我辈所造成。此等现象，非彻底改造，则学问永无独立之望。"参见朱维铮导读、梁启超撰《清代学术概论》，上海：上海古籍出版社，1998年版，第105—106页。凡以下引用本书者，只注页码。

② 朱维铮导读、梁启超撰《清代学术概论》，第105页。

③ 马克斯·韦伯著、冯克利译《政治与学术》，北京：三联书店，1998年版，第37页。

古代学术思想与近代社会的不匹配，若将这些"谬误"放回古代社会中，它们就是合理的存在。近代社会之所以要修正甚至改变古代学术思想中的一些价值观，原因在于它们与近代社会的发展不兼容。中国学术思想史的研究，既要尊重历史，同时也要尊重社会的发展。既不能将古代合理的思想视为痼疾，也不能因为有些学术思想在古代社会具有合理性就拒绝其在近代社会中所必须做出的改变。

傅斯年进一步认为，若不铲除学界谬误，不以学术为目的，就无法理解西学的真髓而处处误解。① 其实，在中国法思想史的研究中，又何尝不是如此？ 张晋藩在总结民国时期中华法系研究中存在的问题时指出，中华法系的研究

> "受政治影响较大。中华法系研究之所以成为热点是与当时的政治形势密切联系着的。民族情感凝聚的文章,备受欢迎,也鼓舞了研究者加入到这个领域中来。但是也带来了负面效应,就是将中华法系的研究当作政治思想的载体,其中有的宣扬三民主义,抵制甚至贬损其他的思想。更有甚者,还在文章中,将共产主义思想摆在了爱国主义的对立面,大有只要不信奉三民主义者,均是卖国贼的意味。这样的政治气氛实非研究之福。"②

鉴于此，我认为反思近代以来中国法史研究方法的谬误，树立"为学问而学问"的学术价值观，纠正人云亦云的浮躁学风也当是中国法思想史研究的应有之义。为此，在本书的写作过程中，笔者发表了近十篇论文，纠正以往学界由于种种原因而形成的对中国古代法律以及法思想的误解，比如，认为中国古代法律"以刑为主"、古代法律对皇权没有任何制约、古代法律的表达与实践脱节、古代法律缺乏确定性、中华法系以律为核心，等等。限于本书的体例，选择四篇放于附录之中。

---

① 参见傅斯年著《中国古代思想与学术十论》，第 196 页。其文言："操中国思想界之基本误谬，以研西土近世之科学、哲学、文学，则西方学理，顿为东方误谬所同化，数年以来，'甚嚣尘上'之政论，无不借资于泰西学者之言，严格衡之，自少数明达积学者外，能解西洋学说真趣者几希。"

② 张晋藩主编《中华法系的回顾与前瞻》，北京：中国政法大学出版社，2007 年版，第 43—44 页。

综上所述，在撰写的过程中，笔者认识到对中国法学术思想的研究，应该是以现代学术的方法总结归纳历史上出现的思想家、学派的法思想与主张，并以问题为导向研究这些思想的形成原因、历史影响以及在现实中的作用。更为重要的是，应该秉持近代社会学术独立的通则，养成"一面申自己所学，一面仍尊人所学"的良好学术风尚。这对"中国法思想史"的研究来说，也许是赋予了太高的希望和过重的学术使命，但是，学术思想史的研究，不同于一般学术研究，因为其负有解决"学术问题"与树立"学术导向"的双重意义。

最后，我想以美国"新史学派"的倡导人詹姆斯·哈特·鲁宾孙在《新史学》中对"学术思想史"内容的阐述、对"学术思想史"研究的艰难与重要意义的论述来结束本书的"前言"，希望"中国学术思想史"这套丛书的出版，能为中国学界形成"为学术而学术"、学术观点多元并存的风尚做出应有的贡献：

> "培根勋爵在他的《论学术的进展》一书里曾经说：'现在虽然有许多关于研究自然现象、政治和宗教的著作，但是总没有人专心去描写和叙述历代学术思想的概况。……一种公正的学术史，包括学术流派的起源，它们的发明和传统，它们不同的行政制度与管理制度，它们的兴盛、对峙、衰微、萧条、消沉与湮没，它们的根源和它们的起因，以及所有自古以来其他关于学术思想的大事，却是缺乏的。'……培根这话已经说过了三百多年了，但是他所指的那些缺点，今天还没有得到弥补。……因为我知道到现在为止，还没有人十分明白地要写一部学术思想史。"①

---

① [美]詹姆斯·哈特·鲁宾孙著、齐思和等译《新史学》，北京：商务印书馆，1989年版，第71—72页。

一 神权法时代与天之信念

人类文明伊始，神意主宰一切，习俗、制度、权力等的合法性无不来源于神。在这个历史发展阶段中，将法视为神明的产物是世界各个文明共有的规律。在人们的观念中，法体现了神意，法本身也因此具有了神圣性，成为共同生活在一起的人们必须遵守的规则。谁的言行违背了法，谁就触犯了神，谁就会受到最严厉的惩罚。英国法律史学家梅因认为这一时期法的特点是："法"是神意的产物，即神是立法者；而人世间的统治者"王"，只是法的执行者。① 也就是说，立法者，神也；执法者，王也。王由于是神意的执行者，所以王的权力来源于神，王权也就因此而有了神圣性、合法性，即"王权神授"。学界常常将人类社会这种最初的神明崇拜称为"原始宗教"，将这种来自神意的王权统治称为"神权法"时代。

中华文明的起源和法的形成同样也经历了这样一个时期，夏、商、西周可以说是中国的神权法时代。崇尚天意的夏是神权法的形成时期；笃信天命，信仰帝（天）、祖的商是神权法的兴盛时期；代商而起并将天命与民心相连接的周，则是神权法的动摇时期。②

---

① 关于人类文明发展的伊始时期，法是神意的体现、王不过是法的执行者这一观点，是英国法律史学家梅因总结不同地区法律起源时得出的经典观点。直到今天，这一观点一直为学界认可并在研究中被广泛引用。参见[英]梅因著、沈景一译《古代法》，北京：商务印书馆，1959年版。凡以下引用本书者，只注页码。

② 西周对商人虔诚敬帝、敬祖而亡的教训进行了总结，认为商人失败的主要原因在于失去了民众的支持，并认为神意与民意是相通的，有德并得民心是获得统治（得天下）的前提条件。故周初政治家、思想家周公为周人制定的基本国策是继续商人的"敬天"传统，而将为政的重点放在恤民、惠民的"保民"方面。对"民"的重视，保民思想的出现，无意中削弱了神对世俗社会的控制。因此，西周可以说是神权法动摇的时期。但从另一方面说，"保民"思想的提出也丰富了夏商神权法的内涵，这也是中国神权法时代的独到之处，故也可以说周公丰富完善了神权法思想，故亦有学者认为西周是神权法进一步发展时期。

问题在于，除中华文明之外的其他地区文明在经历了神权法时代后，宗教逐渐形成并发展起来：产生于公元前的佛教、产生于公元1世纪的基督教和产生于公元7世纪的伊斯兰教几乎覆盖了除中华文明圈以外的所有古文明发源地。佛教公元前3世纪被古印度孔雀王朝阿育王奉为国教；基督教4世纪末被罗马帝国宣布为国教，5至10世纪传遍欧洲；兴起于公元7世纪阿拉伯半岛的伊斯兰教，成为"联合阿拉伯人、建立统一国家的思想基础"，最终将阿拉伯"松散的部落联盟转变为真正的国家"。① 而中华文明的发展与上述国家和地区的文明发展则有很大的不同。自西周神权法动摇后，虽然在中华文明延绵数千年的发展中，神权法思想的影响始终未曾完全消失，但其自身却始终没有产生出如佛教、基督教、伊斯兰教那样的宗教，世俗社会从西周就摆脱了神的控制，"宗教"在中华文明中始终缺席。就法律而言，中华法文明从没有过像西方学者所赞扬的古罗马那样，很早就有了"法"（ius）与"神法"（fas）的区别，②也没有像中世纪的西欧那样形成有别于世俗的"教会法"，更没有像伊斯兰国家那样形成宗教教义与法律合一的"宗教法"统治。

　　宗教的缺席，对中国古代法而言，对中国社会而言，对中华文明而言，究竟是"缺陷"还是"幸事"，西方的学者也莫衷一是。英国启蒙思想家梅因认为：

> "这些东方的和西方的法典遗迹，也都明显地证明不管它们的主要性质是如何的不同，它们中间都混杂着宗教的、民事的以及仅仅是道德的各种命令。而这是和我们从其他来源所知道的古代思想完全一致的，至于把法律从道德中分离出来，把宗教从法律中分离出来，则非常明显是属于智力发展的较后阶段的事。"③

---

　　① 马克垚主编《世界文明史》（上），北京：北京大学出版社，2004年版，第318页。

　　② 参见［意］朱塞佩·格罗索著、黄风译《罗马法史》，北京：中国政法大出版社，1994年版，第96—97页。作者认为："罗马人对法的理解使他们很快将ius从宗教领域中分离出来。" "fas是神的法律，ius是人的法律（fas Lex divina, ius lex humana est）。"凡以下引用本书者，只注页码。

　　③ ［英］梅因著、沈景一译《古代法》，第10页。

梅因进一步认为,印度的法律始终处在"尚未从宗教的统治中区分出来的那个阶段",而中国的法律虽然较印度有所进步,但是神法与人法也并未就此分离,"在它(中国)的民事法律中,同时又包括了这个民族所可能想象到的一切观念。"①即道德与法律是混一的。 无疑,梅因认为除西方以外,其他地区的"神法"未能如西方那样形成独立的体系,是一种社会发展"停滞"或"静止"的表现。 但是,另一位启蒙思想的巨擘、法国思想家伏尔泰却对中国文化另有一番见地,他不认为中国是一个"无神论"的国度,更不认为中国是一个无信仰的社会。 在他的巨著《风俗论》中,每每说到中国,他都告诉人们,中国的信仰、风俗有别于西方,这种"有别",使中国社会呈现出"开明"的气象。 他告诫西方学界不可片面地用西方的价值观评价中国。 比如,他承认"中国的法律不谈死后的惩罚与褒赏;中国人不愿肯定他们所不知道的事情。 他们与一切开化的伟大民族之间的这一差别是惊人的。"②但是,伏尔泰不认为这一差别是一种法律落后或野蛮、社会停滞或静止的标志,反而认为这正是中华文明的优长之所在:

"我们应当赞扬中国人的两点长处:既谴责异教徒的迷信,也谴责基督教徒的惯常作法。中国儒生的宗教从来没有受无稽神话的糟蹋,也没有为政教之争和内战所玷污。"③

中国古代法虽一直受到神权的影响,但自西周之后的发展,就神权而言却与世界其他地区的文明有了明显的不同。 这种不同,在近代中西文化交融冲撞时引起学界的高度关注,学者对此见仁见智,争论不休。 但无论是赞是贬,谁都不否认它是中国古代法的特点。 而这一特点也在当时的学术思想中打上了深深的烙印。

---

① [英]梅因著、沈景一译《古代法》,第10页。
② [法]伏尔泰著、梁守锵译《风俗论》(上册),北京:商务印书馆,1995年版,第78页。 凡以下引用本书者,只注页码。
③ [法]伏尔泰著、梁守锵译《风俗论》(上册),第220页。

(一) 将法视为"神"的产物是不同地域文明伊始的共同点

神权法思想一般具有这样几个特征：第一，认为庇护人类的神（或天）至高无上，而国家统治权的确立，源于神意，即"王权神授"或"君权神授"。第二，法令是神的意志体现。违背法令就是违背神意。必遭到严厉制裁。王对违背神意者的处罚，是代天行事，"恭行天罚"。第三，在司法审判活动中若遇有疑难问题，须通过规定的程序，以体现神判。比如通过占卜处罚或宽恕当事人，或还当事人以清白。中国古代"灋"（法）字的组成部分"廌"，就是这样一种神判方式的反应。廌，是传说中黄帝时代的法官皋陶所有的一只神兽，这种被称为"廌"的神兽，头上长着一只角，它的神性表现在"性知有罪"上。也就是说谁犯了罪或理亏，都逃不过廌的法眼。皋陶在断案时会带着廌到公堂上，并让廌裁断罪与非罪、裁断是与非。对当事人而言，廌的独角触向谁，谁就是有罪或理屈的一方。所以，汉人许慎在《说文》中释"灋"（法）的组成有三义，一是"廌"部，意为以具有神性的廌裁断；二是"廌"下的"去"部，意为通过廌的裁断，"去"其不直者（有罪或理屈者）；三是左旁的"水"部，意为由廌裁断，去其不直，而达到平之如"水"般的公正。这也反映了法在初起时，人们对法的认识。

神权法的产生有这样几个原因：第一，是当时社会囿于生产力的发展，人们对许多无法解释的自然现象充满畏惧的产物。由于生产力低下，人们认识自然的能力有限，对一些无法解释的自然现象充满恐惧与敬畏，因而形成了原始宗教，认为冥冥之中有超自然力的存在。这种"神力"不仅主宰着自然界中的一切，如日月星辰的运转、春夏秋冬的替换以及经常发生的自然灾害，等等。同时也主宰着人类社会，如人的生老病死、氏族的繁衍衰微，等等。第二，是人类进入文明社会，国家与等级制度出现而导致的结果。国家形成后，人们对人类社会中的许多现象，如贫富分化、剥削、战争、命运等无法理解，所以也只有将其归结为神的安排。第三，是政治社会初步形成时期的需要。为了维护国家政权和统治，统治者往往会借助神的威力以及人们对神的信仰而解释政权的正当性与合法性。从世界不同文明的形成和发展中，可以看出神权法时代的出现是人类社会历史发展的必经阶段和必然产物。在人类社会发展的初始阶段，"神"不仅是统治者维护统治的政治支柱，同时也是统治者与被统治者共同赖以生存的精神寄托。

就法而言，在人类社会初期，法无不以神的名义产生。"法是神意的产物或体现"是当时人们对法的认识。这一时代的法思想就是用神意解释法意。

公元前18世纪，巴比伦①第一王朝第六代国王汉谟拉比将282条有关物价、交易、税收、家庭、债务、盗窃等法律条文镌刻在当地神庙的石柱上，这就是闻名于世的《汉谟拉比法典》（Hammurabi Code）②。镌刻着法律条文的石柱在埃兰③人侵入巴比伦后被他们带回到自己的都城苏萨④，1901年被法国考古队发现带回法国，现藏于法国的卢浮宫博物馆。在法典的开篇，汉谟拉比这样宣称：

> "安努那克⑤之王，至大之安努⑥，与决定国运之天地主宰恩利尔⑦，授与埃亚⑧之长子马都克⑨以统治全人类之权，表彰之于伊极极⑩之中，以其庄严之名为巴比伦之名，使之成为万方之最强大者，并在其中建立一个其根基与天地共始终的不朽王国——当这时候，安努与恩利尔为人类福祉计，命令我，荣耀而畏神的君主，汉谟拉比，发扬正义于世，灭除不法邪恶之人，使强不凌弱，

---

① 巴比伦（Babylon），上古时代最著名的城市之一，位于伊拉克巴格达之南88公里处，曾为古巴比伦王国（公元前2000—前1000年）和新巴比伦王国（公元前7—6世纪）的首都。参见《简明不列颠百科全书》第1册，"巴比伦"条及"巴比伦尼亚"（Babylonia）条，北京、上海：中国大百科全书出版社，1985年版，第401页。凡以下引用本书者，只注页码。
② 《汉谟拉比法典》的译文见周一良、吴于廑主编《世界通史资料选辑》，"上古部分"，北京：商务印书馆，1964年版，第57—93页。凡以下引用本书者，只注页码。
③ 埃兰（Elam）伊朗西南部的古国。参见《简明不列颠百科全书》第1册，第197页。
④ 苏萨（Susa）埃兰古国的都城。参见《简明不列颠百科全书》第7册，第535页。
⑤ 土地之众神。——原注。
⑥ "天神"。——原注
⑦ 苏美尔之地神，全苏美尔最高之神，众神之父与王。——原注
⑧ 海、河及地下水之神，天神安努之子，苏美尔人称为恩奇，塞姆人称为埃亚。——原注
⑨ 巴比伦之庇护神，当巴比伦成为国都之时，马都克亦被宣布为众神之王，木星以马都克为名，视为马都克之化身。——原注
⑩ 诸天神。——原注

使我有如沙马什①,昭临黔首,充耀大地。"

汉谟拉比自称"荣耀而畏神的君主",宣布自己的统治来源于神。

在古印度,最著名、最有影响的法典应该是《摩奴法典》（Manavadharmasastra）,这部法典大约于公元前 3 世纪孔雀王朝时已经出现,而最终编定已是到了公元 3 世纪的笈多王朝初期。② 摩奴是古印度古老神话中的传说人物。他是得到天神庇佑的、本身也具有神性的天神之子、人类之祖。《摩奴法典》的内容十分庞杂,涉及"宇宙起源、法的定义、圣礼、入法礼、《吠陀》研究、婚配、待客、丧礼、食物禁忌、玷污和净化、妇道和妻道以及历代国王之法。在论历代国王之法时,分 18 个题目评述世俗的司法,然后,又回到布施、赎罪礼、业论、灵魂和地域等宗教问题上"。③ 在古印度,《摩奴法典》是神为人类制定的法典。但对于熟悉现代法典文本格式的我们来说,《摩奴法典》确实显得杂乱无章,它反映了古印度浓厚的宗教色彩,其明确宣称法典来自神意,人人必须遵守：

"为了在应有的次序上确定他(婆罗门)和其他[种姓][成员]的义务,自在神④之子,贤明的摩奴,编制了这一[神圣的法]典。""在这个[典籍]上,充分地阐明了人们各种行为的善恶,以及四种姓生活的永恒规则。""在神圣的天启⑤中所阐明的和在神圣的法典中所记载的最高的法是生活的规则,因此,愿意自己幸福的再生,须永远遵循它。"⑥

《十二铜表法》是古罗马最著名的法典,产生于公元前 5 世纪中叶,因铸于铜板而公布,故被称为"铜表法"。学界的传统观点认为《十二铜表法》是平民

---

① 太阳、光明及审判之神。他的主要祭祀中心为西巴尔、阿卡德及拉尔沙二城。——原注

② 参见周一良、吴于廑主编《世界通史》"上古部分",北京：人民出版社,1962年版,第 281、381 页。

③ 《简明不列颠百科全书》第 6 册,第 32—33 页。

④ 自在神指梵天。——原注

⑤ 天启（sruti）,按 II 卷 10 条的解释系指吠陀而言。——原注

⑥ 周一良、吴于廑主编《世界通史资料选辑》,"上古部分",第 219 页。

与贵族较量的结果,是应平民的要求编纂而成的。 公元前390年,高卢人侵入罗马,铜表法被毁,原文佚失,传至今日的一些《十二铜表法》中的条文,是从后来的一些罗马法学家的法学著作中辑录出来的。 因此,对《十二铜表法》内容的辑佚辨伪研究一直为西方法学界所关注。 尽管《十二铜表法》被罗马人称为"一切公法和私法的渊源",①但其仍然反映出了当时人们的"神法"观念。如其中第八表"伤害法"第九条规定,如果成年人于夜间在犁耕的田地上践踏或收割庄稼,则处以死刑。 法律规定将这种对塞勒斯(丰收保护神)的犯罪处以极刑,而犯有同样罪行的未成年人,则处以鞭打或加倍赔偿的处罚。② 罗马法史专家朱塞佩·格罗索称这是一种具有宗教色彩的献祭刑。 他说:

"《十二铜表法》还反映出这种刑罚在其内容上的独立过程,这一进程虽然仍保留着宗教成分,而且在一些情况中只使人看到一种特殊的献祭形式,但是,它是刑事司法世俗化进程中的一步。对于夜晚毁坏庄稼的人为向丰收保护神献祭而处死(uccisione a Cerere),实质上也是一种献祭刑。对纵火者科处的火刑,虽然我们也可以从中发现早期的宗教特点,但它已体现出以牙还牙的刑罚所具有的报复意义。对于为致使某人死亡而实施魔法的人(malum carmen incantare)以及对庄稼施用魔法的人(fruges excantare),曾经科处极刑,在这里,最古老的惩罚形式肯定就是献祭刑。"③

中国也不例外。 上古时期我们的祖先确信法及规则都是上天意志的体现。以后人追记产生于大禹时期的《尚书·洪范》篇为例。 洪,意为"大";范,意为"法"。 《洪范》意为"大法"。 古人认为这个大法是天赐予大禹的。 《洪范》开篇记,周初武王问商代遗臣箕子政事,箕子陈述了夏禹从上天那里得到的"九章大法",即"洪范九畴":

"箕子乃言曰:'……天乃锡禹《洪范》九畴,彝伦攸叙。初一日五行;次二

---

① 参见[意]朱塞佩·格罗索著、黄风译《罗马法史》,第五章。
② 参见周一良、吴于廑主编《世界通史资料选辑》,"上古部分",第341页。
③ [意]朱塞佩·格罗索著、黄风译《罗马法史》,第127页。

曰敬用五事；次三曰农用八政；次四曰协用五纪；次五曰建用皇极，次六曰乂用三德；次七曰明用稽疑；次八曰念用庶徵；次九曰向用五福，威用六极。"①

从箕子的话中，可以得知上天告诉禹的大法，是有关自然、人伦、政事的规则以及相互间关系的法则。

(二) 神权法时代法思想的主要内容与特点

中华法文明的源头可以追溯到五千余年前的炎黄时代，但由于时代久远，许多传说中的历史及人物的思想难以寻觅到确凿的史料为证，所以我们还是采用传统的观点，将夏作为中华法文明之源。从有限的资料中我们也可以体会到夏人崇拜天的思想体系已经形成。商则有了确切的甲骨卜辞为证，敬天尊祖是商人政治与生活中最为重要的事情。周初周公"敬天保民"思想的提出，将天与民共同作为统治合法性的基础，提高了"民"（或人）的地位，相对也就削弱了神（或天）的地位。可以说笼罩于神权之下的神权法时代在中国就此结束。夏商的"天命"、"天罚"思想与西周"敬天保民"、"明德慎罚"的思想是中国神权法时代的法理论基础。

1. 虽然出现了"天"、"帝"等至上神，但众神依然存在

（1）夏代"天命"、"天罚"思想的形成

杨东莼《中国学术史讲话》认为中国学术思想一定发生得很早，但是因为无确切的实证资料，所以难以将其确切地描述出来。从"《诗》、《书》、《左传》、《国语》一类书籍的追述中，很可以看出春秋以前这个长时间学术思想的大概情形"。②杨东莼认为，经过原始社会（传说中的黄帝至尧舜时期）普遍存在的鬼神崇拜之后，"夏商以后，天帝之观念起，遂由多神而进为一神，而多神论亦并未消灭。"③夏是中华文明发展中诞生的第一个国家，其统一了诸部，建立了统一的政权，而这个政权的庇护者是高于诸氏族部落之神的"天"。在文

---

① 关于《洪范》的解释，参见[清]皮锡瑞著《今文尚书考证》，北京：中华书局，1989年版。《洪范》据专家考证为战国至汉时人所作，是对夏王朝治国之法的追记。

② 杨东莼著《中国学术史讲话》，北京：东方出版社，1996年版，第1—2页。凡以下引用本书者，只注页码。

③ 杨东莼著《中国学术史讲话》，第8页。

献记载中"天"也称为"皇天"、"上天"、"帝"、"上帝"、"皇天上帝"等等。对皇天上帝的无以复加的敬畏也是夏代法思想产生的渊源。

从有限的资料记载看，夏统治者毫不怀疑地认为自己的统治权来源于上天。一是上文提到的天赐大禹《洪范》，表明禹有"天命"。汉代人认为《洪范》是上天为了大禹治水而赐，即"禹治洪水，赐《洛书》，法而陈之，《洪范》是也"。① 而《尚书·洪范》中更是进一步说道，上天将《洪范》赐予大禹，是经过考察后而选择的：大禹的父亲鲧在治水过程中不顺应五行变化的天道，上天震怒，没有将《洪范》赐予他；而禹在继承父业治水的过程中，改变了父亲的做法，被上天选中，赐予了大法。② 因此，禹的统治代表了上天的意志。二是大禹的儿子夏启改禅让制为世袭制，继承大禹王位时，遭到有扈氏的反对。启起兵征讨有扈氏时，言自己是"恭行天罚"。夏启言：有扈氏犯下"威侮五行，怠弃三正"，也就是"不顺天行事"之罪，所以"天用剿绝其命"。③ 显然，夏启认为，对有扈氏的惩罚是自己代天而行的"天罚"。

(2) 商代"天命"、"天罚"思想的发展

商代是神权法思想发展的鼎盛时期，最为重要的是甲骨卜辞的发现和研究，印证了以往有关文献对商代历史的追记。这使我们在研究商代神权法思想时，有了确切的第一手史料。通过对甲骨卜辞的研究，学界几乎一致认为商代是一个虔诚地笃信天帝鬼神的时代。考古学家冯时认为：

> "居于天宇上的至上神，确切地说是主宰整个宇宙万物的至尊神祇，至迟到商代也被创造了出来，这就是甲骨文中常见的'帝'或'上帝'。"④

甲骨文研究专家郭宝钧指出：

---

① 《汉书·五行志》。
② 《尚书·洪范》："箕子乃言曰：'我闻在昔，鲧堙洪水，汩陈其五行，帝乃震怒，不予洪范九畴，彝伦攸斁。鲧则殛死。禹乃嗣兴，天乃锡禹《洪范》九畴，彝伦攸叙。'"
③ 《尚书·甘誓》。
④ 冯时著《中国古代的天文与人文》，北京：中国社会科学出版社，2006年版，第68页。

> "殷商时代,人们的迷信空气是非常浓厚的。他们敬事鬼神,迷信占卜,在日常生活中,无论大事小事,几于无事不卜,无日不卜。"①

通过考古发掘与甲骨文研究,我们可以感受到笼罩在商代社会中那种浓浓的"鬼神"气氛。

但是,中国的"至上神"——天出现后,其他的神祇也并未消失,这是夏商也是中国神权法时代的特点。首先,原始社会遗留的敬祖传统在商代得到充分的发展,商人往往是帝、祖并祭,行事之前的占卜,问帝也问祖。② 这种帝、祖并祭的制度,向人们传达了统治者这样一个理念,即至尊的上帝与商人祖先有着密切的关系,商人的血统因此而比其他部族高贵,是帝选择了商人作为人类的统治者,商人的统治得到帝的庇佑是理所当然的。商人祭祀祖先,夸耀自身血统的高贵,目的都是为了证明自己统治的合法性,《诗经·商颂·玄鸟》记载了殷商子孙在祭祀时对祖先的歌颂和商人光荣的历史:"天命玄鸟,降而生商,宅殷土芒芒。古帝命武汤,正域彼四方。方命厥后,奄有九有。商之先后,受命不殆,在武丁子孙。"商人的先祖契,是简狄吞服了上天所赐的玄鸟蛋而生。而商汤更是受命于帝,统治四方。四方的诸侯无不听从商王的指挥,而商人世世代代承受天命不敢懈怠。商人对帝与祖的无以复加的尊崇,延续了约六百年。《史记·殷本纪》记商纣王在以周人为核心的大军重围之中,在行将灭亡之时仍然念念不忘"我生不由命在天乎",可以说是对"天命"的信念至死不疑。其次,祖先崇拜的思想源于"灵魂不灭"的信念。因此在商人祭祀、纪念自己的祖先时,商人统治下的方国或部族,也都可以祭祀自己的祖先,祭祀自己部族的保护神。除此而外,日月山川、风雨雷电等诸神也都会按时按制受到祭祀。《礼记·祭法》记载,夏、商、周人都有自己本族祭祀的主神和祖宗,有封国的诸侯也须祭祀境内山川等诸神。有学者指出:

> "西方造出了上帝以后,就把宇宙上的一切权威都交给了上帝,消除了众

---

① 郭宝钧著《中国青铜器时代》,北京:生活·读书·新知三联书店,1978年版,第226页。凡以下引用本书者,只注页码。

② 参见张光直《殷礼中的二分现象》,载《中国青铜器时代》,北京:生活·读书·新知三联书店,1999年版,第228—251页。

神的存在和发挥作用的前提。殷人造出来的上帝是'大权独揽,小权分散'。因此众人还能在上帝的支配下存在,并发挥作用。"①

天、祖并祭,为商人的统治权提供了合法性与历史依据,而"众神并存"也为商最高统治者驾驭群臣和本族平民提供了便利。《尚书·盘庚》记载,盘庚迁都时遭到一些贵族和平民的反对。于是盘庚借天与祖的名义警告反对者:我的祖先商王曾劳累过诸位的祖先,而现在你们也是我的臣民。但如果你们心怀不轨,我的先王就会告诉你们的祖先,你们的祖先就会抛弃你们,不保佑你们,你们就会犯下死罪。我有能通天的大臣,有可以通天的神器,如果我到你们祖先那里控告你们,你们的祖先一定会说:快用重刑严惩我的子孙。而我的祖先也会将不祥降临到你们的身上。②

对异族或敌对部落,商人更是可以借用帝的权威,商汤在讨伐夏桀时说:"有夏多罪,天命殛之。"③甲骨文中许多卜辞反映的是通过占卜决定对战俘的处罚,这些处罚是残酷的,比如将战俘当做祭品。张光直曾总结道:甲骨文中常出现的战俘"羌"人,"是商人祖祭中常见的牺牲品。甲骨文中记载他们常常被当作牛、绵羊和羚羊一样的祭品在祭祀中使用"。"胡厚宣至少统计了7426个羌人个体,这七千多个被用祭的羌人个体是根据有具体数目的占卜记载统计出来的"。④这种残酷的"天罚"也用于个体,如甲骨文中有"兹人井(刑)不(否)?"——这是"法官"在占卜对"犯人"是否可以用刑,意为:对这个人是可以用刑的吗?"贞其刖"⑤——这是"法官"在占卜对犯人究竟适用什么刑罚,意为:用刖刑可以吗?从甲骨文与文献记载中看,商人的刑罚十分

---

① 朱天顺著《中国古代宗教初探》,上海:上海人民出版社,1982年版,第256页。

② 《尚书·盘庚》中的原文这样记载了盘庚的话:"古我先后,既劳乃祖乃父,汝共作我畜民。汝有戕,则在乃心。我先后绥乃祖乃父,乃祖乃父乃断弃汝,不救乃死。兹予有乱政同位,具乃贝玉。乃祖乃父,丕乃告我高后,曰:'作丕刑于朕孙。'迪高后,丕乃崇降弗祥。"

③ 《尚书·汤誓》。

④ 张光直著、毛小雨译《商代文明》,北京:北京工艺美术出版社,1999年版,第212、213页。

⑤ 参见《考古》1973年第3期,第114页图。

残忍，除墨、劓、剕、宫、大辟"五刑"①，还有醢、炮烙、焚,等等。 甲骨文以及考古资料中所反映的商代的用刑状况，完全印证了《荀子·正名》记载的"刑名从商"之论断。 这种残酷的刑罚，因为冠以"天罚"的名义而获得了"合理性"并得以确立。

许多专家学者指出，夏、商、西周的政权，都是建立在神权基础上的，但商代对天、祖神明的崇拜较夏人更为虔诚，刑罚也格外残酷。 这一历史现象印证了孟德斯鸠有关"宗教国"法律特征的论述：

"宗教在这些国家里的影响大于任何其他国家,它是添加在已有的畏惧之上的又一种畏惧。"②

有学者在阐释宗神权笼罩下的法律特点时，也说：

"每一种法律规定的行为,至少在名义上,要求与道德和宗教信仰保持一致。"③

以商代的刑罚状况，对照学者们的论述，可以说商王朝是中国历史上绝无仅有的"准宗教"统治的王朝。

2. 西周对天命、天罚的重新阐释使中华文明没有形成其他文明中出现的宗教信仰

就意识形态而言，商人继承了夏"天"或"帝"至上的观念，而又进一步发展。 商人对帝、祖的虔诚，本身便是自己统治合法性的最好解释。 商人对帝的虔诚，给周人的统治留下了难题，即如何解释"天命"，如何解释商人的敬天而亡。 周人在灭商时，无论经济还是政治，都远远落后于商。 在《尚书》中，我

---

① 赵佩馨著《甲骨文中所见的商代五刑》，载马小红主编《中国法制史考证》（甲编·第一卷），北京：中国社会科学出版社，2003 年版。

② ［法］孟德斯鸠著、许明龙译《论法的精神》（上卷），北京：商务印书馆，2012 年版，第 76 页。 凡以下引用本书者，只注页码。

③ ［美］E. 霍贝尔著、严存生等译《原始人的法》，贵州：贵州人民出版社，1992 年版，第 234 页。

们常常可以看到周人自称"小邦周"，而对商则称"大邦殷"。取代了商统治的周人，经济的发展有待时日，而对统治合法性的解释却迫在眉睫。要维系自己的统治，周人必须解释这样两个问题：第一，上天为什么抛弃了商人？第二，"小邦周"凭什么取代"大邦殷"？夏商时期的神权法思想，在周人对"天命"、"天罚"的解释中发生了深刻的变化。

周人在取代了商人的统治后，是这样来解释自己君临天下原因的。《尚书·大诰》中说：天赏识周文王，使我小邦周兴盛。文王通过占卜而知天意，行事敬天，于是得天之命。天公正威严，助我小邦周扩大基业。小邦周取代大邦殷是"天意"的体现，是天命降于周人所致。因此，周人对商的讨伐与取代不仅不违背天意，而是"恭行天罚"的结果。周统治者继承了夏、商的神权法思想，却顺理成章地解释了"小邦周"兴起的原因。①显而易见，周人继承了王权来源于"天意"的思想，证明自己的统治像夏、商一样，也是秉承上天的旨意，获取了天命的。这种统治的神圣性、正当性与合法性是毋庸置疑的。

但对周统治者来说，解释商的灭亡比解释周的兴起要困难得多。因为商人自诩为上天之子，对"帝"与"祖"的敬奉不敢有丝毫怠慢。上天为什么要抛弃如此虔诚的统治者，而将"天命"别移他人呢？为了解答这一问题，周人对夏商时的神权法思想进行了修正和补充。

在此我们需要解释"中国法律思想史"教材和讲义中流传甚广的有关概念，即所谓周人提出"德主刑辅"和"以德配天"的思想。这两种提法应该是出自后人的总结，而非当时人的语言。就笔者所涉猎的关于西周的史料中也确实未见周人有如此的说法。"德主刑辅"出自杨鸿烈作于1936年的《中国法律思想史》，而"以德配天"见于张国华出版于1991年的《中国法律思想史新编》。②在杨鸿烈之前，梁启超在《先秦政治思想史》中，笼统称夏、商、西周为"天治主义"，未及详言周与商代的不同。杨鸿烈与张国华的总结区别了商、周的不同，显然是推进了商周法思想的研究。杨鸿烈是20世纪初中国法律思想史研究

---

① 《尚书·大诰》："天休于宁王，兴我小邦周；宁王惟卜用，克绥受兹命。今天其相民，矧亦惟卜用。呜呼！天明畏，弼我丕丕基。"

② 参见杨鸿烈著《中国法律思想史》，北京：中国政法大学出版社，2004年版，第21页。凡以下引用本书者，只注页码。张国华《中国法律思想史新编》，北京：北京大学出版社，1991年版，第22页。凡以下引用本书者，只注页码。

的开创者,张国华更是20世纪末中国法律思想史研究的大家,两位学者的观点流传甚广,且为学界广为认同。但许多教材由此便将两位学者对西周法律思想内容的总结概括打上引号,当成了周人或周公的原创思想,这就有失学术的严谨了,且易造成误会。笔者在此厘清周人的"原创"与后人的"总结概括",目的在于学术上的正本清源,并不是质疑两位先辈的观点。恰恰要说明的是,笔者要沿用张国华的观点,以解释商周神权法思想的差异。

张国华认为,西周"以德配天"思想的目的,在于拓展夏商"天命"的基础,即不仅仅将天意作为天命的唯一来源,而是将有德之人与天意共同作为政权合法性的基础。

以德配天包括了以下主要内容:

首先,天命是可以转移的。商人将天作为一族或一人之天,认为天对商族、商王情有独钟。周人则改变了商人的这一观念,认为天是公正的,不会刻意偏袒或专降"天命"于某一族、某一人。天是天下人的至上保护神,为天下人所共敬。因此,天命是可能发生变化的,是可以转移的,这就是"天命靡常"①或"惟命不于常"②。

其次,天命的转移是有条件的,有"德"之人才有获"天命"的资格,即"皇天无亲,惟德是辅"③。商人的祖先有"德",因而成了天下的统治者。但商人的子孙由于"不敬其德",便理所当然地失去了统治地位,即失去了"天命"。"皇天上帝"抛弃了失德的商人,商人的命运改变了。④而此时周文王却因有德,成了"天之元子",于是上天"大命文王"⑤。周人以德获取了天命,得到了天下。在周人看来,王权来源于上天,也来源于人自身之"德",只敬天地鬼神还不足以"受天命",只有敬天地鬼神同时又有"德"的人,才能获得"天命"。这就是张国华总结归纳的西周"以德配天"思想的内容。

再次,"德"的中心内容是"保民"。因为民心的向背是德之有无的标尺。

---

① 《诗经·大雅·文王》。
② 《尚书·康诰》。
③ 《左传·僖公五年》引《周书》。
④ 参见《尚书·召诰》,其原文中有:"改厥元子兹大国殷之命。"
⑤ 《尚书·康诰》。

民心直接反映了天意。周公言："人无于水鉴,当于民鉴。"①保民体现在对民的体恤关怀上,即"知小民之依"②。依:意为隐,即难言之隐情,也就是难以言说的艰难。"知小民之隐"就是要统治者体察民众生活的艰难,并加以体恤。

周初对政权合法性的解释,在强调天公正无私的同时,还强调了人的重要性。这个"人"应该包括两部分,一是有"德"的统治者,二是民心的诉求。天命来源于天意与民心——民的地位提高,自然淡化了天的权威。高高在上的天或帝与民并不隔绝,天命是天意的体现,而天意又遂民之愿,与民意一致。从西周始。政权的合法性、法的正当性的理论阐述,不再只是单一的天意,而是天与民二者的合意。

有的学者认为周人对"天命"并不是真的信奉,而只是一种利用,由此认定西周是神权法思想的动摇时期。这种观点有一定的道理。因为正是周人所力倡的"德",提高了"民"的地位。由此产生出的重民思想削弱了神的权威,春秋战国神权法思想的瓦解肇始于此。但这种观点亦有偏颇。因为无论是从当时社会生产力发展的水平来看,还是从周人当时的生活状况看,人对神的崇拜都是必然的,难以动摇的。周人对德的强调、对民心的重视,本意在于解释商人失天命的原因,这种解释所产生的结果也许并不在周人的预料之中。另外,还有一点需要注意:夏、商、西周的神权法思想缺乏完整的理论形态,实用性很强。神权与王权高度统一,不曾分离,更不对立。到了周定天下时,这个"统一"围绕着天子之权,达到新的高度。通过阐述天意—民心—王之德—天命之间的关系,揭示了历史兴替的规律。天意顺应民心,天命授予有德之人。所以得民心者得天命,失民心者失天命。也许正是由于这种天、民、君的高度统一,才使得中国社会在四千年前,就从神的控制下摆脱出来,没有形成其他古文明中所产生出的宗教。但不可否认的是,中华文明虽然没有产生出宗教,但也一直没有完全摆脱"上天"及"神"的羁绊,因为在周人对王朝兴替圆满的解释中,天也是不可或缺的一环。

---

① 《尚书·酒诰》。
② 《尚书·无逸》。

3. 周公"明德慎罚"的"礼治"思想

研究西周史，不能不说到周公。周公是中国历史上杰出的政治家、思想家。就制度典章与思想意识而言，周公是夏商历史经验的总结者，也是周王朝的奠基者。春秋时期的孔子在总结周公为政主张与思想体系的基础上创建了儒家学派。汉代统治者将儒学定于一尊后，周公的一些主张通过儒家的弘扬对中国古代社会的主流价值观产生了深远的影响。就法学术思想而言，周公的"明德慎罚"思想，自汉武帝后，也一直为中国古代立法者奉为圭臬。汉人的"大德而小刑"、唐人的"德礼为政教之本，刑法为政教之用"、明代的"明刑弼教"等无不源于此。

周公（？—约公元前 1090 年），姓姬名旦，周文王之子，武王之弟，成王之叔，采邑在周（今陕西岐山东北），故称周公，或周公旦。据《史记·鲁周公世家》记，周公年幼时十分仁孝，其兄周武王即位后，周公辅政，助武王伐纣，灭殷建周。武王封周公于"少昊之虚曲阜（今山东曲阜）"。周公没有亲至封地，而一直留在武王的身边辅佐武王。武王去世时，子成王年幼，为防天下之变，周公摄政。《尚书大传》言："周公摄政，一年救乱，二年克殷，三年践奄，四年建侯卫，五年营成周，六年制礼作乐，七年致政成王。"简要地概括了周公摄政七年的功绩：平定叛乱、收服东边淮夷部落、使他们臣服周人；营建东都；制礼作乐。"救乱"、"克殷"、"践奄"在当时必定是经过惨烈的征伐，但其对后世不过是"俱往矣"的"故事"，对今日而言，更已是不为多数人所知晓的历史。"建侯卫"、"营成周"留给后人的也不过是一些"历史陈迹"。唯有这"制礼作乐"，几千年来让人难以忘却，不仅在中华文明的发展中留下深深的烙印，而且影响了世世代代中国人的价值观。

在有限的资料中，主要是《尚书·周书》记载的周公对属下的训诫和嘱咐中，周公言及"礼"的地方并不多，但"德"被周公反复强调。原因也许是经周公摄政，礼制的完备在当时已经不言自明，《荀子·正名篇》言："爵名从周。"《文选·晋纪总论》干宝言："名器崇于周公。"爵名、名器都是礼制的重要组成部分，其作用在于依据与天子的血缘亲疏关系而区别贵贱尊卑。但周公"制礼作乐"意不在形式，从夏商神权法思想中引申出来的"德"，才是周公之礼的核心所在。

(1) 夏、商、西周的礼、礼制、礼治与宗法制

在此需要简要交代一组研究中国古代史的概念,即礼、礼制、礼治与宗法制。可以说这都是周公治理或后人总结周公为政的杰作。

礼。礼是原始社会后期氏族社会的产物。主要有两层含义:一是祭祀,《说文》释礼:"礼,履也,所以事神致福也。"二是指通过祭祀而产生的氏族内部的行为规范,即习惯。由此可见,礼在产生时有两个特点,一是与神权相联系,以血缘为基础;二是具有血缘的局限性,不同氏族有不同氏族的礼。周公对于礼的贡献在于将产生于氏族制的礼俗改造成天、国与家一体的礼制。

礼制。礼制是统一的国家政权出现后,礼进一步发展的产物。自夏出现统一政权后,至上神"天"也随之出现。祭天是天子所独有的权力,但由于氏族血缘传统的大量保留,不同氏族的祭祀也被保留下来,礼就成了"等级差异"的规定,即《礼记·乐记》所言"礼者为异"。独揽祭天大权的天子借天意确定下来的"礼",便有了我们今天所说的"法"的含义:其强制在国家政权的统辖区域内实施,具有了超越血缘关系的普遍性。如夏代的"大人世及以为礼"①使礼从王位禅让的部落习惯变为天子世袭的国家制度。商人崇拜祖先,帝、祖并祭,更是将商人的礼和一些有利于商统治的商氏族的习惯上升到了国家制度层面。但夏商时期的礼制正处在形成阶段,在国家的政治和社会日常生活中,可以看到礼俗的作用更为广泛。周人继夏商二代,在夏商礼制的基础上逐渐完善了周人的礼制,除将周人一些必要的礼俗上升为国家的制度外,还完善了国、家一体的"宗法制"。宗法制是周礼的核心。

宗法制。宗法制是氏族血缘的宗族统治与国家权力的政治统治相结合而形成的一种社会等级结构。周人的宗法制是以天子为核心的,每一个人的政治地位、社会身份以与天子血缘关系的亲疏而确定。与天子血缘关系越近者地位就越尊贵,越疏远者地位就越卑贱。亲疏关系以嫡为贵,庶为贱。因此,天子之嫡子贵于庶子。而嫡子中以长者为贵,幼者为卑,因此天子的嫡长子为最贵。古代社会的继承主要是身份的继承,所以天子之位在宗法制下则由与自己血缘关系最近、地位最为尊贵的嫡长子继承。天子的其他儿子,则依据其在宗法中的尊卑地位被封为不同等级的诸侯,不同等级的诸侯有远近大小不同的封国。在

---

① 《礼记·礼运》。

封国中被称为公、侯、伯的诸侯依据天子分封的模式,由嫡长子继承自己的国君身份,其余诸子则封有采邑,成为大夫;大夫同样按照国君的模式,嫡长子继承自己的大夫爵位,其余诸子为士,士食国家的俸禄。士的爵位亦由嫡长子继承,诸子为民,民自食其力。由此,宗法制构成了天子、诸侯、大夫、士这样国、家一体的宝塔式的贵族等级制。周人宗法制的核心在天子,相对夏商而言,周宗法制的最大改进在于确定了自天子至士的身份由嫡长子继承的"嫡长子继承制"。这一制度是对夏商"父死子继"与"兄终弟及"制的完善。因为嫡长子继承的确定性,避免了"父死子继"与"兄终弟及"制度下,贵贱等级不严,兄弟、叔侄间由于继承的不确定性而产生的夺位之争。血统以嫡长子为最亲、最贵,使尊卑制度更加明晰而确定。① 按照宗法关系,贵族之间形成了双重关系:一方面是国家制度中的上下级隶属关系,另一方面是宗族制度中的尊卑长幼关系。这种关系从国家政治和宗族血缘两个方面,把统治者紧密联系在一起:休戚相关、生死与共。宗法制强调敬祖、敬王、敬宗族之长,是神权、王权与族权的高度统一。

礼治。"礼治"是后人对周统治者治国方式的总结,也是周公治国思想的概括。其以宗法制为基础,以礼制为表现形式,以"德"为导向。"礼治"包括礼义与礼制(仪)两个基本部分。礼制已经如前所述,是以宗法制为基础的人们的言行规范、国家的制度法律。而礼义则是在宗法制基础上产生的价值观——孝与忠,是中华文明特色的神权法思想的进一步发展。礼义产生于祭祀,落脚于人之品德的完善。《礼记·大传》这样总结礼义的内容或思想:"亲亲也,尊尊也,长长也,男女有别。""亲亲父为首",②是说"孝"是做人的根本,是每一个人对家族必尽的义务;"尊尊君为首",③是说"忠"是做官的根本,是每一个贵族、官吏对国家必尽的义务。"长长"要求的是对长者的尊敬,比如恭敬兄长;"男女有别"是要求夫义妇顺,在家庭中男尊女卑。《礼记·礼运》中将礼治所要求的道德内容作了更具体的表述:"父慈子孝,兄良弟悌,夫义妇听,长惠幼顺,君仁臣忠。"礼治的治国方式,是以德为导向、以礼义为目

---

① 关于夏、商、西周的宗法制,参见郭宝钧《中国青铜器时代》,第 200—206 页。
② 《史记·太史公自序》索引。
③ 《史记·太史公自序》索引。

标、以礼制为路径的。

(2)"德"是礼的核心,礼是德的外在体现

"礼治"是后人概括周政或周公为政思想时常使用的概念。而周公之礼与夏商相比最大的不同是从突出"天"到突出"德"。

《左传·文公十八年》记臧文仲说:"周公制《周礼》曰:'则以观德,德以处事,事以度功,功以食民。'"此处的"则"是指礼的规则,即礼制。制礼的目的在于表现"德",即礼义。礼的内在精神为"德",外在规定为"则"。则与德的关系实为"礼制"与"礼义"的关系。

《尚书》记载的周公借天子之名发的诰命中,几乎每一篇都谈到了"德"的意义和作用。其中《康诰》短短数百字,"德"字出现了6次:

"明德慎罚"。

"若德裕乃身"(用美德修养自身)。

"乃非德用乂"(不行德政则应予严惩)。

"我时其惟殷先哲王德"(我常常想到殷人圣明的祖先的德政)。

"丕则敏德,用康乃心,顾乃德,远乃猷,裕乃以"(用德政去治理,安定民心)。

由此可见"德"在周公为政思想中的重要地位。而"则以观德",也说明制定礼制的最终目的在于培养或体现人们的美德,弘扬礼义,或通过人们的举止如礼与否来判断人们的道德修养。"德"在周公的思想体系中显然具有核心的地位,这是周代之前所不曾见的。

西周之前,甲骨文将"德"写作"徝"。据武树臣考证意为"行有所获。"夏商之"徝",其意均未脱离获取"财产"、"利益"的范围。[①] 而周人则将商人"行有所获"之"徝"加了一个"心"部。郭沫若解释道:

---

① 李光灿、张国华总主编《中国法律思想通史》(一),太原:山西人民出版社,1994年版,第80—81页。

"德字照字面上看来是从值(古直心),从心,意思是把心思放端正。"①

这个"心"字的出现将外在的礼,深入到了人们的意识观念中,所谓心有所得。因此,周公所说的"德"是一种发自人们内心的品行修养,这种修养是每一个人都应该追求的精神境界。《礼记·大学》对此的解释是"自天子以至庶人,是皆惟修身为本","欲修其身者先正其心"。

(3) "德"是天命、王权、民心的连接与政治的轴心

周公认为"天命"不是凭空而生的,也不是永恒不变的。在《尚书·君奭》中,周公更直白地表示赞同召公的观点,即"天不可信",认为要保住周人的江山,只有遵循并弘扬文王的美德。在《尚书·多士》、《尚书·多方》中,周公将殷人笃信的"上天"或"帝"描绘成"唯德是辅"的公正之神,告诫殷人及一些不服周人统治的方国:"天命"是随"德"而转移的,有德者有天命。②"德"连接了天命与王权。

在周公的思想体系中,人们讨取上天庇祐的途径不再只是隆重的祭祀仪式,比祭祀仪式更为重要的是个人的修行与自律。对统治者而言,这种修行与自律的"德"性是否能博取上天的认可,必须从"民情"中去体察。民意所向者,统治便为正当,合法;民心所背,统治就失去了合法性。在总结夏商亡国的教训中,周公对"民"的力量有了清醒的认识,于是民的地位与天的权威并驾齐驱,天甚至听命于民。在《尚书·多方》中,周公这样对各方国的诸侯说:

"夏统治者贪图安逸,不肯抚慰人民,荒淫无道,没有一天遵从上帝的教导,这些你们都有耳闻。夏王笃信天命却不安抚人民,对人民乱用刑戮,搞乱了夏国。夏王又听命于妇人,不能顺应人民的要求,……上天因此而寻求可为

---

① 《郭沫若全集·历史篇》(第1卷),北京:人民文学出版社,1982年版,第336页。
② 《尚书·多士》:"惟天不畀不明厥德,凡四方小大邦丧,罔非有辞于罚。"

民做主之人,于是将天命赐给商汤,命商人灭夏。"①

在周公思想体系中,天命随统治者的德性而转换,而民心又是天意的体现。承担天命之人必须有德,因为有德才能有民心,有民心才能获得天命。

(4) 周公"明德慎罚"——以德教为主、刑罚为辅的思想

由于天人并重,周公不再简单地将"罚"解释成天降之物,而是强调"人"——当然主要是有施赏罚之权的统治者在"罚"中的作用。鉴于商统治者由于残酷而众叛亲离,周公反复告诫各方诸侯与即将就封、统治一方的国君要修身养性,体恤小民,谨慎用刑。在《尚书·康诰》与《尚书·多方》中,周公提出了"明德慎罚"的主张。因为周公深知,宗法制的道德要求,主要是靠"教化"而不是刑罚养成的。

所谓"明德"就是道德教化,所谓"慎罚"就是谨慎地使用刑罚。在《尚书·康诰》中,周公言:"封,予惟不可不监,告汝德之说于罚之行。"所谓"德之说",就是要用教化感民;而"罚之行"则是用刑以威民。强调"明德",强调"教",是为了"保民"、保天命。在这里应该说明的是,在周公的思想体系中,教化与刑罚是针对不同人而采取的不同的统治方法。对同族人,尤其是贵族,周公认为应以教为主,兼以刑罚,重在培养贵族的荣誉感;对异族尤其是敌对者,则以刑罚为主,兼以教化。教与罚是周公为政的两种主要手段,所以周公在命书中几乎处处都谈论到教与罚的使用方法,兹辑于下:

"惟乃丕显考文王,克明德慎罚,不敢侮鳏寡,庸庸、祇祇、威威、显民。""别求闻由古先哲王,用康保民,弘于天,若德裕乃身,不废在王命。""敬明乃罚。人有小罪,非眚,乃惟终,自作不典式尔,有厥罪小,乃不可不杀,乃有大罪,非终,乃惟眚灾,适尔,既道极其辜,时乃不可杀。""有叙时,乃大明服,惟民其敕懋和,若有疾。惟民其毕弃咎,若保赤子,惟民其康乂。非汝封刑人杀人,无或

---

① 《尚书·多方》:"有夏诞厥逸,不肯戚言于民,乃大淫昏,不克终日劝于帝之迪,乃尔攸闻。厥图帝之命,不克开于民之丽,乃大降罚,崇乱有夏。因甲于内乱,不克灵承于旅。罔丕惟进之恭,洪舒于民。亦惟有夏之民叨懫日钦,劓割夏邑。天惟时求民主,乃大降显休命于成汤,刑殄有夏……"译文参见《今古文尚书全译》,贵阳:贵州人民出版社,2009年版。

刑人杀人；非汝封又曰劓刵人，无或劓刵人。""汝陈时臬，事罚蔽殷彝，用其义刑义杀，勿庸以次汝封。乃汝尽逊，曰时叙，惟曰未有逊事。""元恶大憝，矧惟不孝不友。""文王作罚，刑兹无赦。"①

"小子惟土物爱，厥心臧，聪听祖考之彝训。""庶士有正，越庶伯君子，其尔典听朕教。""我西土棐，徂邦君御事，小子尚克用文王教，不腆于酒……。""厥或诰曰：'群饮。'汝勿佚，尽执拘以归于周，予其杀。又惟殷之迪诸臣惟工，乃湎于酒，勿庸杀之，姑惟教之，有斯明享。乃不用我教辞，惟我一人弗恤弗蠲乃事，时同于杀。"②

"肆往，奸宄，杀人，历人宥。肆亦见厥君事，戕败人宥。"③

"我有周佑命，将天明威，致王罚，勅殷命终于帝。""惟天不畀不明其德，凡四方小大邦丧，罔非有辞于罚。"④

"周公曰：呜呼！我闻曰：古之人犹胥训告，胥保惠，胥教诲，民无或胥诪张为幻。"⑤

"乃惟成汤，克以尔多方简代夏作民主，慎厥丽，乃劝其民。刑，用劝。以至于帝乙，罔不明德慎罚，亦克用劝。要囚，殄戮多罪，亦克用劝。开释无辜，亦克用劝。"⑥

"呜呼，其在受德暋，惟羞刑暴德之人，同于厥邦，乃惟庶习逸德之人，同于厥政，帝钦罚之。""庶狱庶慎，惟有司之牧夫是训用违。庶狱庶慎，文王罔敢知于兹。""周公若曰：'太史，司寇苏公式，敬尔由狱，以长我王国，兹式有慎，以列用中罚'"。⑦

从以上大量引文中，可以看出周公已经意识到"罚"作为国家治理的手段具有两面性，是一柄双刃剑。其在维护社会秩序的同时，也会产生激化社会矛盾

---

① 《尚书·康诰》。
② 《尚书·酒诰》。
③ 《尚书·梓材》。
④ 《尚书·多士》。
⑤ 《尚书·无逸》。
⑥ 《尚书·多方》。
⑦ 《尚书·立政》。

的巨大的负作用,所以要谨慎地使用。而以德为内容的教化则几乎完全是正面的,有百利而无一害的。但教化必须始自统治者的言传身教。统治者的言行端正就是对民众最好的教化。因此,统治者"身正"是"明德"最为直接的体现,也是天子能"受天命"的前提条件。周公认为天子及统治者越以身作则,教化实行得就会越顺利、越彻底,礼义所要求的孝、忠在社会中就会受推崇,形成风尚。与教化相比,刑罚的手段是严厉的,它体现了统治者的"恶恶"(厌恶恶行)之心。如果刑罚适用得当,会起到惩恶扬善的作用。但刑罚的使用有一个限度的问题,过分地使用刑罚,往往会激化社会矛盾,使民积怨,甚至与政权对立,以至对天子、国君的威严构成威胁,即"怨有同,是丛于其身"。但是,在国家的治理中,这种用之不慎便会导致结怨于民的手段又是不可缺少的,对某些严重的犯罪,如周人认为的"不孝不友"(不孝敬父母,不尊敬长者)、"寇攘奸宄"(劫掠盗窃)、"杀越人于货"(杀人抢劫)、"大放王命"(不敬重恪守王的教导)等,又必须施以惩罚,因为对有此等恶行的人,教化已经无能为力,非用刑不足以惩恶。即周公所言的"乃非德用乂"。此外,对一些屡教不改,故意犯罪者("非眚,乃惟终者"),周公也认为"不可不杀"。在这种不可或缺、又难以避免其产生相反效果的情况下,周公提出了"慎罚",即兢兢业业、认真地对待刑罚,谨慎地使用刑罚。用"中罚"(刑当其罪的刑罚)达到预期的惩恶目的,同时又避免用刑过度使社会矛盾激化而导致事与愿违的结果。在弘扬教化,谨慎用刑方面,周公有如下的具体主张:

第一,罚与教必须以"德"为目的。周公认为教化与刑罚的目的都在于勉励人民立德。总结历史经验,商汤至帝乙,在代天行罚、惩罚有罪之人的同时,也开释无辜,谨慎用刑。所以,无论是"劝善"的教化,还是"惩恶"的刑罚,都应该是以立德和得民心为标准和目的,教与罚在"德"的基础上达到了统一。

第二,先教后杀。周公认为在教与罚并用的情况下,应先行以教化,给过失犯罪者一个改过的机会。经过教化仍然不悔改者,则为故犯。对屡教不改者,必须以刑罚进行惩处以去恶。此外,对不同的部族,周人也以尊重习俗为由而实施不同的刑罚。比如,在周三人以上聚集饮酒为"群饮"。周公认为,商人酷爱饮酒,以致丧国,周人应当以此为戒。所以周王朝严禁本族人"群饮",若经过反复教育,仍不改者,则允许将群饮者押送官府,予以严刑惩罚,即"尽执拘以归于周，予其杀"。对群饮者施以重刑的前提条件是，一是因为王朝三令五申，群饮危及政权，但仍有不从法令、明知故犯者；二是这一禁令在周族中实施格外严格。对于商人群饮，沉"湎于酒"，周公则认为"勿庸杀之，姑惟教之"。因为商人好酒，有群饮的习惯，他们本族不以群饮为罪，所以当商人群饮时，不必施以重刑，而只施以教化。

第三，给贵族以特权，在同族中以教化为主；对异部落，尤其是敌对者则多以刑罚威慑之。周公认为有功于国者，在法律上自然应享有特殊的权利。安抚同族，意在避免商末刑戮大臣以致众叛亲离的局面重演。既然在用刑上给同族人以各种宽宥，所以教化便成为周公对内统治的主要手段。

第四，关怀弱者，缓和或弱化社会矛盾。周公在诰誓中，反复告诫统治者对民众要像对待婴孩那样耐心呵护，耐心教诲，即"保民若保赤子"，对民要"胥训告，胥保惠，胥教诲"。"明德慎罚"的主导思想，将以众暴寡、以强凌弱视为统治者缺德的表现，是最大的罪恶。这种思想，将统治者与"民"视为尊卑有序的共同体，而非对立者。

（5）周公对传统法律思想的影响

中国法思想的许多特征始于周公，其中学术思想所衍生出的价值观更是流传至今，中国人习惯以"有礼"、"无礼"判断人之善恶。在社会舆论中"无礼"、"缺德"甚至比犯罪更令人不齿。在中国古代社会中，周公是政治家的楷模，周公的思想，尤其被儒家理论化了的周公思想被奉为万世"经典"。

周公对中国古代法思想的奠基作用可归纳为以下几点。

第一，创立纳德、礼（包括法）、教、罚为一体的"综合"治理体系，奠定礼法"共同体"的基础。

周公的"礼治"体系确实是一个综合的体系，德、礼、教、罚都是这个体系中的有机组成部分。将礼与法、教与刑划分为两个不同的范畴，甚至作为两种对立的治国方法是春秋之后的事。但是，无论是儒家主张的德、礼、教，还是法家强调的法与刑，在周公礼治体系中都能找到源头。《礼记·经解》释"礼"："礼之于正国也，犹权衡之于轻重也；绳墨之于曲直也；规矩之于方圆也。"而这个"礼"的解释与齐法家的"法"观念几乎相同。齐法家释"法"为

"尺寸也，绳墨也，规矩也，衡石也，斗斛也，角量也"①。其实，无论是法家，还是儒家，他们的主张都是弘扬了周公思想的一个方面。正因为两者思想的同源，在其后的发展中才得以顺利地"合流"。汉代之后，"隆礼至法"的法律体系，虽与周公综合治理的礼治体系有了很大的区别，但礼法组成"共同体"的这一模式不能不说是效法了周公的礼治模式。

第二，注重对刑罚负作用的控制。

与"教"相比，周公认为"刑"或"罚"是一柄双刃剑。夏商之亡，无不与统治者大开杀戒、滥用刑罚有关。周公对过度用"刑"可能导致的社会矛盾的激化、统治者失去民心，并由此失去天下有着清醒的认识。所以周公强调"教"应是治理天下的主要手段。但是，周公摄政期间，天下并不太平。殷遗民的反抗，周边方国的背叛，周族内部的权力之争，这些都不是采用"教"这种和缓的手段可以解决的。因此，周公在主张"教"时，并不放弃"刑"，只是格外强调"慎刑"、"慎罚"，力图做到用严谨的态度，准确适度的"中罚"手段，将刑的负作用控制在最小的范围内。

由于对"刑"的慎重，周公几乎在每篇诰命中都告诫统治者要"敬刑"，并不厌其烦地告之用刑的原则、方法和条件。以致有人误认为"读《尚书·大诰》以及《多士》、《多方》、《康诰》、《洒诰》等诸篇，更觉周人开国气象中，肃杀之威，多于宽厚之德"，"（周）用严刑峻罚来部勒全民"。② 其实，周公喋喋不休地论刑，有其良苦用心。因为用刑得其"中"，在实践中实在不是一件易事，所以才不得不几乎篇篇都有"刑之用"的论述。

周公的思想为后世儒家所继承，也为全社会广泛认可。"刑"在人们的观念中确实成为一种治国下策，即不得已而用之的手段。这种思想在正史的《刑法志》中均有所反映。

第三，"德"成为人们的精神追求和预防犯罪的防线。

在周公思想体系中，"德"被强调并与天命相连，经儒家弘扬，也成为中国人的人生价值取向。中国人对道德的崇尚并不亚于西方对上帝的信仰。直到今

---

① 《管子·士法》。
② 徐道邻著《中国法制史论集》，引萧公权、沈伯刚文，台北：志文出版社，1975年版，第21页。

天，中国人对错误或罪行最严厉的谴责词仍然是"缺德"二字。

周公之"德"，有统治者之德，如"怀保小民"、扶持弱者、处事公平、勤勉为政等等。但"德之说"不只是对统治者而言，它还具有普遍性，这就是每一个人所应有之德，如对父母的孝敬、对兄弟族人的友爱等等。"不孝不友"在周公看来是最不可饶恕的大罪。① 汉之后，在儒家思想的指导下，中国社会中以实践忠、孝、节、义作为毕生追求者大有人在。对道德的追求，虽然有时不免与法的规范发生抵触，如为亲复仇、为义试法等等，但就总体而言，礼仪之邦对道德的推崇，是有利于预防犯罪并改造罪犯的。

(三) 春秋战国诸子有关"天命"思想的继承与改造

公元前770年，周平王因宗室衰微而东迁洛阳，拉开了五百余年春秋战国史的序幕、公元前221年兴起于西陲的秦国统一了天下，结束了春秋战国的动荡，建立了有别于夏商周分封制的统一的中央集权制。

五百余年的春秋战国史，是社会生产力空前提高、天子大权不断旁落的历史。西周末年，铁器被大规模地运用于生产当中，以石器为生产工具而无力开垦的荒地由于铁器的使用而得到大量开垦。这种新被开垦出来的荒地，与国家分封的"公田"相对，称为"私田"。私田的出现突破了"普天之下莫非王土"的西周土地国有制，成为新的社会力量与阶层的生长土壤。被分封的诸侯、大夫在私自开垦的私田上，成为贵族地主，可以不再只依赖天子的封地而维系国力；一部分运用铁器生产而有了私田的下层贵族士和平民，也成为庶族地主。私田培育了依靠租税而富足并日益强大的地主和自给自足的农民。私田上产生的地主与农民，相对于传统的贵族与奴隶而言，是一种新生的社会阶层和力量。新的社会力量日益壮大，周天子"天下宗主"的地位动摇，天子的权力先失落于诸侯，形成春秋五霸"挟天子以令诸侯"；再失落于大夫，形成战国七雄逐鹿中原，混一天下。

天子失势，列国竞相兼并，这种竞争的局面使封国的国君们求贤若渴，不拘一格地收揽人才，以期能在激烈的兼并中自保或进而兼并天下。不同阶层及利益集团也在寻找着自己的利益代言人，表达自己的政治诉求。在社会、国家迫

---

① 参见《尚书·康诰》。

切寻找出路的情形下，持有不同主张的思想家、政治家、学者纷纷著书立说，阐明主张，于是春秋战国时期出现了"百家争鸣"的局面，这一时期也被视为学术思想发展的黄金时代。即使现在，我们在研究天人关系、名实关系、义利关系、人性善恶、伦理道德等问题时也必然要在春秋战国诸子学说中寻找宝藏。

法是春秋战国时期的政治家、思想家都十分关注的问题。汉初，史学家司马谈将先秦诸学归纳为阴阳、儒、墨、名、法、道德(道)六家，①每一家都从不同的角度对法进行了阐述。在儒、道等家的学说中，夏、商、西周崇尚的"天"离人间世俗渐行渐远，神权法时代有着喜怒哀乐人格化或拟人化的宗教意义上的天，逐渐转化为哲学意义上的自然之天。但墨家却尽了最大的努力，固守着神权法时代的法思想遗产——法是天意的产物。秦汉之后，神权法时代的天通过墨子的保留而与诸子的自然之天合二为一，中国人对天的信仰转化为一种"非"宗教化或"准"宗教化的信念。

1. 春秋战国诸子关于"天"与法的论述

当西周统治者将人之"德"作为获取天命的前提条件时，人们对天的情感就已然发生了变化，夏商对天无条件地服从，转化为天与民意的并重，对"天"或"帝"宗教般的绝对崇拜动摇了，而春秋战国在意识形态中则继续了这一发展趋势。

(1) 儒家合宗教与自然为一体的"天"

有关先秦儒家的法思想体系，本书将在下一节中详细介绍，②本节只介绍儒家对于"天"的认识。

儒学是春秋战国时期的"显学"，对中国学术思想与社会主流价值观影响最为广泛而深远。儒家自形成之日起，对天的态度就是敬而远之的。孔子盛赞尧时谈到天："唯天为大，唯尧则之。"上天的法则，只有尧能成功地仿效、遵守并将其制定为人类的规章。③那么，什么是上天的法则呢？上天的法则又是怎样传递给尧的呢？孔子说："天何言哉？四时行焉，百物生焉。天何言

---

① 参见《史记·太史公自序》。
② 参见本书"二、先秦儒家以人性善为基础的法律理想主义"。
③ 《论语·泰伯》："大哉尧之为君也！巍巍乎！唯天为大，唯尧则之。荡荡乎，民无能名焉。巍巍乎其有成功也，焕乎其有文章。"

哉？"①要注意，这是孔子在回答子贡的提问。当时的场景是，孔子说："我不想再说什么了。"子贡问："您不说，学生们怎么理解和传承呢？"孔子就说了上述的话作为回答。其大意为：难道天说过什么吗？四季运行，万物生长，天说过什么吗？如果我们只看"唯天为大，唯尧则之"一语，可以理解孔子对天的理解尚未完全跳出夏、商、西周的窠臼，但联系"天何言哉"一段看，则可以完整地理解孔子已经开始更多地将天视为体现不可抗拒的自然规律之天，而非夏、商、西周时期有意志、有喜怒的拟人化的天。在孔子的思想体系中，人格意义上的天与哲学意义上的天是并存的。孔子这种宗教意义与哲学意义并存的天被后世儒家继承，这就是汉代董仲舒的"天人感应"之说。

儒学重在继承西周初期周公重民的思想，与天及诸神日益疏远，其表现有二。一是，孔子断言天意、天法只有尧能体悟、遵循；后世敬天，只能通过效法先王来实现。而先王之道在重民心。所以孔子在回答季路如何侍奉鬼神的问题时说："未能事人，焉能事鬼？"②对不知道的事情，不肯定也不否定，这正反映了儒家实事求是的智慧。樊迟曾问孔子什么是智慧，孔子说：努力服务于民众，对鬼神敬而远之。③二是，与敬天相比，儒家更强调敬祖。这也许是农业社会注重经验的结果。儒家推崇的礼治，强调的就是继承弘扬祖先之德，遵守祖宗之法。所以说，自孔子以来，儒家学说与天渐行渐远。战国时期的荀子明言："天行有常，不为尧存，不为桀亡。"④可见荀子思想中的"天"已经完全是自然意义上的天了。宋代大儒朱熹则以"理"注释"天"。虽然这种注释因为违背了儒家"知之为知之，不知为不知"的原则而遭到许多儒生的反对，他们认为可以"祷（祭祀）于天"，无法"祷（祭祀）于理"。但由此也说明了天在儒家思想体系中的地位和发展过程——其从未完全摆脱原始的人格化之神的羁绊，

---

① 《论语·阳货》。
② 《论语·先进》。
③ 《论语·雍也》："樊迟问知。子曰：'务民之义，敬鬼神而远之，可谓知矣。'"
④ 参见《荀子·天论》。荀子的学派归属在学界有争论。有人认为荀子赞扬商鞅变法后的秦国，主张法后王，又有著名的法家学生韩非、李斯，故以为荀子为法家。见章诗同注《荀子简注》，上海：上海人民出版社，1974年版。笔者的观点从司马迁《史记》之说。《史记》卷七十四，以孟子、荀子同传，并言荀子推崇儒墨。荀子虽然在对天、人性等认识上与孔、孟有所不同，但在为政的主张上大致相同。

但其自然化、理性化、非人格化的成分却在日益增加。①

（2）阴阳家的天象与法

阴阳家，或称阴阳五行家是战国时的一个重要学派。代表人物是邹衍（约公元前305—前240年）。据《汉书·艺文志》载，阴阳家由古代掌管天文历法的官职演变而来。阴阳家以阴阳五行的演变解释"天象"等自然界的变化，并以此附会人类社会的政治。

"阴阳"是中国古代哲学的基本范畴，也是古人用来表示普遍存在的两种互相对立又互相依赖，并不断发展变化的事物规律，如天地、日月、昼夜、寒暑、水火、雄雌、男女等等。自然界的一切无不由阴阳组成，无不由阴阳变化衍生。五行指土、木、金、火、水，古人认为此五种物质是构成万物的基本元素，这五种元素的变化，是相生相克的，即"相生相胜"。配以阴阳二气，五行的"消长"变化，使自然界有规律地变化，"运行有常"，诸如春生夏长、秋收冬藏等等。若阴阳五行运行不畅，就会出现天灾，诸如"阳伏而不能出，阴迫而不能蒸，于是有地震"②等等。

邹衍创立的阴阳家将人类社会的祸福、王朝的兴替，亦用阴阳五行的变化加以解释，于是形成了"五德终始说"③。"五德终始"学说的主要内容是认为与自然界五行相对应的人类社会中有"五德"，其也处在不断的相互消长、相生相胜的有规律变化之中。邹衍以此说解释了舜、夏、商、周的兴替："五德从所不胜，虞土、夏木、殷金、周火。"④即舜有土德，而夏有木德，与自然界中木克土相对应，夏代舜而成为统治者；商为金德，金克木，故夏为商所灭；周有火德，火克金，故商为周所灭。这种五德终始的理论，给王朝的兴衰赋予了神秘的宿命色彩，也为新建王朝赋予了合法性，因而深受统治者的赞赏。秦始皇统一天下，按照五德相胜之说，自认为有"水德"，故能代周，因为水能灭火。⑤每当王朝兴替之际，新建王朝莫不依据"五德终始"的理论证明旧王朝气数已尽，新王朝应运而生。

---

① 参见李泽厚著《论语今读》，合肥：安徽文艺出版社，1998年版，第89页。
② 《国语·周语》。
③ 《吕氏春秋·应同》。
④ 李善注引邹子语《文选·卷六·故安陆昭王碑》。
⑤ 参见《史记·秦始皇纪》。

就法思想而言，阴阳家主张的"时令说"与"谴告说"都为后世主流思想吸收，汉以后阴阳家的学说成为主流思想家解释"君为臣纲、父为子纲、夫为妇纲"的三纲及君主至上、德主刑辅的有力依据。

"时令说"。阴阳家将为政的方式——德与刑附会于阳与阴，德为阳，刑为阴。并告诫统治者应顺应天地四时阴阳的变化而或用德政，或用刑治，不可逆时而动。反映阴阳家思想的《礼记·月令》这样因时安排了统治者的"政务"：春季是阳气长、阴气消之始，万物复苏。统治者应行"春令"应合阴阳五行的变化。在春季须行德政，以助阳气。此时应禁止杀伐，不动土木，多行庆赏教化，使百姓能体察到上天的好生之德与统治者的仁慈之心。即使对罪犯也要怀有怜悯体恤之心："命有司省囹圄，去桎梏，毋肆掠，止狱讼。"夏季阳盛阴衰，万物生长，应行"夏令"并持续春季的德政，赦免小罪，缓决重囚。"百官静事毋刑，以定晏阴之所成。"即百官应静守其职，毋动刑罚，以稳定阴阳的变化。秋季阴气长，阳气消，故万物萧瑟，有肃杀之气，统治者应行"秋令"以合阴阳五行的变化。在秋季须以阴助阳，以刑辅德，故应"命有司修法制，缮囹圄，具桎梏，禁止奸，慎罪邪，务搏执。命理瞻伤，察创、视折、审断。决狱讼，必端平。戮有罪，严断刑"。并"申严百刑，斩杀必当"。以刑杀应上天肃杀之气，确立统治者的权威。冬季阴盛阳衰，应行"冬令"，保持威严，对犯罪者严惩不贷。后人总结阴阳家的为政原则为：春夏以庆赏，秋冬以刑罚。而主流法思想中的"司法时令说"与汉之后形成的"司法时令制"直接导源于此。

"谴告说"。如果统治者逆"时令"而动，阴阳就会失调，五行变化就会出现混乱，自然界就会发生灾异。如此一来，自然界中的灾异就变成了上天对人类、尤其是对帝王的警告和惩罚。如《月令》记："季春行冬令，则寒气时发，草木皆肃，国有大恐；行夏令，则民多疾疫，时雨不降，山林不收；行秋令，则天多沉阴，淫雨早降，兵革并起"，等等。灾异谴告具有神秘的色彩，但是其对日益强大起来的君权毕竟是一种制约的力量。

严格地说，阴阳五行家的学说中没有上天崇拜的思想，其所言大都是自然界的现象，即"天象"。阴阳家认为"天象"体现的是一种变化规律，这种规律不可抗拒，但可以顺应。认识并顺应了这种规律，政权就可以长久，人生就可以圆满。所以在阴阳五行家的思想体系中，人类社会中的法，也是人类根据自然变化而制定出的"忌讳"，而并非天意的产物。如春夏生长季节，不要入山猎杀交配怀孕的鸟兽,不要砍伐新生的草木;君王要避免杀人用刑,以破坏自然界正在生长的阳气,如此等等。由于天象变化不易掌握,所以司马谈认为阴阳家:

"太详而众忌讳,使人拘而多畏。然其序四时之大顺,不可失也。"

司马迁解释道:

"夫阴阳、四时、八位、十二度、二十四节,各有教令,顺之者昌,逆之者不死则亡,未必然也,故曰'使人拘而多畏'。夫春生夏长,秋收冬藏,此天道之大经也,弗顺则无以为天下纲纪,故曰'四时之大顺,不可失也'。"①

较之于儒家的思想,在宗教与自然两者之间阴阳家更为倾向于天的自然属性。所以司马迁竟然敢说阴阳家之论"未必然也",即使有时违反了时令,也未必就会受到严重惩罚。但是,也正是由于阴阳五行变化的难以把握,使一些人"拘而多畏",以为"天象"之后必有神灵左右,故而易陷入"荒诞不经"的泥淖。

(3)道家、法家

道家与法家是两个大不相同却又联系紧密的学派,一个主张消极无为,一个主张积极有为。关于这两个学派对法思想的贡献将在后文中详述。②本处只归纳、分析道家、法家对天与法的认识。在对天与法的认识上,道、法两家有着异曲同工之妙。

先说道家。道家的思想体系中人格意义上的"天"基本是不存在的。不仅如此,道家进一步将天视为与人相同的"自然"之产物:"域中有四大,而人居其一焉。人法地,地法天,天法道,道法自然。"③可见,道家的天之上,尚有"道"。那么道家始祖老子的道又是什么呢? 老子说,虽然"道"先天地而

---

① 《史记·太史公自序》。
② 参见本书"三、法家以人性'好利恶害'为基础的法律工具主义"及"四、以道家与黄老学派为中心的法律自然主义"。
③ 《老子·二十五章》。

生,为万物之母,但却无法用语言来描述或定义,因为"道,可道,非常道"[①]。用"道"来表达它也是不得已的事情,因为"吾不知其名,字之曰道"[②]。但道家的这个无所不能、无处无时不在的道,却没有喜怒哀乐,也没有监督下界君王的职责,更没有对人们善恶进行奖惩的功能。它只是按照自己的规律"独立不改,周行而不息"[③]。因此,所谓的道,就是自然,就是自然运行的规律。有学者言,道家的自然之道,"不仅使天帝退位,也使'鬼'、'神'无灵"。[④]神权法时代至高无上的天,在老子的思想体系中成了"以万物为刍狗"的自然。而能够体察天道的圣人,也不应该是有着仁慈之心的人。与儒家不同,道家的"圣人"是顺其自然"以百姓为刍狗"的智者,[⑤]其"处无为之事,行不言之教"[⑥]。一切当生则生,当灭则灭,这就是自然之道、天地之道和圣人之道。在道家看来,世间万物的生长消亡,都是由道衍生出的规律决定的。道生万物、亡万物都不是有意识的作为,它只是一种"独立而不改,周行而不息"的运行规律的必然结果。道无所谓善与恶,因为它无私无欲,有的只是长久不衰的运行规律。人类法则应该是道或自然的产物,而不是上天或假天之名而立的法度。产生于自然的自然之法,是人类无法也不必要更改的,君主只要按照道的规律治理国家,就能达到最佳的统治境界;人类只要按照道的规律生活,就能达到最佳的生活境界。法生于道或自然,才能长久。而继承了老子思想的庄子,更是将人为的制度视为人体上多余的"骈拇枝指"[⑦]。道家否定了法来源于至高无上并有着善恶观的拟人化的天,同时也就否定了统治者具有立法权的正当。这在当时是难能可贵的思想。

另外需要说明的是,许多"中国法律思想史"的教材,将道家的理想国"小国寡民"简单地理解为倒退到氏族部落时代,其实不然。道家认为"小国寡

---

① 《老子·一章》。
② 《老子·二十五章》。
③ 《老子·二十五章》:"有物混成,先天地生。寂兮寥兮,独立不改,周行而不殆。可以为天下母。吾不知其名,字之曰道,强为之名曰大。"
④ 参见詹剑锋著《老子其人其书及其道论》,武汉:湖北人民出版社,1982年,第222—226页。
⑤ 《老子·五章》:"天地不仁,以万物为刍狗;圣人不仁,以百姓为刍狗。"
⑥ 《老子·二章》。
⑦ 《庄子·骈拇》。

民"是一种自然的生活状态,其中蕴含了人类幸福安宁的生活之"道"。 与氏族部落不同,道家的"小国寡民"并非因为生产力限制而无法达到物质生活的满足和丰富,而是为了守道,自觉地摒弃了多余的物质享乐。 即老子所言:

"使有什伯之器而不用,使民重死不远徙。虽有舟舆,无所乘之;虽有甲兵,无所陈之。使人复结绳而用之。甘其食,美其服,安其居,乐其俗。邻国相望,鸡犬之声相闻,民至老死不相往来。"①

冯友兰认为这样的理想国"包含有野蛮之文明境界",即在发展中,人类保有道的精神及不脱离道的生活。 所谓"大文明若野蛮"。② 许多学者由此认为,道家思想中有着民主的因素并具有后现代主义的"先见"之明。

再说法家,法家与道家有着很深的思想渊源。《史记》将老子与韩非同传,并言:韩非"喜刑名法术之学,而其归本于黄老"。③ 说韩非"归本于黄老",是因为韩非与黄老思想有着许多类似的生活态度。 老子之法"不尚繁华,清简无为,君臣自正。"韩非则"诋驳浮淫",主张"法制无私,而名实相称"。④ 其实,更为重要的是,韩非写的《解老》、《喻老》肯定了老子之说。 而《解老》可以说是中国历史上第一篇研究道家的论著。 法家几乎完全肯定了道家的德、道观,即将天视为自然之天而非宗教之天。 此外,法家那种只问成败、不问是非的历史发展观似乎也与道家只言规律、不论善恶的思想有着联系,历史上有许多学者将法家的刻薄寡恩归咎于道家"天地不仁"、"圣人不仁"思想的影响。 与道家论道时那种似乎只能意会、无法言传的神秘性相比,法家的学说可以说是更进一步地脱离了神权法思想的藩篱。 所以,法家在论述法的时候是脱离了天与神明的,甚至脱离了祖先。 法家注重的只是法的功效,并不在

---

① 《老子·八十章》。
② 参见冯友兰著《三松堂全集·第二卷:中国哲学史(上册)》,第182页。
③ 《史记·老子韩非传》。
④ 《史记·老子韩非传》索引。

乎它的来源与正当性。法家的早期代表人物子产①就明确提出过："天道远，人道迩，非所及也，何以知之？"②子产任郑国的执政时，破天荒地将刑书铸于鼎上，这一公布法律的行为，结束了神权法时代法律"不可知"的秘密状态，开启了中国的成文法时代。进行这样一个翻天覆地的变革，子产没有顾忌到天的喜怒，甚至没有顾忌到祖宗的法度，他直言自己只是为了"救世"。③至此，法家之法脱去了天意的神秘外衣，成为现实社会中君主治国的手段。在法家的代表人物商鞅、韩非的著作中，法就是人类社会历史发展的必然产物，是人类社会特有的制度。立法与时势有关，与不同地区不同的习俗有关，但与天、与神却没有关系。

2. 墨家对"天志"、"鬼神"之法的墨守

在上一题目中，笔者之所以没有言及墨子，是因为在天地鬼神观方面，墨子不像春秋战国时其他各家那样正在或已经脱离了传统的束缚，而是一个典型的"墨守成规"的学派。在春秋战国诸子百家对传统的天纷纷质疑或重新阐释时，墨子及其创立的学派却忠实地继承了神权法时代的法思想。

墨家是春秋末战国初期以墨翟即墨子（约公元前490—前403年）为创始人的一个学派，墨子出身于平民，精通手工艺，自称"贱人"。④墨子早年师从儒家，史载墨子"学儒者之业，受孔子之术"。⑤后来，墨子认为儒家所崇尚的周礼过于"烦扰"，因此"背周道而用夏政"，⑥创立了墨家学派。从某种意义上说，墨家是最早提出反对"礼治"并与儒学对立的一个学派。孟子说："杨、墨之道不息，孔子之道不著。"⑦说明墨子的影响在当时并不逊于孔子。而韩非直

---

① 子产是春秋时期的政治家，其为政曾受到过孔子的赞扬，但其"铸刑鼎"、公布法律之举也受到过贵族叔向的指责。子产的思想与为政主张归属于春秋战国时期哪一家，在学界有不同的主张。笔者从学界之"通说"，将其归为早期法家。另外，就对"天"的认识而言，子产的主张也更接近法家。

② 《左传·昭公十八年》。

③ 《左传·昭公六年》记子产铸刑鼎，叔向致信子产，责其违背祖制和礼制，子产复信辩解："侨不才，不能及子孙，吾以救世也。"

④ 参见《墨子·贵义》。

⑤ 《淮南子·要略训》。

⑥ 《淮南子·要略训》。

⑦ 《孟子·滕文公》。

接将儒、墨并称为"显学"。① 墨家的著作现存《墨子》五十三篇,据专家考证其中有些篇目为墨子本人撰写,有的篇目则是墨子门生及后世墨者所述,其中也掺杂了极少儒、道之学说,比如《亲士》为道家之说,《修身》为儒家之言。

墨家认为自己所处的时代是一个以强凌弱、以众暴寡、以富侮贫、以贵傲贱的大乱之世。而天下大乱的原因在于人们怀疑上天,不信鬼神。颇有些类似现代人批评社会"信仰失落"的意味。墨子给世人开出的救世良方,是不仅要崇尚天与鬼神,而且要相信天与鬼神是有意志的,能惩恶扬善的。所以,墨子给世人开出的救世良方是重树传统的天、帝、鬼、神的信仰。对于法,墨子受西周或儒家影响,也许是鉴于当时各国的变法已然使法脱离了天的掌控,失去了神圣性,所以墨子注意到"法之善恶"的区别,提出了"法不仁不可以为法"②的命题。墨子的"仁法"(善法)是上天所赐之法,是教人"相爱相利"之法;是禁止人们"相恶相贼"之法;是制止战争、犯罪,教人和睦之法。墨家将天与鬼神信仰的缺失视为天下大乱的原因,这在先秦诸子中是独一无二的。

(1) 关于"天"

墨子对神权法时代人们所信仰的拟人化的至上之神——天的存在确信不疑,在上天面前,人人平等,是墨子思想中最为可贵之处。墨子说:"天下无大小国,皆天之邑也;人无长幼贵贱,皆天之臣也。"③这也是许多学者认为墨子的学说带有浓厚的宗教色彩的原因。墨子有关"天"的信仰,多来源于夏与西周。墨家认为天是公正无私的,是有喜怒哀乐并明辨是非善恶的。墨子言:天喜欢有"义"之人,而厌恶"不义"之人;④希望人们"相爱相利",而不喜欢人们"相恶相贼"。⑤墨子坚信无所不能的天,对于"从其所欲"(即按天意行事)的人会加以奖赏,而对于不从其所欲的人(不按天意行事)会降临惩罚。⑥

在《天志》中,墨子列举夏、商、周三代兴替之事,认为圣王能体察天意,

---

① 参见《韩非子·显学》。
② 《墨子·法仪》。
③ 《墨子·法仪》。
④ 《墨子·天志》:"然则天亦何欲何恶? 天欲义而恶不义。"
⑤ 参见《墨子·法仪》。
⑥ 《墨子·天志》:"顺天意者,兼相爱,交相利,必得赏;反天意者,别相恶,交相贼,必得罚。"

顺从天意，所以能得天下。而亡夏的夏桀、亡商的商纣、亡周的幽王、厉王都是因为违背天意，而遭到天罚的。他甚至代天写下了"赏罚书"，他说兴夏、商、周的圣王大禹、商汤、文王、武王正是因为上天的垂青才获得了天下：

"上敬天，中事鬼神，下爱人，故天意曰：'此之我所爱，兼而爱之；我所利，兼而利之。爱人者此为博焉，利人者此为厚焉。'故使贵为天子，富有天下，业万世子孙，传称其善，方施天下，至今称之，谓之圣王。"

而桀、纣、幽、厉失天下是因为：

"上诟天，中诟鬼，下贱人，故天意曰：'此之我所爱，别而恶之；我所利，交而贱之。恶人者此为之博也，贱人者此为之厚也。'故使不得其寿，不殁其世，至今毁之，谓之暴王。"①

由此可见，墨子的"天"，至高无上，有欲有恶，奖善罚恶。墨子论天，基本是周公思想的延续，或可说是老生常谈。但其思想的可贵处在于，破除了宗法制等级的约束，认为上天面前，人人平等。也许这正是中国优秀文化"人命关天"思想之渊源。

(2) 关于鬼神

墨子不仅继承了夏商周对天的崇拜，而且也继承了对鬼神的敬畏。在《明鬼》中，墨子直截了当地痛斥那些不信鬼神即"执无鬼者"的言论，并认为不信鬼神是天下混乱的原因：

"今执无鬼者曰'鬼神者，固无有'。旦暮以教诲乎天下，疑天下之众，使天下之众皆疑惑乎鬼神有无之别，是以天下乱。"②

墨子认为鬼神不仅存在，而且能赏贤罚暴，安定天下。墨子言："尽若天

---

① 《墨子·天志》。
② 《墨子·明鬼》。

下之人，皆信鬼神之能赏贤而罚暴也，则夫天下其乱哉？"①墨子所言的鬼神，是多种多样的。在《明鬼》中，墨子举了一个例子，说明鬼神的存在：周宣王冤杀其臣子杜伯。临刑前，杜伯说，我是无罪的。若死后无知（鬼神不存在）也就罢了，但若有鬼神，我死后有知，不出三年我一定会让你知道我是冤枉的。三年后，周宣王在一次与诸侯的田猎中被杜伯鬼魂射杀，这件事被当时人称为"鬼神之诛"，记载在了周的《春秋》（史书）上。君告诫其臣，父训诫其子："戒之慎之，凡杀不辜者，其得不祥，鬼神之诛，若此之憯速也。"意思是说，一定要以此为戒，谨慎用刑。凡冤杀无罪之人，一定不祥，鬼神的报应是这样的悲惨迅速。为使人们畏惧鬼神，行善远恶，墨子在《明鬼》中举了许多这样的例子，这些在今人眼中荒诞不经的"故事"却影响了中国数千年。至今中国社会的鬼神信仰中都有着墨家思想的影子。

(3) 关于法

墨子明言圣王死后，"天下失义"，诸侯不知以天意与鬼神的信仰匡正时弊，反而企图以"力正"天下，即以武力兼并其他国家，以暴力统治人民。"力正"的结果是导致诸侯国战争不断，战争造成人与人的相恶相贼，这正是人世间的"巨恶"。墨子也是以法救世论者，但与法家的"法"不同，墨家强调法的善恶，认为救世的法一定是善法，而善法一定是统一于上天之意的法。在《法仪》中，墨子认为父母不可立法，学者不可立法，君主也不可立法。因为在众多的父母、学者、君主中并没有多少心存仁义的人，而缺乏仁义的法是不能称之为"法"的，"法不仁不可以为法"是墨子法思想中最有价值之处。对法之善恶的追问，将法与正义密切联系在一起。但是，善法，也就是墨子说的"仁法"究竟出自何处？墨子的回答是保守的，其与夏、商、西周神权法的回答一脉相承。墨子坚信仁法的唯一来源是天，我们姑且将墨子信仰的这种仁法称为"天法"，墨子言："天之行广而无私，其施厚而不德，其明久而不衰，故圣王法

---

① 《墨子·明鬼》。

之。"无私而公正、给予而不图回报、恒久而不变是墨子对天法特点的概括。①

与夏、商、西周神权法思想略有不同的是，墨子的天法是通过"圣人"而在人间确立的。圣人不只是代天行罚，而且代天立法。《墨子·兼爱》中说到圣人代天立法的缘由：圣人肩负着治理天下的使命，若要治天下就不可不考察天下大乱的原因。圣人认为，天下之乱缘于人们的"不相爱"，《墨子》的原文是这样的：

"圣人以治天下为事者也，不可不察乱之所自起，当察乱何自起？起不相爱。"

不相爱与天意、天法背道而驰，是各种祸乱之因：父子兄弟不相爱，家庭不和；君臣不相爱，国家混乱；诸侯国之间不相爱，战争四起。社会上的犯罪行为，同样是不相爱的结果：偷盗的人只知自家的利益而不爱惜别人家的利益，所以去偷别人家的东西；杀人越货的人只知爱惜自己的生命和财产而不知爱护他人，所以才去杀人越货。②总之，天下所有的"乱"无不起源于人们的"不相爱"。止乱的根本出路，墨家认为在于使"天下兼相爱，爱人若爱其身"，即大家互相友爱，像爱护自己一样爱护他人——这正是天意的要求，圣人的教导，法律所应该体现的。

如何建立"相爱相利"的仁法。首先，墨家认为天子应该体察天意，遵循圣人的教导：

---

① 《墨子·法仪》原文为："子墨子曰：天下从事者，不可以无法仪；无法仪而其事能成者，无有也。""然则奚以为治法而可？当皆法其父母，奚若？天下之为父母者众，而仁者寡。若皆法其父母，此法不仁也。法不仁不可以为法。当皆法其学，奚若？天下之为学者众，而仁者寡。若皆法其学，此法不仁也。法不仁不可以为法。当皆法其君，奚若？天下之为君者众，而仁者寡。若皆法其君，此法不仁也。法不仁不可以为法。故父母、学、君三者，莫可以为治法。然则奚以为治法而可？故曰莫若法天。天之行广而无私，其施厚而不德，其明久而不衰，故圣王法之。"

② 《墨子·兼爱》："虽至天下之为盗贼者亦然，盗爱其室不爱其异室，故窃异室以利其室；贼爱其身不爱人，故贼人以利其身。"

"以天为法,动作有为,必度于天。天之所欲则为之,天之所不欲则止。"①

其次,墨家认为天子"以天为法",而臣民则应以天子为法:

"凡国之万民,上同乎天子,而不敢下比。天子之所是,亦必是之,天子之所非,亦必非之。"②

再次,在法律的具体实施中,墨家强调以公正来体现"天志",威慑犯罪。墨家的"公正"主要体现为"刑罪相抵",包含四个方面的内容。第一,"杀人者死,伤人者刑"。秦惠王时,墨家巨子(首领)腹䵍的儿子杀了人,秦惠王以腹䵍年迈为由而赦免其子,但腹䵍却以"墨者之法:杀人者死,伤人者刑"③为由而拒绝了秦惠王的好意,按墨家之法处死了自己的儿子。第二,"杀盗人,非杀人"。④在墨家看来,"盗人"窃取他人的劳动成果,亏人自利,违背了"兼相爱,交相利"的天意天法,实为罪人,所以"杀盗人"与杀人不同,其并不是犯罪。第三,赏罚公正,不因为私情而曲法,即"勿有亲戚弟兄之所阿"⑤。第四,虽有不良言行危害了社会,但法律没有明文规定这种言行为罪,则应依法断为无罪,即"罪不在禁,惟害无罪"⑥。这种主张颇有"罪行法定"的意味,对于限制统治者滥用刑罚、随意出入人罪有着积极的作用。

墨家是春秋战国最为保守夏、商、西周"天命"、"天罚"观的学派,他们的法思想也与西周一脉相承,但同时由于当时的社会变化与墨子的社会地位,也决定了墨家的天之观念必有不同于以往之处。首先,墨家学说更具有宗教性,对天、鬼神、天法的阐释较以往更有体系。其次,墨家提出了上天面前人人平等的思想。这种有着喜怒哀乐的拟人化的至上神,在商代是一族(商族)一人(商王)的保护者,在西周是身负天命者(有德者)的保护者,而在墨家的学说

---

① 《墨子·法仪》。
② 《墨子·尚同》。
③ 《吕氏春秋·去私》。
④ 《墨子·小取》。
⑤ 《墨子·兼爱》。
⑥ 《墨子·经说》。

中则成为天下人的保护者。第三,在墨子的法主张中,天意、天法、圣人之教对君权形成了强有力的制约。在墨子的法学说中,法的善恶是最应该注重的事情,体现天意的法方能称之为法,天是最终的立法者。天子的言行,在天的掌控中:"天子为善,天必赏之;天子为恶,天必罚之"①。"鬼神之诛"有力地制约了统治者滥杀无辜和发动战争。保守而平等、主张约束君权也许正是墨家无法登入庙堂,只能流传于民间社会的原因。

(四) 中国社会的"天治主义"与天之信念

以往的中国法思想研究,较少关注古代社会天、鬼神信仰与法律的关系。这其中的原因也许有两点:一是因为受到资料的限制,语焉不详是不得已的事。二是因为受到儒家不言怪力乱神、对天与鬼神敬而远之态度的影响。自春秋后,天与鬼神的信仰退出主流社会的价值观,学界因而没有给予足够的关注。近来有学者参照西方宗教与法律关系的模式,将中华文明缺乏宗教视为传统法律的痼疾,并将现实中法律不如人意之处也归咎为缺乏"法律信仰"的传统。为正本清源,笔者对中国神权法时代的法思想进行了上述的梳理,在此将主要观点归纳如下:

(1) 夏商时期,中国进入了神权法时代,出现了至上人格神——天或帝。王的权力是天之所赐,人间的法度是天之所立。商人以祖配天,天、祖并祭,以血缘作为获取天命的依据,当时人们对天与鬼神的信仰是无条件的。商人的天、祖并祭,为中国式的神权崇拜——天与鬼神并存共敬的模式奠定了基础。周初为解释天命由商而转移到周,提出了以德配天的思想,将人的品格作为获取天命的依据,而统治者尤其是最高统治者人品之优劣则以民心为标准。有德者得民心,得民心者得天下。人间的法度源于上天,源于有德之祖先对天意的体察和遵循。周对民意的重视,对德的强调,动摇了人们对天无条件的崇拜,同时也丰富了神权法的内容。

(2) 春秋战国诸子学说的出现,不仅在实践中,而且在理论上杜绝了中华文明形成宗教的可能,终结了神权法时代。在破除天之信仰方面,较为激进的是道家与法家,他们几乎完全将天视为哲学意义上的规律之天。道家以"道"

---

① 《墨子·天志》。

为万物之母,否认了有好恶、喜怒并能对人间施以奖惩的超自然的人格神"天"的存在。法家醉心现实政治,子产"天道远"的思想对春秋战国的政治影响深远。持较为中庸态度的是儒家与阴阳家。儒家推崇周政,但在对天与民的论述中,儒家不仅继承了周政的重民、重德思想,而且通过对民与德的论述,有意地淡化了天的作用。对天与鬼神,儒家以祭祀表示"敬",但鉴于商重鬼神而轻民意的教训,儒家更强调祭祀有度,对天与鬼神敬而远之。阴阳家本是一个以自然变化规律为研究领域的学派,思想上与道家有较强的亲合力,也是将天视为自然之天。但畏忌于人类对自然强大力量的无奈,阴阳家陷入了神秘主义,阴阳变化由自然规律演变成一种不可抗拒的神秘力量。而在天之信仰方面,最为保守传统的学派是墨家。墨家强调的"天报不爽"与"鬼神之诛"都是神权法时代主流价值观的延续。但是墨家之天既不同于商代塑造的那个重人间祭祀并专门维护商人统治的天,也不同于周人塑造的那个"惟德是辅"——专门维护有德并得了天命的统治者之天,墨家的天是保护大众相爱相利、惩罚恶人相恶相贼的公正无私的天。

(3)鉴于对天的不同认识,春秋战国时期各家的救世"药方"也不相同,道家以道为法,希望人们回归并顺应自然,按自然法则生活。法家主张制定制度,规范人们的言行,甚至以法统一人们的思想。儒家将伦理道德放在了首位,对天与鬼神的祭祀,目的也在于"厚德";人们发自内心,而不是迫于外界压力的自我完善,才是儒家的理想。而阴阳家与墨家则强调恢复人们的敬畏之心,虽然阴阳家的敬畏是对神秘的自然之敬畏,而墨家的敬畏是对拟人化的天之敬畏。

春秋战国诸子对天与鬼神的论述,虽"各引一端",[①]具有不同的特色,但它们又是互相采纳和融合的。从学术渊源上看,孔子曾问礼于老子,墨子本"受孔子之术",韩非子为荀子的学生却"归本于黄老",等等。春秋战国诸子的思想是在互相借鉴与批判中发展起来的。所以儒、墨虽然天道观不同,却同样重德、重民;道、法虽然对治理国家的主张迥异,但在对天的认识上却所见略同。这种相互融合的学术思想发展模式为汉以后正统思想融合各家,取其"宜于时者"的现实主义奠定了基础。

---

① 《汉书·艺文志》。

（4）夏商西周对天与鬼神的信仰，一是解释了政权的合法性，二是论证了人间法度的神圣性。借用梁启超发明的一个概念，此时的政治是"天治主义"。① 天治主义在春秋战国受到了质疑。当时的政治家、思想家在"上天"与"民"之间明显地倾向于民，翻开《左传》，随处可见思想家、政治家、史家将民"升位"于神之上："夫民，神之主也，是以圣王先成民而后致力于神"②、"国将兴，听于民；将亡，听于神"③，等等。但是，春秋战国时期对天的质疑和淡化，并未结束天与鬼神的信仰在中国社会甚至政治中的存在，天命、天罚观念对秦以后的中国也一直有着巨大的影响。

众所周知，历代帝王无不将王朝的合法性与"天命"连接，皇帝被称为"天子"，常常会生有异相。祭祀上天、祖宗也是历代皇帝必行的最为隆重的仪式，这种祭祀其实与神权法时代的祭祀有着同等的意义，即昭告天下皇帝是负有天命的人，皇帝至高无上的权威具有神圣性、合法性。一般家族中的敬祖自古至今也未曾中断，延续祖先的香火是中国人人生的最大意义，是"孝"道的体现。但是这种具有原始宗教性质的祭祀，显然不是"天治主义"信仰的简单回归，而是与德相结合的一种准宗教式信念。春秋以后，中国人将更多的希望寄托在道德的修炼上，而对天与鬼神的信念则常常是在现实中走投无路时的选择。当人们说"要想人不知，除非己莫为"、"替天行道"、"天理昭昭"时，是对天之信念的表达，更是对现实失望的表达。对天与鬼神又信又疑的典型之作是元人关汉卿所作的《窦娥冤》。当窦娥含冤临刑时，先对"天"发出这样的埋怨："有日月朝暮悬，有鬼神掌着生死权。天地也，只合把清浊分辨，可怎生糊突了盗跖、颜渊：为善的受贫穷更命短，造恶的享富贵又寿延。天地也，做得个怕硬欺软，却元（原）来也这般顺水推船。地也，你不分好歹何为地？天也，你错勘贤愚枉做天！"在表达了对天"不作为"或"怕硬欺软"的愤懑后，窦娥仍信上天或自己的魂魄会显"象"还她公道：血不落地，六月飞雪，三年不

---

① 参见《饮冰室合集》第2册，《专集之五十·先秦政治思想史》，第19-22页。梁启超言："最高一神之观念已渐确立，其神名之曰天，曰上帝。于是神意政治进为天意政治，吾得名之曰天治主义。"又曰："古代之天，纯为'有意识的人格神'，直接监督一切政治。"

② 《左传·桓公六年》。

③ 《左传·庄公三十二年》。

雨。戏文中的天不仅按窦娥的要求显了象，以证窦娥的冤屈感天动地，而且窦娥的鬼魂最终也在人间的公堂上讨回了公道。

（5）也许正是因为中华文明较早地脱离了神的控制，才避免了发生在其他文明中的宗教纠纷和战争，才避免了法律对异教徒非人道的迫害，而达到古代社会所能达到的最高程度的文明和最大范围的平等。当我们今天反思中国传统缺乏宗教信仰致使法治的发展举步维艰的时候，我们也许应该读一下西方启蒙思想家对"神权政治"的反思：

"神权政治不仅统治过很长时间，而且暴戾恣睢，干出了失去理智的人们所能干出的最可怕的暴行。这种统治越是自称受之于神，就越是可憎可恨。"①

当我们如今在为中华文明中没有产生宗教而迷惘困惑，甚至遗憾惋惜，认为中国人的法治信念因为没有宗教传统的支持而难以确立时，我们的祖先也许更应该庆幸对神"敬而远之"的理智，这种理智使他们之中千千万万的人避免了"天"与"神"的涂炭。

---

① ［法］伏尔泰著、梁守锵译《风俗论》（上册），第40页。

二　先秦儒家以人性善为基础的法律理想主义

儒家是对中国社会影响最为广泛和深远的学派，自春秋形成以来，到战国时成为"显学"，经秦王朝的焚书之灾而在汉中期复兴，成为汉至清历代王朝的主流学说。汉、宋、明以至于当今，几乎每一时代都有每一时代的"新儒学"。每一时代的新儒学虽然都以先秦儒学为渊源，都自诩为孔子学术的传人，但汉以后的儒学与先秦儒学有着明显的差异。先秦儒家以人性善为基础，充满了以教化弘扬人性的理想主义色彩。而汉复兴后的儒家，则淡化了先秦儒家的理想色彩，以人性善恶兼而融合了先秦各家的主张，发展成以儒为本、兼容各家、服务于现实政治的学派。

（一）先秦儒家法思想的特点

在叙述先秦儒家法思想之前，有必要对其特点做一简单概括，以便更好地理解后文所述先秦儒家法律理想主义的表现。

（1）将先秦儒家定位为法律理想主义，是因为先秦儒家的创始者孔子和继承者孟子对人性充满希望。在诸国兼并、战乱四起、礼乐崩坏、弑君杀父的乱世，他们的救世良方竟然是恢复、保持与弘扬人性。基于对人性的希望，他们将夏、商、西周时期只有贵族才能享有的教育权利普及到了普通的人，这就是"有教无类"。他们忧虑甚至厌恶现实，但对未来并不悲观。与他们所构建的大同理想之世相匹配的法律体系，也是一个以教化为主、惩罚为辅的体系。法在惩恶的同时，更重要的是担负着扬善的使命，这是儒家造就的中国传统法的基本特征之一。

儒家思想的另一大特点是将夏、商、西周拟人化的"天"或"帝"基本演绎成哲学意义上的自然之天。孔子、孟子的天，有时是义理之天，有时也会是指人格化的天。但孔子、孟子与他们推崇的西周政治家周公相比，更注重人生的圆满,而对具有神性的天与鬼神之事并不深究。孔子学生季路问孔子鬼神事,孔子回答说:如果对尚活在世上的长辈都不能好好侍奉,又怎么能侍奉好鬼神呢? 季路又问:"死是怎么回事?"孔子答道:"未知生,焉知死?"①表明了儒家对鬼神"知之为知之,不知为不知"的明智态度。但由于未能完全脱离神权法时代的影响,或者是基于情感的需要,孔孟对天的态度是"敬而远之"的。故而墨子批评孔子学说中充满了矛盾:既否定天与鬼神的存在,却又将祭祀看得很重。但是,正是这种对天与鬼神的"敬而远之"使中国法律从神的笼罩下解放出来,也使此后的中国避免了西方社会曾发生的宗教的涂炭,达到了当时社会所能达到的最高文明。冯友兰评论道:

"吾人对待死者,若纯以理智,则为情感所不许;若专凭情感,则使人流于迷信,而妨碍进步。"②

与天相比,先秦儒家更关注人,关注人生,关注人间的法是否能惩恶扬善,关注众生的福祉是否得到保护。这种"民本"思想的弘扬,正是儒家法律理想主义的体现。

(2)基于对人性的信任,先秦儒家并不特别关注法律的形式,也没有像法家那样着意于法的逻辑结构、内容范畴、实行措施及语言表达,更没有将法与刑等同起来,孜孜以求罪与刑的名实。儒家关注的是法的原则、法的社会效果与法必须承担的道德责任。正因为如此,梁启超在《中国法理学发达史论》中将儒家归为"自然法"学派:

"自然法者,儒家之根本观念也。"③

---

① 《论语·先进》:"季路问事鬼神。子曰'未能事人,焉能事鬼?'曰'敢问死。'曰'未知生,焉知死?'"
② 冯友兰著《三松堂全集》(第二卷),第319页。
③ 《中国大百科全书·法学卷》释"自然法学派":"17、18世纪的古典自然法学和古代、中世纪的自然法思想之间,有很多共同点,例如,都将自然法与抽象的正义观念并列;都认为自然法是永恒不变、普遍适用的。"北京、上海:中国大百科全书出版社,1984年版,第180页。凡以下引用本书者,只注页码。

用西方自然法学理论解读儒家,有一定的道理,因为儒家主张的伦理法体系与自然法学派确有不谋而合之处:

"他们一般认为,制定法律是一种必须满足某种道德要求的有目的的活动,法律是道德要求的产物。其次,他们还认为,法律的存在这一问题不能完全与它们的道德义务或道德性质的问题不相干。这样自然法学家就采取了一种道德义务论的观点。"①

(3)但应该知道,单纯地用"自然法学派"来描述儒家是不准确的。因为儒家是中国文化的产物,也许有些主张、精神与西方法学的某些学派相通,但由于文化土壤不同,面临的问题不同,所以其必定带有自身文化的特征。先秦儒家重礼、重德、重人之素质(尤其是君主的素质),是在总结夏、商、西周,尤其是西周历史经验的基础上形成的。儒家认为三代历史沿革中,有着不变的历史规律;三代礼法所要求的忠孝节义或仁义礼智信,凝聚着华夏地区文明的一贯精神。这种精神对于族群来说,其重要性远胜过君主的出现,所以孔子认为:即使华夏地区没有君主的统治,也比夷狄地区设立了君主要好。②也就是说,对一个民族来说,优秀的文化是最重要的,优秀文化的传承是民族兴盛的根本,这是一种文化的自信。体现在法方面,与规范制度相比,儒家更注重植根于文化土壤中反映民族精神的法之精神。这也是近代有些学者将儒家视为"历史法学派"③的原因。

(4)先秦儒家极为重视法的精神,强调法与道德的一致,但其并不是无视法律制度的必要性和作用。只不过在儒家看来,失却了内在精神的制度——不仅仅只是法律制度,还包括儒家极力赞扬的礼乐制度——若没有了实质精神的依托,也就失去了意义。孔子说,人如果没有善良的本性,有礼有乐又有什么用

---

① [美]戈尔丁著、齐海滨译《法律哲学》,北京:生活·读书·新知三联书店,1987年版,第46页。
② 《论语·八佾》:"子曰:夷狄之有君,不如诸夏之亡(无)也。"
③ 《中国大百科全书·法学卷》第372页,释"历史法学派":"19世纪以反对古代的自然法学派、强调法律体现民族精神和历史传统为特征的法学派别。"

呢?① 在孔子看来,人们对法的遵守,用礼乐制度表达内心的敬畏,一定应该是发自内心的,而不应该是屈从于权势的不得已之为。先秦儒家所追求的法,是一种合理的与道德不相违的法。所以在表达发自内心的言行规范方面,儒家的要求甚至比法家还细致、复杂。与法家不同,先秦儒家强调法是自下而上形成的。一些带有地方色彩的风俗习惯,儒家并不主张简单地以国家的强制力进行改造,"入乡随俗"是儒家立法的基本原则。儒家的这一思想对中国古代法有着深刻的影响,这也许就是中国古代没有形成国家颁行的统一的成文民法典之因。虽然没有颁行成文的民法,但在实际中,中国并不缺乏维护民众权利及解决民事纠纷的平等的规则。因此,我们应该谨慎地审视中国古代没有制定民法是顺其自然的不为,还是文明程度不够的不能为。对于一个农耕国而言,以礼与习惯维系一方的和睦、安定并裁决纠纷,未尝不是古人治大国的智慧体现。也许在儒家看来,以法的形式去规范包罗万象的民间社会生活并非明智之举。这一点可以用法律社会学纠纷解决的原理来解释:

"法官的作用不在于寻找一种新的解决方法,而在于寻找一种符合他周围群体的意愿的解决方法。由此可见,说法官创造、制定了一些法规,是不正确的。实际上,这些法规早已存在,借用日耳曼古文献里的一句再确切不过的话说,法官只不过'寻找'到了这些规则罢了,日耳曼的古文献里有时称法官为'寻找法规的人'。"②

(5)综上,我们在儒家法思想中,看到了与自然法学派、历史法学派、社会法学派相通的一些主张或观点,但是我们不能说儒家是自然法学派、历史法学派或社会法学派。儒家就是儒家,就如同他们崇尚的礼,虽然其中有习惯法、宪法、民法的因素,但我们不能说礼就是中国古代的习惯法、宪法或民法,因为礼就是礼。由此,我们还需要纠正目前一些"通说",比如认为儒家所说的"法"就是"刑",并进一步将这种误解扩展到说中国古代的法就是刑。近代戊

---

① 《论语·八佾》:"子曰:人而不仁,如礼何? 人而不仁,如乐何?"
② [法]亨利·莱维·布律尔著、许钧译《法律社会学》,上海:上海人民出版社,1987年版,第66页。

戌变法的领袖、被梁启超称为"清季输入欧化之第一人"的严复①在翻译孟德斯鸠《法意》②时就指出:

"西人所谓法者,实兼中国之礼典。中国有礼、刑之分,以谓礼防未然,刑惩已失。而西人则谓凡著在方策,而令一国之必从者,通谓法典。至于不率典之刑罚,乃其法典之一部分,谓之平涅尔可德③,而非法典之全体。故如吾国《周礼》《通典》及《大清律例》《皇朝通典》诸书,正西人所谓劳士④。若但取秋官所有律例当之,不相侔矣。皇帝诏书,自秦称制。故中国上谕,与西国议院所议定颁行令申正同,所谓中央政府所立法也。"⑤

张国华在论证西周法律制度时,更是直截了当地告诉我们:"西周的'礼',其实就是西周调整贵族内部和同族平民关系的'法'。"⑥再比如,学界普遍认为儒家轻视法律,缺乏规则意识。其实,儒家所重之法,是法背后的精神。对于法律规则,儒家会追问"善"与"恶",会追问其是维护了道德还是破坏了道德,这种追问也正是儒家法律理想主义的必然要求。

(二) 儒家的代表人物

儒家是春秋时孔子创立的学派,战国时期的主要代表人物是孟子与荀子。儒家对当时社会的变革充满了担忧,而对当时的变法思潮与战国时法家提倡的法治持否定态度。被后人称为圣人的孔子与亚圣孟子对法治的否定是从反对苛政立场出发的,他们认为严厉而规范的法律常常会造成统治者不仁、民众不义的局

---

① 参见《严译名著丛刊·孟德斯鸠法意·严群序》,北京:商务印书馆,1981年版。
② Montesquieu(孟德斯鸠):*De I'Esprit Des Lois*,中译本有严复于1904—1909年间翻译的《孟德斯鸠法意》,北京:商务印书馆,1931年版,译文中有严复的按语;张雁深翻译的《论法的精神》,北京:商务印书馆,1961年版;许明龙翻译的《论法的精神》,北京:商务印书馆,2012年版。
③ 平涅尔可德(刑法)Penal code。——原编者注
④ 劳士(法律)Law——笔者加注。
⑤ [法]孟德斯鸠著、严复译《孟德斯鸠法意》(上册),第7页。
⑥ 参见李光灿、张国华总主编《中国法律思想通史》(一),第13页。

面。儒家对传统持温和的改良态度,认为传统的治国方式:礼治、德治和人治要远远优于法家倡导的法治。

先秦儒家的思想体系以"仁"为核心。在法律方面,儒家反对严刑峻法,反对不顾社会效果和道德原则的"缘法而治"。孔子死后,儒学分化为八派,但最有影响,也最为人们熟知的儒学继承人是孟子和荀子。

1. 孔子

孔子(公元前551—前479年),名丘,字仲尼,鲁国昌平乡陬邑(今山东省曲阜一带)人,祖先为宋国贵族,因避乱而迁居鲁国,孔子年幼时家境已经败落。孔子三十岁时开始招收弟子,从学者甚多,号称弟子三千,贤人七十二。其所创立的儒学被时人称为"显学"。五十岁后孔子担任过鲁国司空(掌管土木工程之官)、司寇(掌管司法之官)等职。五十六岁时摄行相事,但仅三个月便离任。后来孔子周游列国,阐述自己的学说与主张。回到鲁国后便开始整理历史文化典籍,据传《尚书》、《诗经》、《周易》等皆经孔子整理。孔子在整理历史文化典籍的同时,传道授业,教授弟子,将夏、商、西周时只有贵族才能享受到的教育权普及到一般民众,实践了其"有教无类"①的理想。

孔子身处春秋末期,正是社会激烈变革时期。在变革中,各诸侯国变革的途径并不相同,发展也不平衡。鲁国是周公的旧封,保存了大量的西周传统,周的礼治在鲁国也得到很好的保留。史书称"周礼尽在鲁矣"。②孔子早年曾以"相礼"为业,因而接触周礼的机会也就比较多,他对周的典章制度进行过专门研究,并且非常喜好西周的礼。对"制礼作乐"的周公,孔子极为崇拜,并企图通过改良周礼以济世。孔子言:

"周监于二代,郁郁乎文哉,吾从周。"③

为了实现这一理想,孔子运用道德说教的方法,把西周的"礼治"思想纳入自己的思想体系,建立起儒家学说。

---

① 《论语·卫灵公》。
② 《左传·昭公二年》。
③ 《论语·八佾》。

孔子思想的核心是建立在人性善基础上的"仁",仁有多重含义,但其最根本的意思是"爱人"①、"泛爱众"②。孔子的"爱人"是处理人际关系的基本原则。根据这一原则,处理家族关系应该是"父慈、子孝、兄友、弟恭";处理君臣关系应该是"君使臣以礼,臣事君以忠";③处理社会上的人际关系应该是"己欲立而立人,己欲达而达人"④和"己所不欲,勿施于人"⑤。简言之,就是要求人们做到"孝悌"和"忠恕"。由此,西周礼治的主要内容——孝、忠、节、义等伦理观念皆在孔子的学说中得以保留,而且成为"仁"的具体体现。实际上,孔子的理想是要建立以仁为基础的伦理政治,这种政治适应于中国古代农耕社会,充满了家庭般的温情。作为伦理政治的组成部分,法律在孔子的思想体系中扮演着慈母与严父的双重角色。一方面在日常生活中,统治者及家长应不厌其烦地以伦理教化循循善诱并训练人们自我约束的能力,减少纠纷的产生;纠纷裁决的依据,应该是人们心目中的"理",裁决的结果应该使纠纷的各方口服心服。以家长式的方法处理民间"讼"事,是儒家针对民事方面法律问题的基本主张。另一方面,在对待"狱"事(刑事)方面,儒家主张对某些"罪行"也须施以严厉的刑罚。但在孔子看来,实施刑罚应该是在特殊的、不得已状况下的选择,用刑的目的犹如严父教子,是为了使犯罪者通过畏惧而能知耻。孔子之所以不主张过分强调刑罚的作用,原因在于严厉的刑罚不但会破坏家族伦理,而且会导致国家暴政的产生,暴政下的人们知畏惧而不知羞耻,很难养成羞耻之心。

孔子是中国历史上最伟大的思想家、教育家,自汉武帝到清,孔子的地位日隆,称"万世国师"。《论语》是一部孔子门人所记的孔子与弟子及当时人之间的对话,内容涉及国家治理及人生意义等各个方面,是研究孔子最为直接和真实的资料。《汉书·艺文志》记:

"《论语》者,孔子应答弟子、时人及弟子相与言而接闻于夫子之语也。当

---

① 《论语·颜渊》。
② 《论语·学而》。
③ 《论语·八佾》。
④ 《论语·雍也》。
⑤ 《论语·颜渊》。

时弟子各有所记,夫子既卒,门人相与辑而纂,故谓之《论语》。"

2. 孟子

孟子（约公元前372—前289年），名轲，字子舆，邹国（今山东邹县一带）人。① 孟子是鲁国孟孙氏后代，孔子嫡孙子思门下的再传弟子。四十岁前，孟子收徒讲学，以"得天下英才而教育之"②为乐事。四十岁后，孟子周游列国，宣传"仁政"思想。晚年回到邹国，著书立说。《孟子》一书据《史记·孟子传》记为七篇，而《汉书·艺文志》记为十一篇，除七篇外，尚有"外书"四篇。学界普遍采信《史记》说，以为《孟子》七篇，即《梁惠王》、《公孙丑》、《滕文公》、《离娄》、《万章》、《告子》、《尽心》，是孟子与其门人所作，直接反映了孟子的思想。而以"外书"为伪作。

孟子推崇孔子，他赞美孔子："出乎其类，拔乎其萃，自生民以来，未有盛于孔子也。"③孟子以弘扬孔子的思想为己任，并以孔子嫡孙子思的思想为孔子学说的正宗继承者。在阐述与传承孔子儒家思想的过程中，形成了"思孟学派"。由于孟子忠实地继承了孔子的学说，后世称其为"亚圣"。汉中期后，孔、孟的学说不仅被视为儒家的主流传统，而且也为统治者所接纳，成为历朝历代的正统思想和社会的主流价值观，"孔孟之道"被奉为万古不易的"常经"。

孟子生于战国中期，此时形势已大不同于孔子所处的时代。孔子虽处在"礼崩乐坏"之时，但传统礼治的价值观依然强大。各国的变法，如管仲、子产等这样杰出的变革家也不敢公然宣示背离传统的礼义廉耻，强大的诸侯即使成为天下霸主，也要顾及周天子的威望，须"挟天子以令诸侯"。而战国时代，人们早已为频繁且长久的兼并战争所疲惫，在统治者的横征暴敛中，不仅传统的制度已经崩溃，传统的价值观也受到越来越多的质疑。变革不再需要传统的装饰，逐鹿天下不再需要天子的旗号。法家"以力服人"的霸道之说风行于世，而儒家"以理服人"的王道说教被视为迂阔之论。大国为拓展疆土、混一天下而变法，小国为图自保而变法，"变法"成为时代的潮流。这股发端于春秋的历史

---

① 关于孟子的生卒年有多种说法，此说据《中国大百科全书·哲学卷》。
② 《孟子·尽心》。
③ 《孟子·公孙丑》。

潮流明白无误地告知世人：周的天下已经无法复辟。孟子虽然知道周制已难以恢复，孔子之学也难行于当世，但是对现实的失望与不满并没有使孟子放弃自己的信念和理想，基于对人性善的希望，孟子坚信孔子的学说才是救世的根本良方。面对不同的形势，孟子在继承孔子思想的同时，也补充发展了孔子的学说，使儒家思想体系更加完善。

孟子对儒学的最大贡献是将孔子强调的"仁"运用于政治统治中，提出了"仁政"这一概念。在孟子对仁的阐述中，仁不再只局限于个人的修为和善良，作为人人天生所应具有的本质，仁在孟子看来更应该是统治者所必须具备的为政基本原则。所谓仁政，就是要求统治者在统治时以"仁"为本，以身作则，恪守人伦道德；统治方式、政策、制度的确定也应体现仁的要求；对民众的统治要缓和，以缓和的教化方式为主。仁政的主要内容如下：

(1) 人性善

"性善"论是仁政的基础。孟子认为，孔子所提倡的"仁"，来源于人天生所具有的善。"善"是人皆有的本性，孟子言：

"恻隐之心，人皆有之；羞恶之心，人皆有之；恭敬之心，人皆有之；是非之心，人皆有之。"[1]

恻隐之心，是"仁"的体现；羞耻之心，是"义"的体现；恭敬之心是"礼"的体现；是非之心是"智"的体现。仁、义、礼、智这发端于人之本性、天经地义的道德观念和规范是仁政可行的依据，也是必行仁政才能救世的依据。依据天之所赐的性情生活，人与人之间才能避免相互欺凌，而互帮互助；依据天之所赐的仁之原则为政，诸侯国之间才能避免战争的涂炭，以达到国泰民安。

(2) 民贵君轻

民贵君轻是仁政的核心，也是孟子思想最为宝贵之处。孟子认为尧、舜之所以得天下，是因为得民心；桀纣之所以失天下，是因为失民心；因而得天下的方法是"得民心"。[2] 由此可见，民心在孟子思想体系中的至上地位。孟子学

---

[1] 《孟子·告子》。
[2] 《孟子·离娄》："得天下者有道，得其民斯得天下矣。"

说的一个显著特点是区分了"天下"与"国"（政权）的不同。"天下"指的是民心所向的统治，是以理服人的统治，是得民心的统治。孟子及儒家崇尚的先王（尧、舜、禹、商汤、周文王、武王）的统治，即为"得天下"的"王道"之治。王道统治的特点是对民众实施"以理服人"的教化。而民众对王道的统治，也报之以发自内心的拥护与服从。孟子认为，只有这样的统治，才能长治久安。"国"与"天下"不同，国是一种依权力钳制天下的统治。周礼衰微后，权力的摄取往往依靠武力，春秋五霸所行之道，在孟子看来是"以力服人"的霸道。而霸道的统治所得到的只是统治国家的权力，并非天下人的拥戴。这样的统治，背离仁政，不仅造成战乱，而且会激起民变。所以孟子坚信霸道并不能从根本上救世，霸道的统治也不能长久。更为重要的是，在孟子看来，霸道不得民心，因而不具有合法性，即使将天下送给不仁者，其也"不能一朝居也"①。因此，在《尽心》中，孟子说："不仁而得国者有之矣，不仁而得天下，未之有也。"这就是说，在历史上违背仁政而得到国家权力的事情是有的，但违背仁政而得到天下人拥戴的事情是从未有过的。

民心对于统治者的统治如此重要，所以孟子主张为政者一定要将"民"放在首位，这就是

"民为贵，社稷次之，君为轻。"②

"民贵君轻"发展了西周以来的重民主张，并将重民的主张完善为"民本"思想。在孟子的思想体系中，民实际上成为君主统治合法性的唯一根据，在民面前，天地鬼神成为虚设之位，国家权力与君主地位也退居次位。如果说西周初期的统治者，从"天"青睐有德之人阐述了武王伐纣的合理性的话，那么孟子则完全从民的角度对君主提出了要求，认为不重民、惠民、爱民的君主就不配统治民众，民众也有权利讨伐和推翻不符合要求的统治者。《孟子》载，有人问孟子，周武王伐纣不是以下犯上、以臣弑君吗？孟子毫不犹豫地说：我只听说

---

① 《孟子·告子》。
② 《孟子·尽心》。

武王率众讨伐独夫商纣,哪里听说过什么弑君?① 在孟子看来,武王讨伐的纣,早已失去了作为君主的资格,成为人人可诛的独夫民贼。

(3) 兴教化

与仁政相匹配的法思想有着强烈的理想主义色彩。孟子寄希望于人性,认为人们只要保持或恢复与生俱来的善良本性,天下就可以长治久安。保持或恢复人性,不能靠外在的强制力,而必须通过潜移默化的教育,使人们发自内心地践行伦理道德的要求。兴教化是孟子推行仁政的最佳方法。孟子主张的"统一"或"定于一"是天下政权的统一,但更主要的是以"理"(道德伦理)对人心的统一。孟子反对诸侯国之间的武力兼并,也反对人与人之间的弱肉强食,而更反对的是国家只依靠强制力统驭民众。孟子的理想是恢复先王之道,主张效法先王,"以德(理)服人"。因此,"仁政"追求的目标即为王道。孟子明确反对"以力(以国家权力为后盾的制度)服人"的霸道,并认为法家所主张的"法治"②即为霸道。孟子主张的兴教化就是要维护和弘扬人的善良本性,要求统治者顺应人性,行"不忍人之政"。③ 所谓"不忍人",意为不忍之心,善良之心。"不忍人之政",就是不忍心让民众受苦的统治。行仁政须以富民、惠民为首务,使民能安居乐业。

孟子的"仁政"主张,增加了儒家法思想的理想主义色彩。

3. 荀子

荀子,名况,字卿,生卒年不可考,大致为战国末期的赵国(今山西河北一带)人。荀子曾游学于齐国,在齐国国都临淄稷下学宫讲学,颇具声望,受到齐襄王的重视。后因谗言所逼,离开齐国而至秦国,在秦国未受重用,又至楚国,被任为兰陵令。在楚国又为谗言所逼,回到家乡赵国。赵国的统治者虽听其学说而称"善",但并不委以重任。荀子再次应楚国春申君的邀请入楚,继续任兰陵令。春申君被害之后,荀子废居兰陵,著书立说,直至老死。

荀子在政治上虽一生不得志,但在学术上,颇有成就。荀子之说本于儒学,兼采各家所长而成为战国后期的儒学传承者。同时法家的一些著名人物,

---

① 《孟子·梁惠王》:"闻诛一夫,纣也。未闻弑君也。"
② 中国古代"法治"的概念与今天的"法治"有本质上的不同。将于下节详述。
③ 《孟子·公孙丑》。

如韩非、李斯也出于荀门。荀子所处时代为战国末期，百家诸子学说的发展至此已逐渐臻于成熟，这为荀子总结春秋战国诸子之学，丰富儒家学说创造了条件。荀子对"思孟学派"格外重视，曾专门撰文针对子思、孟子的主张提出批评。在分析、总结诸子思想的过程中，荀子形成了独具特色的思想体系，在儒家的不同学派中也独树一帜。在许多重大问题上，荀子与孟子针锋相对：如孟子"法先王"，荀子"法后王"；孟子道"人性善"，荀子则认为"人性恶"；孟子主张"王道"、反对"霸道"，荀子则主张"王"、"霸"并用；孟子强调法律与道德须相辅相成，荀子则强调德、刑并重，各有其用。学界很多人认为，虽然荀子思想驳杂，但循着人性恶—化性起伪—兴教化—严法制这条思路梳理，荀子的思想则是杂而有统的。虽然在人性问题上荀子与孔孟不同，但其开出的治世之药方却与孔孟殊途同归，即强调弘扬周公、孔子的德礼之教并行王道仁政。荀子的学说是以儒家为本，综罗百家并与时俱进的。

荀子因为具有朴素的唯物主义思想，而且主张人性本恶，与孔孟的人性主张格格不入，所以受到后世统治者和正统儒家学者的贬斥。与孟子相比，荀子虽然在教化、统治方式上仍有着法律理想主义的儒家特点，但其对人性的悲观，以及主张以儒为本、综合各家、礼法并举的法思想，实际上已经大大淡化了孔孟思想中的理想主义色彩，而为汉以后现实主义的主流法思想形成开辟了道路。可以说，荀子是力倡礼法合流的思想先驱。

据专家考证，流传于世的《荀子》三十二篇，前二十六篇为荀子亲撰，后六篇为门人弟子所著。

（三）孔子对法的论述

身处"礼崩乐坏"之世的孔子，对传统的失落，对正在兴起的法家"以法治国"的思潮深怀忧虑。总结历史的经验，孔子提出了自己对"法"的主张，大致有四方面的内容。第一，传统的礼治体系是一个意识形态与制度规范的结合体。刑只是礼乐制度的一个组成部分，礼乐中蕴含了法的精神和用刑的原则。所以刑（注意：孔子此处说的不是"法"而是"刑"）在礼治中的地位应该是工具性的，若无礼乐的指导，刑则难以罚当其罪。所谓"礼乐不兴，则刑罚不中"①。第二，源于人性的"孝"，不仅是做人之本，也是礼乐制度之本，更应该是刑罚之本。当孝与具体的法律制度或条文产生矛盾时，比如孝子为复仇而杀人，侠客为义而触法，执法者应该维护法的基本精神，赦免孝子、侠客。法律最终皈依道德，是孔子的法律原则，即"父为子隐，子为父隐，直在其中"②。第三，对于"细事"（民法）方面的纠纷，法的最终裁决应该体现"无讼"的理想。在日常的生活中宗族和睦、邻里相助，人们以礼让为荣，以争为耻，这是孔子，也是儒家的治国理想。第四，统治者的表率作用——"以身作则"比法律的强制性约束更为重要，上行下效——民众以贤君良臣为榜样，是孔子理想国实施的最佳途径，即"其身正，不令而行；其身不正，虽令不从"③。

孔子所创立的儒家学说在当时被法家视为迂阔之论，而在汉武帝后又被奉为万世不易之理，谁背离了它，谁就是离经叛道，谁就是异端。在"半部《论语》治天下"的古代中国，《论语》中几乎每一句关涉到法的论述，都被人们奉为经典而流传千古，成为中国古代的立法指导和司法原则。

1. 刑的地位——"礼乐不兴则刑罚不中"

孔子说：

"道之以政，齐之以刑，民免而无耻；道之以德，齐之以礼，有耻且格。"④
"名不正，则言不顺；言不顺，则事不成；事不成，则礼乐不兴；礼乐不兴，则刑罚不中；刑罚不中，则民无所措手足。"⑤

这里需要格外解释的有两个字。一是"政"。政，一般解释为政法、制度等，即国家制定的必须遵守的规则，若不遵守，就要承担相应的法律后果。政的实施，主要靠刑罚的威慑。二是"礼"，此处的礼，也应该为规范之意，但这个规范指的是获得社会共识的善良习俗或习惯。这种规范依靠人们的价值观——德的维护而得到自觉遵守。杨伯峻对孔子这段话的解释是："用政法来

---

① 《论语·子路》。
② 《论语·子路》。
③ 《论语·子路》。
④ 《论语·为政》。
⑤ 《论语·子路》。

诱导他们，适用刑罚来整顿他们，人民只是暂时地免于罪过，却没有廉耻之心。如果用道德来诱导他们，使用礼教来整顿他们，人民不但有廉耻之心，而且人心归服。"①显然，政、刑的统治是霸道的统治，而德、礼的统治是王道的统治。

分析起来，孔子这段话有这样两层含义，一是在孔子看来，现实中的国家社会治理是一个政、刑、德、礼并存的综合体系，政与刑的作用是强制民众遵守国家的制度法律。德与礼的作用则在于培养人们的是非善恶观和知耻之心。二是孔子坚定地认为，统治者应该将德礼之教放在为政的首位并作为追求的目标。因为德与礼，可以变被动地守法为自觉地守义，它可以促使社会的根本治理。政与刑所能达到的，只是"民免而无耻"（不触犯制度，但没有羞耻之心）。这种统治方式，只使人们看到违背国家政令所带来的严重后果，但并不知道所谓的"政"、所谓的"刑"为什么不能违背。这种治理约束了人们的言行，却破坏了人们的廉耻心。由此可见，中国先贤并不赞成过于注重外在强制形式的统治。因为这种用制度和暴力维系的统治，会造成人们的道德滑坡，会使人们"无耻"。而德与礼的统治，在孔子看来是国家治理最为理想的境界——"有耻且格"，即人人有羞耻之心而不去违背"礼"。羞耻心是维系道德实现的关键要素，其既是人与生俱来的本性的表现，也是后天教化追求的目标。

"有耻且格"包含了这样几层含义：第一，突破了西周"礼不下庶人"的传统，主张用德与礼教化民众。第二，德、礼与政、刑相比，德、礼应作为治国的主要手段，即《论语·为政》开篇说的"子曰：为政以德"。第三，人类社会的理想，应该是在知耻基础上，对礼的自觉遵守和对德的主动追求。而不是对出自权力甚至暴力的规则的被迫服从。第四，孔子追求"有耻且格"的理想，但也不完全否认政与刑在治国中的作用。基于现实，孔子认为，在一些特殊时期使用"猛"的措施，以刑治民也是统治者不可缺少的手段。但以"猛"治民的目的，是为了使民众免于犯罪而被施以刑罚。对于统治者来说，无论用政刑，还是用德礼，都应该出于爱人之仁心，而不是为了彰显"力"的作用。《左传》记：郑执政子产死后，统治者实行宽政，致使郑国出现了许多盗贼，针对此，郑国统治者发兵镇压，而且"尽杀之"。孔子闻知此事，并不以为残暴，反而说：

---

① 杨伯峻译注《论语译注》，北京：中华书局，2009年版，第12页。凡以下引用本书者，只注页码。

"善哉！政宽则民慢，慢则纠之以猛；猛则民残，残则纠之以宽。宽以济猛，猛以济宽，政是以和。"①

在政、刑、德、礼的体系中，孔子将刑定位为须在礼的约束下而用之的手段。刑罚适用的恰当与否，取决于礼乐的兴衰，或者说礼乐是检验刑罚适用是否恰当的标准。在孔子综合治理的体系中，礼是关键，是枢纽，其上关乎名（君臣父子之名分）正、言（合乎身份的恰当表达）顺、事（职事）成，下关乎"刑中"（用刑恰当）和民众的安定。《论语》记载，子路请教孔子，一旦有君主重用自己，首先要做的事是什么？孔子说是"正名"，即每一个人知道并安于自己的社会角色。子路认为夫子（孔子）迂阔，孔子严厉地告诉子路：

"名不正，则言不顺；言不顺，则事不成；事不成，则礼乐不兴；礼乐不兴，则刑罚不中；刑罚不中，则民无所措手足。"②

2. 法的核心——"承天之道以治人之情"

《论语》记，叶公对孔子说：我们那里有一位正直的人，他的父亲偷了别人的羊，而他就告发了他的父亲。孔子闻言，反唇相讥：我们这里正直的人与你们那里的不一样，父亲为犯罪的儿子隐瞒，儿子为犯罪的父亲隐瞒，而正直就体现在这种父子的相互隐瞒之中，所谓："父为子隐，子为父隐，直在其中矣。"③孔子赞扬自己的学生子路，因为心地坦诚、性情率直而深得人们的信任。孔子断言，子路裁决官司，不必听"两造"（原告与被告）之辞，只听单方面的叙述就可以判决，因为人们不忍心欺骗他。他说："片言可以折狱者，其由（子路）也欤？"④孔子的话表明了他对法律的认识。就法条自身而言，其与正直、公正并无必然的联系，拘泥于法条的人，未必是正直的人，只有按人之常情办事才算得上正直，因为公正体现于人情之中。相互隐瞒犯罪的父子、片言

---

① 《左传·昭公十二年》。
② 《论语·子路》。
③ 《论语·子路》。
④ 《论语·颜渊》。

折狱的子路所以被孔子认可、赞扬，是因为在孔子的法世界中，只有体现人情的法，才是公正的。裁断是否公正、服众，主要取决于裁断者的人品以及裁断者对法律的理解，而不是法条自身。

所谓"人之常情"，在儒家的学说中就是礼教所提倡的"亲亲也，尊尊也，长长也，男女有别"①。爱自己的亲人、尊敬上级、恭敬长者、男尊女卑是自然赋予人类的永恒本性，也是人类应有秩序的依据。圆满而有意义的人生是根据自己所处的社会角色恰如其分地尽为人之父、为人之子、为人之君、为人之臣、为人之长、为人之幼、为人之夫、为人之妻的责任与情分。父亲或自己的亲人触犯了国法，便去告发，在孔子看来有违人情，有违做人的根本大法，因而是不应该提倡的。合乎恒久人情的法不是儿子能够大义灭亲、告发自己父亲的违法之举，而是"父为子隐，子为父隐"。当父亲触犯了法律，子女应不惜一切为之隐瞒，以尽孝心。子女犯罪，作为家长的父母同样应为之隐瞒，以尽长者的慈爱之情。这种对人情的维护，在孔子看来就是最大的公正。正因为孔子确信人情是法善恶的准则，所以在人情与法律产生矛盾时，才能毅然以"亲"试法，将自己的女儿嫁给了身陷囹圄、尚在羁押中的学生公冶长。孔子断言公冶长虽然身陷囹圄，但他并没有过错："（公冶长）虽在缧绁之中，非其罪也。"②

呆板地遵循法律条文而不顾忌自然所赐的恒久善良的人情，将会使官吏变得刻薄而形成猛于虎的"苛政"；使百姓变得诡诈而钻法律的空子，即"免而无耻"。由此可见，在孔子看来，法律的确立、执行、遵守，都必须以伦理道德为检验标准；法律的目的应该是维护而不是破坏人伦道德的秩序。孔子对子路的赞扬，目的也在于倡导官员注重自身的修养，在纠纷的裁断、犯罪的审判中以体现人情为最终的目的。因为法律顺乎人情、体现人情，官吏裁断时动之以情、晓之以理，才能上下无欺、保持民风的善良淳朴，社会才能达到长治久安。

其实，子路"片言可以折狱"的境界，又何尝不是我们今天法治所追求的诚信、公正的理想境界。法律只有被民众由衷地、无怨无悔地接受时，才能具有真正的权威，才能达到预期的目的。这就是孔子，也是儒家在人情与法律相抵牾之时，坚决主张舍条文而从人情，主张君子舍生取义的原因，因为人情才是人

---

① 《礼记·大传》。
② 参见《论语·公冶长》。

类社会的永恒之法。

3. 法律的理想——"胜残去杀"、"必也使无讼乎"

孔子说:"听讼,吾犹人也,必也使无讼乎。"① 又言:"善人为邦百年,亦可以胜残去杀矣。"② "无讼",是中国人耳熟能详的词汇,也是中国古人的理想生活状态:数世同堂、邻里相助、和睦相处。孔子不否认纠纷是人类社会中不可避免的现象。但是,以什么样的方式和手段解决纠纷却是人类可以选择的。纠纷解决手段的选择与纠纷解决的目的密切相关。做过地方官(中都宰)和鲁国大司寇的孔子在与学生谈论解决纠纷的目的时言:裁断纠纷不能只着眼于或局限于一件纠纷的解决,而是为了通过纠纷的解决达到教化民众、使民"无讼"的目的。没有诉讼的社会,是儒家理想的社会,是"善人"(圣人)统治的社会。这个社会消除了暴虐(即"胜残")和死刑(即"去杀")。基于对"无讼"理想的追求,在现实的纠纷解决中,儒家显然不主张通过官府、动用法律,因为那样无助于教化的流行。儒家选择的纠纷解决方式,是或由家族中长者与乡村耆老裁决,或通过教化、提倡忍让,自行地协商解决。这种解决方式更有利于人伦道德的宣扬,也更有利于减少纠纷的发生。

有意思的是息讼的思想在西方同样存在。东罗马帝国拜占庭皇帝查士丁尼在位期间(公元 527—565 年)下令编写的《法学总论》第四卷第十六篇就有"对健讼者的罚则"。其与儒家"息讼"思想的不同在于:儒家在追求无讼理想的时候,格外强调的是对民众的人情教化,按儒家学说制定的制度则主要针对官吏,即将诉讼的多少作为考核官吏政绩的标准;而西方则明文规定了对"好讼"者的惩罚,即用罚金、失去名义、发誓等来抑制人们"轻率地进行诉讼"。③

"无讼"与"胜残去杀"的理想有着广泛的社会基础,它根植于夏商,尤其是西周宗法制中。中国在进入文明社会时,有着"政治早熟"④的特点。所谓政治早熟,就是在经济的发展尚不足以冲破原有氏族血缘社会的网罗时,国家的

---

① 《论语·颜渊》。
② 《论语·子路》。
③ 参见[罗马]查士丁尼著、张企泰译《法学总论——法学阶梯》,北京:商务印书馆,1996 年版,第 236—237 页。
④ 中国文明的"政治早熟"特征,参见侯外庐、赵纪彬、杜国庠著《中国思想通史》(第一卷),第一章"中国古代社会与古代思想",北京:人民出版社,1995 年版。

统治形态已经出现。按照文明发展的一般规律,出现国家形态的政治统治前提条件是经济上已经有了铁器、青铜工具的出现。但是,中华文明在迈入国家文明的门槛时,作为生产工具的青铜器、铁器都未见踪影。众所周知,中国的青铜器直到春秋战国也仅仅是作为祭祀用的礼器,铁器用于生产是春秋以后的事情。生产工具相对落后,经济发展相对不足,而政治的统治形态已经进入了国家。西周宗法制形成同样有着"政治早熟"的特点。周族本是商统治下的一个"方国",经济形态远远落后于商,但是由于深得民心而推翻了商的统治。经济实力的不足,使周人为政"如临深渊,如履薄冰"。赫赫的周天子对王室成员及亲属全然没有后世帝王那样的威严,在商议国事的时候,天子对诸侯、对长者总是"伯父、伯叔"亲切相称。① 正是因为经济发展相对不足,国力尚不足以统治"天下",利用传统和亲情凝聚自身的力量对于统治者来说就格外重要。这也是西周家国一体宗法制形成的原因以及当时的人们始终摆脱不了血缘社会羁绊的原因之所在。

从今人的角度评价,夏、商,尤其是西周宗法制,对传统与人情的利用无疑是十分成功的。所以"三代"那个天下一家、君如父母的亲情社会一直为后人怀念不已。即使在礼崩乐坏的春秋战国,被孔子、孟子理论化了的西周"礼治"仍有巨大的吸引力。"善人"治国、"胜残去杀"、"无讼"的理想,不仅是孔子,而且是全民的共同理想。持不同政治主张的诸子,所要达到的理想社会也不谋而合。与儒家在治国方略上针锋相对、力倡"以法治国"的法家,却并不排斥"无讼"的追求,他们同样将"去刑"作为法律的最终目的:"以刑去刑,刑去事成。"②主张顺应自然,返朴归真的道家竭力反对严刑峻法,他们辩证地指出"法令滋彰,盗贼多有"③。消除人为法是道家"大道既成"的内容之一。

"无讼"的观念使讼事的多少成为社会治与乱、政治清明与昏暗的标志。早在春秋时,晋国贵族叔向便言:

---

① 参见《尚书·周书》。
② 《商君书·禁令》。
③ 《老子·五十七章》。

"夏有乱政,而作《禹刑》;商有乱政,而作《汤刑》;周有乱政,而作《九刑》:三辟之刑,皆叔世也。"①

也就是说过多地使用刑罚,是乱世、末世的先兆。不独刑罚,叔向还认为,放弃教化,过于注重制度的作用,一定是国家将要衰亡的迹象,即"国将亡,必多制"。②《礼记》托孔子之言,描绘了大同社会的特征:"谋闭而不兴,盗窃乱贼而不作,故外户而不闭。"③没有讼事,是儒家理想的大同之世的特征。

追求"无讼",必然会提倡忍让、自律。孔子强调"听讼,吾犹人也,必也使无讼乎"的目的是告诫为政者即使在不得已情况下使用法律,也不要忘记"无讼"的追求;即使在不得已使用刑罚的时候,也不要失却了仁慈怜悯的君子之心。汉儒解释"无讼"的含义为:

"圣人假法以成教,教成而刑不施。故威后而不杀,刑设而不犯。"④

"法者缘人性而制,非设罪以陷人也。"⑤大意为圣人借助法律推行教化,教化流行后就不必使用刑罚了。所以威慑、用刑的目的不只是为了惩罚犯罪,更重要的是为了预防犯罪。法是顺应着人性而确立的,而不是为了网罗、陷害人而制定的。这种思想构成了中国古代司法上的一大特点,即"法中求仁"而不是"法中求罪"。

"无讼"的理想对平民百姓的影响亦不可低估,宋人吴自牧记:"临安府治(今杭州)前曰州桥,俗名懊来桥。盖因到讼庭者,至此心已悔也。"⑥对民间的"讼事",历代统治者更主张依靠家法、乡规、村约等"礼"来进行调解。因为讼事到官不仅破费了财钱,更重要的是坏了人情。息讼的教育在中国古代随

---

① 《左传·昭公六年》。
② 《左传·昭公六年》。
③ 《礼记·礼运》。
④ 《盐铁论·后刑》。
⑤ 《盐铁论·刑德》。
⑥ 《梦粱录·卷七》。

处随时可见,家训、族规、乡约,蒙学课本、宗族聚会、乡饮酒礼以及宗祠、官衙等建筑的门前楹联,无不充盈着这种观念。 比如山西古城平遥县衙大门的楹联,上联告诫众人不要轻率地争讼:"莫寻仇莫负气莫听教唆到此地,费心费力费钱,就胜人终累己。"下联告诫官员要秉公办事:"要酌理要揆情要度时世做这官,不勤不清不慎,易造孽难欺天。"①

4. 法律实施的最佳途径——"其身正,不令而行"

孔子说:"其身正,不令而行;其身不正,虽令不从。"②孔子认为人与法相比,人的地位是首要的。 这句话包含了两方面的内容:第一,君主的知人善任与官吏的自身素质,相对于制度建设来说更为重要。 达到"无讼"理想的路径主要依仗着"善人为政",而不是靠严刑峻法。 第二,统治者的表率作用,即"以身作则"相对于其颁布的法令而言更为重要。 统治者自身行为端正,天下人便会争相效法。 统治者自身行为不端,即使严刑峻法,人们也不会遵守。 因而,治国的首务是加强统治者的自律,其次才是制定完备的制度。 这便是孔子的人治思想。

孔子的人治思想为汉儒所继承改造,自汉代起,一直指导着古代的司法,并在古代司法学说中占有主导地位。 儒家的思想为"人"在立法、尤其在司法活动中发挥作用留有充分的余地。 在中国古代社会中,法律的社会效果如何,与其说取决于法律制度的完善与否,不如说是取决于执法官吏素质的高低。 法律执行的好坏,更是与执法者的自律与表率作用息息相关。 因而,人们对法律的评价,不只是看法律制度本身的设立是否完善,同时更要看执法之人自身的道德品行。 许多孝子、清官、循吏断案不仅能使当事人口服心服,而且还能起到教化一方民众的作用。 这其中的原因便在于官员自身的表率和对民众的感化作用。

在传统社会中,君主、官吏的道德修养与素质远远重于设法立制。 百姓对圣君、清官的依赖也远远超过对法律制度的信任。 如清末法学家沈家本在总结

---

① 2001年5月5日录于平遥衙署门前。

② 《论语·子路》。

唐代法律时所认为的那样："有其法者尤贵有其人"①。

（四）孟子与荀子对孔子法思想的发展

孔子的法律主张是周公政治经验的总结，孔子认为改良周公思想，维护传统的精神是拨乱反正的必经途径。所以孔子确认周公以礼治国传统在现实社会中的正当性和有效性。孔子殁后，孟子与荀子从不同的角度对孔子的思想进行了更为深入的论证。

1. 礼治思想

（1）礼的合理性

孔子认为"礼"就是人们言行的最高准则。看到违礼之举，诸如大夫享用了只有天子才能享用的"八佾"之舞，祭祀了只有天子才有权祭祀的泰山，孔子都会恨恨地说："是可忍，孰不可忍"②。在孔子看来"公庙"祭于家（诸侯的宗庙被大夫篡祭）、"八佾"舞于庭（天子才能享有的乐舞而大夫僭用）等违礼之举才是最大的不可容忍的犯罪。礼是一种无所不在、不可逾越的等级制度，国家中的君臣，家族中的父子、兄弟、夫妇，社会中的尊卑长幼，每一个人无不在名分等级的网罗中。

儒家认为，等级的合法性源于历史，西周的礼制，就是维护宗法等级制的。这种先王之制，在儒家的心目中所以恒久不变，是因为儒家认为人有尊卑贵贱的差异是天地所成、发于自然之事。孔子经常以"君子"、"小人"划分人的等级，孟子的"劳心者治人，劳力者治于人"直到今天也是妇孺皆知的名言。后人在总结儒家学说时，托孔子之语道出了"礼"源于天地人情的这一属性。《礼记·乐记》：

"礼者，天地之序也。"

《礼记·坊记》：

---

① ［清］沈家本《历代刑法考》（一），北京：中华书局，1985年版，第51页。凡以下引用本书者，只注页码。

② 《论语·八佾》。

"礼者,因人之情而为之节文。"

产生于天地人情的礼,难道还有什么可以怀疑的吗? 违背了礼,就是违背了天经地义之理,国家必乱、社会必乱、家族必乱。

孟子对礼的合理性和必要性是这样论述的:"上无礼,下无学,贼民兴,丧无日矣。"①统治者不依礼治国,百姓得不到教化,乱臣贼子必兴,国家就会灭亡。

荀子则从礼的产生和作用两个方面论证了继承西周之制——礼的正当性。第一,礼产生于人性,其作用在于限制人们的欲望。 荀子认为,人自出生时起,就有了欲望。 人欲是天之所赐,与生俱来。 要满足欲望就会强求,当这种"强求"缺乏制约时,就产生了相互的争斗。 争,产生了乱;乱,又产生了贫穷。 古代的君主,厌恶乱世,制定了礼来制约人欲,将人欲限制在合理的范围内,使人的欲望得到合理的满足而不至于因为过分贪婪使天下陷于争乱与贫困。欲与物"两者相持而长",须以来维系。② 第二,礼无处不在,是天下"通义"。 荀子认为礼所强调的等级,即"别"(不一样),是每一个社会都存在且无法改变的:

"曷谓别? 曰:贵贱有等,长幼有差,贫富轻重皆有称者也。"

人类社会之所以有贵贱等级的差别,原因在于人类社会必须依靠身份高贵者对贱者的驱使而维系,这是天经地义的社会分工:"两贵之不能相事,两贱之不能相使",这句话的意思是贵族与贵族之间不能相互侍奉,贱者与贱者之间无法相互支使。 若人人平等,社会没有分工,人类社会的秩序就无法维系。 这正是荀子赞成孔子维护"少事长、贱事贵、不肖事贤"这种礼的秩序原因。 也是荀子将礼视为"天下之通义也"③的原因。

---

① 《孟子·离娄》。
② 参见《荀子·礼论》:"人生而有欲,欲而不得,则不能无求,求而无度量分界,则不能不争。 争则乱,乱则穷。 先王恶其乱也。 故制礼义以分之,以养人之欲,给人之求,使欲必不穷乎物。 物必不屈于欲。 两者相持而长,是礼之所起也。"
③ 上述引文参见《荀子·仲尼》。

(2) 礼与法的关系

在儒家思想体系中,"礼"的内容十分复杂,复杂到我们今天也无法为其明确定义。简单地说,儒家将西周之礼划分为两个部分,一是礼义,即"德",是儒家所推崇的发自人情的忠孝节义,也可以说这就是法或制度的精神。二是礼制或礼仪,古人称之为"节文",有时很琐碎,但正是这些细微和琐碎之处体现了礼所包含的大义。儒家认为,礼乐是德的外在体现,是发于自然和人性的习惯,是恒久之道。为此,孔子倡导德礼教化之治,认为弘扬人性的德礼教化才是符合人之本性的根本统治方式。而产生于国家权力的政刑,追求的则是一时的秩序。

孟子继承了孔子的思想,将儒家的人情观论证得更为透彻。万章问孟子:儒家崇尚的圣君大舜是公正的吗?共工、欢兜、三苗、鲧犯罪,舜或流放、或诛杀了他们,以惩罚其恶。惩罚了四人的罪行而使天下信服,因为这四个人不仁。但舜的弟弟象也是一个不仁的恶人,舜却将有庳之地作为封国封给了他。难道有庳这个地方的民众有罪吗?被这样一个恶人统治。仁人难道就是这样的吗?对别人有罪则诛之,而对自己有罪的弟弟,不但不惩罚反而分封给他国土。孟子并不以为万章的问题难以回答,他说:仁人对于自己的弟弟友爱有加,舜不隐藏对毫无品行的弟弟的愤怒和生气,但并不记恨自己的弟弟,这种愤怒和生气是针对事情的,所以很快就忘记了。但因为亲爱自己的弟弟,所以希望他贵;因为亲爱自己的弟弟,所以希望他富。舜将自己的弟弟封到有庳,是发自人之常情的,是对自己弟弟友爱的表现。若自己贵为天子,而弟弟为匹夫,这种人还有人应有的友爱之情吗?① 在孟子看来,兄长友爱自己的弟弟正是"仁政"的体现。尽管舜的弟弟被天下视为"至不仁"者,但是舜对自己的弟弟却不能像对共工、欢兜、三苗、鲧那样,以刑制裁。他仍然尽了为兄的友爱之情,使弟弟"富贵之也"。对行为不端的弟弟不仅不绳之以法,而且亲爱有加,赐与封地——孟子认为——这正体现了舜的大仁大义。而将自己的亲人置于刑

---

① 《孟子·万章》:"舜流共工于幽州,放欢兜于崇山,杀三苗于三危,殛鲧于羽山,四罪而天下咸服,诛不仁也。象至不仁,封之有庳,有庳之人奚罪焉?仁人固如是乎?在他人则诛之,在弟则封之?"孟子答曰:"仁人之于弟也,不藏怒焉,不宿怨焉,亲爱之而已矣。亲之,欲其贵也;爱之,欲其富也。封之有庳,富贵之也。身为天子,弟为匹夫,可为亲爱之乎?"

网之中,在孟子看来是有悖人情常理的。自己为天子,兄弟却为匹夫,这种人是不可能爱天下的,也当不好天下之主。孟子对万章的回答,与孔子对叶公"父为子隐,子为父隐,直在其中"的回答如出一辙。

孟子不只是认为在法与礼相悖时,法应让位于礼;而且认为,即使是儒家视若生命的礼制,一旦与体现人情的礼义相冲突,统治者也应毫不犹豫地将人情放在首位。有人问孟子:"男女授受不亲,是礼吗?"孟子肯定地回答:"是礼。"又问:"那么见女子溺于水中,伸手相救,是否违礼?"孟子答:"见妇人溺于水中而不伸手相救,那是毫无人性的豺狼。男女授受不亲,是礼;而伸手救溺水的女子则是以情济变之道。"①

由此可以看出,孟子认为礼、法、刑等制度规范都是可变的,而不可变的是制度所要体现的灵魂,这个灵魂就是中国古人所说的礼或礼义。

荀子对孔子思想的继承,与孟子有所不同,其是从"隆礼"、"至法"两个方面论证的。荀子的思想体系是以儒为本、兼采各家的。荀子认为治理国家,礼法两者不可偏废:"隆礼至法则国有常。"②"隆礼"就是以礼为尊。但处在战国中后期的荀子,他所讲的"礼"已不完全同于孔孟之礼。"至法"即重视制度,包括法律。"至法"的主张是荀子吸取了法家理论后提出的,也是荀子基于现实社会需要对儒家思想所做的变通。

西周的"礼治"是以"宗法制"和"世袭制"为基础的。在宗法制与世袭制下,各级贵族享有身份世袭的权利,在法律上也享有特权。宗法制与世袭制将社会的贵贱等级建筑在血统、出身上。血统决定了一个家族世世代代的贵贱,出身决定了一个人一辈子都无法改变的恒贵或恒贱。战国时期的法家为了调动社会各阶层生产和作战的积极性,为了达到富国强兵的目的,不遗余力地反对贵族无功受禄、平民晋升无门的所谓"礼治"。要求代之以"不别亲疏、不殊贵贱,一断于法"的"法治"。荀子为适应时代的要求,将儒家的"礼"作了改造,除国君身份的世袭制外,他反对宗法制下各级贵族的"世卿世禄制"(世代为贵族、世代食国家的俸禄),并将原来以血缘关系为纽带的宗法等级制变为以才能为基础的非世袭的官僚等级制。这样一来,非贵族出身的人,可以凭借着

---

① 参见《孟子·离娄》。
② 《荀子·君道》。

战功、才能等各种途径取得贵族的称号，享有参与国政和入仕做官的权利。另一方面，荀子主张各级官吏应由国君根据统治的需要，而不是出身的贵贱直接任免，从而加强了君主的权力。如此这般，荀子把夏商西周时期"国"、"家"合一的一元化的"礼"变成了"国"、"家"相分的二元化的"礼"；把宗法世袭制下"任人唯亲"的旧礼，变成了"尚贤使能"的新礼。如荀子说：

"虽王公大人之子孙也，不能属于礼义，则归之庶人；虽庶人之子孙也，积文学正身行，能属于礼义，则归之卿相士大夫。"①

从而做到"无德不贵，无能不官，无功不赏，无罪不罚"②。这一论述的大意是，即使出身王公贵族，不能做到忠孝节义，就可以贬为庶人；虽然出身庶人，但有才华，能做到忠孝节义，则可以擢为公卿。没有德的人不能给他富贵，没有才能的人不能给他官职，没有功劳的人不能给他奖赏，没有罪恶的人不能给他惩罚。这一论述颇接近于法家"一断于法"的思想。荀子用"礼"涵盖了法家的一些主张，将西周以"亲亲"为核心的礼变成了以"尊尊"为核心的礼。赋予礼更强的与时俱进的生命力。此为"隆礼"。

然而荀子认为，礼尽管十分重要，但并非万能，"治之经，礼与刑"③。应该注意的是，荀子此处所说的"礼"，既不是礼义，也不是礼制，而是一种治理的手段或方法。治理国家要恩威并施，既要有道德教化，又要有刑罚的震慑。作为一种维护社会秩序的手段，刑与政、法常常相提并论，刑维护的对象是国家制定的、民众必须遵守的制度。前文引孔子"道之以政，齐之以刑"之语即为此意。荀子对儒家的发展，在于不仅仅强调发自自然、习惯的礼的重要，还在于其同时也强调"法者，治之端也"④，把法看成是治理国家的必备手段。基于这种思想，荀子对法家的"法治"思想有选择地进行吸收。例如他主张制定和公布成文法，做到"进退有律"（统治者的治理有律作为依据），"罪祸（过）

---

① 《荀子·王制》。
② 《荀子·王制》。
③ 《荀子·成相》。
④ 《荀子·君道》。

有律"（惩罚犯罪有律作为依据），①以法作为治国的准绳和赏功罚罪的标准；主张"信赏必罚"（只要制定了赏罚的规定就一定遵循）、"无功不赏，无罪不罚"，②反对赏不当功、罚不当罪。在坚持罪刑相称原则的基础上，荀子主张"先诛""不顺礼义"的"奸人之雄"。此为"至法"。

正是荀子的"隆礼"、"至法"思想，开儒法合流之先河。

2. 德治思想

"德治"是孔子继承了西周"明德慎罚"思想提出的。孔子所言的"有耻且格"是德治的理想境界，即人人知耻而不犯法。为了达到这一理想，孔子提出"为政以德"。③推行德治的方法是"教化"。教化是与刑罚相对的一种治国手段。儒家认为统治者为政应以道德为内容，以温和的教育方式劝勉人们弃恶从善。重视教化是先秦儒家的共同特征。但孟子与荀子关于教化理论的基础却针锋相对，孟子基于"人性善"的主张，认为教化可以保持、弘扬人的本性，所以应重视教化；荀子则基于"人性恶"的认识，认为教化可以掩饰、改造人的本性，所以应重视教化，两者在统治方法上达成一致，可谓殊途而同归。

孔子认为，人本性大致相同，但这种本性是可以变化的，后天所处的环境及熏陶是人之本性变化的原因，即"性相近也，习相远也"④。由此可以看出孔子认为犯罪产生的根源在社会环境的不良，"习"是造成人们差距的原因。所以犯罪是可以通过教化改变社会环境与提高自身素质来预防的。在孔子看来教化远比刑罚重要，因为刑罚只能惩处犯罪，但不能预防犯罪。教化的内容主要是伦理道德，即教育人民要孝敬父母，友爱兄弟。孔子断言，如果一个人能做到孝悌，就不会去犯法：

> "其为人也孝弟（悌），而好犯上者，鲜矣；不好犯上，而好作乱者，未之有也。"⑤

---

① 《荀子·成相》。
② 《荀子·君道》。
③ 《论语·为政》。
④ 《论语·阳货》。
⑤ 《论语·学而》。

从"性相近,习相远"出发,孔子反对为政者只用法律恐吓民众。他以"不教而杀谓之虐"①(对民众不教导他们如何去做而一味地用刑罚惩罚他们,这样的统治是虐政)来抨击当时的暴政。

(1) 孟子"以德服人"的王道思想

孟子的德治思想在继承孔子的同时,论述显然比孔子更为丰富和完善。第一,孟子将孔子的"性相近"之说,确认为"人性善"。进一步肯定了礼乐教化即德治的必要性和可行性。第二,对教化的内容,作了更为具体的阐述,即"教以人伦":"君臣有义"(忠)、"父子有亲"(孝)、"夫妇有别"(节)、"长幼有序"、"朋友有信"(义)。人伦的关系在孟子学说中被清晰地概括为"五伦"关系,即君臣、父子、夫妇、长幼、朋友。这种人伦关系的定位是做人的基本准则。

孟子认为人性本善,犯罪不是人固有的本性,而是环境影响所致。告子将人性比喻为水,认为在水流湍急的情况下,在东边挖一个口子,水就往东流;西边挖一个口子,水就往西流。就如同水流不分东西一样,人性也不分善恶。孟子对此论不以为然,他透过水流无定向的现象看到往低处流才是水的"本性",以此证明人与人虽然在品德上有高贵低贱的不同表现,但"善"却是人具有的相同本性。孟子言:往低处流是水的本性,但若搏击,水可以溅起而高过人的额头;屏水,也可使水倒流。但溅起的水与倒流的水所表现的都不是水原有的本性。就像人一样,善是人的本性,然而环境的影响可以使人像溅起的水一样,违反自己的本性而做"为不善"的事情,但"不善"并非人之本性。如同往低处流是水的本性一样,善才是人的本性。②也如同溅起与倒流的水不是水本性一样,为不善也不是人的本性。违法犯罪如同溅起与倒流之水一样,当然也不是人类社会应有的"常态"。孟子的这些论述充满了对人性的希望。

正因为人性本善,所以道德教化才是以善对善的最好统治方法。孟子将犯罪及社会混乱的原因归结为环境或人为所致,实际上是对现实中统治者的统治方法与合法性提出了质疑。人是在什么环境中改变了善的本性呢?孟子认为,是

---

① 《论语·尧曰》。
② 《孟子·告子》:"孟子曰:'水信无分于东西,无分于上下乎?人性之善也,犹水之就下也。人无有不善,水无有不下。今夫水,搏而跃之,可以过颡;激而行之,可使在山。是岂水之性哉?其势则然也。人之可使为不善,其性亦犹是也。'"

在"无恒产"（物质贫乏，没有稳定的属于自己的土地和财产）的环境中改变的。因为在物质贫困中，追逐财富成为人们的第一需要，善在对物质财富的追逐中消失、改变。孟子认为，唯有少数的君子（士）能在物质贫乏的困境中保持自己善良的本性，大多数人则会放弃本性要求的道德约束，为一己私利和富贵而改变初衷。① 当对物质的追逐超过了正当的界限，变成了贪婪，犯罪便产生了。

实际上，孟子"无恒产"为犯罪根源的论证，已经将犯罪的责任追究到为政者的"横征暴敛"上。因此，预防或制止犯罪也只有从统治者自我约束做起，即减轻对人民的剥削，不与民争利，注重"制民之产"②，体恤民众生活的艰难。周公强调的保民惠民，在孟子学说中被格外强调，《孟子·滕文公》言："圣人治天下，使有菽粟如水火。"即圣人治理天下，把民众的温饱视为如同水火一样紧急的事。人民温饱有余，善之本性才能弘扬。在生活安逸的情况下"焉有不仁者乎？"针对法家严刑峻法以治民的观点，孟子针锋相对地予以否定。他将严刑峻法视为统治者有意为之的陷害民众的陷阱，是泯灭人类本性的以恶抑善之举："及陷于罪，然后从而刑之，是罔民也。"③

孟子继承了孔子"为政在德"的思想，针对法家提出的富国强兵，以力兼并天下，以法治国的主张，对"国"、"天下"、"霸"、"王"的不同含义进行了阐述。国，主要指国家的统治权。国家统治权可以靠"力"获得，称之为"霸"；也可以靠"德"获得，称之为"王"。但以力获得统治的人不会得到人民的拥戴，"霸道"可以霸国，但不能得天下。天下，是指天下人的人心向背，得天下人心者，必是行德政的王者。孟子进一步指出，有时王者未必有国，但却能以"王道"得到天下人的拥戴。《孟子·公孙丑》中记载，孟子以商汤、文王得天下而证明"以德行仁"的王道由小而大、由弱到强的发展：

"以力假仁者霸，霸必有大国；以德行仁者王，王不待大——汤以七十里，文王以百里。"

---

① 《孟子·梁惠王》："无恒产而有恒心者，惟士为能。若民，则无恒产，因无恒心。苟无恒心，放辟邪侈，无不为己。"
② 《孟子·梁惠王》。
③ 参见《孟子·梁惠王》。

其意为：仗恃武力、假借仁义之名的人，可以称霸，但他的统治必须要凭借着强大国力；而依靠道德、推行仁义的人，不需要强大的国家权力为后盾，以德就可以使天下归服，比如商汤不过只有七十里的封地、周文王不过只有百里的封地，但他们都以自己的德性使民顺服而得到了天下。"以力服人"的"霸道"与"以德服人"的"王道"之间的区别还不止于此。更重要的区别是在得到国家统治权后，以力服人者虽然得到国家的统治权，但却不能消除天下之乱。因为人心不服，一旦有人感到有了足够的力量，就会以同样的方式，以力相争。相反以德服人者为政，才能消除社会上的灾难，如战争、贫困等。因为"在上者"（君主及统治者）以身作则，"在下者"（民众）自然心悦诚服，就如孔子的学生佩服、归顺孔子那样接受统治者的统治。孟子的结论是：

"以力服人者，非心服也，力不赡也；以德服人者，中心悦而诚服也。如七十子之服孔子也。"①

使人心悦诚服的统治，是王者所行的仁政和德治。在孟子思想体系中，仁政、德治至少应包括三方面的内容：

一是不滥杀无辜，即"慎罚"，因为"杀一无罪非仁也"。② 为政者只要枉杀了一个无辜之人，便破坏了仁政。鉴于此，孟子反对战国时实施的连坐、族诛等法律制度，而赞扬周文王时实行的"罪人不孥"③的原则。所谓"罪人不孥"，就是罪止一身，只惩办犯罪者，而不连坐其他人。为了不枉杀一人，统治者在用刑时一定要效法古制，慎而又慎。孟子认为为政者在判处死刑时，要反复斟酌，多方征询意见，对死刑犯要做到：

"左右皆曰可杀，勿听；诸大夫皆曰可杀，勿听；国人皆曰可杀，然后察之，见可杀焉，然后杀之。"④

---

① 《孟子·公孙丑》。
② 《孟子·尽心》。
③ 《孟子·梁惠王》。
④ 《孟子·梁惠王》。

这种死刑程序的设计，可以最大程度地避免枉杀无辜。其关键在于"然后察之，见可杀焉，然后杀之"，即在征询了重要官吏、贵族、国人的意见后，仍然要依据事实和法律（察之），确定是罪不容诛者，才可以判以死刑。

二是将法律的锋芒指向"不仁"的人，即"诛不仁"；而对民众则行以"宽政"，即"省刑"。所谓"不仁"，大都指不爱惜自己声誉，残酷盘剥百姓的统治者，由此对贵族官吏的约束成为法律的重点。因为，对不仁的贵族官吏实施责罚，才能使民众信服，才能收服民心。孟子认为舜对共工、欢兜、三苗、鲧的惩罚正是仁政的体现："舜流共工于幽州，放欢兜于崇山，杀三苗于三危，殛鲧于羽山，四罪而天下咸服，诛不仁也。"①正是基于"诛不仁"的仁政思想，孟子才认为即使君主，一旦背离仁政，成为残害民众的独夫民贼，人们就可以伐放，甚至诛杀他，如周武王伐纣一样。

三是对民众应以"教化"为主。孟子主张"人性善"，主张统治者顺人之本性而教化民众，使每一个人不因后天的环境不良而丧失善良的本性。教化的内容主要是"人伦"，因为"人伦"充分体现了人的善性，具体地说就是教民：

"父子有亲,君臣有义,夫妇有别,长幼有序,朋友有信"②。

当家庭中父子相亲、夫唱妇随，朝廷中君臣有义，社会上朋友守信、敬老爱幼蔚然成风时，天下就太平了。"人人亲其亲，长其长，而天下平"③的仁政理想也就实现了。

（2）荀子的教化思想

荀子主张教化的根本理由与孟子恰恰相反，孟子是为了保持和弘扬人性而主张教化，因为孟子是人性善论者。荀子则是为了改造人性而主张教化，因为荀子是人性恶论者。荀子认为：

---

① 《孟子·万章》。文中所引为万章问孟子语，从上下文来看，孟子同意此说，或此说为万章引孟子语。
② 《孟子·滕文公》。
③ 《孟子·离娄》。

> "人之性恶,其善者伪也。"①

不忠、不孝、不节、不义才是人的本性。所谓的"善"不是先天的,而是通过人为努力而达到的。或者说"善"只是人们的后天伪饰。在荀子看来,圣王大禹与暴君夏桀在本性上没有什么不同,所有的人都是"饥而欲食,寒而欲暖,劳而欲息:好利而恶害"②。如果对人的本性不加扼制,天下势必大乱。③ 正因如此,荀子才主张通过道德教化和法律制裁的手段,使人们转变恶性,这就是所谓"化性起伪"。这里涉及荀子"性恶论"中关于人性应当改造、可以改造及如何改造的理论。荀子虽然对人性悲观,但对改造人性却充满了信心。与法家"利用"人性不同,荀子的学说是通过"起伪"而"向善"的。

性(人之本性),在荀子看来是天之所赐,是丑恶的。《荀子·性恶》这样定义"性":"凡性者,天之就也,不可学,不可事。"性是天之所赐,不是后天习得的那些东西。而荀子对人"性"的结论也直截了当——"人之性恶"。④ 荀子用了大量的例子说明人性恶。荀子说,尧曾问舜:人情怎么样?舜答道:人情太糟糕了,还用问吗?有了妻子,对父母的孝敬就减弱了;得到了想要的东西,对朋友就不那么讲信义了;得到最高的爵位后,对君主也就不那么忠心了。⑤ 荀子认为,如果人性果真如孟子说的那么善,人类就不需要礼义教化了。礼义教化不可缺少的原因,不是因为人性善,而是因为人性恶。因为人性本恶,所以才需要教化和学习,才需要礼的制约。这里涉及荀子学说中"伪"的独特含义。

"伪",在荀子看来并不是恶或不好。伪,就是人的作为与努力:

---

① 《荀子·性恶》。
② 《荀子·荣辱》。
③ 《荀子·性恶》:"从人之情,顺人之性,必出于争夺,合于犯分乱理而归于暴。"
④ 《荀子·性恶》:"人之性恶明矣,其善者伪也。"
⑤ 《荀子·性恶》:"尧问于舜曰:'人情何如?'舜对曰:'人情甚不美,又何问焉?妻子具而孝衰于亲,嗜欲得而信衰于友,爵禄盈而忠衰于君。人之情乎!人之情乎!甚不美,又何问焉?'"

> "心虑而能为之动谓之伪；虑积焉、能习焉而后成谓之伪。"①

努力去做心中想到的事情，反复思考，不断实践而达到成功就是"伪"。荀子进一步认为，导人向善的礼，不是产生于圣人的本性，而是产生于圣人之"伪"，即圣人的深思熟虑与不断的实践。② 伪与善，通过圣人之礼而得到连接。 荀子主张礼教，是因为"伪"虽产生于圣人的思索与实践，但普通人通过努力学习也是可以得到并拥有的。 所谓：

> "不可学、不可事而在天者，谓之性；可学而能、可事而成之在人者，谓之伪；是性、伪之分也。"③

人原本就有的、天所赐的本性是"恶"，但通过人为的礼义学习和实践，恶是可以被改变的，这种改变是人努力的结果，这种结果称为"伪"。 性为恶、伪为善，恶与善的区别就是性与伪的区别。

在荀子的学说中，"伪"成了人类经思虑后所采取的改造恶性、趋于向善的自觉能动行为。 但荀子对礼、法等社会规范的着眼点是对人性的改造和矫正，而不是对人性的桎梏或利用。 荀子言："圣人化性而起伪，伪起而礼义生，礼义生而制法度。"④在荀子看来，礼义法度都产生于圣人之伪，目的都在于遏制人的恶性。 礼是通过统治者的"教"和民众的"学"而改造人们的恶性；而法则是通过约束而节制人们的恶性。 孟子的"人性善"重在说明用礼乐教化恢复和维系人性较用强制性的法律约束民众更具合理性。 而荀子的"人性恶"则重在说明教化的必行，并说明礼乐教化与法律约束具有同样的合理性。 孟子的教化充满理想主义，认为人性的恢复和维系不仅可以预防民众犯罪触法，而且可以使"人皆可以为尧舜"。⑤ 而荀子的教化则现实得多，其重在改造人们的恶性（"化性"），但其同样有着理想主义的色彩，即促使人们努力向善（"起

---

① 《荀子·正名》。
② 《荀子·性恶》："然则礼义法度者，是生于圣人之伪，非故生于人之性也。"
③ 《荀子·性恶》。
④ 《荀子·性恶》。
⑤ 《孟子·告子》。

伪"），用礼、法共同遏制并惩处犯罪。

基于对人性本恶的认识，荀子完善了儒家的德治思想，即主张教化并非万能。为政者应用礼与法两种方式治理国家。鉴于此，荀子既赞成孔子"不教而诛为之虐"的主张，但也反对"教而不诛"，同时还反对"诛而不赏"。他说：不用礼义教化百姓，只是一味用刑惩罚，刑罚不仅会越用越多、越用越残酷，而且会越用越失效，无法达到制止人们犯罪的目的；但只用礼乐教化而不用法律制约，为恶的人得不到惩罚，礼乐教化同样也会逐渐失去效果；只惩恶而不扬善，为善的人则得不到鼓励，也无法做到"化性起伪"。在《荀子》中，有关教、诛、赏的关系是这样的：

"不教而诛，则刑繁而邪不胜；教而不诛，则奸民不惩；诛而不赏，则勤励之民不劝。"①

在教与罚、礼与法两者间，荀子仍然对儒家的"德治"抱有信心，他更强调教化的优越性，认为只要方法得当，"化性起伪"成功，社会就可以达到人人自觉守礼守法的境界，即所谓"赏不用而民劝，罚不用而民服"②。从这一点来说，荀子的学说并未减弱儒家的理想主义色彩。

先秦儒家的"德治"思想源于西周宗法制社会中"明德慎罚"的为政主张。在汉武帝后这一思想又成为正统法思想的核心。这里便产生了一个问题，即在宗法制下的为政方式和思想形态为什么在官僚制的社会中仍被沿用。分析起来，大致有这样两个原因。第一，儒家并不是固守传统，而是对传统的"明德慎罚"或"德治"的思想作了改造和更新。比如在教化问题上，儒家便打破了西周"学在官府"的制度，提倡"有教无类"。③ 这种改造与更新使传统适应了社会的发展需要。第二，"德治"思想中有糟粕，更有精华，这些精华在人类社会的发展中具有普遍的意义，不会随着王朝的更迭、历史的演变而消失。

---

① 《荀子·富国》。
② 《荀子·非十二子》。
③ 《论语·卫灵公》。

在此纠正一个法史学界的普遍误解。许多教科书都认为儒家的"教化"思想突破或改变了西周"折民惟刑"的传统,实则不然。"折民惟刑"出自《尚书·吕刑》。按历代通说,折,意为"哲",聪明之意。惟,意为止。因此"折民惟刑"意为"使民明智而不犯罪"。这一思想与西周社会的文化背景和统治者的法思想十分吻合。所以儒家的"德治"思想只能说是这一思想的继承和发展,而不能理解为"突破"或"改变"。这种"突破"或"改变"的误解产生于我们用现代语境简单地从字意上将"折民惟刑"解释为"使民折服,惟有用刑"。这种望文生义的解释,实在是大错而特错了。

3. "人治"思想

(1) 中西人治思想的发展与演变

先秦儒家认为:国家天下的安危取决于统治者,尤其是最高统治者天子或国君的品德。这与古希腊哲学家苏格拉底(公元前469—前399年)与柏拉图(公元前384—前322年)的思想有类似之处。苏格拉底与柏拉图所处的时代,也介于孔子、孟子所在的时代之间。众所周知,苏格拉底与他的学生柏拉图的理想国是"哲学王"的统治,而法治只是"第二等好"的统治。[①] "哲学王"统治的方式,与儒家的圣人贤君如出一辙,即兴教化。从亚里士多德的《政治学》的记载中,可以看到苏格拉底亦认为对公民的教化远比立法重要。他说:"公民之受有良好教育的可以用不到许多法规来排除纠葛,例如市政法规、商场条例以及类似的章则。"[②]这与上节所谈到的儒家教化思想何其相似。柏拉图之于苏格拉底类似于中国的孟子之于孔子。而中西主流思想的分道扬镳也在于孟子与柏拉图两人对先贤思想的或发展或转变。专家这样概括柏拉图的政治生涯:

> "第一阶段是壮志雄心的幻灭时期。第二阶段困心衡虑,久而弥坚,相信哲学家确能兼为政治家,确能治理世界。其代表作《理想国》,不仅是哲学家的宣言书,而且是哲人政治家所写的治国计划纲要。第三阶段柏拉图垂垂老矣。

---

① 参见[古希腊]柏拉图著,郭斌和、张竹明译《理想国》,"译者引言";及吴恩裕《论亚里士多德的〈政治学〉》,载[古希腊]亚里士多德著、吴寿彭译《政治学》,北京:商务印书馆,1996年版,第 xi 页,凡以下引此书者,只注页码。

② [古希腊]亚里士多德著、吴寿彭译《政治学》,第59页。

事与愿违,不得已舍正义而思刑赏,弃德化而谈法治,乃撰《法律篇》。"①

在柏拉图由于对人性失望而转为反省人治的时候,孔子的继承者孟子却老而弥坚,完善了孔子性善的主张和教化的体系,他坚信孔子的"善人为邦百年,亦可以胜残去杀"②的思想并提出了"唯仁者宜在高位"③的主张。

在此我们还需要纠正一下三十年前由于时势政治的需要在"人治"与"法治"的争论中,出现的对"人治"的误解——"人大于法"、"权大于法"。这种观点一直影响到现在的学界,并蔓延到社会,许多人甚至将"当官的说了算"作为人治的注解。其实,古人所说的"人治"与我们今天误解了的"人治"可以说风马牛不相及。古人所说的"人治"之"人",是有道德、有才能的人,绝不是指有权势的人,更不是指有权势的恶人。

(2) 孔孟的"为政在人"

孔子认为在治理国家时,最高统治者的言行甚至喜怒直接关系到国家的安危、社会的治乱、人民的苦乐。因为上行下效是人类社会的规律。他将君子(泛指统治者)的品行比喻为风,小人(泛指民众)的品行比喻为草;风往什么方向吹,草就往什么方向倒伏。④ 所以有什么样的君主,就有什么样的民众——这就是人治之所以重要的原因。所谓"其身正,不令而行;其身不正,虽令不从"。⑤

孟子对孔子"身正令行"思想的解释是"惟仁者宜在高位"。⑥ "君"与"法"的关系,孟子认为君才是核心之所在,君主的品行,决定着一国的风气。

"君仁,莫不仁;君义,莫不义;君正,莫不正;一正君而国定矣。"⑦

孔子与孟子的"为政在人",要求的是统治者的自律,是"以身作则",是

---

① [古希腊]柏拉图著,郭斌和、张竹明译《理想国》,"译者引言",第 iv 页。
② 《论语·子路》。
③ 《孟子·离娄》。
④ 《论语·颜渊》:"君子之德风,小人之德草,草上之风必偃。"
⑤ 《论语·子路》。
⑥ 《孟子·离娄》。
⑦ 《孟子·离娄》。

为民表率。这里不存在"君主说了算"及"权大于法"的问题。相反，孟子认为与民心、国家相比，君主的地位是次要的。所谓"民为贵，社稷次之，君为轻"。① "为政在人"的"人"，是将民意放在首位的人，民意在孟子的理想国中是无上的大法，违背民意的暴君，人人可以起而诛之，就如同商汤诛夏桀，武王伐商纣一样天公地道。所以儒家的人治思想与民本主张密切相关，是遏制君主为所欲为的理论，而不是"权力至上"的注解。

（2）荀子的"有治人，无治法"

荀子对"人"重于"法"的论述较孔子和孟子更为具体。荀子的人治思想发端于对人性恶的认识，他的基本观点如下：

第一，法是由人制定的。他总结历史经验，提出"有乱君，无乱国；有治人，无治法"②的论题。意为：自古至今有使国家混乱的君主，而无无缘无故混乱的国家；有能够治理好国家的人（治人），却没有能够治理好国家的法（治法）。因为法是随着时代的变化而变化的，一时期或一时代行之有效的法律，未必在另一时期或另一时代也行之有效；同样的法律由不同的君主执行，则有不同的效果。荀子以夏桀亡国之时大禹之法犹在的例子说明君与国、人与法的关系，证明了治理国家的关键因素是人（君）而不是法。

第二，"君子者，法之原也"③。对国家和社会来说，法虽然很重要，甚至是"治之端也"，但法毕竟是由作为统治者的"人"制定出来的，法的好坏完全取决于作为统治者的"人"的品德和能力。荀子认为就如同水之源决定河流的清浊一样，君子的品德决定了法的善恶，有了德才兼备的君主，才能有造福民众的法律，若君是昏庸、暴虐之主，法不免亦为恶法、暴法。所谓"源清则流清，源浊则流浊"。④

第三，"法不能独立，类不能自行。得其人则存，失其人则亡"⑤。法的规章也好，法的解释条例也好，都不能自动行使，法是由人执行的。所以即使有了良法，也还得靠人来掌握和贯彻，否则条文、规范、例文不过就是一纸空

---

① 《孟子·尽心》。
② 《荀子·君道》。
③ 《荀子·君道》。
④ 《荀子·君道》。
⑤ 《荀子·君道》。

文,在实际中毫无作用。

第四,荀子认为,世上没有不存在漏洞的法律,法律无法包罗现实社会中的万象。国家职能部门的设立也是一样,虽不同事务有不同的职能部门管理,但再完善的职能管理机构也不可能穷尽天下所有的事务。法的漏洞,即"法之所不至者",需要人根据情理加以弥补。职能管辖的漏洞,即"职之所不及者",也需要人加以弥补。制度是固定的,人世间的变化是无穷的,应对这种复杂的变化,只能依靠德才兼备的"人"而不是"法"。① 制度的漏洞与对变化着的社会的无能为力决定了国家治理的第一要素是"人"而不是"法"。这个"人",是"治人",即能够治理国家的德才兼备的君子。

荀子对人与法的论述,与孔孟一脉相承又更具逻辑性和说服力。他强调的是君子在治国中的关键作用,而对于制度、法律也给予了充分的重视。

4. 先秦儒家的伦理法思想

先秦儒家法思想的内容概括起来是:维护礼治,提倡德治,重视人治。儒家,尤其是荀子不否认法律的作用,但认为法律在治国中不能占据主导地位,法的价值必须通过礼治、德治、人治来体现。儒家法思想研究的专家俞荣根将这种法思想定性为"伦理法思想",所论甚为精辟,兹录于此,不再赘言。

"第一,儒家伦理法是把宗法家族伦理作为大经大法的法律文化体系;第二,在这个体系中,宗法家族伦理被视为法的渊源、法的最高价值,伦理凌驾于法律之上,伦理价值代替法律价值,伦理评价统率法律评价,立法、司法悉以伦理为转移,由伦理决定其取舍。第三,在现实社会生活和政治生活中,以伦理代替法律,伦理和法律之间没有明确的界限,宗法伦理道德被直接赋予法的性质,具有法的效力,从而形成法律伦理化和伦理法律化的两个取向。"

作者进而认为伦理法具有双重性,它既是儒家的最高法和理想法,在中国历史上起到过诸如西方自然法、神法那样的作用,同时又是实在法,是人的实实在在、安身立命的准则和言行规范。所以它又不是纯粹思辨性的理想法。这种具

---

① 《荀子·王制》:"故法而不议,则法之所不至者必废;职而不通,则职之所不及者必坠。故法而议,职而通,无隐谋,无遗善,而百事无过,非君子莫能。"

有双重性的法,特点在于:

> "其一为世俗性。它根植于古代的宗法血缘家庭和自然经济、家庭农业为基础的农业社会的深厚土壤之中。其伦理不是神秘的信仰,而是实实在在、活生生的世俗伦理,是安身立命的准则、生活实践的规范。其二为宗法性。儒家伦理法以血缘情感为心理基础,以宗法人伦为主要内容。'礼',探其本源,不外是宗法伦常,由此而决定血缘尊卑、政治地位、身份贵贱,决定财产和权力的分配。无宗法即无礼义。其三为'法先王'的思维模式。儒家以'祖述尧舜,宪章文武'相标榜,认定尧、舜、文武、周公是把伦理价值和法律价值,把天道和人情融为一体的最高典范,是完美的道德和优良的法律的创造者,也是这些道德的化身和这些法律的执行者。正是这一思维模式,沟通了从理想法到实在法的联系。其四为广泛的强制机制。由于儒家伦理法具有理想法和实在法两重功能,它进入司法程序就必须有保证系统。这个保证系统是由古代国家、宗法血缘家庭组织及其文化心理等共同创造的。它首先是以国家系统暴力为主要手段的直接政治强制,此外还辅之以家庭强制、宗族强制等等,以保证伦理法的有效实施。"①

(五) 儒家礼治、德治、人治思想的分析

礼治、德治、人治是我们今日在谈论传统法,尤其是儒家法律思想时所必言及的,但需要指出的是,这些词汇并非古人的"原创",而是今人对儒家思想或传统主流法思想的概括。也就是说,"礼治"、"德治"、"人治"是我们运用现代的理论,根据儒家的法律主张而描述或构建出的儒家法思想"体系",是今人对儒家法思想的诠释和总结。

1. 儒家论礼治与礼制(仪)、礼义、礼教

(1) 礼治

在中国古代的典籍中,笔者未能查找到"礼"与"治"二字连用的史料。但

---

① 参见俞荣根《儒家法思想通论》,南宁:广西人民出版社,1992年版,第134—136页。

将礼作为治国根本的主张及观念在儒家经典和史书中确实比比皆是。如：《左传·僖公十一年》记内史过言："礼，国之干也。礼不行则上下昏，何以长世。"这是说治国不可无礼；儒家经典《礼记·坊记》言："夫礼，坊民所淫，章民之别，使民无嫌，以为民纪者也。"这是说治民不可无礼；孔子说"不学礼，无以立"①。儒家经典《礼记·曲礼》记："人有礼则安，无礼则危。"这是说做人不可无礼。

将中国古人这种推崇礼的思想和行为以"礼治"加以归纳总结的，据笔者的考察，应始于近代的梁启超。在《中国法理学发达史论》中梁启超引用日本学者穗积陈重对"礼治"的论述，考察了儒家关于礼之定义、礼之效用的论述，并定儒家思想为"礼治主义"。梁启超言：

"日本穗积陈重博士曰：'原始社会者，礼治社会也。举凡宗教、道德、惯习、法律，悉举而包诸礼仪之中。无论何社会，皆礼治先于法治，此征诸古代史及蛮地探险记而可见者也。支那古代，谓礼为德之形。礼也者，行为之有形的规范，而道德之表彰于外者也。当社会发展之初期，民智蒙昧，不能依于抽象的原则以规制其行为，故取日用行习最适应共同生活者，为设具体的仪容，使遵据之，则其保社会之安宁，助秩序的发达，最有力焉。故上自君臣、父子、兄弟、夫妇、朋友，下逮冠、昏、丧、祭、宫室、衣服、饮食、器具、言语、容貌、进退，凡一切人事，无大无小，而悉纳于礼之范围。夫礼之范围，其广大如此，此在原始社会，其人民未惯于秩序的生活者，以此制裁之而甚有效，至易见也。及夫社会确立，智德稍进，人各能应于事物之性质，而为适宜之自治行为，无取复以器械的形式制驭之，而固定之礼仪，或反与人文之进化成反比例，此礼治之所以穷而敝也。'②其礼治主义之起原、发达及其得失，言之殆无余蕴矣。"③

我们应注意的是穗积陈重所说的"原始社会"是我们现在学界所说的与近代社会相对的"古代社会"，并不是氏族社会。梁启超赞同穗积陈重关于"礼治"

---

① 《论语·季氏》。
② 《法学协会杂志》第二十四卷第一号论文"礼与法"。——原著注
③ 《饮冰室合集》第2册，《文集之十五·中国法理学发达史论》，第77—78页。

起源、发达、得失之论，主要有这样几点内容：

第一，"礼治"是古代社会的普遍现象，无论中国还是其他地区与国家的发展都经历了礼治时代。

第二，在中国古代，礼为德的外在表现。在其他文明礼治逐渐削弱之际，礼治在中国经过改造却有了长足的发展。

第三，礼的内容，包含了宗教、道德、习惯、法律及人类社会的生活习俗。

第四，礼在古代社会中是最有力、最有效的治理手段，但并不适应于近代社会"人文之进化"与"秩序的生活"。故礼治在近代社会中衰败，"穷而敝也"。

自梁启超后，用"礼治"概括儒家思想、概括中国古代政治与社会的论述便频繁出现。古代的中国为"礼治"的国家成为学界定论。然而学界的这种定论或通说，存在着很大的缺陷。其主要表现于两点：

第一，其没有解释"礼治"在中国古代社会中的发展历程。其实，如果将"礼治"作为一个时代的特征，礼治仅局限在商与西周，尤其是西周之时。即使在这个时代，礼治也并非一成不变，其经历了从以神权到以宗族权为核心的演变，礼的核心内容也由"敬"转为"德"。

第二，其未能阐述出中国古人所阐发的"礼治"内涵，即礼治中蕴藏的人类文明的永恒精神。而只是武断地将礼治视为"人文之进化"、"秩序的生活"的对立物，因而也就无法解释古代社会中普遍存在的礼治为何独在中国有长足的发展，并形成与罗马法治文明相媲美的"礼治"文明。

尽管有这些缺陷，但是用"礼治"来解说儒家的思想和儒家所崇拜的西周政治却并无不妥。只是我们需要对礼治体系及发展做全面的分析、整合。

（2）礼制（仪）

礼制即礼的规范与制度。礼起源于祭祀，祭祀必有其程序和仪式——这就产生了礼的最初规范，或可称为礼制、礼仪。这些规范一般来说是容易而且被严格遵守的，因为它凝聚了具有相同血缘、生活于同一氏族的人的崇敬和信仰。如礼与否关系到上天和祖先的喜怒，关系到是否能得到神灵的庇护，关系到生者的幸福和氏族的兴衰。从孔子对夏禹"致孝乎鬼神"的赞美[①]和商人的甲骨卜辞

---

① 参见《论语·泰伯》。

中也可以印证人类伊始对天意的敬畏与遵从。

由于产生于祭祀,初期,礼最大特点就是"敬"。释礼之义的《礼记》开篇则言"毋不敬"。但祭祀的程序与规范并不是礼的唯一内容,礼自产生后,内容随着社会的发展而不断扩大。人们长期生活中自然而然形成的风俗习惯成为礼制的渊源,礼制与法最大的不同在于其产生的过程,礼是自下而上形成的,是由风俗习惯积累成的。这就是《礼记·曲礼》所说的"君子行礼,不求变俗"的含义。《汉书·礼乐志》根据礼制的内容,将礼作了分类:

"人性有男女之情,妒忌之别,为制婚姻之礼;有交接长幼之序,为制乡饮之礼;有哀思思远之志,为制哀祭之礼;有拳拳敬上之心,为制朝觐之礼。"

可见,礼发自人情,其主要作用也是节制人情。礼制的内容十分繁杂,流传至今的儒家经典《仪礼》、《周礼》是总结三代的礼制而成,其成书的时间历来是学界聚讼的热点话题。根据今人的研究,一般认为《仪礼》成书于战国之时,略早于《礼记》,而《周礼》作于战国的晚期。① 无论《周礼》、《仪礼》作于何时,有一点是可以肯定的,即自成书之时起,《周礼》、《仪礼》对中国古代制度的影响就从未停止过。它们既是以往历史的总结,也是未来制度模式——当然也包括法制模式的规划。汉代之后,国家机构,尤其是在行政方面确实逐步按《周礼》描绘的天(吏)、地(户)、春(礼)、夏(兵)、秋(刑)、冬(工)六官的模式组成。《仪礼》十七篇则主要记述在举行冠、婚、丧、祭、射、乡、朝、聘等典礼时所应有的仪式、规程,甚至连不同等级与身份的人参加这些仪式时所应具有的心情和表达这种心情所应有的表情也做了详细的规定。尽管《仪礼》中的一些规范由于过分烦琐而被逐渐搁置,但《仪礼》所反映的精神却在《礼记》中得到解释和阐发,成为中国古代社会人们的追求和信仰,成为人们生活的准则,成为国家设法立制的方针和原则。

从法的角度说,礼制在氏族社会后期及夏、商、西周时期已经具有了习惯法的性质。梅因对习惯法的定义是:"法律寡头政治现在所主张的是要垄断法律

---

① 参见钱玄著《三礼通论》,南京:南京师范大学出版社,1996年版,第21—34页。凡以下引此书者,只注页码。

知识，要对决定争论所依据的各项原则有独占的权利，我们在事实上已到了'习惯法'时代。"①从《尚书·吕刑》记载的半神半人的传说英雄颛顼"绝地天通"、《左传》记晋国贵族叔向言"先王议事以制"②来看，作为国家最高统治者的颛顼已经垄断了祭祀权力——从而也就垄断了立法与解释法律的权力。叔向所说的"先王"们所掌握的"议事"之权，实际上也说明贵族已经垄断了"法"的实施。③ 这种被王与贵族所垄断的、通过"神意"而产生的节制人情、渗透于社会各个领域中的礼制就是梅因所言的习惯法。夏、商、西周之后，在保留习惯法性质的同时，礼制的许多内容转化为成文法中的条款。

具有习惯法性质的礼制与风俗习惯有着明显的区别：风俗习惯的产生与人们生活的环境息息相关，所谓"十里不同风"。礼制虽与风俗习惯有着密切的联系，甚至很多制度发源于习俗，但礼制最重要的内容是体现人们对天地鬼神的敬畏、感恩之心。因此礼制较风俗习惯更具有权威性和神圣性。如果说风俗习惯只依靠人们的"知耻之心"就足以维持，而礼制在依靠人们羞耻之心的同时，更要依靠"神"的权威和人们的"敬畏之心"而维持。除国家制定颁行的律外，中国传统法中关于诉讼、婚姻、家庭、宗族、继承、身份等方面的制度都可以在礼制中找到相应的规定。

（3）礼义

礼义是礼制（礼仪）的精神体现。春秋战国成文法盛行并成为定制以后，礼义也是法制精神之所在。用通俗的话来说，礼制与法制是一些具体的外在的条文规范，它规定人们应该怎样做，不应该怎样做。而礼义则是这些条文规范所要表达的精神所在，是这些条文规范的制定依据，礼义是礼制或法律的权威解释。

阐述礼义的经典著作是儒家的经典《礼记》。根据《史记》、《汉书》的记

---

① ［英］梅因著、沈景一译《古代法》，第7页。
② 《左传·昭公六年》。
③ 关于部落风俗习惯演变为礼的过程以及礼制与部落习俗的异同，参见武树臣、马小红《传说时代的国家与法律》，载李光灿、张国华主编《中国法律思想通史》（一），第19—26页。

载,《礼记》为孔氏门生所记。① 经今人考证,《礼记》"除可以确定为西周文字及秦汉人所作之外,多数篇目大致撰于战国时期"②。 其与成书时代略早的《仪礼》是姊妹篇。 按宋代大儒朱熹的解释,《仪礼》与《礼记》的关系是:"《仪礼》皆载其事,《礼记》只发明其理。"③即《仪礼》是记载礼的制度规范的,而《礼记》是阐述礼的原理、宗旨的。 由于《礼记》主要阐发"礼之义",所以当《仪礼》中所记的繁文缛节经时变世移与现实社会日益疏远、为后人不解或难解时,《礼记》的地位就越来越重要。

如前所述,礼是血缘社会中敬畏天地鬼神的产物,礼的特征是强调冥冥之中的神力和血缘的亲情。 所以礼义竭力提倡天地人相通,提倡缘于人情的伦理道德。《礼记·丧服四制》谈礼的缘起时说:

"凡礼之大体,体天地、法四时、则阴阳、顺人情,故谓之礼。訾之者,是不知礼之所由生也。夫礼,吉凶异道,不得相干,取之阴阳也。丧有四制,变而从宜,取之四时也。有恩有理,有节有权,取之人情也。恩者仁也,理者义也,节者礼也,权者知(智)也。仁义礼知,人道具矣。"

礼在沟通人与天地(自然)的同时,将伦理道德作为"人道"的基础,并强调实践这些伦理道德是人类社会以及每一个人人生的最终目的。 这也是孔子反复强调"不学礼,无以立"、"不知礼,无以立也"④的原因。 鉴于此,《礼记》中多次强调,礼的制度、仪式是可以随时代的改变而修正的,但礼所体现的精神,即人伦道德要求的"亲亲"(孝敬父母)、"尊尊"(忠于职守)、"长长"(尊敬长者)、男女有别的"礼义"则是不可改变的永恒的原则。《礼记·大传》解释"制"、"义"与时代的关系是:

"立权度量,考文章,改正朔,易服色,殊徽号,易器械,别衣服——此其所

---

① 《史记·孔子世家》记:"书传,《礼记》自孔氏"。《汉书·艺文志》记:"《礼记》,七十子后学所记也"。
② 《三礼通论》,第48页。
③ 《朱子语类·卷八七》。
④ 《论语·季氏》、《论语·尧曰》。

得与民变革者也。其不可变革者则有矣：亲亲也，尊尊也，长长也，男女有别——此其不可得与民变革者也。"

度量衡、制度、历法、服制、氏族的徽章、器具的规制等等都是可以改变的，因为这些"制"都是达到目的的方法和手段，可以因时因势而变通。但是，"制"之目的"义"是不可改变的，这就是人伦道德所要求的忠孝节义。所以，礼义是人类社会永恒的目标，这个目标与永恒不变的自然规律相符合，与与生俱来的人情相符合。《礼记·礼运》对礼义的概括是：

"故礼义也者，人之大端也，所以讲信修睦而固人之肌肤之会，筋骸之束也。所以养生送死事鬼神之大端也。所以达天道人情之大宝也。"

衡量制度的优劣，包括法制的善恶与价值的标准是"礼义"。儒家认为夏、商、西周的礼制因最大程度地体现了礼义，所以为后世所向往；战国至秦兴起的法治，严重地背离了礼义，将会被后世质疑、批判。汉之后的历史发展也证明了先秦儒家的这一预见。汉之后宣扬礼义的目的就在于将一切制度，包括社会风俗习惯、法律，都纳入到体现礼义的范畴中。总之，法只有在与礼义的要求相吻合时，才具有意义。在古人的观念中，法体现了礼义，就有了价值；违背了礼义，就失去了存在的价值，甚至成为不祥之物。

在此需要辨正的一个较为普遍的学术观点是，一些学者认为中国古代社会法律与法学没有独立的地位，只是被狭隘地视为治国的工具。这是以西方近代法为标尺所得出的结论，也是我们近代以来对西方法的翻译解释失之于狭隘所造成的误解。严复在翻译孟德斯鸠《法意》（《论法的精神》）时，察觉到中西方"法"字的不同含义，认为西方"法"字，字义宽泛：

"盖在中文，物有是非谓之理，国有禁令谓之法，而西文通谓之法"，"西文'法'字于中文有理、礼、法、制四者之异译"。

严复认为，西文的"法"，将"理"（是非之标准，即法之价值观）与"制"（言行之规范，即法的条文）融为一体，不像中文用"理"、"礼"、

"法"、"制"区分"理"与"制"的不同,虽然中文的表达形式相对近代社会的发展而言存在诸多的不适应,但就法意与法制的区别而言,却比西方"法"字宽泛的表达更为清晰和准确,所以"较西文有一节之长"。① 在谈到西方民法时,严复又言西方的法有"公法"、"私法"之分,而中国则有"礼"、"刑"之分。单纯就制度的比较而言,"西人所谓法者,实兼中国之礼典","故如吾国《周礼》、《通典》及《大清会典》、《皇朝通典》诸书,正西人所谓劳士。若但取秋官所有律例当之,不相侔矣"。② 尽管严复将《周礼》等书亦纳入"劳士"(法律)这一说法尚有待进一步论证,但其认为西文的"法",包含了法的价值、法的制度以及公法和私法的分类,其与中文相应者应包括理(礼义)、礼法(国家制度、社会制度、家族制度)、法律(狭义之法)这一结论无疑是卓有见识的。如果不是将礼与法对立割裂,而是将礼与法作为一个有机的整体来理解儒家的法思想和古代主流法思想,我们就可以对中西法进行更为全面和客观的比较。而不是局限于只用中国古代法之一端——刑律与西方法进行比较,这样也许可以避免一些偏颇之论。

(4) 礼教

《辞源》释"礼教"为"礼仪教化"。实际上,礼教不只局限于教导人们礼仪,礼教更重要的是通过国家、社会、宗族、家庭等各种教育手段,以礼义来统一人们的思想、指导人们的言行。自孔子主张"有教无类"③又广收弟子三千始,学在官府的传统被打破,重教蔚然成风,成为中华民族的优良传统。由于重教,自汉始,"师"的地位竟可以与天、地、君、亲并列。

礼教的主要内容是人伦道德,《孟子·滕文公》言:"教以人伦——父子有亲,君臣有义,夫妇有别,长幼有序,朋友有信。"孟子"教以人伦"的主张自汉武帝时起,就被作为治国的根本,一直绵延至清代。人伦道德正是古代法的精神价值之所在。所以,中国古代的立法与司法十分强调法制与礼义(人伦道

---

① 《严译名著丛刊·孟德斯鸠法意》,第2—3页。原文:"盖在中文,物有是非谓之理,国有禁令谓之法,而西文通谓之法,故人意遂若理法同物,而人事本无所谓是非,专以法之所许所禁为是非者,此理想之累于文字者也。中国理想之累于文字者最多,独此则较西方有一节之长。西文'法'字,于中文有理、礼、法、制之异译,学者审之。"

② 《严译名著丛刊·孟德斯鸠法意》,第7页。

③ 《论语·卫灵公》。

德)的统一。《礼记·王制》有这样的论证：

"凡制五刑,必即天论(伦),邮罚丽于事。凡听五刑之讼,必原父子之亲,立君臣之义以权之。意论轻重之序,慎测浅深之量以别之。悉其聪明,致其忠爱以尽之。"

在中国古代社会,礼教所提倡的价值观浸透于社会的每一个角落,也浸透于法的规范之中。传统法中的礼义与法制的关系颇有些类似西方法的正义精神与法的规则之间的关系。礼义是人们心目中的"大法",法制只是实施这个大法的一个渠道,而教化——包括国家的正规教育、民间的教育,潜移默化的社会环境的熏陶、社会舆论的诱导等则是实施礼义更重要的渠道。因为礼教的约束对象是全社会,帝王将相亦在其中,所以它的威力较具体的典章、法制、律典更为强大和长久。

2. 德治与德政、德化、德教

与"礼治"相同,"德治"这一原名词在古籍中也难以寻觅。与我们今天所说的"德治"相类似的古语主要有"德政"、"德化"和"德教"等等。

"德政"是指顺民意、得民心的政令和政绩。如三国时魏国大臣高堂隆上疏："夫'皇天无亲,惟德是辅'。民咏德政,则延期过历,下有怨叹,掇录授能。"①《佩文韵府》引《诗·周颂谱》言："太平之时,人民和乐,呕歌吟咏,而作颂者,皆人君德政之所致也。"由此可见德政主要指统治者的道德节操。

"德化"与"德教"是达成"德政"的一种手段,即统治者以自己的言行和表率作用感化、教导人民,使人民效法君主以伦理道德来约束自己。《韩非子·难一》言孔子赞扬大舜："舜其信仁乎! 乃躬藉处苦而民从之,故曰圣人之德化乎?"其意为,舜确实是一位仁君,他不畏艰苦而得到民众的拥戴,所以说圣人是以德感化人民的。德教的内容与礼教大致相同,即忠、孝、节、义教导。

将德政、德化、德教归纳为"德治"者始于何人何时已难考证。但王国维关于殷周制度的一段精彩论述确实在学界影响深远：

---

① 《三国志·魏书·高堂隆传》。

"周之制度典礼,乃道德之器械。而尊尊、亲亲、贤贤、男女有别四者之结体也,此之谓'民彝'。其有不由此者谓之非彝。《康诰》曰:'勿用非谋非彝'。《召诰》曰:'其惟王勿以小民淫用非彝'。非彝者,礼之所去,刑之所加也。《康诰》曰:'凡民自得罪,寇攘奸宄,杀越人于货,暋不畏死,罔不憝。'又曰:'元恶大憝,矧惟不孝不友,子弗祗服其父事,大伤其考心,于父不能字厥子,乃疾厥子;于弟弗念天显,乃弗克恭厥兄;兄亦不念鞠子哀,大不友于弟。惟吊兹,不于我政人得罪。天惟与我民彝大泯乱,曰:乃其速由,文王作罚,刑兹无赦'。此周公诰康叔治殷民之道,殷人之刑,惟寇攘奸宄。而周人之刑则并及不孝不友。故曰'惟吊兹,不于我政人得罪'。又曰:'乃其速由,文王作罚'。其重民彝也如此。是周制刑之意,亦本于德治礼治之大经,其所以致太平与刑措者,盖可睹也。"①

由此可见,王国维认为"德治"、"礼治"在西周时皆为为政之本,一切制度,包括礼制与刑罚通作为"民彝"(民众的规则),是"道德之器械",是维护亲亲、尊尊、贤贤、男女有别的方式方法。

3. 人治与法治

将人治与法治作为一对研究范畴,来源于古希腊的哲学家柏拉图《理想国》对贤人政治的阐述,即国家应该由有智慧的正义者统治。在描述自己的老师苏格拉底和阿得曼托斯的对话时,柏拉图记述了这样一段话:"对于优秀的人,把那么许多的法律条文强加给他们是不恰当的。需要什么规则,大多数他们自己会容易发现的。"②而柏拉图的学生亚里士多德则明确地提出无论统治者具有怎样的才能,"法治应当优于一人之治",并进一步阐述道:"遵循这种法治的主张,这里还须辨明,即便有时国政仍须依仗某些人的智虑(人治),这总得限止这些人只能在应用法律上运用其智虑……"③亚里士多德定义"法治"为"已成立的法律获得普遍的服从,而大家所服从的法律又应该本身是制定得良好的法

---

① 《王国维遗书》第2册,《观堂集林·卷十·殷周制度论》,上海:上海古籍书店,1983年版,第14—15页。
② [古希腊]柏拉图著,郭斌和、张竹明译《理想国》,第141页。
③ [古希腊]亚里士多德著、吴寿彭译《政治学》,第167—168页。

律"。①

在中国古代的典籍中,"法治"并不是一个有特定含义的词汇,如《新唐书·薛珏传》中说:"(薛珏)刚严,晓法治。"而《旧唐书·薛珏传》则言:"(薛珏)刚严明察,练达法理。"至于"人治",在中国古代典籍的检索中也很难检索到这样一个词。然而,这并不是说中国古代的思想与"人治"、"法治"绝缘。相反,当我们读完《论语》、《孟子》、《荀子》,再读《理想国》时,我们不能不感叹中西方思想的发源竟是如此相似。先秦儒家的"治人"与西方哲人的"人治"如出一辙。就"法治"而言,中国先秦的法家也有诸多可以与亚里士多德的"法治"相比拟之处。

最早用"法治"与"人治"概括中国先秦儒法之争的是梁启超。在《中国法理学发达史论》中,梁启超说:

"当我国法治主义之兴,萌芽于春秋之初,而大盛于战国之末。其时与之对峙者有四:曰放任主义、曰人治主义、曰礼治主义、曰势治主义。而四者皆不足以救时弊,于是法治主义应运而兴焉。"②

梁启超关于"人治主义"的定义是:

"儒家此种政治,自然是希望有圣君贤相在上,方能实行。故吾侪可以名之曰'人治主义'。"③

梁启超认为儒家的"人治主义"有两个特征。第一,"圣贤在上位,可以移易天下"。这"圣贤"必须"以心力为表率","行善政",而"政治命脉,殆专系君主一人"。第二,注重"健全之人民"的培养。因为"儒家深信,非有健全之人民,则不能有健全之政治。故其言政治也,惟务养成多数人之政治道

---

① [古希腊]亚里士多德著、吴寿彭译《政治学》,第199页。
② 梁启超《饮冰室合集》第2册,《文集之十五·中国法理学发达史论》,第69页。
③ 梁启超《饮冰室合集》第9册,《专集之五十·先秦政治思想史》,第五章"儒家思想",第78页。

德、政治能力及政治习惯",而培养"健全人民"的途径则必"以礼为主要之工具,故亦名之曰'礼治主义'"。① 梁启超在阐述儒家人治主义时,还注意到了儒家人治主义有别于"英雄崇拜"的人类社会形成之初的人治主义。他认为:

"儒家固甚尊人治者也,而其所以尊之者,非以其人,仍以其法。盖儒家崇拜古圣人者,谓古圣人为能知自然法,能应用自然法以制人定法也。故儒家者非持简单肤浅的人治主义,而实合人治法治以调和者也。"②

可以说梁启超用"人治"总结儒家的思想是恰当而全面的。可惜的是后来的学者只究其一点,将梁启超所构建的儒家"人治主义"变成单纯的"个人崇拜"和"权力崇拜",全然不顾儒家人治主张中所强调的统治者自律、人民健全的内容。这种只知其一,不知其二或者是不顾其二的做法致使学界在很长的一个时期内对儒家人治思想采取了片面的消极评价。③

梁启超关于"法治主义"的定义是"能大有造于国家者,非仅恃英雄圣贤自身之力,而更赖有法以盾其后也。"④梁启超认为中国的法治思想发端于管子: "今世立宪之国家,学者称为法治国。法治国者,以法为治之国也。……故法治者,治之极轨也,而通五洲万国数千年间,其最初发明此法治主义以成一家言

---

① 关于儒家"人治主义"的论述参见《饮冰室合集·专集之五十·先秦政治思想史》,第五章"儒家思想";与《饮冰室合集·文集之十五·中国法理学发达史论·法治主义之发生》第二节"人治主义与法治主义",第72-76页。
② 梁启超《饮冰室合集》第2册,《文集之十五》,第72页。
③ 我国改革开放初期的20世纪70年代末到90年代,学界许多人认为中国古代是一个"专制无法"的人治社会,即"人大于法"、"权大于法"、"言大于法"。这些未经学术研究而误解"人治"的观点给社会以不良但却广泛的影响。笔者曾撰写文章《试论中国封建社会的法律形式》(《中国法学》1991年第2期)、《中国封建社会两类法律形式的消长及影响》(《法学研究》1993年第5期)、《中国古代的"人治"与"法治"之争》(与武树臣老师合作,《文史知识》1991年第11期)等对上述观点进行了辨正,认为中国古代是一个"法制严密"的社会。但由于受当时学识所限,提出了古代社会法律的特征是"法制完备但法律意识淡漠"、"法制发达但法的思想枯萎"的观点,参见拙著《中国古代社会的法律观》,郑州:大象出版社,1997年版。今天看来,这些观点亦有不妥之处。其是脱离了古代社会文化背景而孤立地研究"法"的制度忽视礼之研究所致。
④ 梁启超《饮冰室合集》第2册,《文集之十五·中国法理学发达史论》,第72页。

者谁乎？ 则我国之管子也。"①梁启超又认为法家的"法治"在学理上吸纳了儒、墨、道三家的观点：

"法家成一有系统之学派，为时甚晚，盖自慎到、尹文、韩非以后。然法治主义则起源甚早。管仲、子产时确已萌芽，其学理上之根据，则儒道墨三家各有一部分为之先导。"②

梁启超以"法治"归纳和阐释先秦法家思想也并非全无根据。因为与儒、道、墨三家学说比较，法家确实具有显著的"重法"特征。

但应该注意的是，法家的"法治"决不可与近世"法治"同日而语，因为发源于西方传统的近代法治，重法的目的在于"制约权力"；而法家的法治，重法的目的却在于"加强集权"。尽管在某些形式和具体的主张上法家法治与近代法治有一致之处，但二者的宗旨、目的及要建成的社会模式都是截然不同的。

梁启超也认识到了这一点，在《先秦政治思想史》的最后一段，梁启超说法治主义有其普遍的"短处"，即"过信国家权力"、"妨害个性发展"、"逼着人民在法律范围内取巧"，而法家的法治主义又有其特有的"短处"，即"问法律从哪里出呢？ 还是君主，还是政府"，"法律万能，结果成了君主万能"。③也就是说，立法权不能正本清源，法治与民主不仅脱节，而且对立。因此，理解法家思想，务要明确"法家法治"与西方法治及近代以来的法治有着不同，甚至可以说是水火不容。

（六）先秦儒家法思想中改良理论的分析

西周"礼治"体系的动摇，给人们带来了迷惘。许多人面对变革手足无措，在传统与现实间无所适从。 孔子的学生子夏："出见纷华盛丽而说（悦），

---

① 梁启超《饮冰室合集》第 7 册，《专集之二十八·管子传》，第 12 页。
② 梁启超《饮冰室合集》第 9 册，《专集之五十·先秦政治思想史》，第 132—133 页。
③ 梁启超《饮冰室合集》第 9 册，《专集之五十·先秦政治思想史》，第 217 页。

人闻夫子之道而乐，二者心战，不能自决。"①子夏见到缤纷多彩的社会变革并为之振奋，又为孔子所传授的深奥的传统礼治所倾倒。在追随潮流与追随孔夫子两者之间徘徊不定。动荡的社会，毕竟使人们感到不安，许多人在迷惘与矛盾中怀念着传统，诅咒着背叛。《诗经·相鼠》记载了当时人对违礼之人的责骂："相鼠有体，人而无礼；人而无礼，胡不遄死？"但是，无论人们的主观意志如何，礼治的衰败已不可挽回。稍有头脑的人都能体察出这一天下大势。许多政治家、思想家对天下大势也各抒己见。对传统怀有深厚感情的老子深感生不逢时，他劝说孔子：明智的人，生逢于时则竭尽全力发挥才干；生不逢时则隐于山水，回归自然。在对孔子的劝说中，老子表达了对传统失落既痛惜又无可奈何的心情。于是，老子弃官隐居，"以自隐无名为务"，虽不得志，却也潇潇洒洒地活了据说是200岁左右。②除老子外，春秋战国时的其他各派也各陈己见，纷纷提出拯救时敝之策及改革社会的方案，形成了"百家争鸣"的局面。百家之中最著名、最具影响力的是儒家的改良之策与法家的改革之道。

儒家虽酷爱传统，但是他们对传统的态度并不是像后人所认为的那样呆板保守，深谙历史典故的儒家自然知道世上无一成不变的事物。儒家的创始者孔子坦诚地告诫人们，夏、商、周礼既一脉相承，又各有不同。孔子说："殷因于夏礼，所损益可知也；周因于殷礼，所损益可知也。"③近代资产阶级改良派领袖康有为著《孔子改制考》，将孔子奉为改制变法的始祖。其论断虽出于托古改制的政治需要，但从学术的角度考察，也不无一定的道理。儒家对传统所持有的是一种改良的态度，他们认为传统的变化是有一定规律可循的，而且这个规律可以为人所掌握。因此，在社会发展变化的关头，对传统不应采取过激的批判。而应掌握传统变化的规律，预测未来，循序渐进地达到改良的目的。孔子自信地说："其或继周者，虽百世可知也。"④儒家主张改良，反对过激的社会变革，尤其反对法家那种时不我待的进取。"过犹不及"⑤是儒家告诫世人的箴言。为了说明这个道理，孟子讲述了一则含义深远的寓言，这就是至今仍广为

---

① 《史记·礼志》。
② 参见《史记·老子传》。
③ 《论语·为政》。
④ 《论语·为政》
⑤ 《论语·先进》。

人知的"揠苗助长":

"宋人有闵其苗之不长而揠之者,芒芒然归,谓其人曰:'今日病矣,予助苗长矣!'其子趋而往视之,苗则槁矣……助之长者,揠苗者也,非徒无益,而又害之。"①

其大意为:宋国有一位农夫,嫌地里的庄稼长得慢。于是,不辞劳苦,将正在生长中的庄稼全部拔高了一截。看到田里的庄稼陡然长高,农夫不由满心欢喜,傍晚欣欣然回到家中。他面带倦意地对家人说:我今天很累,因为我将田地中的庄稼全部拔高了一截,以助其生长。农夫的儿子跑到地头一看,田中的庄稼都枯萎了。农夫用"揠苗"这种方式助苗生长,非但无益,反而有害。这则"揠苗助长"的寓言形象地道出对传统变革操之过急的危害。儒家断言,传统与现实,以至于未来不可割裂,背叛传统的结果将会造成天下大乱:"以旧坊为无用而坏之者,必有水败;以旧礼为无用而去之者,必有乱患。"②儒家对社会变革的态度,用他们自己追求的"中庸"二字加以评价,可以说是恰如其分。

在中庸原则的指导下,儒家对西周礼治的改造提出了设想。礼治体系中的具体制度条款,即礼制部分以及维护礼制的刑罚,在儒家看来是可以修正、改革的。对法律与刑罚,儒家一向持有保留态度。强制性的法律与刑罚在儒家看来是一种迫不得已而用之的统治方式,它既不是判断是非曲直的唯一标准,更不是最高标准。儒家的法律与公正并无必然的联系,有时它甚至还会损害公正。儒家的理想社会,是一个人人相亲相爱的"无讼"的和睦社会。为此,儒家认为,拯救乱世的道路只能是加强教化,培植道德。法家所青睐的硬性的法律规范与刑罚只是一种辅助的方法,过分使用不仅无补于当世,而且会给社会长久的发展带来不良影响。在儒家看来,法家强调的"法治",强调的刑罚,恰恰是继承了传统中应该改良的、不合时宜的部分。因而,欲以法家的法治拯救乱世,是缘木而求鱼。所以,当梁惠王向孟子请教治国之道时,孟子毫不犹豫地说:"施

---

① 《孟子·公孙丑》。
② 《礼记·经解》。

仁政于民,省刑罚,薄税敛。"①

"无讼"仅是儒家理想社会的特征之一,天下归仁、人类大同才是儒家所追求的最高境界。在儒家的理想国中,人的道德是第一位的,在道德的束缚下,无论是治人的"劳心者",还是治于人的"劳力者"都充分发挥着上天所赋予的善良本性,人们"死徙无出乡,乡里同井,出入相友,守望相助,疾病相扶持,则百姓亲陆"②。儒家对传统礼治改良的思路是弘扬礼义,修正、删减礼制;提倡教化,简约刑罚。儒家认定,在人类社会的发展中,虽然没有永恒的制度,却存在着永恒的精神。古老的风俗习惯与伦理道德中存在着永远不可抛弃的人类社会的价值观,因此,在礼治体系中,礼制是末,礼义是本;礼制若不能体现礼义的精神,便失去了存在的价值。孔子明确地告诉世人,繁琐的礼仪不可与礼义同日而语,礼治的真谛不在外表:"礼云礼云,玉帛云乎哉?"③难道礼仪仅是外在的表现吗?对礼治宗旨的体察才是传统之精华所在,所谓"失之者死,得之者生"。④

春秋时,诸侯国之间来往频繁,使节的言谈举止直接关系到一国的荣辱存亡,为此,礼仪在此时十分发达。许多政治家对这种追求形式的做法并不以为然,鲁昭公出使晋国,进退周旋皆合礼节,十分得体。晋平公对女叔齐说道:"鲁侯不是也很知礼吗?"女叔齐对答道:"鲁侯焉知礼!"女叔齐认为,鲁昭公知道的不过是礼之末节,是仪而不是礼。礼的作用在于"守其国,行其政令,无失其民"。而鲁昭公民心所背,公室四分,政令不行。虽自身仪表堂堂,但却不可谓知礼。女叔齐的这番议论,得到许多人的赞同,"君子谓叔侯(即女叔齐)于是乎知礼"⑤。类似的"礼"与"仪"之分,在《左传》中多次出现。如《左传·昭公二十五年》记赵简子问子大叔:"揖让、进退之礼焉。对曰:'是仪也,非礼也'。"

对礼义的推崇,使传统的伦理道德——忠、孝、节、义在儒家的学说中得以系统化、理论化。儒家将"孝"作为道德的核心,做人的根本。传说由孔子的

---

① 《孟子·梁惠王》。
② 《孟子·滕文公》。
③ 《论语·阳货》。
④ 《礼记·礼运》。
⑤ 参见《左传·昭公五年》。

学生曾参撰写的《孝经》开宗明义地说道："夫孝，德之本也。"①曾参问孔子："在所有的德行中，难道没有比孝更重要的吗？"孔子答道："天地之性，人为贵；人之行，莫大于孝。"②《孝经》将"孝"分为"天子之孝"、"诸侯之孝"、"卿大夫之孝"、"士之孝"、"庶人之孝"。天子的"孝"具有特殊的意义，即通过孝敬父母，而使"德教于百姓"，③达到"以孝治天下"④的目的。诸侯通过孝敬父母，而"保其社稷"、"和其民人"。⑤卿大夫通过孝敬父母而"守其宗庙"。⑥士通过孝敬父母，而"保其禄位"、"守其祭祀"。⑦庶人则"谨身节用，以养父母"。⑧不同等级的人虽然有不同的孝敬方式与内容，但是，孝道却是人类共同的必须遵守的法则，是"天之经也，地之义也，民之行也"⑨。正因如此，不孝被儒家视为最大的犯罪："五刑之属三千，而罪莫大于不孝。"⑩孝，在今人的眼中，不过是传统的美德，个人所应有的品德。但在儒家的理论体系中，孝与不孝绝不仅仅是个人品德问题，它关系到国家的安危治乱。有人问孔子为什么不参与政治。孔子言："《书》云：'孝乎惟孝，友于兄弟，施于有政。'是亦为政，奚其为政？"⑪由此看来，孔子认为，"孝"就是最大的政治。孔子的学生有子说得更明确："其为人也孝弟，而好犯上者，鲜矣；不好犯上，而好作乱者，未之有也。"⑫《孝经·广扬名》总结道："君子之事亲孝，故忠可移于君；事兄悌，故顺可移于长；居家理，故治可移于官。"这就是说，一个人只有孝敬父母，才能忠于君主；只有友于兄弟，才能尊敬长者；只有理好家，才能胜任职守。这就是"修身、齐家、治国、平天下"传统的由来。

因为将伦理道德摆到了至关重要的地位，制度，尤其是强制性的法律制度相

---

① 《孝经·圣治章》。
② 《孝经·开宗明义章》。
③ 《孝经·天子章》。
④ 《孝经·孝治章》。
⑤ 《孝经·诸侯章》。
⑥ 《孝经·卿大夫章》。
⑦ 《孝经·士章》。
⑧ 《孝经·庶人章》。
⑨ 《孝经·三才章》。
⑩ 《孝经·五刑章》。
⑪ 《论语·为政》。
⑫ 《论语·学而》。

比之下便显得不是那么重要。儒家强调通过人们的自我完善来达到社会的和谐。作为统治者，首要的任务不是频繁地发布政令，也不是建立规范制度，而是应加强自身的道德修养，为天下人树立楷模。正如孔子所言"其身正，不令而行；其身不正，虽令不从"①。为政不可或缺的是将伦理道德通过教化的手段灌输到百姓的心灵之中，使他们心甘情愿地作伦理道德的实践者和守卫者，甚至不惜以身家性命去维护道德。因而，教化的手段相对于刑罚来说，备受儒家的推崇。通过教化"人皆可为尧舜"②——孟子如是说。儒家坚信，只要坚持不懈地"教以人伦"，使"父子有亲，君臣有义，夫妇有别，长幼有叙（序），朋友有信"，天下便不患不治。

总之，儒家并不是没有看到礼治体系的弊端，也并非认为礼治体系丝毫不得改革。改良礼制而弘扬礼义是儒家的救世良方。故《礼记·大传》中说：

"亲亲也，尊尊也，长长也，男女有别——此其不可得与民变革者也。""立权度量，考文章，改正朔，易服色，殊徽号，异器械，别衣服——此其得与民变革者也。"

儒家对传统的礼治采取的是一种温良的"损益"态度，提倡"礼治"、"德治"、"人治"需要的是继承弘扬传统的精神，而改良传统的制度。应该指出的是，先秦儒家对人的本性始终抱有希望，或认为人性本善，或认为人的恶性通过教化是可以改造的。所以儒家即使在对传统的损益中，也没有丧失"复礼"与"天下归仁"的理想。③天下归仁，需要人们本性的回归，即"己所不欲，勿施于人"及"己欲立而立人，己欲达而达人"。④要求统治者本性的回归，推行仁政，即"兴灭国，继绝世，举逸民，天下之民归心焉"。⑤或如荀子所言，需要人们不断地学习，以达到"化性起伪"的目的。

---

① 《论语·子路》。
② 《孟子·尽心》。
③ 《论语·颜渊》。
④ 《论语·卫灵公》、《论语·雍也》。
⑤ 《论语·尧曰》。杨伯峻注释这句话的意思是："恢复被灭亡的国家，承续已断绝的后代，提拔被遗落的人才，天下的百姓就都会心悦诚服了。"见杨伯峻《论语译注》，第206页。

三 法家以人性"好利恶害"为基础的法律工具主义

法家是春秋战国时兴起的一个学派，也是在中国法思想史的发展与研究中占有十分重要地位的学派。就对传统的淡漠与对制度的重视这一点而言，法家在中国古代史上可以说是一个空前绝后的学派。法家对"法"（制度）进行了全方位的论述，如法的起源、法的性质、法与君主的关系、与传统的关系、与舆论的关系等等。法家的核心思想是"以法治国"，这一思想萌芽于春秋时期的变革家管仲、子产。学界有关战国法家的划分有各种意见，比如从理论上划分为法、势、术三派；从地域上划分为齐法家和晋法家；从时间上划分为前期法家和后期法家。本节按历史发展先后之序，取前期法家与后期法家之说。

前期法家的代表人物有李悝、商鞅、慎到、申不害，其特征是关注法治的实践，论证法治的合理性，对传统礼治进行否定，并对儒家学说进行批判。后期的法家代表人物有韩非、李斯、秦始皇等。韩非思想的特点是集法家各派之大成，提出了"以法为本"，法、势、术结合的完整的维护君主集权的法治理论。而李斯、秦始皇等则将法家的理论运用于实践，缔造了中国历史上第一个统一的中央集权制王朝。

法家法治理论对春秋战国的社会变革、对中国古代法律制度体系的形成发展都起到过积极的作用。但由于其毫不掩饰地宣扬"霸道"学说，主张严刑峻法以维护君主集权，所以其学说难以为大多数人所接受，故而也不利于社会矛盾的缓和与社会稳定的发展，所以自秦亡后，作为一个学派，法家后无传人，并成为人们批判的对象。

（一）法家法思想的特点

（1）从概念上说，我们要对法家之法、古人之法、传统之法与我们现代所说的法有一个区分。首先，我们用最简易的语言概括一下今人对法的共识，即法是人们社会生活中的共同规范和价值追求，其有两个层面。一是与一般制度相区别，法具有普遍性与强制性；但这个强制性的制度不是为了剥夺公民的自由、权利，而恰恰是为了维护每一个人与生俱来所应有的权利。二是一个社会中法的制度与规范反映了一个社会的价值理念和追求。现代社会中法的价值追求除正义、公平外，民主与权利是法的核心价值所在。其次，我们以此来回观中国古代社会，以现代法的含义解释古代法，就第一层面的规范意义而言，中国的古代法包括两种，一是由国家制定并颁行、强制性特征明显的"法"；二是由下而上形成的、强制性相对缓和的"礼制"。法侧重于维护政治秩序，君权或皇权是法维护的中心。礼侧重于维护家庭与社会秩序，人们的权利在礼中有一定的体现。但礼的规定基本是以"义务"而不是"权利"为本位的。就第二层面而言，法的价值追求，即法的精神。对中国古代法而言，"礼义"就是法的精神之所在。再次，与"古代法"密切相关的"传统法"则是今人对古代法的阐述，古代法是已经发生了的、过去了的并已经静止了的"法"，而"传统法"却是活在当下的历史，是当代的人们对古代法的认识、继承和改造。①

而本节所要重点阐述的"法家之法"当然是古代法的一部分，但是"法家之法"既不同于夏、商、西周的"神法"，也不同于儒家强调的自下而上、以"礼"为主体的法。它的重点在于强调"国家制度"，强调这个制度所具有的强制性和统一性。法家的法，更不是现代意义上的法，其片面强调民众对于国家的义务和服从，强调国家权力的至高无上。法家的法，依靠权力的强制力推行，如果违法，无论轻重，几乎都逃不脱被施之以刑的后果。所以，法家提倡的作为君主御用工具的"法治"同我们今天与民主如孪生兄弟的"法治"有着根本的不同。在古代法思想中，法家不同于三代强调的神本，也不同于儒家强调的礼教，因为无论是神还是礼，在法家看来，都对君权构成一定的制约；法家的法，是以服务于君主专制为宗旨的法。我们从法家的法中所体会到的是狭隘的法之强制功能，从这一角度上说，**将法家定位于法律工具主义是妥当的**。

（2）法家在中国历史上是一个很特殊的学派，从学术渊源和发展的形式来看，其上无所承，下无所传。虽红极于春秋战国至秦，但就中国漫长的历史发

---

① 关于"古代法"与"传统法"的概念与关系参见马小红著《礼与法：法的历史连接》第一章。

展看，可以说是昙花一现。上无所承，是说法家对传统几乎完全否定，其注重法在现实中维持政治秩序的作用。法家既不像墨家那样推崇传统，也不像儒家那样主张维护及改良传统。相对于当时诸子之学，法家给人横空出世的感觉。下无所传，是说秦政权被推翻后，法家的学说在历史上一直受到思想家的批判和民众的质疑。虽然在政治与社会秩序的治理中，法家的一些主张并未消失，尤其在立法、司法中法家思想影响深远，但是自汉代以降，却没有哪个王朝敢公然打起法家的旗号，没有哪个统治者敢于或愿意自称本朝"以法治国"，更没有人愿意公开以法家自诩。"王霸兼用"、"礼法结合"虽是中国法律学说不变的主题，但王道的理想、礼仪之邦的追求才是中国古代法思想中的主流或导向，这就是所谓的"内法外儒"。

（3）法家之所以无法被统治者作为公之于众的旗帜，表面的原因是秦用法家之说二世而亡的历史给后人以深刻的警醒。善于总结历史经验的古人认为法家之学可以"取天下"，不能"守天下"。深层次的原因在于法家的法缺乏灵魂或信念。法家不言鬼神，也不讲是非善恶，而且认为人性"好利恶害"正是统治者可以利用的弱点。于国家而言，法家以尚"力"，即"富国强兵"为务，认为有实力的诸侯国理所当然地应该受到弱小之国的推崇和朝拜，理所当然地应该实行"霸道"；没有实力的诸侯国、甚至失去势力的天子也理所当然地应该去朝拜强大的诸侯国，受强国的摆布。所谓"力多者人朝，力寡者朝于人"。于个人而言，法家教导人们顺应"好利恶害"的人性，不问是非，只需追逐利益而避免灾难即可。法家的学说，不仅使人们丧失了理想，而且泯灭了是非善恶的良知。法家的法，充满了暴力而缺乏灵魂。春秋战国至秦，法家的失败告诉中国古人，好法之君，必是暴君，"法治"与暴政联系在了一起，如同《汉书·艺文志》所言：法家学说

"及刻者之为，则无教化，去仁爱，专任刑罚而欲以致治，至于残害至亲，伤恩薄厚。"

这也是自汉代后，明智的统治者对法家学说始终持有审慎、贬抑态度的原因。

（4）我们还要深入地理解法家的"法治"实质是"刑治"与"势治"。就

刑治而言，法家是中国古代唯一主张重刑的学派。他们主张"轻罪重刑"，有学者言，法家也主张用赏，但法家赏与刑的比例却是"刑九而赏一"。秦末陈胜、吴广揭竿而起是因为"天下苦秦苛法久矣"。汉初人们对秦的"刑网"仍心有余悸，以至于谈"法"色变，几乎没有人不痛恨秦法的残暴。就"势治"而言，虽然梁启超在《中国法理学发达史论》中言，专任势治，即权力之治，就不是"真法家"或只是法家中一部分人的主张。但是，秦王朝的统治说明至少在秦统一后法家就成为或变为"势治"的迷信者。秦朝的法或刑，对秦始皇不构成任何的约束，而只是其独裁的驭民工具。在后期法家的学说里，最好的君主当然是既能守法又能有势。但更重要的是法家强调君主"出言即法"并具有凌驾于法律之上的"势"。法家的法治存在着两种显而易见的危险，一是将法视为君主的御用工具，使法律成为权力的附庸。二是将法只作为维持秩序、钳制民意的独裁治民之具。法家之法的消极影响，即使生活在现代社会的我们也常有感受。比如我们将法的主要作用片面地理解为维护社会稳定的工具。

（5）法家的主张，在春秋战国时与儒家针锋相对。自春秋战国至汉，法家的法律工具主义与儒家的法律理想主义始终处在博弈中。法家视儒家理想为"迂阔"，儒家视法家理论为"虎狼之学"，视秦国为"虎狼之国"。但就结局而言，秦的统一使法家学说在博弈中一度胜出。这是因为法家的学说较儒家更适应于竞争的环境。但是，历史的发展又充满了曲折，在秦朝成为主导思想的法家自汉以后则受到最为猛烈与持久的批判。这种批判使法家思想指导下形成的秦制不断地被儒家化，最终形成以儒家为本、礼法合一的主流法思想。因此，我们在评论法家时，既不能因为其在历史上曾有过的积极作用和巨大成功（缔造了统一的秦王朝）而否认其在历史与现实中的消极影响；同样也不能因法家学说在历史与现实社会中的消极作用而否认春秋战国时法家对社会发展的贡献。

（6）如果我们从学术思想的传承来分析中国与其他国家和地区法文明源流的不同，其一是西周由神本而民本的转变；其二是春秋战国时期儒法两家的对立与发展。在西周由神本向民本转折时，其他地区和国家的文明由神本产生出了宗教，人完全置于了神的笼罩中。西周"敬天保民"思想的出现，不仅动摇了神权法思想，而且使中华法文明就此走上人、神并重的道路。这一点前文已经论述。春秋战国,同处"轴心期"①时代的中西思想家的不同,也是显而易见的。仅对人性与社会治理的论述来看,孔子与苏格拉底有着许多的相似之处,他们基本上都对道德充满了信任,并醉心于教化。②柏拉图之于苏格拉底犹如孟子之于孔子,柏拉图的"哲学王"统治的理想与孟子"唯仁者宜在高位"的贤人政治都对人性寄予了厚望。但柏拉图在晚年却对人性失望了,基于对人性的失望,他"不得已舍正义而思刑赏,弃德化而谈法治"③。而亚里士多德对人性的认识已经迥异于苏格拉底,他认为:"所有这些罪恶都是导源于人类的罪恶本性。即使实行公产制度也无法为之补救。"④亚里士多德从人性中看到了苏格拉底与柏拉图缔造的由哲学王统治的"理想国"的缺陷和危险,而认为弥补这种缺陷和危险的出路在于"法治"。亚里士多德的法治首先是"众人之治",这里包含了他所理解的"正义"

"依此见解所得的结论,名位便应该轮番,同等的人交互做统治者也做被统治者,这才合乎正义。可是,这样的结论就是主张以法律为治了;建立[轮番]制度就是法律。那么,法治应当优于一人之治。"⑤

可以看出,亚里士多德是想"以法律之治"遏制人性的膨胀,遏制"不是起

---

① "轴心期"是德国思想家雅斯贝斯(Karl Jaspers,1883—1969)在其著作《历史的起源与目标》中提出的观点,即指公元前800—前200年,尤其是前600—前300年,处于地球北纬25度至30度区间的不同文明都有了超越原始文化形态的突破性发展,表现为各自都产生了伟大的精神导师:以色列有犹太教的先知们,古印度有释迦牟尼,中国有孔子、老子,古希腊有苏格拉底、柏拉图、亚里士多德。这一时期被雅斯贝斯称为"轴心期"。轴心期是人类精神发展之源,不同文明精神导师的学说既有相通之处,也有不同的地方。每当人类社会发展到瓶颈期,遇有机遇或危机时,都会自觉或不自觉地回望这一时代,并从哲人的思想中汲取精神力量。轴心地区的轴心期文化由于有了这次超越与突破,一直延续、影响到今天。而同时代其他地区没有实现这次超越突破的古文明,如巴比伦、埃及,即使规模宏大,也难免覆灭的结果,其文明成为文化化石。
② 参见[古希腊]柏拉图著、谢善元译《苏格拉底之死》,"英译者序",上海:上海译文出版社,2011年版。
③ [古希腊]柏拉图著,郭斌和、张竹明译《理想国》,"译者引言"第iv页。
④ [古希腊]亚里士多德著、吴寿彭译《政治学》,第56页。
⑤ [古希腊]亚里士多德著、吴寿彭译《政治学》,第167—168页。

因于饥寒而是产生于放肆"的"世间重大的罪恶"。① 这种重大的罪恶是指权力的滥用。由此西方轴心时代走过了由人治而法治的历程。战国时期的法家,与亚里士多德有相似处,他们都对先哲的人治产生了怀疑,都对人性有着现实的认识,又都对制度的优势抱有充分的希望。但与亚里士多德不同的是,法家虽然批判了儒家的人性善论,但是他们并不像亚里士多德那样欲用"众人之治"来"遏制"掌权者的"人性",相反他们认为人性是可以利用的。人性恶——以"众人之治"遏制当权者之恶——法治,是亚里士多德的逻辑,而人性"好利恶害"——以君主之权力利用之——法治,是法家的逻辑。所以近代西方法治的启蒙来源于传统,而中国从法家"法治"传统中却无法更新出近代的法治。

(二) 法家的代表人物

1. 李悝

李悝或称李克,魏国人,生卒年不详,约为魏文侯(公元前446—前397年)至武侯(公元前396年—前371年)时人,曾为魏文侯师,在魏国推行变法,并使魏国富强。李悝变法的主要内容是剥夺旧贵族的经济、政治特权,他主张将国家的俸禄、奖赏只给那些有功于国家的人并提拔有才能的人掌管赏罚。赏依据其功劳而颁行,罚依据其罪过而实施。这就是"食有劳而禄有功,使有能而赏必行、罚必当"②。李悝变法中最引人注目、也是最有成效并对后世影响最大的成果是他收集整理了春秋以来各国颁行的成文法规,并据此编定了《法经》。③

《法经》早已佚失,但《晋书·刑法志》记载下了它的篇目:盗、贼、囚、捕、杂、具六篇。"盗"指经济上的犯罪,对公、私财产的侵犯;"贼",多指

---

① [古希腊]亚里士多德著、吴寿彭译《政治学》,第71页。
② 《说苑·政理》。
③ 关于《法经》的制定年代及在历史上是否存在,学界有不同的意见。有学者认为李悝作《法经》一事,战国、秦汉、魏晋南北朝文献中皆不记,直至唐代方有此说,故认为李悝作《法经》是唐初统治者为制定唐律而臆造。但吴建璠认为,李悝作《法经》之事,在北齐魏收作《魏书·刑罚志》时就已经记载:"逮于战国,竞任威刑,以相吞噬。商君以《法经》六篇,入说于秦。"所以不是唐人的臆造。又结合秦简说明李悝《法经》的存在。今从吴说。参见吴建璠《商鞅改法为律考》,载韩延龙主编《法律史论集》(第4卷),北京:法律出版社,2002年版。凡以下引用本书者,只注页码。

政治上的犯罪或严重危害社会治安的犯罪,如杀、伤人之类;《囚法》,后世演变为《断狱律》,类似于现代诉讼、审判方面的法律;《捕法》即有关追捕逃犯的法律,后世与《囚法》合并为《断狱律》,部分类似于现在的刑事诉讼法;《杂法》主要是确定破坏维护等级制及统治秩序的一般犯罪的罪名和应处的刑罚;《具法》则是根据具体情节加重或减轻量刑的原则,类似于现在的刑法原则,后世改为《名例律》。《法经》是一部以刑为主的法典。《法经》有显著的时代特征。其一《法经》将"王者之政莫急于盗、贼"作为指导思想,把"盗"、"贼"视为最为严重的犯罪,说明当时新的经济形态——土地私有制与新型的政权形式——君主集权制亟须刑罚的维护。"盗"、"贼"与《杂律》中规定的罪名有所不同,说明《法经》对严重犯罪与一般犯罪已有区别。盗、贼是严重犯罪,而《杂律》中规定的罪名则是一般犯罪,其二是《法经》六篇"皆罪名之制",一反过去"以刑统罪"的旧传统,转而"以罪统刑"。夏、商、西周时期编纂的刑典《禹刑》、《汤刑》、《九刑》一脉相承,这些刑书或刑典是以"刑名"作为篇名的。比如,《九刑》由墨、劓、刖、宫、辟、鞭、扑、流、赎九篇组成。① 以刑名作为篇目而无确定的罪名,很难做到同罪同罚,法律因此也就难免有失公正。而《法经》的"以罪统刑"则有着确切的罪名,故称为"罪名之制"。确切的罪名处以相应的固定的刑罚,加重或减轻刑罚亦有《具律》可以依据,这种同罪同罚的确定性,正是春秋战国以来成文法运动所追求的公正。

2. 商鞅

商鞅(约公元前390—前338年),姓公孙,名鞅,卫国贵族,又称公孙鞅或卫鞅。在秦国变法有功,被秦王封于商(今陕西商县一带),史称商鞅。

商鞅是战国时期著名的政治家、变革家与法家理论的主要奠基人之一。韩非认为商鞅与同时代的申不害、慎到各成一系,商鞅"重法",申不害"重术",慎到"重势"。商鞅"少好刑名之学"②,曾至魏国,为魏相公孙痤的门客。公孙痤临终时曾向魏惠王推荐商鞅,但魏惠王不用。后来商鞅闻秦孝公下令求贤,便离魏入秦。商鞅将法家的"法治"之说献于秦孝公,深得秦孝公的赏识,于是在秦助秦孝公变法。商鞅在秦国先后两次变法,都取得了成功,秦

---

① 参见[清]沈家本著《历代刑法考》(二),《律令一·九刑》。
② 《史记·商君传》。

国也因此而富强。公元前338年秦孝公去世，秦国旧贵族以谋反罪处商鞅车裂极刑，但商鞅所立之法仍然在秦国行用。战国后期，商鞅学说盛传于世，韩非言："今境内之民皆言治，藏商、管之法者，家有之。"[1]即商鞅的思想被普遍接受，几乎家家都有商鞅和管子的著作。韩非在论君主治国时又举例说，这种君主治国的学问在商鞅所著的内外篇中："说在商君之内外。"[2]表明韩非受商鞅学说的影响之大。《商君书》是商鞅及其后学的代表作，也是研究商鞅法思想的主要资料。

商鞅在秦国进行了两次变法，第一次变法的主要内容是：（1）实行连坐告奸之法。即将秦民以什、伍为单位编入户籍，同什、同伍人有互相监督、举报的义务。一人犯法，同一什、伍之人必须告发，否则也要承担法律责任。而告奸者，则可受赏。（2）鼓励耕战。对努力耕作，给国家多交粮的人可免除徭役，对有战功的人可以授予爵位。相反，对因怠于农事而贫穷者，罚为奴隶。即使宗室，若无军功，也不可为贵族。（3）用法令迫使大家族化分为个体小家庭，以增加国家的税收。若不分户，则加倍增收赋税。商鞅第二次变法的主要内容是：（1）设立县一级行政机构，县官由中央直接任命，增强了中央对地方的控制。（2）统一度量衡。（3）开阡陌而平赋税，鼓励农民开垦土地。

商鞅在秦国进行第一次变法时，很多人诋毁新法，言新法不便者"以千数"，变法的阻力极大。但在新法实行十年后，秦国改变了落后于关东六国的面貌，国富兵强，社会秩序井然。《史记·商君传》记载，"秦民大悦，道不拾遗，山无盗贼，家给人足。民勇于公战，怯于私斗，乡邑大治。"商鞅的政绩，为"法治"理论作了最好的注释，秦国的强盛，也为法家法治理论的推行铺平了道路。

商鞅系统的法治理论，是法家学说的基础。而其理论在实践中的成功，则为秦国奠定了统一天下的基础。

（1）变法理论

商鞅认为实行法治是时代的要求。因为社会是发展的，治国之道也应随着历史的发展而不断变化，不可一成不变。无论实行王道还是霸道，制度都是随

---

[1] 《韩非子·五蠹》。
[2] 《韩非子·南面》。内外，指《商君书》的内篇、外篇。

着时势的变化而变化的。夏、商、西周三代的礼虽不相同但都统一了天下，实行了王道。春秋时齐、晋、秦、楚、宋（或为齐、晋、秦、吴、越）虽制度各异但也都能称霸诸侯，实行了霸道，所谓"三代不同礼而王，五霸不同法而霸"。商鞅进而认为要国家兴盛、富国强兵，唯有根据不同的时势而变法。如果一味拘泥古法、不知变通则是亡国之道。他列举了夏商兴亡的例子说明变则兴，不变则亡：

"汤、武之王也，不修古而兴；夏、殷之灭也，不易礼而亡。"①

（2）法治的基础

商鞅认为实行法治是历史的发展和人"好利恶害"的本性所决定的。

商鞅将历史的发展分为三世，即上世、中世与下世三个时期。并认为不同的时代有不同的特点。商鞅对历史发展阶段的划分基本符合历史客观事实，他认为上世之时，人类的社会组织是血亲集团，"民知其母而不知其父"。"知其母而不知其父"正是人类社会发展到母系社会时的特征，是实行部落间通婚制度所致：一氏族男子为另一氏族女子的丈夫，子女随母亲生活。商鞅认为此时的风尚是人们只爱自己的亲人。因此，不同血缘的集团（部落或氏族）之间则难免争斗。为使争斗得到公正的解决而产生了公正的贤者。中世，也就是我们现在说的历史进入了有国家的时代。人们崇尚贤者，而贤者治理天下，以公正去私为务。久而久之，贤者间也会产生分歧或不同，致使崇拜贤者的民众无所适从。"下世"，也就是商鞅所处的时代，明白治理之道的人主张"立禁"（告诉人们不可以做什么）、"立官"（使各有职守）、"立君"（消除众贤者的不一）。商鞅总结三世的各自特点是：

"上世亲亲而爱私，中世上贤而说仁，下世贵贵而尊官。"②

下世立禁、立官、立君的特点，显然是指商鞅所处的战国时代。从商鞅对

---

① 《商君书·更法》。
② 《商君书·开塞》。

历史的叙述中,我们可以看到商鞅没有墨家、儒家的恋古崇古情结,并不认为上世、中世的"亲亲"、"上(尚)贤"优于下世的"立禁"、"立官"、"立君"。 而是认为下世之立禁、立官、立君改革了中世的尚贤之弊,中世的尚贤扭转了上世亲亲爱私之乱。① 商鞅不去评论历史的功过是非,更不以古非今,他认为,每一个时代有每一个时代的特征,有每一个时代的治理方式。 而每一时代的特征与治理方式,都不是十全十美的,都是有合理之处并也有缺陷的。 他要论证的重点是他所处的时代应该是立禁、立官、立君的法治时代,法治是纠正中世"尚贤"之弊病的必然产物。

此外,商鞅认为推行法治也符合人类"好利恶害"的本性。 所谓"好利恶害",是说人们的本性都是喜欢追逐利益,而厌恶、躲避灾祸的。 商鞅认为,"好利恶害"正是人的本性,无论是圣人,还是平民百姓,概莫能外。 商鞅为自己发现了人之本性而欣喜。 他说,正是因为人有"好利恶害"的本性,所以立禁、立官、立君才能安定天下,刑赏才能有统一人们言行的作用。《商君书·错法》言:

"好恶者,赏罚之本也。夫人情好爵禄而恶刑罚,人君设二者以御民之志,而立所欲焉。"

君主所欲行,则设爵禄,人们好爵禄之利,自会趋之若鹜;君主所欲禁,则设刑罚,人们恶刑罚之害,避之犹恐不及。 于是君主的好恶、国家的好恶变成了平民百姓的好恶。 以赏罚利诱威吓人民正是法家法治的主要内容。 法治符合历史的发展趋势、合乎人性是商鞅法治学说的基础。

(3) 推行法治的方法

首先,商鞅认为,推行法治的条件是法、信、权三者结合。 法,指国家颁行的法令及制度。 商鞅称之为"国之权衡"。② 完备、准确、切实可行的法在商鞅看来就是好的法,其不涉及善恶价值的评价。 信,指国家信誉,即法一旦颁

---

① 参见《商君书·开塞》:"上贤者,以道相出也;而立君者,使贤无用也。 亲亲者,以私为道也;而中正者,使私无行也。 此三者非事相反也,民道弊而所重易也,世事变而行道异也。"

② 《商君书·修权》。

行，就应该遵循不易，决不受舆论、亲情等其他因素的干扰。信强调的是法的权威性。权，指君主所独有的集一切权力于一身的至高无上的地位。这种无可匹敌的"权"，后人称之为"势"，在商鞅看来是推行法治的后盾或保障。

其次，商鞅认为，统治者应该推行"一教"、"一刑"、"一赏"。一，即为划一或统一的意思。"一教"，就是要用法来统一人们的思想、统一舆论，统一风俗。有违于法的言行无论打着怎样的旗号，都必须禁止。"一刑"，有两层含义，一是法律应是统一的，有权威的；二是法令面前除君主之外，应是人人平等的，也就是"刑无等级"。"一赏"，指国家只能将奖赏颁发给有功于耕战、遵守法律的人。一教、一刑、一赏的中心思想是用法律统一人们的言行，把人们的行为以至于思想都纳入国家的法治轨道。①

再次，商鞅认为，应充分发挥刑罚的威慑作用，对违法者施以重刑。商鞅认为刑罚实施后，往往会在社会中引起两种不同的效果，一种是杀一儆百，人们知道了刑罚的厉害，于是不敢轻易犯法或不敢犯法，刑罚起到了严惩罪犯和预防犯罪的两种功能，国家因此而大治。另一种是刑罚实施后，人们反而有了轻蔑法律之心，认为刑罚也不过如此。这种用刑方法既不能惩办罪犯，又不能警戒他人，国家因此而陷入混乱。商鞅精辟地总结道："以刑去刑，国治；以刑生刑，国乱。"②"以刑去刑"的最好方法是对于犯有轻罪的人也施以重刑，即"重刑轻罪"。按照商鞅的逻辑，如果犯轻罪都被处以重刑，那么谁还敢犯重罪呢？但道家的逻辑却与商鞅相反，老子认为："民不畏死，奈何以死惧之？"③道家还认为，缜密的法令与严厉的刑罚未必能预防和制止犯罪，其也许带来的是增加犯罪的相反后果，所谓"法令滋彰，盗贼多有"④。

在法家思想的发展传承中，商鞅既是继承者，又是奠基者。其属于法家中的"法"派，梁启超认为，在法家中力主以法为本的商鞅是"真法家"。其思想被后期法家集大成者韩非所继承，但韩非同时也继承了申不害的"术治"与慎到的"势治"，法治因素明显淡化。另外，我们应该格外注意的是商鞅所主张的法治是与君主专制相辅相成的。如果用我们今天的眼光来评判，商鞅法思想中

---

① 参见《商君书·刑赏》。
② 《商君书·去强》。
③ 《老子·七四章》。
④ 《老子·五七章》。

进化的历史观、法为国家权衡、刑无等级等思想虽有可以借鉴之处；但其强调君主独裁专制使法成为御用工具，又放弃西周以来强调善法的传统，置道德于不顾，致使法律沦为权力的工具等，则是应该警惕的。此外，重刑的主张虽将法律的威慑作用发挥到了极致，但却忽视了其在实践中的巨大负面作用：重刑在发挥威慑作用的同时，也很容易导致社会各种矛盾的激化。商鞅法治的宗旨是权力，而不是权利——这是我们在借鉴法家思想时最应摒弃之处。

3. 申不害

申不害（约公元前395—前337年），郑国人，韩昭侯时为相。在先秦法家中，申不害融合道、法两家学说，以重"术"而著称。申不害的著作已佚失，在《群书治要》中存有佚文，后人辑为《申子》。

"术"，译为今意，可简单地理解为"方法"、"手段"。但申不害讲的"术"，主要是君主的治国之术，即公开之术与"藏于胸中"之术。

首先，申不害认为君主应有一套公开的行之有效的奖惩制度来治理国家，尤其是治理官吏。这种公开之术，实际上就是主张君主应制定法律，"缘法而治"。这也是学界将申不害归于法家的原因。清代学者严可均在《全上古三代秦汉三国六朝文》中辑《申子》佚文曰："君必有明法正仪，若悬衡以称轻重，所以一群臣也。"意思是说，君主必须有一套公开的制度，就像称轻重的权衡一样，统一群臣的思想和言行。《韩非子·定法》中总结了申不害的这一思想，概括为：

"术者，因任而授官，循名而责实，操生杀之柄，课群臣之能者也。"

意为所谓术，就是君主要根据其才能而授予臣子官职，又反过来根据官员的职责来考察臣子是否称职。同时，申不害还认为官吏在各司其职守的同时，不得越权干预非职守之事，对越权者应处以刑罚，即既不允许失职，也不允许越权。《韩非子·定法》中记了一则故事，反映了申不害的这一思想。韩昭侯酒醉而卧，负责给韩昭侯保管头冠的官——"典冠"怕韩昭侯受凉而给韩昭侯加盖了一件衣服。韩昭侯醒后很高兴，问左右侍从："谁为我加衣？"侍从回答是典冠所加，韩昭侯同时责罚了典衣与典冠两人。典衣受罚因其失职，典冠受罚因其越权。

其次，申不害认为在"循名责实"的公开之术外，君主还应有一套秘不示人的驾驭群臣之术。比如"藏于无事，窜端匿迹，示天下无为"。① 即君主应举重若轻，不留痕迹，让天下人知道君主是"无为而治"之君。这一套"术"要求君主不将好恶喜怒示于臣下，以免臣下揣测君主意图投其所好，从中渔利。申不害为君与臣作了这样的分工："主处其大，臣处其细"；"君知其道也，官人知其事也"；"君设其本，臣操其末"；"君操其柄，臣事其常"。② 申不害的君主驭臣之术还有着另一层含义，即防止高高在上的君主为乱臣或小人所蒙蔽。他举例道：在一夫多妇的家庭中，如果丈夫专宠一妇，那么其他妇人就会因嫉妒而陷于混乱；在一个国家中，若有臣子得到君主的专宠，君主就会成为宠臣一人的"专君"而听不到群臣的建言。有妒妇就会败家，有乱臣就会亡国。所以明智的君主应该与所有的大臣保持应有的距离，不要反让臣下控制自己，成为"专君"。③

韩非评论道，在法家中，商鞅论法，而申不害讲术。法与术都是帝王的治国工具，不可缺一。但过分地强调术的作用，也容易导致君主法观念的淡化。而从申不害主持的韩国变法来看，申不害也确实有些"不擅其法"，以致韩国"故法未息"，"新法又生"，宪令不一，无法成就霸业。④

4. 慎到

慎到（约公元前390—前315年），赵国人。早年学黄、老道德之术，师从道家。其思想体系是既"尚法"，也"重势"，《汉书·艺文志》将其著作归于法家类。据《汉书·艺文志》记，慎到的著作《慎子》有42篇。我们今天所看到的《慎子》只有7篇，是后人的辑文。慎到曾长期在齐国稷下学宫讲学，对法家思想在齐国的传播起过重大的作用。其重势的思想对法家理论也是一个重大补充。

所谓"势"，是指地位、位置。慎到所讲的"势"，是指君主所具有的至高无上的独一无二的权势。

---

① 《申子·大体》。
② 《申子·大体》。
③ 参见《申子·大体》："夫一妇擅夫，众妇皆乱；一臣专君，群臣皆蔽。故妒妻不难破家也，乱臣不难破国也。"
④ 参见《韩非子·定法》。

慎到尚法重势思想的成立是从批判儒家"人治"思想开始的。慎到明确提出了法治优于人治的观点，认为君主如果只是以身作则，但不按照制度而以个人好恶进行赏罚，那么得到赏赐的人会贪得无厌，总希望得到更多的奖赏；而受到惩罚的人即使过罚相抵、罪刑相当，但也总期望能再减轻，这样就会造成同样的功劳而赏赐不一，一样的过错或罪行而惩罚有别的状况。人们的怨恨就起于这种不公。① 相反，如果君主能"事断于法"，依据制度考量人们的功过，公开公正地给以相应的赏罚，即"法之所加，各以具分"，就能使"怨不生而上下和"。② 慎到反对君主以个人的好恶治理国家，认为赏罚的标准若是出自君主一时的想法，实际上就成了"身治"。这种赏罚难以做到公平，而不公平则难免使人心生怨气。相反，以法为标准的赏罚由于有统一的客观标准，则不会使人产生怨气。在慎到看来，法律即使有不完善之处，有负作用，但有法总比无法好，因为它可以统一人心，"法虽不善犹愈于无法，所以一人心也"③。从公平、公正的角度，慎到对儒家人治的批判是有说服力的。慎到还认为儒、墨两家提倡的"尚贤"是致乱之道，因为尚贤不利于君主权势的加强，反而会削弱君主的地位，他说："立君而尊贤，是贤与君争，其乱甚于无君。"④这也反映了法家之法对道德的排斥。

慎到对人治的批判，确立了尚法的思想；对尚贤的批判，确立了重势的思想。进而，慎到又论证了法与势的关系。他认为君主要想实行法治，就必须掌握能使法令得以贯彻执行的权势。君主有了权势，即使如桀、纣，也能"令则行，禁则止"⑤。如无权势，即使是尧、舜，对天下的治理也无能为力。能使天下服从法令的是君主的权势而不是君主的品德，所以君主所依仗的也应该是权势而不是个人的品德。韩非在《难势》中记慎到言简意赅地点明了"势"对于君主的重要："尧为匹夫不能治三人，而桀为天子能乱天下。吾以此知势位之

---

① 《慎子·君人》："君人者，舍法而以身治，则诛赏予夺从君心出矣。然则受赏者虽当，望多无穷；受罚者虽当，望轻无已。君舍法而以心裁轻重，则同功而殊赏，同罪而殊罚矣。怨之所由生也。"
② 《慎子·威德》。
③ 《慎子·威德》。
④ 《艺文类聚·卷五四》。
⑤ 《慎子·威德》。

足恃，而贤者之不足慕也。"在此基础上，慎到坚决反对儒家的"德治"，理由是民众所普遍服从的是国家的法令而不是贤者的说教，所以贤者未必能使服众，而权势却可以使贤者受困："贤者未足以服众，而势位足以屈贤者也。"①

在法与势的关系上，慎到虽重"势"，但他并非君权至上论者。他认为天子、国君以及各级官吏不但必须"任法"、"守法"、"唯法所在"，而且君与官都是为服务于天下、国家所设。他认为古代天子之所以尊贵，是因为天子所行不能出于自身所好，而是要以利天下为标准。由此而论，立国君是为了国家，设官长是为了行使职责："古者，立天子而贵之者，非以利一人也。""故立天子以为天下，非立天下以为天子也；立国君以为国，非立国以为君也；立官长以为官，非立官以为长也。"②这种主张，要求天子为天下、国君为国、官长为职责而尽忠。即只有为"公"而设的天子、国君、官长才具有正当性。这种观点为明末清初启蒙思想家所继承，发展为"天下为主君为客"的思想。为防止国君行私，慎到吸收了道家的思想，要求君主按照法令办事而行无为之政，即"任法无为"："大君任法而弗躬为，则事断于法矣。"③这种"君人"（统治）方法是"君道无为，臣道有为"。国君不必事必躬亲，只要"抱法""处势"，即可达到"无为而治"的境界。

5. 韩非

韩非（约公元前280—前233年），韩国公子，曾师于荀子。《史记·韩非传》记韩非"喜刑名法术之学，而其归本于黄老"。《汉书·艺文志》将韩非的著作《韩子》55篇归为法家类。韩非生活于战国末年，有条件对春秋战国以来形成的各家学派进行系统的总结，尤其对法家学说，韩非从各个方面探讨了它的利弊，终于形成完整的法、势、术结合的法治理论体系，成为法家学术思想的集大成者。韩非的法思想，仍然是以"法治"为核心的，这是先秦法家所共有的特征。对前期法家的不足，韩非也提出了自己的看法，如商鞅的"徒法无术"，申不害的"徒术无法"等。在总结前期法家法、势、术三派学说的基础上，韩非提出了以法为本，法、势、术结合的思想，使法家的理论更为完善并具可操

---

① 《韩非子·难势》引慎子语。
② 《慎子·威德》。
③ 《慎子·君人》。

作性。

韩非的法思想体系，概括了前期法家思想的内容，并在其基础上有所发展。韩非对法家思想的发展表现于：一是从历史的发展、人性的好利恶害、人口的增长方面论述了法治的必然性；二是从法的本质、特征、作用等方面论述了法治的必要性；三是从法、势、术三者结合方面论证了法治的可行性。韩非于公元前233年受韩王派遣出使秦国。在秦国被秦相李斯所害，死于狱中。

（三）法家的法治理论与韩非对法家的总结

法家认为法治的形成与发展是不以人们意志为转移的，因为法治是一种最适合人的本性、最适合历史发展、又最适应现实的治国方法。无论礼治、德治、人治有过怎样的成效，怎样地令人神往，但都已经或即将成为过去。

1. 法治的必然性

（1）法治是"当今之世"必然产物的历史进化观

法家对社会的发展持有肯定、乐观的态度。法家认为：社会的一切发展与变化都是必然的、合理的、不可逆转的。所谓"圣人"，实际上就是能够顺应时代的发展而设法立制，从而适应并推动社会发展的人。因此，在法家看来，一切复古保守的人或只主张对传统进行温和改良的人都是"守株待兔"的蠢人。[①]

商鞅为法家变法理论奠定了基础。首先，商鞅认为不同的时代有不同的治理方式。《商君书·更法》记，秦孝公因世事巨变，向商鞅、甘龙、杜挚询问"正法之本"和"使民之道"。商鞅认为一切应以世势的变化为标准，只要可以强国利民，就可以抛弃原来的旧制："苟可以强国，不法其故；苟可以利民，不循其礼。"这一主张遭到甘龙、杜挚的反对，他们认为"法古"与"循礼"才是治国治民的最稳妥方法，他们坚定地认为"法古无过，循礼无邪"。商鞅反驳道，根据社会发展变化的状况而制定制度是古代圣王的共同特点，所以礼与法都不是一成不变的："礼治以时而定，制令各顺其宜"才是治国的根本方法。其次，商鞅进一步论证了法治才是最适合当下的治国之道。因为与纯朴的过往不同，商鞅认为战国时期的民众已经变得好投机取巧并弄虚作假："古之民朴以

---

① 参见《韩非子·五蠹》。

厚，今之民巧以伪"。对"巧伪之民"只能施以法治而规范之，而不能靠行德政以教化之。商鞅认为古代的德政与当今的法治都是安定社会的方法，只是面对的社会不同，方法也就不同："故效于古者先德而治，效于今者前刑而法（治）。"①这句话的意思是古人治理国家的有效方法是先行德政而天下大治，今人治理国家的有效方法则是以刑维持秩序。

韩非对商鞅的变法理论进行了补充。首先，韩非也认为不应该固守古制，不应该以古人的是非为是非，而是应随世势变化而改变。如果时代变化了，治国者仍旧抱残守阙，不变旧制，国家必乱。②其次，韩非如商鞅一样，也对历史发展的阶段进行了划分，但他的划分较商鞅更为清晰。韩非认为人类社会的发展经历了"上古之世"、"中古之世"、"近古之世"，而其所处的战国为"当今之世"。韩非阐述了不同时代圣人对历史发展的不同贡献。上古之世的圣人有巢氏教民构木为巢躲避野兽的侵害；燧人氏教民钻燧取火以除去食物的腥臊之气。中古之世，洪水滔天，鲧、禹疏通河道，安定天下。近古之世，夏桀、商纣暴乱，而商汤、周武讨伐，一呼百应，顺应了民意。韩非进而认为，如果在大禹之时（中古之世）还有人仿效上古圣人，于树上筑巢而居，钻木取火，一定会被鲧、禹所嘲笑。如果商、周之世（近古之世）还有人像鲧、禹那样治水一定会被商汤、周武所嘲笑。同样，在当今之世，那些赞美并效法上古、中古、近古圣人之道的人，必然会受到当代圣人的嘲笑。韩非断言所谓的圣人并不是拘泥古制、一成不变的人。圣人是应时势的变化而制定法度的人。韩非的"圣人"，脱去了儒家圣人的道德光环。③

顺应时代潮流的圣人不会去羡慕远古时代，不会固守一成不变的法度，而是根据时代设立制度。基于这种"事异则备变"（时势不同则制度不同）④的思想，韩非认为当务之急是搞清时代的特色而建立相应的制度。

韩非认为，当今之世已不是儒家所崇尚的上古、中古、近古之世。孔子周游列国，宣扬仁义，追随他的也就是七十人左右。可见，以仁义为贵的人太少

---

① 《商君书·开塞》。
② 参见《韩非子·心度》："治民无常，唯治为法。法与时转则治，治与世宜则有功。"
③ 《韩非子·五蠹》"圣人不期修古，不法常可，论世之事，因为之备。"
④ 《韩非子·五蠹》。

了，所以以德服人的王道在当世是难以实行的。相反，并不高明的鲁哀公却能使鲁国境内的人俯首称臣，这说明绝大多数的人都会服从或屈从权力。于是韩非断言："上古竞于道德，中世逐于智谋，当今争于气力。"①德治与人治的时代已经过去，以"力"服人的霸道时代已经到来。而在以力服人的霸道时代，法治就是国君富国强兵、统一天下最好的治国方法。因为只有法治才能充分体现统治者的力量，才能使天下人普遍地服从。韩非言：当今的圣人治理国家，不能指望人们的自律，统治者治国的重点应放在立法禁止或严惩人们为非作歹的犯罪方面。能够自律的人，全国也数不到十个，德治和人治所能感化的也只是极少一部分人。而用法律禁止人们为非，国内所有的人都不得不遵守。治国的人应采用对多数人有效的方法而舍弃只对少数人有效的措施，这就是要致力于法治而舍弃德治的原因。②

法家从历史发展的必然性论证了法治时代的到来。其中包含了三层意思：一是治国无定法，法律必须随着时代的变化而变化。二是历史的发展有不同的时期，即上古、中古、近古、当世。而以德服人的德治和人治都已成为历史，当世的时代特色是以力服人，即"力多则人朝，力寡则朝于人"③。三是在崇尚以力服人的时代，法治是治理国家的最好方法。

（2）人性与刑赏

"刑赏"二字是法家法治思想中的关键词，法治所体现的"力"是靠刑赏来实现的，所以商鞅说："凡赏者文也，刑者武也。文武者法之约也。"④意思是，赏是君主治国中"文"的方法，刑是君主治国中"武"的方法，法治的主要内容就是这两种方法的适用。国家用赏鼓励人们去做国家提倡的事，用刑罚禁止人们做不利于国家的事，赏和刑体现了君主与国家的意志，也体现了法治的精神和要求。在赏和刑的关系上，无论前期法家，还是后期法家又都主张多刑少赏，这是因为法是权威的体现，是以力服人的，刑罚较奖赏更能体现力的味道。

---

① 《韩非子·五蠹》。
② 《韩非子·显学》："圣人之治国，不恃人之为吾善也，而用其不得为非也。恃人之为吾善也，境内不什数；用人不得为非，一国可使齐。为治者用众而舍寡，故不务德而务法。"
③ 《韩非子·显学》。
④ 《商君书·修权》。

这种被儒家视为暴政、苛政的重刑理论，在法家看来恰恰是最适合人性的治国方式。在此我们应该归纳一下法家人性论与儒家人性论的不同。

儒家对于人性的论证，有两种截然不同的见解，前面已经谈到，即孟子主张人性善，荀子主张人性恶。法家对人性的论证既不同于孟子，与荀子也有区别。法家主张人之本性是"好利恶害"的，即使是古代圣贤的本性亦是如此。尧、舜、禹禅让，是因为古时的天子不但没有多于其他人的利益，反而要吃苦在先、享受在后。天子像奴隶一样地劳作，得到的报酬却微不足道。辞去天子之位，不过是"去监门之养，而离臣虏之劳"。失去的是微不足道的报酬，而得到的却是脱离了奴隶般劳作的苦海。法家对尧、舜、禹禅让的解释与儒家不同，他们认为禅让反映的正是趋利避害的人性，而不是什么仁义孝悌的体现。① 圣王尚且如此，一般人便可想而知。所以法家并不相信孟子所说的人性善，忠、孝、节、义这些被儒家视为万古不易的人之常情在法家眼中都是有违人性的。通过对人性的揭示，法家否定了儒家的理想主义，否定了儒家试图恢复人性而救天下的路径。法家的人性论与荀子"人性恶"有共同的出发点，但却有不同的结论。荀子与法家都认为"好利恶害"为人之本性，但荀子认为这种本性是不好的东西，即"恶"的东西。正因其"恶"，所以需要改造、需要扼制。荀子主张要通过教化和人们的自省来"化性起伪"，去掉恶劣之性，而修养为君子。在教化和自律失效的情况下，再实施刑罚。而法家并未将"好利恶害"之性视为"恶"，更没有荀子"化性起伪"的理想，他们认为人的"好利恶害"之性是无法改变的，更重要的是也无须改变。法家为"好利恶害"的人性而庆幸，因为人们有了好恶，君主的刑赏才能发挥作用，所谓"好恶者，赏罚之本也"②。法家不惜破坏道德而主张君主充分利用人性。趋利避害，淡漠道德，是法家思想的重大缺陷。这种法治的推行势必造成道德的衰败，这也是法家法治为后人诟病的原因。

我们看到，墨家、儒家在论证到法的时候，常常追问法的"善"、"恶"，而在法家思想体系中，法的功效是第一位的。韩非对"法治与人性"关系的论证最为透彻。他继承了商鞅的思想，同时又用当今之世"人民众而财货寡"的

---

① 参见《韩非子·五蠹》。
② 《商君书·算地》。

"人口论"论证了人性在不同社会环境中不同程度的暴露,比较圆满地解释了德治、人治为何可以行于古代,而在"当今之世"又必须退出历史舞台这一问题。

韩非对人性的论证没有丝毫的遮掩,在韩非的笔下,一切人与人之间的关系都成了赤裸裸的利害关系,人的一切言行都可以用自私自利的"自为心"加以解释。比如父母与子女之间的关系。韩非说:人在孩童时,若父母抚养不周,等到长大时就会埋怨父母。儿子长大后对父母供养不周,父母就会生气并责骂儿子。父子是至亲的骨肉,尚如此埋怨责骂,这是因为双方都怀有依赖对方而又都认为对方对自己照顾不周的"为己"之心所造成的。① 同样,人们生了男孩则高兴,生了女孩则怨愁,并不是因为男孩子孝敬,而是做父母的考虑到自己今后的利益,认为生男比生女要合算。男孩子可以为自己养老送终,而女孩却要嫁人赔钱。"产男则相贺,产女则杀之"的原因在于父母对子女"犹用计算之心以相待","虑其后便,计之长利也"。② 再比如君与臣的关系。韩非认为,大臣用智慧和生命换取君主的爵禄,君主用爵禄换取大臣的智慧和生命,所谓"臣尽死力以与君市,君垂爵禄以与臣市"。③ 仁君忠臣根本是不存在的。再比如对雇主与被雇佣者的关系,韩非认为,雇主准备好美食招待被雇佣者,给被雇佣者钱并不是出于仁爱之心,而是因为知道只有如此才能使被雇佣者卖力耕作。同样被雇佣的人卖力地耕作也不是因为敬爱主人,而是因为知道只有如此才能得到主人的美食和钱财。④ 韩非认为自私为人之本性,这一本性无所谓善,也无所谓恶。制作车轿的人,希望人们升官发财,并不是心存善念,而是"利"在人们升官发财。因为没有人富贵,就没有人买车轿。同样,制作棺材的人,却希望人们夭折,并非制作棺材的人心地险恶,而是因为"人不死则棺不卖","利在人之死也"。⑤

---

① 参见《韩非子·外储说左》:"人为婴儿也,父母养之简,子长而怨。子盛壮成人,而供养薄,父母怒而诮之。子、父,至亲也,而或谯或怨者,皆挟相为而不周于为己也。"
② 《韩非子·六反》。
③ 《韩非子·难一》。
④ 参见《韩非子·外储说左》:"夫买庸而播耕者,主人费家而美食,调布而求易钱者,非爱庸客也,曰:如是,耕者且深,耨者熟耘也。庸客致力而疾耘耕者,尽巧而正畦陌者,非爱主人也,曰:如是,羹且美,钱布且易之也。"
⑤ 《韩非子·六反》。

韩非的人性论，发自荀子，却与荀子道有不同，它使儒家崇尚的忠、孝、节、义失去了依存的基础，使德治、人治成为不切实际的空想，也使正人君子为之汗颜。但它却为法治找到了根据，韩非言：

"凡治天下，必因人情；人情者有好恶，故赏罚可用；赏罚可用，则禁令可立，而治道具矣。"①

(3) 社会发展与法治

话说到此，便有了新的问题。既然人性是法治的根据，为什么不同的时代却有不同的治理方法。上古为何可以"竞于道德"，中古为何可以"逐于智谋"？韩非以"人多物寡"回答了这一问题。《韩非子·五蠹》里说：在古代物质供给丰富、人口不多的情况下，人们的利害冲突就相对地缓和，德治也只能行于这样"民不争"、"民自治"的古代之时。而"当今之世"按韩非的统计，一家近四十口人，人口增多，而物质财富并没有增加，于是"人民众而财货寡"。随着人口的增长，财富相对不足，在人多物寡的情况下，人们的利害冲突就会加剧，人们的"自为心"与"好利恶害"的本性就会暴露无遗，德治便失去了效用。韩非的原话是这样的：

"古者丈夫不耕，草木之实足食也；妇人不织，禽兽之皮足衣也。不事力而养足，人民少而财有余，故民不争。是以厚赏不行，重罚不用，而民自治。今人有五子不为多，子又有五子，大父未死而有二十五孙。是以人民众而货财寡，事力劳而供养薄，故民争，虽倍赏累罚而不免于乱。"

韩非的"人多物寡"的论述，证明治国之道是随社会发展而变化的，其使法家的法治理论自圆其说，并对好利恶害的人之本性作了补充：在利益冲突缓和的社会环境中，人们的本性自然会有所收敛或隐藏，因为人人有利可逐；而在利益冲突尖锐、互相竞争的社会环境中，人们的本性便会充分暴露。而这种人性用道德说教是无法改造的，只有用刑赏加以诱导，让君主利益、国家利益与民众的

---

① 《韩非子·八经》。

利害一致，比如君主欲使国家强大，须富国强兵，于是国家可以立法，对努力耕作、勇敢作战的人给予重赏，如此君、国、民皆可以得利；而对于息于农耕，不为国家效力者则给予刑罚，如此君、国、民之"害"取得了一致。君主只有利用刑赏才能建立起秩序，制止争乱。所以韩非告诫统治者，儒家的君仁臣忠是一种不切实际的幻想，而"君不仁，臣不忠，则可以霸王矣"①。

2. 法治的必要性

法家的法治理论建立在进化的历史观与"好利恶害"的人性论基础上。但法家并不认为法治是一种无可奈何的选择。法治之所以能够取代儒家所向往的礼治、德治和人治，不仅源于历史发展与人性的必然，而且也是因为法治自身具有礼治、德治和人治所不具有的优势。因此，对法家而言，实行法治并不是一种被动的适应，而是一种主动的选择。法家对法治的优点论述如下。

(1) 法是国家颁布的具有强制力的规范

法家论法如同儒家论礼，将法视为国家的权衡、人们言行的规矩。但法家论法比儒家论礼概念更为明确，这也许是因为礼来自传统与社会，而法家之法则直接来源于国家政权所致。韩非对"法"的定义是：

"法者，编著之图籍，设之于官府，而布之于百姓者也。"②"法者，宪令著于官府，刑罚必于民心；赏存乎慎法，而罚加乎奸令者也。"③

由此可以归纳出法家的法概念有三层含意：第一，法是由官府（国家）制定和颁行的。由国家机构实施，明确公布于天下。第二，法的规定不能随意改变或变通，刑罚在百姓心目中应该是一条警戒线，触犯者必受到严惩。第三，法就是要奖赏那些守法的人，而惩罚那些违法犯令的人。奖赏要慎重，惩处要严厉。

从法家对"法"的定义来看，法家推行的法比儒家提倡的礼，规范更为严格、用语更为准确、逻辑更为严谨，而且其由国家制定颁行，不可以理、以情为

---

① 《韩非子·六反》。
② 《韩非子·难三》。
③ 《韩非子·定法》。

由而变通。法家推行法治的途径——赏罚,也比儒家的教化易于操作。法家认为,从人们易于理解、便于执行方面来说,法治无疑是优越于礼治与德治的。

(2) 与礼相比,法具有更普遍的约束力

在法家看来,法是一种社会规范,具有普遍的约束力。不同时期的法家几乎用同样的语言论述了法的这一特征:《管子·七法》中将法比喻为尺寸、绳墨、规矩、衡石、斗斛、角量。商鞅认为如果没有权衡(秤)而判断物品的轻重,没有尺子而测量布匹的长短,再精明能干的商人也不能做到不差斤短两、缺尺少寸。如果没有法律,君主治国也就无法做到公平、公正,法是君权的"权衡"。①

韩非继承、总结了前期法家的思想,将法视为统一人们言行的标准。并认为国君有了法,就如木匠有了准绳、规矩,商人有了权衡、斗石一样,不必劳神费心,举措之间便可以统一人民的言行。韩非的原话是这样说的:

"故绳直而枉木斫,准夷而高科削,权衡县而重益轻,斗石设而多益少。故以法治国,举措而已矣。""故矫上之失,诘下之邪,治乱决缪,绌羡齐非,一民之轨,莫如法;厉官威民,退淫殆,止诈伪,莫如刑。"②

(3) 与礼相比,法具有公开、公正、平等的特征

法家所言的法与传统的法在形式上有一个根本的区别。夏、商、西周的法被统治者所神化,其刑书的体例是"以刑统罪"。国家只颁布刑罚,至于何种刑适用于何种罪,须由统治者"议"而决定。同是杀人,经"议"后,有的判为大辟,但有的只处流刑,甚至于免罪。"议而处刑"的司法体制,不仅在立法上将人分成了三六九等,而且在执法中也不平等,而这种不平等在礼治的体系中是完全合理的。同是贵族犯同样的罪或同是平民犯同样的罪,得到的处罚可以不同,这个"不同"不仅仅是由社会等级制决定的,其往往还取决于情理及君主的好恶、议者对法的理解等各方面的因素。法家对这种"议"而定罪的传统不以为然,他们主张公开法律,即公布成文法。从李悝的《法经》来看,春秋战国时

---

① 参见《商君书·修权》。
② 《韩非子·有度》。

成文法的形式从"以刑统罪"变为"以罪统刑",即如前文所言从以刑名为篇名,到以罪名为篇名。明确地规定了何种言行为罪,何种罪应处何种刑罚。这种变化,虽然立法上的不平等仍然延续,但执法上的不平等则受到了有力的限制。这种以罪统刑的成文法出现,正是法家法治理论的实践成果。

《商鞅·定分》篇对法的公开性和公正性做了这样的叙述。首先,法应该公之于众并且明示众人法是人们言行的准则,有敢擅自删改或违犯者必受到制裁。其次,国家设立"法官",其职责是宣传普及法律,吏、民对法令若有不理解之处,"皆问法官",法官有义务解释、告知。如此达到"天下之吏民无不知法"的程度。再次,正因为法是公开的、确定的,所以法应该是公正的,吏与民可以互相监督。"吏不敢以非法遇民,民不敢犯法以干法官也。""天下之吏民虽有贤良辩慧,不能开一言以枉法。虽有千金,不能以用一铢。"无论是官是民,富贵或贫贱,只要违法,就要受到制裁。更重要的是最高统治者君主在这种全民知法的环境中也必须抑制私欲,摒弃大臣的私议而依据法律行事。因为"君臣释法任私必乱"。① 商鞅认为公布了法律又不遵守法律,必然会导致国家的混乱。

韩非针对法的公正性论道:"立法令者,以废私也。"②君主的公正体现在"明法"上,即以法作为赏罚官吏的唯一标准,不因其他因素而屈法。韩非言:君主任用官吏的原则应该是:大臣即使有智慧和才能,但不得违法而独断专行;大臣即使有道德贤名,但也不能为了显示自己的德行而不守法;大臣即使忠诚于君主,但也不得随意解释法令。③ 执法者的公正还体现于不以私情而损害法的权威。韩非对孔子"父为子隐,子为父隐,直在其中"的思想提出了质疑。认为父子相隐合于人情却有损于法。执法者所维护的应是国家的法度而不是私情。④

与自称"以法治国"的秦始皇及秦二世相比,韩非的难能可贵处在于,他虽然主张重刑但却反对法外用刑。所以他反对"仁人"在位,也反对"暴人"在

---

① 参见《商君书·修权》。
② 《韩非子·诡使》。
③ 参见《韩非子·明法》:"人主使人臣:虽有智能,不得背法而专制;虽有贤行,不得逾功而先劳;虽有忠信,不得释法而不禁。此之谓明法。"
④ 参见《韩非子·五蠹》。

位,反对妄杀无辜。 韩非言:仁慈之君在位,大臣与民众不知畏惧而放纵自己,不以犯法为耻,甚至会产生窥觊大位的谋篡之心。 而暴戾的君主在位,随意用刑而君臣不和,民众怨恨而起造反之心。 所以,只要是不守法,仁君暴君,都是亡国之君。①

法家的法治思想使执法达到了古代社会所能达到的最大范围的平等,这一点在世界其他古代文明中是罕见的。 韩非将商鞅"一刑"、"一赏"的思想总结为至今人们都熟知的经典话语:

"法不阿贵,绳不挠曲。法之所加,智者弗能辞,勇者弗敢争。刑过不避大臣,赏善不遗匹夫。"②

法律一旦制定后,就必须执行。 即使贵族,违法必罚;即使平民,立功必赏。

法家对法的普遍性、规范性、公开性、公正性和平等性的论述,在一定程度上归纳出了法所具有的共同特征,这表明法家对法的研究已经达到了相当高的水平。

(4) 法的作用

法家认为法之所以重要,是因为在战国这种竞争的社会中,法在"定分止争"(确立名分,制止争乱)、"兴功禁暴"(振兴有利于社会发展的事情而禁止扰乱社会秩序的暴力)方面有着巨大的作用。 这个作用是以往社会实行的礼治、德治和人治所不能比拟的。

首先是"定分止争"。 所谓"定分",就是确定事物的名分与相应的权利与义务。 法家认为名分的不确定是天下混乱的原因。 商鞅举例道:一只兔子在野地奔跑,可能会有一百个人去追逐捉拿。 并不是人们认为这只兔子可以分为一百份,只是因为兔子归属的名分未定。 在市场上,兔子满市,而盗窃者也不敢

---

① 参见《韩非子·八说》:"仁人在位,下肆而轻犯禁法,偷幸而望于上;暴人在位,则法令妄而臣主乖,民怨而乱心生。 故曰:仁、暴者,皆亡国者也。"

② 《韩非子·有度》。

随便捉拿，是因为兔子已有归属，名分已定。可见只有"定分"才能"止争"。① 与商鞅同时代的另一位法家慎到几乎用同样的比喻和语言说明了"定分"的重要性。② 儒家也讲"名分"。也强调名分的重要性。在这一点上儒法两家并无二致，但究竟用什么来确定名分，儒法两家则是对立的。儒家主张用礼来确定名分，而法家则主张用"法令"。《商君书·定分》："今法令不明，其名不定。""圣人必为法令置官也、置吏也，为天下师，所以定名分也。"因为法是由国家颁行的，其比礼更规范、准确、公开、平等且具有权威性，所以在"定分止争"方面的作用也就更为显著。

其次是"兴功禁暴"。功，指农耕和战争。也就是法家所言的农战。只有努力耕作，勇敢作战，国家才能强胜，这是法家一贯的主张。暴，指私斗及违犯法令的言行。兴功禁暴就是要奖励耕战，富国强兵，禁止私斗和违法之举。韩非认为：法治是兴功禁暴的最好方法。君主若不依法行事，即使人民都是像伯夷③那样的君子，国家也难免于危难，而人民都是像盗跖④那样的恶人，则国家必不能免祸。相反，如果坚决地推行法治，那么人人是像伯夷那样的君子，国家自然安定自然为善，即使有盗跖那样的恶人也不敢为非作歹。这就是"度量信，则伯夷不失是，而盗跖不得为非。法分明，则贤不得夺不肖，强不得侵弱，众不得暴寡"。韩非还将法比喻为柙（笼子），将守法之人比喻为鼠，违法之人比喻为虎。韩非认为，有了法治，即使中庸之主也可以制服如虎那样的暴民："故设柙，非所以备鼠也，所以使怯弱能服虎也。""立法……所以使庸主能止盗跖也。"⑤柙的作用不是为了捕鼠，但它能使怯懦的人制服猛虎。法的作用也在于使才能平平的君主能扼制住像跖那样的恶民。将法比喻为柙，证明法家对法作为治国工具的重视。

正因为法的以上特征和功能，在法家看来法治既优于儒家的德治、墨家的贤

---

① 《商君书·定分》："一兔走，百人逐之，非以兔［可分以为百，由名分之未定］也。夫卖者满市而盗不敢取，由名分已定也。"（［　］号内字，据《群书治要》补）

② 参见《吕氏春秋·慎势》引《慎子》。

③ 伯夷：商代末年孤竹国君主的长子，因让君主之位而隐居。商亡后，其不食周粟而亡，为古人赞为君子。

④ 盗跖，传为春秋末期人。名跖，曾为盗，故称盗跖。

⑤ 《韩非·守道》。

人之治，也优于道家的无为而治，所以，实行法治不仅是必然的，而且更是必要的。

3. 推行法治的方法

法家的法治理论充满了工具主义的色彩。法家为法治的推行设立了切实可行的路径，这也是战国时各国君主大都愿意接受法家理论的一个重要原因：法家对推行法治方法的论述，使法治理论具有了可行性和可操作性。

(1) "以法为本"

以法为本就是要求君主将法作为治国的根本，商鞅言："言不中法者，不听也；行不中法者，不高也；事不中法者，不为也。"①韩非认为，法之所以能成为治国的根本，原因在于其决定着国家的兴衰："奉法者强则国强，奉法者弱则国弱。"②同时，法也与君主的权势密切相关，君主奉行法治，才会有至尊的地位；不奉行法治，至尊的地位就会失落。韩非言：

"以法为本，本治者名尊，本乱者名绝。"③

法家的以法为本有以下两重含义：

第一，"以法为本"的前提条件是有法可依。法家主张公布成文法的用意便在于此。法家所说的法，是适应时代变化，具有权威性、规范性、公开性、公正性、平等性的法，这一点前文已有论述。归纳起来，法家的立法原则有五：一是法令要适应时势和人性；二是法令要简明知易并公之于众；三是法令是君臣民共同遵守的行为规范，在制定时必须以具有普遍意义的事实为依据，而不能以一时一事的个案为依据；四是法律在制定、公布时必须统一、完善，新法必须在废除旧法的基础上制定，以免法令条文之间产生矛盾，韩非曾批评申不害在辅助韩昭侯时未废除原来的法令，又颁新法，旧法与新法之间的矛盾，造就了无数钻法律空子的奸邪之人，以致韩国虽有雄厚的兵力却不能成就霸业；④五是最为重

---

① 《商君书·君臣》。
② 《韩非子·有度》。
③ 《韩非子·饰邪》。
④ 参见《韩非子·五蠹》。

要的是法令必须是由官府发布和修订的，私人无权立法、变法与解释法律。

第二，"以法为本"的关键在于确立法的权威。法家认为只有确立了法的权威，法才能真正成为判断人们是非功过的唯一标准。为此，韩非在《六反》、《八说》、《五蠹》中对儒家赞赏的道德君子及一切有违于法的言行进行了批判，认为这些人并不是什么值得人们尊敬的"道德君子"、"文学之士"、"有能之士"等等，而是国家的蠹虫。韩非言："儒以文乱法，侠以武犯禁，而人主兼礼之，此所以乱也。"①儒生以道德说教而藐视法律，侠客以武力而触犯法网，如果国君对这些人加以赏识，法的权威就会大大贬损，国家必然会混乱。与儒家将道德视为法的灵魂相反，在法家看来人们的道德观念只有与国家的法令相一致时，才能得到认可。因为唯有国法体现的才是公义，一切与国法违背的言行、思想都是有违于公义的，是应该禁止、制裁的。鉴于此，韩非认为君主首先应"去私曲就公法"、"去私行行公法"。②其次，应该用法令统一人们的思想，指导人们的言行，使全国上下言行"必轨于法"。③在《五蠹》中，韩非提出了定法家学说为一尊的主张，即"以法为教"、"以吏为师"。所谓"以法为教"，就是将颁行了的法令作为教科书。所谓"以吏为师"就是要以官吏为老师。"以法为教"、"以吏为师"的目的在于用国家的权力控制社会舆论，用官方的教育强制统一人们的思想，由此可以看出，法家将法的权威建立在文化专制的基础上，这种权威最终所导致的只能是君主的独断专行。

(2) 运用赏罚确立法的权威

法家认为法律是通过赏、罚来执行和体现的。而且赏与罚明确地告知了人民国家提倡什么、维护什么、禁止什么，或国家提倡、允许做什么，不允许、禁止做什么。赏、罚一旦实行，便有巨大的导向作用，故韩非将刑赏称为君主治国安民的"二柄"。④那么，究竟如何正确地运用赏罚呢？法家提出了以下原则：

第一，"信赏必罚"。所谓"信赏必罚"就是要求执法者按照法令的规定，该赏者一定要赏，该罚者一定要罚，如此，赏、罚才能取得民众的信任，法令才

---

① 《韩非子·五蠹》。
② 《韩非子·有度》。
③ 参见《韩非子·五蠹》。
④ 参见《韩非子·二柄》。

能推行。《史记·商君传》记商鞅变法前为了表示实行新法的决心，立"三丈之木"于城南门，布告天下有能将此木移至城北门者赏十金。人们心存疑惑而不敢搬动此木。商鞅又布告天下，赏金加至五十两。重赏之下，有一人出面将此木移到了北门，而商鞅便赏此人五十金。从此，秦民知道商鞅令出必行，此为"信赏"。变法初期，太子犯法，因为太子为君嗣，不可施刑，商鞅便下令对太子的师傅公子虔、公孙贾施刑，使秦民知道违法者肯定要受到制裁，此为"必罚"。商鞅总结道："民信其赏，则事功成；信其刑，则奸无端。"①韩非继承了商鞅的这一思想，但韩非不仅将赏罚作为确立法的权威手段，而且作为君主驾驭群臣的工具。"信赏以尽能，必罚以禁邪。"②即以赏作为诱饵，使大臣能各尽其力，以罚约束大臣，使其不敢违法乱制。

第二，"厚赏重罚"。"厚赏重罚"是指赏罚规则的制定一定要能够震撼人心。"厚赏"，是指赏金之利足以使人趋之若鹜，不惜一切代价去追求。"重罚"，是指刑罚之威足以使人望而生畏，法家认为只有如此，赏罚才能达到确立法的权威、并使法成为社会导向的目的。如果赏之利不足以诱人追逐，罚之威也不足以禁人为恶，薄赏轻罚，即使在执法中做到了"信赏""必罚"，也难以统一人们的思想。反而会使人们轻慢法令。韩非言：

"赏莫如厚，使民利之；誉莫如美，使民荣之；诛莫如重，使民畏之；毁莫如恶，使民耻之。"③

赏，应达到使受赏人欣喜若狂而周围人"眼红"的程度；罚，应达到使犯罪者付出无法承受的代价而周围人看了也不寒而栗的程度。但应该注意的是，法家提倡的"厚赏"、"重罚"并不是像有些人理解的那样滥刑滥赏，将行法外之刑归罪于法家是后人对法家的一种曲解。其实法家的厚赏重罚是指立法而言，而在执法中则强调信赏必罚。即使后期法家韩非也反对君主背离法律而行赏罚。韩非言："用赏过者失民，用刑过则民不畏。有赏不足以劝，有刑不足以

---

① 《商君书·修权》。
② 《韩非子·二柄》。
③ 《韩非子·八经》。

禁，则国虽大，必危。"①若不按法令行赏，即使厚赏也不会得到国民的信任；不按法令行刑，即使重刑也不会使国民惧怕法令。违背法令的赏不能劝善，违背法令的刑不能禁恶，即使大国也会危机四伏。

第三，"赏舆同轨，非诛俱行"。法家认为在制度完善的国家中，不存在与国法相对立的道德。国法所赞赏的，必定也是舆论所颂扬的；国法所惩处的，也必定是舆论所谴责的，这就是"赏舆同轨，非诛俱行"②。《韩非子·八经》中将八种传统礼教所赞美的有德之人斥责为国之大贼，这些人是："不弃"——为尽亲朋好友之情而不惜以身试法的人；"仁人"——用国家财产施惠于民以博取名声的人；"君子"——不接受国家的委任，标榜清高的人；"有行"——为尽亲人之情而违背法令的人；"有侠"——为义而以武犯禁的人；"高傲"——不以才智为国效力而隐居的人；"刚材"——为争一时高下而不顾法律，勇于私斗的人；"得民"——为收买人心而违法施惠于百姓的人。法家认为，在国法与道德面前，国法应具有绝对的权威，任何人，无论其才智、功勋、道德如何，都没有违背法律的权力。无论谁触犯了法律，都要受严厉的制裁，同时也要受舆论的谴责。

（3）法、势、术结合

韩非总结了前期法家的学说，对法、势、术三者之间的关系作了综合的论述。

首先，就法与势的关系而言，前期法家，尤其是慎到十分强调势的作用。慎到将君主比喻为龙，将势比喻为云雾，认为有了云雾，龙才能腾空；有了势，君主才能居高临下地统治臣民。而韩非在总结慎到思想的基础上，阐述法与势的关系，对于君主而言是"抱法处势则治，背法去势则乱"③，即君主只有缘法而治（抱法）居于君主所应有的至高无上的权威（处势）之位，国家才能得到治理，若不遵守法律或无法可守（背法），放弃君主应有的权威（去势）国家必定会陷于混乱。"处势"是法治的必要条件，而"抱法"又是君主集权于一身的保证。在论证法与势的关系时，韩非补充了慎到的重势思想。他认为慎到只看到

---

① 《韩非子·饰邪》。
② 《韩非子·八经》。
③ 《韩非子·难势》。

"势"可以治天下,但没有想到"势"也可以乱天下。如果是尧舜这样的圣君在天子之位,天下即使有十个桀纣那样的暴戾之人也无法乱天下,这是势治。相反,如果是桀纣这样的人在天子之位,天下即使有十个尧舜也不能治天下,这是势乱。韩非进而论证道:"人之情性,贤者寡而不肖者众。"如果只讲"势",不讲法,众多的"不肖"之人就可以"以势乱天下"。贤者因为数量稀少,欲"以势治天下者寡矣"。① 那么"势治"是否必待贤人才能实现呢?韩非认为并非如此。在此韩非批判了儒家的人治思想。韩非认为像尧舜那样的圣君和桀纣那样的暴君都是不常见的。甚至是"千世一出"。大多数君主都是"上不及尧、舜,而下亦不为桀、纣"的人,大多数的君主都是德才平平,对他们而言"抱法处势"是治理好国家的最佳途径。因此,奉行法家主张的法治与势治,只有在桀纣生而为天子时,天下才能大乱,是"千世一乱"。而奉行儒家主张的人治、德治,只有在尧舜生而为天子时,天下才能大治,是"千世一治"。如此,韩非肯定了法家的法治与势治的结合优于儒家的"人治"。

其次,就法与术的关系而言,韩非在总结前期法家理论时,指出商鞅的不足是"徒法而无术",申不害的缺点是"徒术而无法"。韩非将法与术的关系比喻为"食"与"衣",对一个人来说,食与衣缺一不可,而法与术对于君主来说也是缺一不可的。《韩非子·定法》言:

"人不食十日则死,大寒之隆不衣亦死。谓之衣食孰急于人?则是不可一无也,皆养生之具也。"

若没有术,君主则高高在上,受臣下的蒙蔽;若没有法,君主就无法约束臣子而产生混乱,所以法与术都是君主的治国工具。这也是《韩非子·定法》中对君主的告诫:

"君无术则弊于上,臣无法则乱于下,此不可一无,皆帝王之具也。"

韩非术治思想的基础是人性好利恶害,认为君臣矛盾不可调和,韩非甚至认

---

① 参见《韩非子·难势》。

为在官场上，君臣为了各自保护自己，整天处在钩心斗角中，"君臣上下一日百战"。君位无时无刻不处在群臣的窥觎之中，稍有疏忽，君主就会大位不保，沦为亡国之君。臣子也要无时无刻地预防着周围人的加害与君主的翻脸无情。君主无术，便会被臣下蒙骗，失去权势。掌握驾驭群臣的方法对君主来说是至关重要的。韩非的术治思想基本继承了申不害的主张，认为君主应用"循名责实"的公开之术和"藏于心中"的"隐秘之术"来维护国家的法度和君主的权威。

法家的法治理论，从形式而言，与现代法治有一定的相似之处。比如强调法的体系、规范的严密，强调法一旦制定必须遵守等等。但是，法家学说的目的与儒家相比，则显得狭隘。儒家以拯救天下为己任，而法家之学，我们可以为其定位为"君主学"，即为君主的统治而作。对君主权力的痴迷，使法家无视道德和是非，甚至无视神明与敬畏。所以在读法家著作时，我们常常会感到法家的法治缺乏灵魂，它只是维护君主利益的工具。这种以君主利益为核心的法治，显然与现代法治格格不入。

（四）法家与儒家的博弈

1. 儒家与法家所追求的不同社会模式

春秋战国的儒法之争，开中国历史上"王霸之争"，即"王道"与"霸道"之争的先河。在法思想史上则表现为儒家的法律理想主义与法家的法律工具主义之争。两者的博弈在春秋战国至秦时呈法家的影响不断扩大、儒家日益衰微的发展趋势。秦的统一与中央集权制的确立宣告了法家的胜利。但"物极必反"是历史发展的规律。自秦统一的中央集权制建立后，人们开始对秦的"霸道"以及实行霸道的理论"以法治国"开始了反思。考察秦之后中国社会的发展状况，儒家法律理想主义显然受到更普遍、更持久的认可，并在汉中期后占据了主流思想的地位。汉以后，儒家的法思想不仅成为历代王朝立法的指导思想，而且更为民间社会广泛认可，形成与王朝法律一致并为王朝认可的家法族规、乡规民约。只是应该注意的是，在这场博弈后形成的主流法思想已经不再是单纯的先秦儒家法律理想主义了。主流法思想是基于政治统治的需要而形成的以儒家为本，同时融合各家合乎时宜主张的法律现实主义。可以说春秋战国时期儒法两家的王霸之争以及与此相关的法律主张间的博弈为汉之后主流法思想的形成与发展奠定了基础。

王道是指古圣王所行之道。如尧、舜、禹、商汤、周文王、周武王等。《尚书·洪范》言:"无偏无党,王道荡荡;无党无偏,王道平平;无反无侧,王道正直。"霸道是指春秋以来,强大的诸侯把持王政,"挟天子而令诸侯"之道,即春秋五霸。①

孟子对"王道"与"霸道"的不同作了十分精辟的概括:

"孟子曰:以力假仁者霸,霸必有大国;以德行仁者王,王不待大:汤以七十里,文王以百里。以力服人者,非心服也,力不赡也;以德服人者,中心悦而诚服也。如七十子之服孔子也。《诗》云:'自西自东,自南自北,无思不服。'此之谓也。"②

王道的特征在于行德教,以德服人,使东西南北的人心悦诚服。霸道的特征在依恃实力而假行仁义,以力服人。所以霸者虽有大国,但民心不服,"力"也会因此逐渐不足。鉴于此,行王道者虽无大国,但终会获取天下,如商汤与周文王。而行霸道者虽有大国,也终会因力之不足而衰亡。

儒家推崇的王道始于亲人间的相亲相爱——主要是"孝",而成于统治者的仁政德化。《孟子·梁惠王》言:"养生丧死无憾,王道之始也。"又言:"王如施仁政于民——省刑罚、薄税敛、深耕易耨,壮者以暇日修其孝悌忠信,入以事其父兄,出以事其长上,可使制梃以挞秦楚之坚甲利兵矣。"在儒家的理论中,道德的力量是战无不胜的。儒家的理想社会是建立一个教化流行、人人自律的道德君子国。而儒家的这一理想可以说与古希腊哲学的奠基人、伟大的思想家柏拉图的"理想国"不谋而合。③

法家对儒家的理论并不以为然,尤其对道德和教化毫无信心。他们崇尚的是"力"。法家对人性赤裸裸的剖析令天下人汗颜。韩非子说父母子女的关系

---

① 《左传·成公二年》记:"五伯之霸也,勤而抚之,以殁王命。"疏:"郑玄云:天子衰,诸侯兴,故曰霸。霸,把也,言把持王者之政教,故其字或作'伯'或作'霸'也。"参见《十三经注疏·春秋左传正义》。
② 《孟子·公孙丑》。
③ 参见[古希腊]柏拉图著,郭斌和、张竹明译《理想国》,第108—133页。

是"利"、"害"关系,故"产男则相贺,产女则杀之"①。人与人之间的关系是"利"、"害"关系:"故舆人成舆,则欲人之富贵;匠人成棺,则欲人之夭死也。非舆人仁而匠人贼也,人不贵,则舆不售;人不死,则棺不买。情非憎人也,利在人死也。"②君臣关系也是"利"、"害"关系:"臣尽死力以与君市,君垂爵禄以与臣市。"③人性如此,何有道德可教?又哪有什么孝子、慈父、忠臣、仁君?

如同不信任伦理道德可以治天下一样,法家对儒家竭力赞美的教化也持完全的否定态度。他们认为,教化是一种事倍功半的治国方法。教化所要达到的"重义轻利"的目的是无法实现的空想,因为其与人性及发展着的社会是完全背离的。法家认为,治理国家最好的手段,是顺应"趋利避害"的人性,利用刑赏。法律不仅比教化更现实,而且更有力。"严家无悍虏,而慈母有败子"④——是法家献给新时代君主的箴言。温存的教化,将会使百姓成为慈母手中的不肖子孙一般,犯上作乱。法家维护制度的手段唯有刑赏:对为国建功立业者施以厚赏,以重利诱人为国尽力;对违背法令者施以重罚,以重刑禁止人们作不利于国家的事情。商鞅毫不怀疑地告诉君王:"禁奸止过,莫若重刑。"⑤

2. 春秋战国,制度上由"礼"而"法"的社会转变

"礼崩乐坏"为法家的"法治"开辟了道路,当富有人情味的"礼治"体系被突破时,"法治"学说便乘此东风而得到迅速发展。制定条文准确而又规范划一的法律制度成为治理国家的首要手段。诚如梁启超所言:

---

① 参见《韩非子·六反》:"且父母之于子也,产男则相贺,产女则杀之。此俱出父母之怀衽,然男子受贺,女子杀之者,虑其后便,计之长利也。"
② 《韩非子·备内》。此段大意为:制作乘舆的人盼望所有的人发财,而制作棺材的人则希望所有的人早死。这并不说明制舆者善而制棺者恶,只不过是制舆者利在人们发达,升官发财的人愈多,其所制之舆的销路就愈好;而制棺者利在人们的死亡,死的人愈多,其所制之棺的销路就愈好。
③ 《韩非子·难一》。大意为:臣子为了得到君主赏赐的官禄而出卖自己的气力生命,君主使用官爵利禄换取臣子的智慧、才干,甚至生命。
④ 《韩非子·显学》。
⑤ 《商君书·赏刑》。

"逮于春秋,社会形势一变,法治主义应于时代之要求,而匈出明达。于是,各国政治家咸以编纂法典为当务之急。"①

据文献记载,齐有"宪法"②,楚有"仆区"③、"茅门之法"④,晋有"被庐"⑤、"夷蒐"⑥之法。尤其引人注目的是公元前536年郑国的执政子产一改传统"议事以制"的做法,将新制定的刑书铸于鼎上,公之于众,使新兴的法律与以往"礼治"下的礼制与刑罚有了划时代的区别。

春秋时代的法与以往的法有三点不同之处:一是体例不同;二是具有相对独立的体系;三是公布于众。以往融于礼治体系中的法律,被称为"刑书"。《今文尚书》中尚存《吕刑》一篇。《吕刑》言:"墨罚之属千,劓罚之属千,剕罚之属五百,宫罚之属三百,大辟之罚,其属二百。"由此可见,刑书的体例是以刑名为篇名,以刑为主体的,故称为刑书。刑书这种编纂方式,给裁断者以很大的自由裁断的空间。人们所知道的只是作奸犯科、行为不良,国有常刑。但何种言行构成犯罪,何种犯罪应受到何种刑罚,人们却无从知晓,也无权探究。人们只有凭借着传统的礼教意识去辨别是非,检点言行,罪与非罪的裁量权归裁断者所有。这种罪与非罪概念的模糊,正中统治者的下怀:"刑不可知,则威不可测。"⑦当案件发生后,没有确定的罪名与相应的刑罚对罪犯进行制裁,是重罚,还是轻刑,完全取决于执法者的议论。这就是晋国贵族叔向总结的"昔先王议事以制,不为刑辟"⑧。同样的言行,在此人为罪,在彼人或许就不为罪;在此人判为刖,在彼人或许就判为辟。执法者根据犯者的身份、地位以往的功过"议"而定罪用刑,而礼制是"议"罪轻重的标准所在。由此可见,刑书的体例是"以刑统罪"并附属于礼治体系中的。议而定罪与以刑统

---

① 梁启超著《饮冰室合集》第2册,《文集之十六·论中国成文法编制之沿革得失》,第8页。
② 《管子·首宪》。
③ 《左传·昭公七年》。
④ 《韩非子·外储说右》。
⑤ 《左传·昭公二十七年》。
⑥ 《左传·文公七年》。
⑦ 《左传·昭公六年》注。
⑧ 《左传·昭公六年》。

罪的特点是将立法与司法混为一体，不但在立法中肯定了贵族的特权，而且在执法中也多为贵族网开一面。不平等不仅体现在立法中，而且也体现在司法中。依附于礼治的法律，将风俗习惯、道德规范、宗教戒律有机地结合为一体。

春秋时期各国的法律正处在由以刑统罪到以罪统刑、由依附礼治到独立发展、由秘密到公开的过渡中。晋国赵盾执政时"制事典，正法罪"①。唐孔颖达解释为："正法罪者，准所犯轻重，预为之法，使在后依用之也。""预之为法"与以前的"刑不可知"可以说是截然相反。郑国子产将法律公之于众，晋国贵族叔向叹息道"弃礼而征于书，锥刀之末，将尽争之"。②由此可知，铸于鼎上的"刑书"虽名称未变，但体例却已不是"以刑统罪"了，其是可以断定罪与非罪的依据。人们不再以礼为标准，而以"书"为是非，是为"弃礼而征于书"。更令当时人奇怪的是，人们依据公布的"刑书"可以确切地知道言行的罪与非罪，并可以以刑书衡量官员定罪量刑的正确与否，"以罪统刑"的体例由此而诞生。距叔向反对子产铸刑书二十年，叔向的故乡晋国也发生了"铸刑鼎"的事件，这是继子产之后又一次大规模地公布成文法。孔子闻讯而叹曰："晋其亡乎，失其度矣。"③春秋时，虽然人们仍心存疑惑，但划时代的法治已经出现。战国时法治的思潮较春秋时更为高涨，以法代礼已势在必行，法律的自身也在发展中日趋完善。魏国著名法家李悝总结了各国的立法经验，作《法经》六篇。《法经》的内容与体例据《晋书·刑法志》的记载是以罪名为篇名的，以罪统刑的罪名之制因此而完备。《晋书·刑法志》言《法经》体例为：

"王者之政，莫急于盗贼，故其律始于盗、贼。盗贼须劾捕，故著网、捕二篇。其轻狡、越城、博戏、借假不廉、淫侈、逾制以为杂律一篇。又以具律具其加减，是故所著六篇而已。"

《法经》是集各国变法之大成的产物，其开秦之后两千余年法典体系之先河。战国之时，各国政治家纷纷以制定法律为变法开道，齐国邹衍"谨修法律

---

① 《左传·文公六年》。
② 《左传·昭公六年》。
③ 《左传·昭公二十九年》。

而督奸吏"。① 商鞅在秦国以《法经》为基础实行变法取得了全面的胜利,秦国由一个落后的诸侯国一跃而为关东六国的劲敌。

新型的法律之所以能取得如此成果,原因在于它比礼治及依附于礼治的旧刑罚更公正、更强有力,而且更易于为变革着的社会所接受。以罪统刑的法律将立法与司法划分开来。一般情况下,立法权掌握于君主的手中,法律的内容基本上由罪名与刑名组成。法律一旦确立后,官吏在司法中只有执行法律的权力,而没有创造法律的权力。《管子·立法篇》明确地提出了君主立法、大臣执法、百姓守法的分工:"夫生法者,君也,守法者,臣也;法于法者,民也。"立法与司法的分离,给新兴的法律带来两大特征:

第一,剥夺了贵族官吏"议"而定罪、在司法中创造法律的权力,立法权由分散走向集中。立法权的集中使君主的权力空前加强,贵族与官吏的权力相对减弱。夏、商、西周宗法礼制下统治者内部的"民主"消失了。君主对贵族官吏不必再彬彬有礼、不敢怠慢,他可以把臣子视若奴仆。法律将君主的权力凌驾于一切之上,并撕毁了宗法制下君臣间所具有的家人般的温情。因此,新型法律制度产生伊始便与加强君主权力、巩固专制相联系。这便是法家的法治与近代西方资产阶级的法治不能相提并论之处。但是,我们也不能因此而否定法家法治的进步意义。因为在二千五百余年前,人们对君主制的向往与近代人对民主制的向往可以说是同样的迫切,而君主制在当时相对宗法制来说也具有毋庸置疑的先进性。

第二,主张执法的平等。战国之后,统治者在立法上公然继承了传统的等级制度,不同身份的人具有不同的权利和义务,贵族官僚仍享有各种特权。立法上的不平等贯通于整个古代社会。但是,在司法中,官吏则须以法律为量刑定罪的标准,不得随意轻重。"议"而定罪制度下为贵族官吏所开的方便之门由此而被关闭。除君主外,不管地位多高、身份多尊的人,只要违法就应以法绳之。法律在执行中不承认君主以外的任何人的特权。正如商鞅所言:"刑无等级,自卿相将军以至大夫庶人,有不从王令、犯国禁、乱上制者,罪死不赦。"②即使在法律全面儒家化的晋代,依律断罪也是执法者的共识。《晋书·

---

① 《史记·田完世家》。
② 《商君书·一刑》。

刑法志》言:"律法断罪,皆当以法律令正文,若无正文,依附名例断之,其正文名例所不及,皆勿论。"

3. 儒家的法律理想主义在兼并战争中有些遥不可及

儒家的法律理想主义是建立在对现实批判基础上的。儒家所要的法,首先是善法,即与道德要求相吻合的法;其次这个法不仅仅是以国家权力,更不是以暴力作为后盾的,它应该是得到大多数人认可的法,是与人伦道德相辅相成的法,是维护君主但同时也维护民众福祉的法。实际上,礼就是儒家之法。而法家没有儒家那样的耐心和浪漫,在时不我待的兼并战争中,他们将法简单地视为君主的治国工具,视为富国强兵的工具。国家颁行的法,即使不被大多数人认可,也必须遵守。儒家的礼在激烈竞争的春秋战国时期,似乎成为社会的奢侈品。而破坏礼治的,首先是社会上层。一些王室及公室成员,或者没落的贵族依恃自己特殊的身份与对政治的特殊敏感,而敢为天下先。他们或借改革风俗习惯而实现自己的政治抱负,或以忤逆传统而发泄对现实的不满。

《春秋公羊传·僖公十四年》记,鲁国公主季姬与鄫子相遇于途中,两人情投意合,季姬私下让鄫子派使臣来朝拜鲁君,并借此机会说服鲁君成全两人的百年之好。这在当时实在是违礼之举,汉代儒生何休对数百年前的这件事作了如此的评价:男不亲求、女不许嫁是礼的规定,鲁君不能以礼管束自己的女儿,以致她私订终身,其行为简直与禽兽无异。更有甚者,郑国的执政子产,竟然能允许女子自行择亲,全然不把"父母之命,媒妁之言"的礼制放在心上。有一位名叫徐吾犯的人,其妹容貌姣好,公孙楚与公孙黑都想娶她为妻,而且都强行送了聘礼。一个武将,一个文臣,徐吾犯自知谁也得罪不起,只好告诉子产,请子产定夺。子产言道:"是国无政,非子之患也,唯所欲与。"其意是说,国无纲纪以至于此,这并不是你的过错,你妹妹喜欢谁就嫁给谁。于是,徐吾犯将妹妹暗藏阁中,请公孙楚与公孙黑到家中,以便妹妹暗中观察。公孙黑身着华丽的衣服,携带着贵重的礼品而来。公孙楚则身着戎装而入。二人走后,徐吾犯的妹妹毫无羞涩地道出自己的见解:"子晳信美矣,抑子南,夫也。夫夫妇妇,所谓顺也。"①其意为:公孙黑的确十分英俊,但公孙楚却有男子的阳刚

---

① 《左传·昭公元年》。

之气。夫刚妇柔，才顺应情理。因而，依照其个人的意愿，徐吾犯的妹妹嫁给了公孙楚。如此的违礼之举在春秋时已经比比皆是，比如按礼制的规定，礼乐征伐自天子出。但是此时的天子不仅无力统帅各诸侯国征伐叛逆及不服命令者，反而成了各诸侯国所逐之"鹿"。连楚国那样的蛮夷之国，也率军北上，问鼎中原。征伐大权早已由天子下移至诸侯，再由诸侯下移至大夫。礼制所规定的朝觐纳贡制度也早已久废不用。与周王室关系最为密切的鲁国以知礼闻名，但在春秋232年间仅仅朝觐了三次，其他诸侯国则可想而知。周天子面对强大的诸侯只好放下天子的架子，向诸侯"求金"、"求车"以维持王室的开支。

春秋中期以后，诸侯的势力也走向衰弱，大夫不仅敢僭越公室，而且对王室也极为藐视。鲁国的季孙、仲孙、叔孙三家大夫公然不顾礼制的规定，将诸侯才有权祭祀的"公庙"设于私家。季氏还在自家的庭院中享用只有天子才能享用的"八佾"之舞，祭祀了只有天子才有权祭祀的泰山。孔子论及季孙的所作所为，十分愤慨，认为"是可忍，孰不可忍"①。晋国的贵族叔向曾十分忧虑地向鲁君倾诉生于末世的不幸："戎马不驾，卿无军行，公乘无人，卒列无长。"②失位的诸侯下场比天子更惨，他们不是被臣子所逐，就是被儿子所弑。杀父弑君是此时代的一大特征。司马迁记："春秋之中弑君三十六，亡国五十二。"③齐国大夫陈文子因大夫崔杼弑君篡位而投奔他国。时隔不久，陈文子感到所投奔之国的执政与崔杼并没有什么不同，于是又投奔其他国家，结果仍然十分失望，陈文子只好再度奔波。孔子闻听此事，赞叹陈文子"清矣"。④但如此"清矣"的君子在春秋之时，已难寻觅到立足之地。

儒家推崇的礼治，包含了人们在长期共同生活中逐渐形成且为国家认可的社会准则，具有法的性质。儒家所崇之"礼"，与法家之法相比，虽具有更为广泛的社会认可，但是礼的演变需要时日，礼的实施条件需要统治者的耐心和素质，这些对于处在时不我待的变革中的人们来说，确实有些遥不可及。法家所说的"迂阔"，正是儒家在当时失利的原因。

---

① 《论语·八佾》。八佾，按礼制的规定为六十四人组成队列的舞蹈，只有天子才有权享用。
② 《左传·哀公八年》。
③ 《史记·太史公自序》。
④ 参见《论语·公冶长》。

4. 法家的胜出与秦王朝对法家法治理论的奉行

春秋战国时期，人们接受法家法治的学说不是无缘无故的，比如它符合社会的发展；较传统礼治更为公平；更有利于"国家"在列国争霸称雄的局势中生存、发展；便于统治者的操作；便于人的才力发挥；较实行教化更易早见成效，等等。这些都可以说是当时人们的理性选择。但是，在此要强调的是，在社会变革时期，人们对发展方式和方向的选择往往带有更多的盲目性，而这种盲目形成了历史的曲折发展。

所谓"社会变革"，多发于传统与现实发展不相协调或冲突之际，变革带来的动荡势必将一部分人置于无所适从的困境。"识时务者为俊杰"，对以往旧制度的失望与怀疑，对现实动荡的不安，常常促使人们将希望寄托于建立一个完全不同于传统的社会之上。变革中，尤其是变革的初期，对传统的批判最能引起社会的共鸣。当批判传统成为时髦、现实中摒弃传统成为习惯时，社会的发展便不可避免地要付出矫枉过正的代价。在春秋战国这样一场涉及社会性质的大变革中，许多人难以接受儒家对传统中庸的改良态度。因而，竭力提倡"中庸"的儒家在政治上屡遭困厄，在学术理论上屡遭批判，在社会中屡遭人们的误解。人们只注意到儒家中庸理论对传统的维护和肯定，却忽视了它对传统的改造，忽视了它在动荡的社会中所独有的冷静与远见卓识。孔子虽弟子三千，身通六艺者七十二人，但是，他的政见却每每见嫉于当世，这位流芳千古的圣人生前所经历的坎坷是人们难以想象的。他被同时代的人描绘成"累累如丧家之犬"。孔子的"中庸"之道，成了保守、迂腐的代名词。今天看来，当时人们对儒家"中庸"的拒绝，真可谓是历史的遗憾。历史的发展也使当时的人们为这一拒绝付出了应有的代价。

公元前221年，漫长的儒法之争终于以法家"法治"学说的胜利而告结束。推行法治最为坚决、变法最为彻底的秦国以风扫残云之势统一了六国，一个不同于夏、商、周的新型政权诞生了。雄才大略的秦始皇深知这是一次亘古未有的变革，他拒绝了臣下为其所上的"泰皇"尊号，而将上古三皇五帝的尊号集为一身，自称"皇帝"，意为功盖三皇五帝。秦始皇自信地说，自己为始皇帝，并要将自己缔造的事业及秦代的江山传至二世、三世……以至万世。①

统一后的秦王朝,②继续以法家法治理论为指导,崇尚法家,实行重刑。秦始皇出巡常常刻石以颂秦政,几乎每次都要提到法的建设及法的功绩。公元前219年,始皇登泰山,其刻石中言:"治道运行,诸产得宜,皆有法式。"又登琅琊,立石刻辞,其中有:"除疑定法,咸知所避","欢欣奉教,尽知法式","端平法度,万物之纪"。公元前218年,登之罘,刻石,辞曰:"大圣作治,建定法度,显著纲纪","普施明法,经纬天下,永为仪则",③等等。从出土的云梦秦简来看,秦"皆有法式"绝不是一句溢美之词。尽管秦律早已佚失,但从1975年湖北云梦出土的秦简看,便足以证明秦律的缜密。云梦秦简中有近30篇秦律的内容,农业、军事、手工业、官吏职责等诸方面皆有法可依。

秦统治者不但将平定六国、统一天下归功于"法治",而且将法家的"法治"神秘化,把"以法治国"说成是时代发展的必然产物,是上天的意旨。在此,秦人利用了战国时邹衍所创立的五行相生相克的学说。此学说的主要内容是将世上万物变化归结为土、木、金、火、水五种物质的顺序演化。与自然界五行运作相适应,人类社会的发展也有一定规律可循,这就是"五德终始"支配着王朝的兴替。土德衰而木德兴,木德衰而金德兴,金德衰而火德兴,火德衰而水德兴。邹衍认为:"虞土、夏木、殷金、周火。"④故代周者必有"水德"。为了证明秦王朝统一的必然性与合理性,秦始皇自称秦的统一是"水德之始"。而水性属阴,阴主刑杀,"法治"便成为水德的主要特征。于是,"事皆决于法,刻削毋仁恩和义,然后合五德之数,于是急法,久者不赦"。⑤

为维护法的威严,秦的刑罚格外严酷,统治格外残暴。传统的教化被"以吏为师"、"以法为教"所取代,任何有悖于"法治"理论的言行都会受到最严厉的制裁。秦始皇为庆祝寿辰曾在咸阳宫中大宴宾客,博士七十人前来祝寿。秦代的博士是政权置而不用的点缀,博士中既有博古通今的儒生,也有信奉道家的方士。一位名叫淳于越的博士在这个喜庆的日子里,不仅不对秦始皇歌功颂

---

① 参见《史记·秦始皇纪》。
② 秦王朝的统一政权建于公元前221年,亡于公元前206年。
③ 参见《史记·秦始皇纪》。
④ 《文选·五九·齐故安陵君王碑》,李善注引邹子语。
⑤ 《史记·秦始皇纪》。

德，反而力谏其恢复传统制度，他认为"事不师古而能长久者，非所闻也"。淳于越的不识相引起了一场罕见的政治风波。法家的信奉者秦丞相李斯迎面痛斥了这种复古的论调，他认为秦始皇所创立的功业是以往任何帝王都无法比拟的，同时也是迂腐的儒生所不能理解的。李斯认为儒生不学习宣讲当今的功绩，而以古非今，惑乱百姓。他建议下令"焚书"。除有关医药、农业、卜筮及秦史方面的书籍，其余书籍皆为禁书。禁书的重点又是儒家之书："天下敢有藏诗、书、百家语者，悉诣守、尉杂烧之，有敢偶语诗书者弃市，以古非今者族，吏见知不举者同罪。令下三十日不烧，黥为城旦。"①秦始皇采纳了李斯的建议，焚书的烈火因而燃遍全国。时隔一年，又发生了"坑儒"的历史悲剧。有一位方士卢生为骗取秦始皇的宠信，自言能求长生不死之药。贪生心切的秦始皇竟然相信了他的鬼话，并恩赐甚厚。名利双收的卢生却在背后抨击秦始皇贪图权势，以刑杀立威，之后便不辞而别。秦始皇下令御史对在京诸生严加刑讯，重棰之下，保持操守道德毕竟非常人所能，于是诸生传相告引，牵连460人有犯禁之举。秦始皇一声令下，这460人便被活埋于咸阳。"焚书坑儒"这种极端残暴的措施使对"法治"曾怀有无限憧憬的天下人愕然。

陶醉于胜利之中的秦统治者迷信法家法治达到了顶点。秦始皇根本无法察觉被极端化了的这个理论给新生政权所带来的致命弱点。过分的高压政策使人们视君主为寇雠；繁密的制度使官吏百姓动辄得咎；而思想意识、社会道德等方面的教育几乎全付阙如。"暴政"逐渐成为秦政的特色。

倒是太子扶苏对秦的强大有着清醒的认识，他告诉秦始皇应对传统作适当的让步，他觉察到曾对"法治"抱有无限希望的人们对现实中的"法治"极度失望。在焚书坑儒、天下齐暗的情况下，他以太子的身份劝诫始皇："天下初定，远方黔首未集，诸生皆诵法孔子，今上皆重法绳之，臣恐天下不安，唯上察之。"②不幸的是这位颇具贤名的太子因而被父亲发往北部边地，与大将军蒙恬带兵守边。公元前210年，秦统一后的第十一个年头，秦始皇于出行途中罹患重疾，临终前，这位具有卓识的政治家似乎也感到了"法治"的危机，他出人意料地遗诏远在边地的长公子扶苏即皇帝位，而未将皇位传给常随身侧、精通狱事

---

① 《史记·秦始皇纪》。
② 《史记·秦始皇纪》。

的少公子胡亥。传位扶苏,不言之中暗示了对传统的某种妥协。

可惜的是这种妥协不仅使没有谋到皇位的胡亥及其师赵高怀恨在心,而且也使一向主张法治、为秦统一立下汗马功劳的丞相李斯不能理解,于是便有了"沙丘政变"。沙丘(今河北境内)是秦始皇驾崩之地,李斯认为皇帝崩于外不宜发丧。赵高乘机劝说李斯篡改始皇遗诏,废扶苏而立胡亥。李斯尽管觉得这样做有违法度,但想到自己与扶苏的政见分歧及今后的仕途前程,最终还是屈从了赵高。他以秦始皇的名义赐书扶苏,斥责"扶苏为人子不孝,其赐剑以自裁"①。伪诏送至边关,仁厚的扶苏果然以剑自刎,成为"父赐子死,子不敢不死"的牺牲品。消息传到京师,赵高、李斯等额手相庆,立刻立胡亥为帝,是为秦二世。一向有令必行、有禁必止的秦始皇怎么也不会想到自己生前发出的最后一道诏书,竟被自己最宠爱的少子和最信任的臣子所篡改。扶苏失位,使秦王朝失去了与传统力量缓和的历史契机。二世即位,变本加厉,继续用"法治"将天下百姓逼上了绝路。

秦二世以精通狱事而深得其父的钟爱,但即位之后,他却终日耽于娱乐,朝中之事一委于赵高。赵高等人利用秦始皇所创立的完备的"法式",将天下人置于刑网之中。上至皇室公卿,下至黎民百姓,无不为繁法酷刑所困扰。二世即位的当年,就杀掉了自己的亲兄弟九人,以至"宗室振恐";又逼反了戍卒陈胜、吴广;二年,以"具五刑"的酷刑处死了丞相李斯等人;三年,赵高在朝堂之上指鹿为马,言鹿者皆被处死。公卿宗室尚且如此,百姓的性命更是被视为草芥。陈胜、吴广揭竿而起时,范阳人蒯通对范阳令说:"秦法重,足下为范阳令十年矣。杀人之父,孤人之子,断人之足,黥人之首,不可胜数。"②企望扶苏即位能得以喘息的百姓,在二世的统治下更加绝望。陈胜、吴广所到之处,人们闻风而动,"杀无道,诛暴秦","废秦苛法"成为动员、组织百姓的有力口号。秦王朝终于葬送在此起彼伏的农民起义风暴之中。秦统一后享国仅十六年,可谓短命而亡。

秦兴秦亡皆与法有着不解之缘。秦孝公用商鞅变法,法治学说在秦国大兴。完备划一的制度,令人心动的重赏,残酷无情的刑罚……很快便统一了人

---

① 《史记·李斯传》。
② 《史记·张耳陈余传》。

们的言行。凡国家禁止的，人们视为雷池，不敢逾越；凡国家提倡的，人们便拼死效力，纷纷响应。因为越雷池一步，严刑便紧随其后；而效力于国家，厚赏则立加于身。强制的统一，使法家力倡的法治效果立竿见影：农夫力耕，士卒勇战，官吏守职。秦国迅速摆脱了落后的局面，一跃而成为关东六国的劲敌并最终统一了中国。

法家的法治理论虽促秦而兴，但其自身也存在着诸多的缺陷，如重制表而不重修内，重建制而不重倡德，重现实而不重长远，宜攻取而不宜守成，等等。归根为一条，就是完全反西周以来的传统之道而行。秦统一以后，秦始皇不但没有察觉到法治理论中的缺陷，反而更加迷信法家。秦始皇为政，理狱是第一要务，他"躬操文墨，昼断狱，夜理书"①。秦制秦法在秦始皇时更为完善，刑罚也更为惨烈。秦制秦法不可谓不严谨，但用今天的话来说，它有些"超前"。所以，无论秦始皇具有怎样的才略，无论他怎样的勤政，都无法弥补"超前"所造成的发展中的空白。作为背离传统过激的代价，是创设了千古之制的秦始皇，虽建立了万世功业，完善了春秋以来的各项制度，却被时人视为独夫民贼，被后人视为暴君。秦王朝虽开创了统一的集权王朝，修筑了万里长城，却二世而亡，成为历史上有名的夭折王朝。秦法最发人深省的教训是，法律必须有道德的支持，有民众的信服，才能达到其维持社会秩序和主张社会公正的目的。若不问善恶，只将法视为权力的工具，那么法律就会助纣为虐。

秦亡之后，人们不再接受法家所谓"以法治国"的思想，法家被贬为"刻薄寡恩"之学。法律，尤其是刑罚的威严与地位一落千丈。汉朝人谈法色变，崇尚宽厚，以为"刀笔吏"不可以为公卿。直到清朝，士大夫仍以谈法为俗吏之事。近代的法律变革因秦崇法而亡的阴影常常在强大的传统势力面前退却。背离传统所造成的是秦始皇的悲剧，是秦王朝的悲剧，更是中国古代法治的悲剧。从此，中国古代再也没有出现过敢自称为"法治"的王朝。

---

① 《汉书·刑法志》。

四 以道家与黄老学派为中心的法律自然主义

自西方近代法学传入后，中国学界一直在寻找本土的"自然法"。梁启超认为在先秦诸家中，儒家"最崇尚自然法者也"，并言：

"儒家之论，第一前提，曰有自然法。其第二前提曰，惟知自然法者为能立法。第三前提曰，惟圣人为能知自然法。次乃下断案曰：故惟圣人为能立法。而第三前提所谓圣人者，复分三种。第一种，为天化身之圣人。第二种，受天委任之圣人。第三种，与天合德之圣人。"①

同时，梁启超还认为道家的思想中也有自然法：

"道家亦认有自然法者也。虽然，其言自然法之渊源与自然法之应用，皆与儒家异。"②

儒家与道家"自然法"思想之异为何？ 梁启超说：

"（道家）不认自然法出于天。故曰天法道，道法自然。""天亦自然法所支配，而非能支配自然法者也。"③

---

① 梁启超著《饮冰室合集》第 2 册，《文集之十五·中国法理学发达史论》，第 54、61 页。
② 梁启超著《饮冰室合集》第 2 册，《文集之十五·中国法理学发达史论》，第 66 页。
③ 梁启超著《饮冰室合集》第 2 册，《文集之十五·中国法理学发达史论》，第 66、67 页。

"自然法"是一个地地道道从西学中舶来的概念,用西法中的概念、理论、发展进程归纳、解释、比较、评价中国古人的法思想,是近代中国法学的潮流,这种研究或被名之曰"比较法研究"。问题在于比较研究首先需要的是两种或多种客观事实的陈述,而不是以一方的模式或价值观为标准去阐释或评判另一方或其他各方。如儒家的法律主张固然与西方的自然法学派、历史法学派、社会法学派的观点有诸多相同或相通之处,但我们却不能以这些生长于西方的学派名称来命名儒家,把儒家说成是自然法学派、历史法学派、社会法学派。同样,中国古代许多政治家、思想家的法律思想中虽然不乏西方称之为"自然法"思想的因素,但用"法律自然主义"而不是自然法思想来描述以道家、黄老学派为中心的法思想也许更为贴切。

(一) 法律自然主义的定义与特点

1. 自然法与法律自然主义

自然法思想在西方法学发展中始终占有重要的地位。寻找自然法思想的渊源不免还是要回望那个产生了苏格拉底、柏拉图、亚里士多德诸位先哲的"轴心时代"。古希腊、罗马时期是自然法思想发展的第一个时期。我们用《简明不列颠百科全书》来概括古希腊的自然法思想:

> "古希腊以来,对于自然法的意义及其与成文法的关系存在着不同的看法。古希腊智者派将'自然'与'法'区别开来,认为'自然'是永恒的,而'法'则是专断的,是出于权宜之计的。因此,按一种观点,法律是为强者的利益服务的;按另一种观点,法律是为弱者服务的。苏格拉底、柏拉图、亚里士多德都断定能发现永恒不变的标准,以作为评价成文法的参考。"①

自然法作为一个学派形成于"希腊化时代"(公元前323—前146年)的斯

---

① 《简明不列颠百科全书》(中译本),第9册,第569页。

多葛学派,①斯多葛学派的特点是关注人之伦理以及人如何持身、行动,以获取幸福的问题。他们肯定理性是人所共有的自然本性,而自然的状态也是一种为理性控制的和谐、正义的状态。但自然和谐、正义的状态却为人类的自私所破坏。人类所面临的问题是塑造自然法则,回归自然的理性,回归自然法。古罗马时期的思想家继承了斯多葛学派的观点,古罗马时期的政治家、斯多葛学派代表人物,即自然法思想的发展者西塞罗(公元前106—前43年)认为自然法才是至高无上的法,如果人类制定的法律与自然法相矛盾,那么就不能将其称为"法",所谓"恶法非法"。

"大致来说,这意味着一个人不再被认为是一个群体的有机部分,而被认为是普遍法规和政府体制之下的一个个人。原则上所有个人在任何时候、任何地方都适用的法律之下都是彼此平等的。这里我们遇见了最发达形态的自然法概念。"②

将神学与自然法密切联系起来的中世纪的代表人物是意大利的神学家、哲学家托马斯·阿奎那(1225—1274年),他将法律分为永恒法(上帝法)、自然法(涉及人的永恒法)、神法(《圣经》与神的启示,指导人们追求世俗幸福外的永恒幸福)和人法(国家制定的源于自然法法律)。他相信理性,认为上帝的永恒法也不过是神圣智慧的理性而已。人与其他动物的不同,在于其有理性,他将人称为"理性动物",认为人虽然不能"认识上帝的全部计划,但是人的理性使他能够分享永恒理性,因此他能够认识到正当行为和目的的(规范性的)自

---

① 参见徐继强著《西方法律十二讲》,重庆:重庆出版社,2008年版,第40页。该书译为"斯多亚"学派。本书译名从《简明不列颠百科全书》及《中国大百科全书·法学卷》。

② [挪]G·希尔贝克、N·伊耶著,童世骏、郁振华、刘进译《西方哲学史——从古希腊到二十世纪》,上海:上海译文出版社,2004年版,第111页。凡以下引用本书者,只注页码。

然倾向。自然法不外乎是理性生物对永恒法的参与"。①

自然法发展的高峰时期是近代17、18世纪。资产阶级启蒙思想家直接继承了古希腊、罗马的自然法思想,而批判了中世纪建立在神学基础上的自然法。我们通常将这一时期的自然法思想称为"古典自然法学"。这一学派的代表人物有荷兰的格劳秀斯、斯宾诺莎;英国的霍布斯、洛克;法国的孟德斯鸠、卢梭等。与阿奎那对自然法的阐述不同,古典自然法学派将自然法建立在了世俗的价值基础之上,"神即自然"是他们哲学观的共同特征。②葡萄牙法史学家叶士朋总结道:

"自然法观念的这种新意义成为17世纪欧洲法律文化的决定性因素。从某种方式来说,新的自然法建立于理性之上,同建立于神学之上的旧自然法遥相呼应。社会和法律思想世俗化了。在欧洲首次(以宗教改革的方式)打破了宗教的统一并同非欧洲宗教传统的民族进行了接触的背景下,便不是奇怪的事了。由于这种世俗化,法的根基转而建立在世俗的价值之上,这些价值有如理性的自明性一样对所有的人都是共同的。"③

已经为今日中国人所熟知的"天赋人权"、"社会契约"、"主体权利"、"权力制约"等理论也都发端于此。

19世纪自然法学由于受到实证主义、功利主义、民族主义的批判而衰落。因为自然法学强调人的理性,普遍性成为法的突出特点,根据法的这个特点,法律似乎突破了地域、民族的界限,一国一地的法可以由本国人制定也可以由外来人制定,甚至一国一地的法可以移植到其他国家和地区法行使。因为以人普遍具有的理性出发,法也应是人类社会普遍的规则。自然法学的这种观念受到许

---

① [英]韦恩·莫里森著,李桂林、李清伟、侯健、郑云端译《法理学——从古希腊到后现代》,武汉:武汉大学出版社,2003年版,第71—72页。以上关于自然法发展的表述,除直接引文,还参考了《中国大百科全书·法学卷》、《简明不列颠百科全书》、徐继强著《西方法律十二讲》。

② 参见[挪]G·希尔贝克、N·伊耶著,童世骏、郁振华、刘进译《西方哲学史——从古希腊到二十世纪》,第256页。

③ [葡]叶士朋著,吕平义、苏健译《欧洲法学史导论》,第154页。

多民族主义者的批评:

> "法学家在国家法传统因素的激励下,开始反对输入理性法体系。这种情形主要发生在德国。萨维尼激烈攻击 G. 蒂博(G. Thibaut)编纂一部理性法典的计划(此设想试图在世界主义和国家主义之间作一种妥协),他认为,法典编纂所'制定的'一种法首先应该是生活本身,而理性法的普遍化的法典则纯属抽象,是'人民的精神'所无法接受的。"①

但第二次世界大战后,"正义"作为法的核心问题被重新提出,作为评判人为法的标准,自然法学在西方复活,直到今天,虽然其规模与深刻尚无法与古典自然法学相比。

可以说,自然法学贯穿了西方法思想发展的全过程,"自然法"本身也是一个内容不断拓展的概念,每一个时代的自然法学都有着时代的烙印。即使同一时代的自然法学派的大家,他们之间的观点或侧重点也各有不同。但是,有一点我们是可以把握的,即自然法学派都确信自然法是自然或上帝赐予人类社会的大法,这个大法反映了法的正义本质,应该是人为法的指导,也是检验人为法正当与否的标准。

2. 法律自然主义

厘清自然法概念与自然法学派在西方的发展,对于我们分析中国法文化阐释的自然规律与人类社会的法律之间的关系十分必要。

首先,将先秦道家的法主张归类"自然法"思想实在是一种误解,这种误解或源于对道家"道法自然"的望文生义。道家的"道",说的是宇宙发展的规律,这种"道"与自然法可以比拟的地方是:道家认为这种"万物之母"的道是永恒不息,不可改变的;而自然法学派也认为自然法是稳定而永恒的。但是,两者的不同之处更显而易见,即自然法学派在论述自然法时立足于"人",即自然法是人为法的检验或是永恒法中关于人的部分,其发于人之理性并合乎正义。但道家只承认自然规律的无往不胜,否定人为法的意义,甚至否定道德的规范。

---

① [葡]叶士朋著,吕平义、苏健译《欧洲法学史导论》,第 170—171 页。

道家将一切人为的规范以及对贤者的崇拜都视为多余。道家的"道"无所谓正义，也无所谓善恶，"道"显示的所谓"公平"无善可言，其是以万物为"刍狗"的。道家崇尚自然，主张人类按自然规律生活，其立足点在释"道"，"人"不过是道的一部分。

其次，与道家不同，儒家是以"人"为中心来论述自然——"天象"的，如前所述，儒家的"天"有自然与人格神的双重意义，但儒家毕竟认为圣人体悟天道所立的"法"——儒家称之为"礼"是公正、正义而且长久的，是检验人间规范的标准。从这一角度上说，儒家的学说与自然法学有着更多的契合。而礼也如自然法贯穿于欧洲法学史一样，贯穿于整个中国法律与法学发展的全过程。尽管近代西学引导了中国法学的潮流，儒家学说与礼不断受到思想界、学界甚至社会舆论的质疑，但儒家的观念与礼对中国社会的巨大影响始终不曾消失。然而，儒家礼治学说与自然法的出发点并不一致，西方自然法的理想是以人性恶为基础的，而儒家的主流却认为人性本善。孔子尤其是孟子，从未像亚里士多德，甚至像柏拉图那样，基于对人性的失望而放弃贤人政治。后世儒家更不曾像宗教笼罩下的中世纪欧洲法学家那样认为人有"原罪"；不像西方古典自然法学家霍布斯那样认为人在自然状态下是自私与残忍的。儒家主张遵从圣人之法，因为儒家认为体察天道这件事，不是人人都能做到的，唯有圣人才能体察天道而立法。儒家对圣人的崇尚实际上是对天的崇尚，这其中也包括了对发于自然、与生俱来的人性善的崇尚。

再次，我们也有必要剖析一下法家。法家基本不关心"人"之外的事情，所以在法家的著作中很少看到有关自然、神鬼的论述。但是法家的思想却与自然有着密切的关系，充分显示了法家"原本归于黄老"的实质。法家论述历史的发展，就如同道家论述自然的规律，不论善恶，没有是非，一切自然而然，不可抗拒。德治、礼治行于"人民寡而财货众"的上古之时，是理所当然的事情；法治行于"人民众而财货寡"的当今（战国）之世也是时势使然。物质丰富而不必争抢时，通过说教，人们很容易成为彬彬有礼的君子。而当物质匮乏，人们为抢夺财物、资源而争乱时，说教就失去了作用。制止争乱最为简单、最为有效的方法莫过于"重刑"。道家与法家都反对儒家的繁文缛节。对"圣人"的定义，法家与道家也更为接近，儒家的"圣人"体察天道，代天立法；道家的"圣人"顺应自然；而法家的"圣人"则顺应时势。三家的"圣人"都是能够与自然和谐的人，只是表现不同而已。对于法律，儒家思虑周详，考虑到对犯罪个体的惩处，对纠纷顾全大局的裁定，又考虑到社会整体的正义和民心的导向。法家则简单得多，他们只考虑法律如何设定得周密，将民众置于网络中，为国（君）效力，君主依法"垂拱而治"。道家更是如此，对他们而言最佳的境界是人回归到自然中去，这样就可以不劳儒家的圣人体察天道并辛苦地说教以行礼，也无须法家设法立制，一切顺应自然，便可以"无为而又无不为"。

此外，阴阳家、墨家的思想中也都有与自然法思想契合处，比如阴阳家对自然规律永恒性与普遍性的确信，墨家"法不仁不可以为法"与阿奎那"恶法非法"思想的契合等等。但是，阴阳家与墨家缺乏对人之理性的论述，在人与自然的关系上，阴阳家更偏重于论述自然变化对人的掌控，墨家更偏重于天与鬼神对人的掌控。

综上，无论道家、儒家，还是法家、阴阳家、墨家，以及秦汉以来形成的主流法思想，在论证人与自然关系时，通常认为人对自然应该是崇尚而敬畏的。同时，他们也将人作为自然的一个组成部分，认为人类社会的统治与法律应该"效法"自然，而不违背自然。这种对自然无条件地崇尚与效法，我认为应称之为"自然主义"。而主张法律应该效法自然、"顺天则时"的法思想则应称为"法律自然主义"。

虽然诸子思想中皆有法律自然主义的倾向，但是也各有特征，比如道家是一种绝对的自然主义，认为在"道"的面前，无所谓强弱，无所谓智愚，甚至无所谓贵贱贫富，因为"损有余以补不足"①的自然之道会使一切在不自觉中达到平衡或公平。而儒家则更关注天道的正义，关注为大多数人所能拥护或接受的价值观。他们对道家不分善恶的自然观显然不能同意，对道家"无为自化"、"清净自正"的君主为政之道也不能赞同。儒家主张君子自强不息，强调人的主观能动性，主张人与自然的互动，所谓："人能弘道，非道弘人。"②也许是因为有这种差异，司马迁在记述儒道两家学说时说，学习了道家学说的人往往贬斥儒家的学说；同样，学习了儒家学说的人也贬斥道家的学说。司马迁叹道：孔子

---

① 《老子·比章》。
② 《论语.卫灵公》。

说"道不同不相为谋"也许就是指这件事吧？①

无论是道家的法律自然主义，还是儒家及其他学派的法律自然主义，都大大地加强了中国法律文化的包容性，因为自然——古人也常将其称为"天象"——是气象万千、最具包容性的。在笔者所涉猎的书论中，清初郑板桥对自然主义的解释最为到位，他说：

"尝论尧舜不是一样，尧为最，舜次之。人咸惊讶。其实有至理焉。孔子曰'大哉尧之为君，惟天为大，唯尧则之。'孔子从未尝以天许人，亦未尝以大许人，惟称尧不遗余力，意中口中，确实有一无二之象。"②

郑板桥认为孔子极力推崇尧独一无二，将"天"与"大"这种极端的赞美之词许之以尧的原因，是因为尧所行的是良莠并存的自然之"天道"，而舜不及尧的原因在于舜所行的是惩恶而扬善的为君之道。郑板桥说，天固然是春夏秋冬四时冷暖行之有时，但也常常有狂风淫雨、赤旱千里、风雨不调之时，只是这些逆时的灾害并不能损害天的伟大；天生万物，有麒麟、凤凰、灵芝、仙草、五谷、花实等瑞兽灵草，但也有蛇、虎、蜂蚕、蒺藜等毒草猛兽，只是这些亦有功用的所谓孽障并不损害天的仁德。自然之象所体现出的丰富的天之道，本来就是良莠不齐、善恶杂陈的。作为天子的尧，深谙天道，所以朝中既有贤臣，也有恶人，只是恶人损害不了尧的伟大。与尧不同，舜为政则举贤才，罚罪臣。舜流放了共工，放逐了驩兜，诛杀了三苗和鲧，朝中尽是贤人良臣。但郑板桥认为，舜为政的方法，只证明他是一个仁义的君主，而不是说他的为政之道符合良莠并存的天道。郑板桥总结道："夫彰善瘅恶，人道也；善恶无所不容纳者，天道也。尧乎，尧乎！此其所以为大也乎！"③善恶尚且可以同朝为官，何况其他。这种既有道家的超脱、又有儒家宽恕的包容性，显然是自然主义带给中国文化以及中国法文化的特征。

---

① 参见《史记.老子传》："世之学老子者，则绌儒学，儒学亦绌老子。'道不同不相为谋'，岂谓是邪？"

② 《郑板桥集·家书》，上海，上海古籍出版社，1979年。以下凡引此书，只注页码。

③ 《郑板桥集·家书》。

法律自然主义赋予中国法文化的包容性表现在诸子不同法思想间的融合上，其造成了中国人开放式的思维方式，即没有截然的对立，没有不可以融合的"中庸"之路。就先秦而言诸子思想虽"各引一端"，①但它们之间又是互相吸收和融合的。如孔子问礼于老子、墨子本"受孔子之术"，荀子亦接受了法家的某些思想，法家的集大成者韩非子为荀子的学生却又"归于黄老之学"，名家的"循名责实"为法家继承并改造为"刑名法术"之学等等。春秋战国诸子虽学派分明，但也是在互相借鉴与批判中发展起来的。秦汉之后，由于政权力量的强大，各个王朝无不在文化、思想、学术"大一统"上费尽心力，"大一统"桎梏了人们的思想，但从另一个角度来看"大一统"也正是以儒家为本、兼容并蓄、包容各家学说的产物。

法律自然主义在中国历史的发展中有着特殊的文化与政治功能。文化功能即融合各家之言，造就了博大精深的中国法文化。就政治功能而言，因为自然主义所采取的无为而治往往与乱后思安、经济又处在恢复中的新王朝政局相吻合，所以在王朝初建时，发源于道家，或为道家分支的黄老学派往往会成为王朝的指导思想，法律自然主义指导下的立法一般都会以宽简为原则。

(二) 道家的"纯自然主义"法思想

道家的自然主义可以说是"纯自然主义"。

道家的创始人是老子，老子姓李，名耳，字聃，又称老聃。生卒年不详。西汉史学家司马迁作《史记》时，记载了当时学界的三种意见：一是老子即李聃，时代略早于孔子；第二种意见认为老子为老莱子，与孔子是同时代人；第三种意见认为老子是孔子百余年之后的周太史儋。从《史记》的行文中可以看出司马迁基本倾向第一种意见，而后世学界也基本以此为通说。道家的经典著作《老子》，亦称《道德经》的成书年代也是史家聚讼的问题。目前学界的主流观点认为《老子》一书是老子遗说的发挥，其成书经过了一段相当长的时间，但并不排除其中的一些内容为老子亲自所撰，更不能否定《老子》一书所反映的是老子或接近老子的基本思想。其成书时代不会晚于战国庄子的生活时代。

---

① 《汉书·艺文志》。

庄子（约公元前369—前286年），名周，是战国时道家思想的继承者。其著作《庄子》如春秋战国时其他思想家的著作一样，其中有庄子自己的作品，也有门生后学根据庄子思想而著的作品。

按照道家的"纯自然主义"要求，人类的最佳境界是完全按自然规律生活，没有丝毫后天人为因素，当生则生，当壮则壮，当衰则衰，当灭则灭。《史记·老子传》记孔子就礼的问题去请教老子，老子告诉孔子，你所探讨的礼，创设它的人连骨头都朽烂了，现在的人们只不过是听说过他而已。君子处事，生得其时则实现自己的抱负，生不逢时则隐世而止。我听说，好的商人，不会将珍宝轻易示人；有德的君子，容貌举止却好像愚钝。消除自己的骄气和过多的想法，将骄气与想法过多地表露，无益于自身。我所能告诉你的，仅此而已。①孔子从老子处离开，对弟子感叹自己无法探究老子的深邃而不可测，他将老子比作龙，说道："至于龙，吾不能知，其乘风云而上天。吾今见老子，其犹龙邪！"虽然这一故事的真伪尚有待考辨，但就思想观念而言，却真实地反映了儒道自然观的不同。道家有关人与自然关系的主张是：回归自然、顺应自然，而不必去体察自然。儒家则强调人的努力，体悟自然而效法自然。这也是道家的自然主义较儒家更为超脱现实的原因。

道家的法思想有两个显著的特点，一是崇尚自然，以自然法则为至上；二是具有极强的批判性，认为儒、道、法等诸家学说皆强调"人"为中心，背离"大道"。而背离大道，正是天下大乱的原因。世人以为道家是一个超脱、潇洒的"出世"学派，但是值得注意的是，道家对社会认识的深刻与批判的尖锐却是其他各家所不及的。笔者认为，这是学术规律使然。唯有与社会保持一定的距离，唯有一定的超脱，才能使学术保持相对的独立性，才能使学者有清醒的头脑。道家的高屋建瓴，正源于这种超脱与独立。

1."道法自然"

道家主张以道为本，但什么是"道"，道家却认为这是一个难以说明白的问

---

① 《史记·老子传》："孔子适周，将问礼于老子。老子曰：'子所言者，其人与骨皆已朽矣。独言在耳。且君子得其时则驾，不得其时则蓬累而行。吾闻之，良贾深藏若虚，君子盛德，容貌若愚。去子之骄气与多欲，态色与淫志，是皆无益于子之身。吾所以告子，若是而已。'"

题,故有"道,可道,非常道;名,可名,非常名"①之论。

《老子·二十五章》对我们理解道家的"道"最有帮助,抄录于此,以释之:

"有物混成,先天地生。寂兮寥兮,独立不改,周行而不殆。可以为天下母。吾不知其名,字之曰道,强为之名曰大。大曰逝,逝曰远,远曰返。故道大、天大、地大、人亦大。域中有四大,而人居其一焉。人法地,地法天,天法道,道法自然。"

据此,我们可以归纳道家之"道"的特征有四:第一,道是万物之本源,它先天地而生,超越时空;第二,道是一种周而复始,永不停息的运动规律,任何力量都无法阻止道的运转,顺之者昌,逆之者亡;第三,道无声无形,孕生万物,其是宇宙之"大";第四,在宇宙中有四"大",人、地、天、道,但道是至高无上的,而这个至高无上的道之原貌就是自然,它是万事万物的根源与规则。

由"道"而产生出的自然法则,在道家看来是最为完美最为权威的。原因如下。第一,自然之法则,我行我素,公正无私,不受人为的干扰:"天道无亲,常与善人。"②《庄子·大宗师》亦言:"天无私覆,地无私载。"天地生成万物,对万物也一视同仁,各得其所。不会因其贵而格外优容,也不会因其贫贱而抛弃。第二,自然之法则能使万物和谐平衡,即"高者抑之,下者举之,有余者损之,不足者补之。天之道,损有余而补不足"③。第三,自然之法则是永恒的,因其与"道"合,所以它无始无终,永远不会失效。一切人为的法则都无法达到这一境界。第四,自然之法则广大无边,万事万物无不受其约束。"道"虽然无声无形,却具有最高的权威:"天之道,不争而善胜,不言而善应,不召而自来,繟然而善谋。天网恢恢,疏而不漏。"④

鉴于对"道"的崇尚,道家认为人类社会,尤其是统治者在治国时应该效法自然,行无为之政,以维护长久的稳定。但是,顺应自然并不是不作为,或放

---

① 《老子·一章》。
② 《老子·七九章》。
③ 《老子·七七章》。
④ 《老子·七三章》。

纵自己，与儒家一样，道家强调人的自律，尤其强调统治者的自律，老子告诫统治者，要节欲去奢，不要不合时宜地打扰民众，不要"自见"（好大喜功，表现自己）、"自贵"（唯我独尊）而伤害民众的利益。如果违背自然而过分地追求自我的满足，就会君位不保，受到自然的惩罚。老子说：

"民不畏威，则大威至。无狎其所居，无厌其所生。夫唯不厌，是以不厌。是以圣人，自知不自见，自爱不自贵。故去彼取此。"①

当民众不再承认统治者的权威时，最可怕的事情就会发生了。因此，统治者不要逼迫民众，使他们不得安宁；不要阻塞民众的谋生之路。只有不强迫民众，民众才能安定。所以智慧的统治者，有自知之明而不好大喜功，爱惜自己但不唯我独尊。

在此我们应该区别道家所说的"道"或"天道"与墨家所言的"天"或"天志"的不同。道家的"道"或"天道"是万物之本源，是一种无知无觉但又有规律的客观存在。因此，从某种意义上说，墨家"以天为法"的思想带有浓厚的神权法特色，而道家的"道法自然"则更具有法律自然主义的特征。

2. 对儒、墨、法诸家学说的批判

道家强调"道"的权威，主张为政者效法自然，认为人类的出路在于"返朴归真"。对人为制定的规则、法令持否定的态度，道家认为人为法愈多，人类背离大道就愈远，社会就会更加混乱。故而《老子》有"圣人处无为之事，行不言之教"②的训诫。站在维护"道"的立场上，道家认为儒、墨、法诸家的救世之论，犹如扬汤止沸、负薪救火。

首先，道家认为儒家提倡的仁、义、礼、智、信是病态社会中的反常现象，因为它既不符合人之本性，更不符合道的宗旨。《老子》言：当人类迷失了自然的本性，无视道的存在时，才有儒家提倡的仁义；当人类背离的道变得虚伪的时候，才有儒家提倡的智；当自然亲情被忽视时，才有儒家提倡的孝慈；当国家无序混乱的时候，才有儒家提倡的忠臣。

---

① 《老子·七二章》
② 《老子·二章》。

"大道废，有仁义；慧智出，有大伪；六亲不和，有孝慈；国家昏乱，有忠臣。"①

庄子用了更为尖刻的比喻将儒家提倡的仁义说成是"骈拇枝指"（脚趾间有蹼为骈拇，手有六指为枝指）、"附赘县疣"（身体上多余的息肉、赘肉）②一样，多余并令人生厌。更为重要的是道家认为"仁义"并不是真实的存在，它只是一种虚伪的、掩饰大罪恶的工具。以仁义进行说教，不仅不会促成社会的和谐，反而会造成社会矛盾的冲突和不公。《庄子·胠箧》中说，一个人偷了微不足道的物品会受到刑的惩罚，而将国家窃为己有的人却成了诸侯，而诸侯却以仁义之君自诩：

"彼窃钩者诛，窃国者为诸侯。诸侯之门，而仁义存焉。"

其次，道家认为墨家提倡的"尚贤"也是背离大道的。所谓"尚贤"就是崇尚贤能之人。道家认为正是因为尚贤，民才有了争心。老子认为，君主不崇尚贤者，就不会产生竞争；不珍爱宝物，就不会产生盗贼；不被欲望迷惑，民心就不会混乱。③道家的"圣人"与儒、墨、法都不同，他只顺应自然之道，一以贯之，不随意更改，他从来也不展现自己的才智，正如老子说："圣人抱一为天下式。不自见，故明；不自是，故彰；不自伐，故有功；不自矜，故长。"④道家的自然更不同于墨家有着喜怒、能赏善罚恶的人格意义上的"天"，道家的自然虽无往而不胜，生养万物，但对万物却一视同仁；没有喜怒和刻意的赏罚，但赏罚却又都在道的运行中自然而然地兑现。⑤

再次，道家反对法家提倡的"法治"。如前所言，道家与法家虽有相通之

---

① 《老子·十八章》。
② 参见《庄子·骈拇》。
③ 参见《老子·三章》："不尚贤，使民不争；不贵难得之货，使民不为盗；不见可欲，使民心不乱。"
④ 《老子·二二章》。
⑤ 参见《老子·十章》："生之、畜之，生而不有，为而不恃，长而不宰，是谓玄德。"

处,但应该注意的是这个"相通"是"对立的两极相通"。① 表现在法的主张上,道家排斥人为法,认为治国之术,在于君主清心寡欲,顺应自然,"垂拱而治";而法家则不言自然,主张君主制定严密的制度,尤其是刑赏制度,遵循着这些法治,君主方才可能如道家所说的那样"垂拱而治"。这种用人为法代替自然之法则的主张在道家看来不仅是多此一举,而且是危险的,会反过来伤及立法者自身。老子批评法家企图用立法建立社会秩序的主张,认为那是本末倒置,缘木求鱼。老子抨击了法家的以法治国。老子说:治国用常规的方法,用兵则出奇制胜,而统治天下靠的却是"无为"。我是怎样知道这些规律的呢?根据以下现象:天下的禁令越多,民众就越贫困;世间的武器越多,国家就越混乱;人的技艺越多,奇巧的产品就越多;法令越多越明晰,盗贼也就越多。所以圣人说,我无为,民众自然顺从;我清净,民众自然端正;我无事,民众自然富足;我无欲,民众自然淳朴。② 人为法的"法令滋彰,盗贼多有"与自然之法的"天网恢恢,疏而不漏"形成了明显的对照。老子又批评法家的重刑威慑主义,认为,民众是不怕死的,怎么可以以死来威胁他们呢? 因为人的生死是由自然专管的,以死威胁民众,是企图代自然而掌握人的生死权。这种做法,就像一个普通的人代替熟练的木工去砍伐树木一样,没有不伤到自己的。《老子》中的原文是这样的:

"民不畏死,奈何以死惧之? 若使民常畏死而为奇者,吾得执而杀之。孰敢? 常有司杀者杀,夫代司杀者杀,是谓代大匠斫。夫代大匠斫者,希有不伤其手矣。"③

"天下多忌讳而民弥贫"、"法令滋彰,盗贼多有"、"民不畏死,何以死

---

① 关于"道法转换,两极的相通"参见葛兆光著《中国思想史》第一卷,上海:复旦大学出版社,2001年版,第176—178页。
② 《老子·五七章》:"以正治国,以奇用兵,以无事取天下。吾何以知其然哉? 以此:天下多忌讳而民弥贫;民多利器,国家滋昏;人多伎巧,奇物滋起;法令滋彰,盗贼多有。故圣人云:我无为而民自化,我好静而民自正;我无事而民自富;我无欲而民自朴。"
③ 《老子·七四章》。

惧之"、"代司杀者杀，是代大匠斫"，老子的这些话，常常会令今人不解，因为他告诫世人为维护秩序而设定的法令对于秩序恰恰是最具破坏性的，统治者应该挣脱以法约束社会的惯性思维。但老子的这些话，又会使我们感到充满智慧，充满对事物辩证的诠释，其中也包括对法的诠释。

道家对中国古代社会最为深刻的影响，当属其"小国寡民"的复古理想，那是一个部落式的社会，人们生活在自然状态中，吃什么都香，穿什么都美，住在什么样的居所中都安心。物质不丰富但够用，生活封闭但安全，所谓："甘其食，美其服，安其居，乐其俗。邻国相望，鸡犬之声相闻，民至老死，不相往来。"①在这样一个社会中，最好的统治者既不是儒家、墨家的仁义贤能之主，也不是法家的建功立业之君，而是"下知有之"的无为君主。②道家的这种复古理想，实际是基于对现实社会的不满而提出的，但是其中包含着原始民主的成分，其与儒家的民本思想一样，是遏制统治者贪婪和权力滥用的有力武器。

还需要说明的是道家的思想虽然是出世的，但其在中国古代社会的现实中并没有"出世"，而是影响深远。道家的法律自然主义及其对现实社会的批判，在秦汉以后的政治中起到了"一张一弛"的作用。每一个王朝初期的统治者大都会用发源于道家的黄老思想作为指导，行"无为而治"之政，使社会休养生息，使经济得以自然恢复。就法而言，王朝初期一般也往往会去前朝苛法，刑尚宽简，较为注重控制法律的负面作用。这对遏制集权制下统治者滥用刑罚也有一定的作用。

（三）阴阳家的"神秘自然主义"及其法思想

阴阳家，或称阴阳五行家是战国时的一个重要学派。与道家的"纯自然主义"相比，阴阳家可以说是"神秘自然主义"。阴阳家与道家的不同，在于其并

---

① 《老子·八十章》。
② 参见《老子·十七章》："太上下知有之；其次亲而誉之；其次畏之；其次侮之。信不足焉有不信焉。悠兮，其贵言，功成事遂，百姓皆谓我自然。"大意为：最好的君主，民众只知道他的存在；次一等的是得到民众的爱戴与赞美；再次一等的是使民众畏惧；最次等的是被民众轻蔑。君主不值得民众的信任，是因为有不值得民众信任的事情发生。最好的君主是悠闲的，他不发号施令，却功成事遂，而民众都认为，我们原本就是如此。

不是一味消极地顺应自然，而是想根据自然界的阴阳五行这些物质的演化，寻找规律并利用规律。而在其寻找规律的过程中，无反复的实验可以依靠，于是只有依靠所谓的"象"（自然现象）进行虚妄的推演预测，由此坠入"神秘"，有时甚至是"荒诞不经"。

阴阳家在战国时期的代表人物是邹衍（约公元前305—前240年）。据《汉书·艺文志》载，阴阳家由古代掌管天文历法的官吏演变而来。阴阳家以阴阳五行的演变解释"天象"及自然界的变化。

"阴阳"是中国古代哲学的一对基本范畴，其是古人用来表示普遍存在的两种互相对立又互相依赖并不断发展变化的事物。如天地、日月、昼夜、寒暑、水火、雄雌、男女等等。五行指土、木、金、火、水，古人认为此五种物质是构成万物的基本元素，这五种元素的变化，即"相生相胜（克）"配以阴阳二气的"消长"，使自然界有规律地运行，诸如春生夏长秋收冬藏等等。若阴阳五行运行不畅，就会出现天灾，诸如"阴伏而不能出，阴迫而不能丞，于是有地震"①等等。

邹衍将人类社会的祸福、王朝的兴替亦用阴阳五行的变化加以解释，于是形成了"五德终始"②说。"五德终始"说的主要内容是认为与自然界五行相对应的人类社会中有"五德"相互消长、相生相胜。邹衍以此说解释了舜、夏、商、周的兴替："五德从所不胜，虞土、夏木、殷金、周火"。③即舜有土德，而夏有木德，与自然界中木克土相对应，夏代舜而成为统治者；商为金德，金克木，故夏为商所灭；周有火德，火克金，故商为周所灭。这种五德终始的理论，给王朝的兴衰赋予了神秘自然主义的色彩，因而深受统治者的赏识并被统治者所利用。秦始皇统一天下，也按照五德相胜之说，自认为秦有"水德"，水能灭火，故能代周。④每当王朝兴替之际，新建王朝也莫不依据"五德终始"的理论证明旧王朝气数已尽，新王朝应运而生。

阴阳家的法思想主要有两方面内容：一是创立了"时令说"。阴阳家将为政的方式——德与刑附会于阳与阴，德为阳，刑为阴。并认为统治者应顺应天

---

① 《国语·周语》。
② 参见《吕氏春秋·应同》。
③ 《文选·卷六·故安陆昭王碑》，李善注引邹子。
④ 参见《史记·秦始皇纪》。

地四时阴阳的变化而或用德政,或用刑治,不可逆时而动。反应阴阳家思想的《礼记·月令》这样因时安排了统治者的"政务":春季是阳气长阴气消之时,万物复苏。统治者应行"春令"以应合阴阳五行的变化。在春季须行德政,以助阳气。此时应禁止杀伐,不动土木,多行庆赏教化,使百姓能体察到上天的好生之德与统治者的仁慈之心。即使对罪犯也要怀有怜悯体恤之心:"命有司省囹圄,去桎梏,毋肆掠,止狱讼。"夏季阳盛阴衰,万物生长,应行"夏令"并持续春季的德政,赦免小罪,缓决重囚:"百官静事毋刑,以定晏阴之所成",即百官应静守其职,毋动刑罚,以稳定阴阳的变化。秋季阴气长,阳气消,故万物萧瑟,有肃杀之气,统治者应行"秋令"以合阴阳五行的变化,在秋季须以阴助阳,以刑辅德,故应"命有司修法制,缮囹圄,具桎梏,禁止奸,慎罪邪,务搏执。命理瞻伤、察创、视折,审断。决狱讼,必端平。戮有罪,严断刑"。并"申严百刑,斩杀必当",以刑杀应上天肃杀之气,确立统治者的权威。冬季阴盛阳衰,应行"冬令"。统治者须保持威严,对犯罪者严惩不贷。后人总结阴阳家的为政原则为:春夏以庆赏,秋冬以刑罚。正统法思想中的"司法时令"说直接导源于此。

阴阳家法思想第二方面的内容是创立了灾异谴告说。即如果统治者未按"时令"行政,阴阳就会失调,五行变化就会出现混乱,自然界就会发生灾异。如此一来,自然界中的灾异就变成了上天对人类、尤其是对帝王的警告和惩罚。如《月令》记:"季春行冬令,则寒气时发,草木皆肃,国有大恐。行夏令,则民多疾疫,时雨不降,山林不收。行秋令,则天多沉阴,淫雨早降,兵革并起。"等等。灾异谴告具有神秘的色彩,但是其对日益强大起来的君权毕竟是一种制约的力量。

阴阳家的学说为后世统治者所采纳,因为它神化了统治者的统治,而且以"阴阳"证明了等级制的合理与永恒。汉代之后,立法的指导思想"三纲五常"实际上就是将阴阳五行说附会于人事而形成的。但是,阴阳家的学说在神化统治者的同时也束缚统治者的言行,《史记·太史公自序》引"六家之要指"时说阴阳家的不足:"使人拘而多畏。"《汉书·艺文志》进一步说:"及拘者为之,则牵于禁忌,泥于小数,舍人事而任鬼神。"大意为拘谨者若信了阴阳家之说,则会被各种禁忌羁绊,陷于琐碎,会一味听从鬼神安排而舍弃应该做的政事。

中国古代政治是以王权为中心的大一统集权政治,在这种文化背景下,天道、鬼神都是服务于"人事"的,敬鬼神而远之是其特色,所以秦汉之后,阴阳家学说虽为统治者所用,但终无法独成流派而登大雅之堂。

(四) 黄老学派的法思想

黄老学派,指以黄帝、老子学说为宗旨的学派,其源于先秦道家,是先秦道家的一个分支。 黄老学派在政治上主张统治者清静无为,与民休息。 在法律上主张约法省禁,轻刑轻罚。 自然主义决定了黄老学派是一个包融性极强的学派,但其无为之政也决定了它的过渡性。 每当王朝初期,统治者一般都会以黄老思想作为指导,以恢复经济的发展和稳定初建的政权。 但当王朝进入中期,社会经济由恢复转为发展时,黄老思想由于不能适应发展的需要往往被以儒学为本的主流思想取代。 在法思想上,汉初黄老法思想,也带有明显的各家思想合流和过渡的特征,是法思想由尚法转为崇儒的关键环节。

1. 汉初统治者为什么选择了黄老学派

鉴于秦朝速亡的历史教训,西汉统治者清楚地知道,继续奉行秦时的暴政,只会导致新政权的垮台。 摒弃法家的学说,在汉初也就成为顺理成章的事情。另一方面,汉初离秦始皇焚书坑儒不远,受秦"以吏为师,""以法为教"的教育,统治者对用儒家理论治国也显然没有信心。 所以儒家也并非汉初统治者的首选。

更为重要的是,西汉王朝建立之初,经济凋敝,天下饥馑。 不仅人民四处流亡,无以为生,而且国家也是国库空虚,财源枯竭。《史记·平准书》生动地描述汉初的状况:天子出行时找不到四匹毛色一样的马来乘坐,文臣武将出行只有牛车可乘,老百姓家徒四壁,没有储蓄。 司马迁的原文是这样的:"自天子不能具钧驷,而将相或乘牛车,齐民无藏盖。"经济萧条加以战乱后人心思安,使统治者缺乏"有为"的条件,只能行无为之政。 于是,源于道家,主张清静无为的黄老思想就成为初建王朝的不二之选。

汉初朝中的君主与重臣基本主张无为,流传至今的成语"萧规曹随",说的就是汉初曹参为丞相时,基本沿用前任丞相萧何的规矩,朝廷内外清净无事。从刘邦到吕、惠、文、景,从陆贾到贾谊、晁错,都主张以黄老思想为指导,实行轻徭薄赋、约法省禁、奖励耕织、与民休息的政策,以缓和社会矛盾,保证社会稳定发展。

2. 黄老学派的形成和发展

黄老学派产生于战国中期。战国时期的黄老学派既崇尚无为而治,又强调法治。当时那些著名的法家代表人物,大都出身于黄老学派门下,如申不害、韩非"本于黄老而主刑名"。黄老学派初起时,具有明显的道、法结合而以法治为主的特征。

黄老学派的进一步发展,是从战国末年到西汉初的一百余年间,特别是文帝、景帝统治的时期。标志着这一发展的,首先是由秦相吕不韦和他的门客合作编写的《吕氏春秋》一书的问世;其次,是西汉初期的统治集团,把黄老学派的"无为而治"理论作为施政的指导思想,运用到实际社会政治生活中去。这一时期黄老学派的主要代表人物有陆贾(公元前240—约前170年)、刘安(公元前179—前122年)等人,刘安所辑《淮南子》一书,是汉初黄老学派集大成的著作。《淮南子》对黄老学派主张的清静无为、务德化民、约法省禁、宽简刑罚、顺应民心等思想,都作了进一步的阐发,完善了黄老学派的理论体系,促成了黄老之学盛极一时的局面。这时的黄老之学已不仅是道、法两家思想的兼容,而是被改造成为兼取各家精粹,儒、道、法三家融会贯通而以道为主的结合体。

3. 汉初黄老学派法思想的基本内容

(1) 以道为本,约法省禁,刑不厌轻

汉初黄老学派认为,秦统一天下仅十几年就亡国,最重要的原因之一就是秦法过于繁密和过于严酷,对人民压榨得过于紧迫。他们认为,治理国家的根本在于安民,即安抚人民,而决不能扰民、伤民或害民。法的作用在于兴利除害、尊主安民。为保证国家的稳定和人民的幸福,法律既是不可缺少的统治工具,又是不可以随意使用的工具。汉初黄老思想对法律的主张,不像道家那么排斥人为法,这是时势使然,但他们更强调立法绝不能像秦朝那样繁杂严苛。陆贾在言及法家及秦王朝失败的教训时,多引用老子的主张。比如陆贾认为,法令并不是像法家所认为的那样是建立社会秩序、制止犯罪的利器,许多犯罪恰恰就生于法中："事愈烦，而天下愈乱；法愈滋，而奸愈炽。"①这种对犯罪的认识、对法律负作用的认识与老子"法令滋彰，盗贼多有"何其相似。黄老思想的集大成者刘安更是直接强调立法必须"以道统之"，因为有了"道"，才能掌握法的根本、要旨，才能用简约的法律治理复杂的国家和社会。他认为，只有崇尚"道"，才能"见本而知末，观指而睹归，执一而应万，握要而治详"②。"故有道以统之，法虽少，足以化矣；无道以行之，法虽众，足以乱矣。"③

　　汉初黄老学派吸取秦亡的教训，反对秦朝轻罪重刑的思想，提出刑不厌轻，罚不患薄，刑罚务须宽、轻。在执法过程中，也提倡宁可漏制有罪之人，也不能错判无辜之人，只要有疑问，就不可随意动用诛杀之刑。汉初在减轻刑罚方面建树最突出的是汉文帝。他在位时，采取了三项"约法省禁"的措施，为后世盛赞：第一是废除连坐收孥法。他认为犯罪之人已被制裁，如果把他的父母、妻子、兄弟及其他无辜之人一同治罪，是不公正的。这样的法，无法体现仁义之心。第二是废除诽谤妖言法。开放言禁，对秦始皇的焚书坑儒进行拨乱反正，可以称之为当时情况下的思想解放。废除诽谤妖言法之后，被秦暴政所桎梏的百家学说逐渐复苏。三是废除肉刑。将致人残疾的刑罚，如斩左趾（砍掉左脚）、斩右趾、宫刑（割去生殖器，使其不能生育）等用鞭笞之刑替代，给罪人以改过自新、重新做人之路。④汉文帝推行的这些宽简刑罚的措施，是黄老学派法思想在实践中的具体运用。

　　（2）文武并用、德刑相济——黄老学派对儒家思想的兼容

　　汉建国初期，陆贾向刘邦称颂儒家的经典《诗》、《书》，刘邦驳斥道：我是马上得江山，为什么要吹捧儒家的《诗经》、《尚书》？陆贾答道：

　　　　"居马上得之，宁可以马上治之乎？且汤武逆取而顺守之，文武并用，长久之术也。"⑤

---

① 《新语·无为》。
② 《淮南子·人间训》。
③ 《淮南子·泰族训》。
④ 参见《汉书·刑法志》。
⑤ 《史记·陆贾传》。

陆贾的意思是：在马上征战四方，以武力夺取了政权，但要巩固政权，就不能仍旧一味用武力，而要效法商汤、周武王的"逆取"而"顺守"（以武力夺取江山而以文教固守江山）。"文武并用"、"德刑相济"正是汉初黄老思想的重要内容之一。

黄老思想的特点在于宽容，所以在黄老思想占据主导地位时期，朝中并不排斥其他各家的学说。遭秦重创的儒家之学在汉初亦得到恢复。陆贾所说的"文武并用"，意思就是既要有法治这种武的手段，又要重视礼治这种文的手段，德刑兼施，二者相济为用。儒生贾谊虽然在仕途上郁郁不得志，许多主张与朝中主流所承认的黄老无为主张并不相符，但他的许多建议还得到了朝廷的重视和实施。比如汉文帝时，贾谊认为，汉已建朝二十多年，天下和睦，应该及时制定制度。他所言的制度，大都是儒家重视的正名分的礼乐之制，如："改正朔，易服色，定官名，兴礼乐。""诸法所更定，及列侯就国，其说皆（贾）谊发之。"①贾谊亦具有儒法结合的思想，他主张的慎刑思想源于儒家，他反对法家的重刑主张，强调谨慎用刑，疑罪从无。②

在黄老学派看来，道是万物之根本，德刑则是治国的手段。不同的手段有不同的作用，用于不同的时期。德与刑，儒家与法家在黄老思想体系中并不是对立的，而是相辅相成的。刑以惩罚犯罪，德以预防犯罪。这种文武并用、德刑相济的思想，兼容了儒家的德刑关系理论。从贾谊建议的提出和被接受来看，可以证明正是黄老思想的无为和包容使儒家思想在长期受排斥及秦焚书后又获得新生。

（3）重视法律，要求统治者明法修身——对法家思想的兼容

汉初黄老学派的学说在很大程度上是针对法家的弊病提出的。法家的重刑主义、严刑峻法都受到黄老学派的严厉批判。值得充分肯定的是黄老学派并未因此而全盘否定法家的学说，对法家的思想，黄老学派亦是有选择地采纳。比如，黄老学派并不否定法的作用，而是承认了法在治理国家中的地位。他们认为，法是天下人言行举止的"度量"，也就是说，法是衡量一切人、一切事的标

---

① 《汉书·贾谊传》。
② 参见《贾谊集·新书·大政》："故夫罪也者，疑则附之去己；夫功也者，疑则附之与己。则此毋有无罪而见谋，毋有功而无赏者也。"上海：上海人民出版社，1976年版。

准，是君主评断一切人、一切事的标准。因此必须重视法。正是有了对法作用的承认，才有了汉初萧何制定《九章律》。汉初黄老学派还在以下两个方面融合了法家的主张。

第一是主张法律公之于众，并强调法律须简明易知，便于民众识记和理解。陆贾在《新语·至德》中指出："威不强还自亡，立法不明还自伤。"立法不明会造成法律朝令夕改而缺乏稳定性、连续性。或者赏罚不当，或者条文繁琐等，这些都会危及国家命运。明智的做法是制定法律，务必使其内容明确、具体而简要，并能在制定后的较长时间内不变，保证法应该具有的稳定性。同时，法律制定后，还要公布于众，让百姓及时了解法律的内容。百姓只有了解了法律的内容，才能知道可以做什么和不可以做什么，才能按照法的规定，调整自己的言行。将制定的法律公布于众，是执行、贯彻法律不可缺少的保证。

第二是统治者必须注意自身率先守法。汉初主张行黄老之说的君臣，强调君臣上下必须一体守法。这一点与法家"法之不行，自上犯之"及"法不阿贵"的思想高度契合。因为在集权制下，王朝的繁荣昌盛及衰败没落，很大程度取决于国君的道德品性。所以，国君必须首先带头依法办事，自觉守法。汉初，文帝出行时，曾有人惊了御驾，文帝交与掌管司法的大臣廷尉张释之处理。张释之据法奏报文帝说："此人依法当处以罚金。"文帝认为处罚太轻，大为恼怒。而张释之则坚持依法处罚，并对文帝说，法是天下百姓与君主共有的行为准则，法律怎样规定，就应该怎样办，而不能随意加重或减轻，否则法就没有权威可言。法如果没有权威，百姓依据什么调整自己的行为呢？文帝最终同意了张释之的意见。①

翻阅秦汉之后的历史，我们会发现思想史上的这样一条规律，即每当王朝初期，统治者基本都会以黄老学派作为王朝的主导思想以恢复经济、国力并安定天下；而在黄老思想居主导地位的时期，往往是王朝法律执行的最好时期。汉初期的"文景之治"如此，唐初期的"贞观之治"也是如此。黄老思想的法主张，将道家主张的君主顺应自然"垂拱而治"与法家以法为本"垂拱而治"有机地结合在了一起。

---

① 参见《汉书·张释之传》。

4. 汉初黄老法思想的历史作用和影响

对于汉初黄老法思想在中国法思想史上的历史作用和影响可以从以下几方面来认识：

首先，汉初统治者鉴于秦亡的教训，对秦朝奉行的专任刑罚的统治思想持彻底的批判态度。黄老学派主张约法省禁、与民休息，成为汉初统治者的指导思想。在此思想指导下，汉初统治者减轻对民众的剥削和压迫，轻徭薄赋，为人民创造了一个比较安定宽松的生活环境，从而使社会经济得以迅速发展，社会秩序迅速恢复并稳定。黄老思想的无为造就了文景时期的大治局面。《汉书·食货志》记载汉初这一情况时说："七十年间，国家亡（无）事，非遭水旱，则民人给家足……"。由此可以看到，汉初黄老思想对推动社会经济的恢复，起到了明显的积极作用。

其次，汉初黄老法思想一改"专任刑罚"、"重刑轻罪"的秦朝法传统，提倡以道统法，约法省刑，去除烦苛。黄老学派的这一法律主张，为两汉时期儒家法思想的恢复发展打下了基础，也为儒家的兴起创造了条件，同时也就为以儒为本、兼容各家的主流法思想的形成奠定了基础。

第三，黄老学派的包容性为中国学术思想的发展提供了积极的思维模式，汉之后相对缓和了秦的文化专制，诸子学说在主流思想中的合流可以说便是得利于这种思维方式。即使汉武帝独尊儒术，也没有像秦始皇那样以焚书这样的极端手段给学术文化以重创。黄老学派在王朝初期的主导地位，不仅仅为王朝经济的恢复提供了宽松的环境，更为学术思想提供了一定程度的自由。可以说，黄老学派为中国古代的文化增加了韧性和开明度。就法思想而言，其有"大一统"专制的一面，但也有包容各家之说的开明性一面。在汉以后的法思想发展中，在主流思想中，我们几乎看不到非此即彼、非彼即此的对立封闭的思维方式。

第四，黄老学派思想是有局限性的，其有利于恢复，难以适应发展。尽管黄老思想对道家思想进行了一定的改造，比如不再绝对地排斥人为法。但是，道家纯自然主义从本质上说是一个"出世"的学说，所以每当社会发展到一定程度时，黄老思想便难以适应社会的继续发展与繁荣，甚至会阻碍社会的进步。这也是黄老学派常常只能行之于王朝初建，经济凋敝之时的原因所在。

(五) 以儒家为本的主流思想中的法律自然主义

与道家、阴阳家相比，儒家思想中的自然主义因素可以说是"正义的自然主义"，即坚信自然规律中蕴含着正义观。这一点在先秦儒家的思想中表现得尤为突出，前面已经有所论述。比如，儒家对人性善的坚信，对教化作用的坚信，对圣人体悟天道而制定的法——礼的坚信等等。而汉以后主流思想中的法律自然主义虽以儒家为本，相信自然规律中的正义存在，但也兼容了道家、阴阳家的观点，比如主张简化法律条文，立法宽简；司法顺应自然节气，春夏以庆赏，秋冬以刑罚等等。也许与儒家更注重"人"的能动性有关，主流法思想更多地吸纳了阴阳家的神秘自然主义，比如在对"天象"的解读中形成"司法时令说"，在制度上确立了司法时令制。

1. 自然、圣人、王政

（1）天人合一

中国自古以农为本，春生夏长，秋收冬藏。"天"的变化直接关系到人们的生存：风调雨顺则五谷丰登，水涝旱灾则会使人们流离失所。因此人们对"天"不仅崇敬，而且心存畏惧。在夏、商、西周人的眼里，天有喜有怒，威力无穷，顺之者昌，逆之者亡。而顺应天意的前提条件是知天意，因此，后人追述早在八千年前的伏羲时代，人们就用龟壳来占卜吉凶，以测天意。据专家考证，远古时期的占卜主要使用龟，龟不足时，补之以兽骨。用龟测天意的原因在于龟有天、地、人三者之象，故可以沟通人与天、地的联系。远古人认为，天圆地方，天盖笼罩大地，日月星辰附于天盖之上，构成"天文"；而大地如一张棋盘，在四角有四根大柱支撑着天盖。龟的"天象"是：若将头缩入壳中，背甲如天盖一样呈圆形而覆盖其身，背甲上的龟纹可象征天文。龟的腹甲则象征被笼罩的大地，四肢类似支撑天盖的巨柱。龟的"人象"则是指"以龟头象征男根"，因为远古时代崇拜男性生殖器。① 龟骨占卜以测天意至三代时尤为发达，《史记·龟策传》记：

---

① 参见刘玉建著《中国古代龟卜文化》，桂林：广西师范大学出版社，1993年版，第32—41页。

"涂山之兆从,而夏启世;飞燕之卜顺,故殷兴;百谷之筮吉,故周王。王者决定诸疑,断以蓍龟,不易之道也。"

从商代甲骨文来看,商人几乎无事不卜:大到祭祀、征伐、立制,小到行止、梦幻、疾病之类。统治者占卜的目的就在于体察天意,以恭行天命,"使民信时日,敬鬼神,畏法令也"①。百姓占卜的目的则无外乎祈福避祸。从有关考古发现来看,夏、商、西周三代中,商朝对"天"的崇拜迷信达到鼎盛。周人革商人之命,对"天"的存在与威力不可能毫无怀疑,人对天的绝对服从在周初便有了改变。相对以往的"天"来说,人的地位有了显著的提高。西周人认为,天意不仅可以通过占卜预测,而且可以通过民意反映出来。所谓:"天畏棐忱,民情大可见。"②"民之所欲,天必从之。"③人间王朝的变换,也是天据民意而决定的:"皇天无亲,惟德是辅。"④《尚书·吕刑》在讲到上天"遏绝"苗民时,先征求了"下民"的意愿,在了解了苗民制刑,戮杀无辜后,"皇帝哀衿庶戮之不辜,报虐以威,遏绝苗民"。天与人由此成为一个有机的整体。"王政"必须顺应天道,反过来王政对天道也可产生影响。现实世界与超现实的"天界"没有不可逾越的鸿沟,二者是相通并浑然一体的。西周"民之所欲,天必从之"的思想可以说是天人合一观念的萌芽。

春秋战国时期,思想家辈出,尽管卜筮之法仍盛行于世,但具有远见的思想家却逐渐冷淡了对天的崇敬,转而热衷于人事。这一转变使"天"的概念在学术上发生了很大的变化,各家各派在论及"天"时,基本上是各取所需。务实的思想家对"天"持敬而远之的态度。孔子学生记"子不语怪、力、乱、神";⑤孔子对鬼神的看法是"祭神如神在";⑥但对"天",孔子仍持"敬"的态度。《论语·乡党》记:"迅雷风烈,必变。"即遇到异常的天变,孔子一定

---

① 《礼记·曲礼》。
② 《尚书·康诰》。
③ 《左传·襄公三十一年》引《泰誓》。
④ 《左传·僖公五年》引《周书》。
⑤ 《论语·述而》。
⑥ 《论语·八佾》。

作出恭敬的姿态来迎候。他还认为一旦"获罪于天，无所祷也"①。子产则认为："天道远，人道迩，非所及也。何以知之。"②对现实充满失望，消极避世的道家对"天"有意志是持否定态度的，但他们并不以此就认为人可以为所欲所，相反，他们认为"人之道"，就应该是"天之道"，而"天之道"就是"自然之道"。自然界的变化规律虽不受人事的影响，但人类社会若逆自然规律而动则必乱无疑，必亡无疑。在道家的理论体系中，自然之"道"是万物之本。虽然"道可道，非常道"，③即道的内容只能意会，无法言传，但老子还是为"道"下了一个定义："有物混成，先天地生，寂兮寥兮，独立而不改，周行而不治，可以为天下母。"④因此，尽管道无喜无怒，但却不可违背，得道者昌，失道者亡。孟子言人性善，荀子与法家言人性恶，但他们最终都将人性说成是自然使之，天所生就。墨家虽迷信天地鬼神，但对天地鬼神也完全采取实用主义的态度。他们把自己"兼相爱，交相利"的社会理想说成是天地鬼神的旨意。原服务于宗室的阴阳五行家，由于宗法制的崩溃而"官失其守"，流落民间，以占卜为生，成为方士。⑤为生活所迫，他们无法恪守以往的天命观，故从以占卜释天意转为注重以自然释天意。太史公说："夫阴阳四时、八位、十二度、二十四节各有教令，顺之者昌，逆之者不死则亡，未必然也，故曰'使人拘而多畏'。夫春生夏长，秋收冬藏，此天道之大经也，弗顺则无以为天下纲纪，故曰'四时之大顺，不可失也。'"⑥

对"天"多种多样的、现实的解释，使中国文化的发展避免了狂热的宗教崇拜而始终以人为中心。当然，也正因为如此，中国文化对自然的探索往往也无法深入，因而对"天"那种若有若无的迷信也始终没有打破。中国人论证"天道"目的在于为"人事"提供效法的模式。日月运行，寒暑交替，春华秋实，生老病死，这些不可抗拒的自然规律为统治者设法立制提供了依据，道家"人法

---

① 《论语·八佾》。
② 《左传·昭公十八年》。
③ 《老子·一章》。
④ 《老子·二五章》。
⑤ 阴阳五行家的由来，参见冯友兰著《三松堂全集》，第2卷，第430页。
⑥ 《史记·太史公自序》。

地，地法天，天法道，道法自然"①的思想也为儒家、墨家所接受。人是"天"的一部分，是大自然的一部分，孟子以为，知天意并不难，"知其（人）性则知天矣"②。墨子甚至认为："顺天意者，兼相爱，交相利，必得赏；反天意者，别相恶，交相贼，必得罚。"③

夏、商、西周及春秋时墨子将天作为有意志的人格神、儒家的正义自然主义、阴阳家的神秘自然主义与道家的纯自然主义，经过汉朝黄老学派的兼容，在汉武帝时被儒生董仲舒系统化，形成"天人合一"的理论，这也就是主流法思想中的法律自然主义。其以儒家为本，以道家与阴阳家为用，对人与自然的关系进行了系统的解释。董仲舒认为天人是相通的，人是大自然的副本，董仲舒这样以人体附会自然：

"人有三百六十节，偶天之数也；形体骨肉，偶地之厚也；上有耳目聪明，日月之象也；体有空窍理脉，川谷之象也；心有哀乐喜怒，神气之类也。""人之身首坌而员，象天容也；发，象星辰也；耳目戾戾，象日月也；鼻口呼吸，象风气也；胸中达知，象神明也；腹胞实虚，象百物也。"④

既然天、人之象是如此相通，那么就精神而言，人与天也是可以互相感应的。"人之喜怒"可化为"天之寒暑"。⑤人间政事通和可致"阴阳调而风雨顺，群生和而万民殖，五谷熟而草木茂，……"⑥人与天相通、相应。在董仲舒看来，人最重要的莫过于效法上天，顺应自然，与自然融为一体来保持天长地久之道。董仲舒的"天"有两个含义：一是阴阳、四时、五行、万物自然的演化，是为"天象"，这是自然之天；二是主宰自然（也包括人类）的"天意"，这层意义上的"天"具有神秘的宗教色彩。⑦天象是天意的体现，在天人合一的体系

---

① 《老子·二五章》。
② 《孟子·尽心》。
③ 《墨子·天志》。
④ 《春秋繁露·人副天数》。
⑤ 《春秋繁露·为人者天》。
⑥ 《汉书·董仲舒传》。
⑦ 参见李泽厚著《中国古代思想史论》，北京：人民出版社，1985年版，第145页。

中，在人对天的效法中，董仲舒更强调自然之天，因为阴阳、四时、五行变化的自然之天是人人都能感受到的，而宗教意义上的天却是难以体察的，因为"天意难见也，其道难理"①。

(2)"天垂象，圣人则之"

"天人合一"，强调人与自然的和谐。而天与人的和谐是以"象"与"圣人"为中介的。

天须有"象"，人们才能有遵从、效法的对象。老子说："道之为物，惟恍惟惚，惚兮恍兮，其中有象，恍兮惚兮，其中有物。"②老子所言的"象"即自然之象。儒家经典《周易》实际上也是一部解释天象或天象变化的书。乾、坤、震、巽、坎、离、艮、兑八卦，即象征着天、地、雷、风、水、火、山、泽。是"由天地相交而生日、月、风、雷；由日、月、风、雷相对挠薄而生水、火、木、石；由水、火、木、石相糅燥润而生万物"③。胡适也认为《易经》及老子所言的"象"字是"法象之意（法象即模范）。孔子认为人类历史上种种文物制度的起源都由于象，都起于仿效种种法象，这些法象，大约可分两种：一种是天然界的种种'现象'；一种是物象所引起的'意象'，又名'观念'"。④

天所垂之象无所不在，无穷无尽。《春秋繁露》将天象大致归纳为三类：其一是阴阳变化，包括"阴阳位"、"阴阳终始"、"阴阳义"、"阴阳出入"；其二是四时变化，包括节气的变化；其三是五行变化，包括"五行相生"、"五行相胜"、"五行逆顺"、"治水五行"、"治乱五行"、"五行变救"。阴阳变化主要指天体运行的规则与失常之变。历代《天文志》皆有详述。《清史稿·天文志》总结道："后世历家，谓天有十二重，非天实有如许重数。盖言日月星辰运转于天，各有所行之道。"五行变化主要指地体的五种基本元素：水、木、火、金、土的运行规律与失常之变。历代《五行志》皆有详述。四时变化主要指一年四季二十四节气的变化规律与失常之变。

阴阳、五行、四时的变化造就了自然界中的"万象"，但正确体察万象所昭

---

① 《春秋繁露·天地阴阳》。
② 《老子·二一章》。
③ 丁山著《中国古代宗教与神话考》，上海：上海文艺出版社，1988年版，第171页。
④ 《胡适学术文集》（上册），北京：中华书局，1991年版，第61页。

示的意义,却是唯有圣人能之的事,即本节开篇引梁启超所言,儒家认为"惟圣人为能立法"之意。中国古代思想家一般都将文明起源归功于圣人对大自然的正确领悟:《易经》是伏羲"仰则观象于天,俯则观法于地,观鸟兽之文与地之宜,近取诸身,远取诸物"①的产物。《河图》、《洛书》、《洪范》也都是上天赐予圣人,或圣人体悟天意所作。孔子说:"唯天为大,唯尧则之。"②《汉书·刑法志》是这样总结的:"圣人制礼作教,立法设刑,动缘民情,而则天象地。故曰:先王立礼,则天之明,因地之性也。"

"象"与"圣人"沟通了人与天的关系,这种勾通主要表现于天道与王政的结合上。所谓"王政"就是要求天子顺天道以治万民。

（3）天道与王政

深受史家推崇的《晋书·天文志》是这样将天道与王政相联系的:

"日为太阳之精,主生养恩德,人君之象也。人君有瑕,必露其慝以告示焉。故日月行有道之国则光明,人君吉昌,百姓安宁。""其君无德,其臣乱国,则日月无光。日失色,所临之国不昌……日中有黑子、黑气、黑云,乍三乍五,臣废其主。日蚀,阴侵阳,臣掩君之象,有亡国。"

《晋书·天文志》将日月星辰各自对应人间之象,如:月为女主之象或臣象。女主擅权或臣强干政,则会"月行失道";君明则"月行依度",等等。天象所垂、圣人之则主要是规范警示君主的,君主应依据天象之变与圣人的教导修身养性,以应天意。因此,圣人依据天象所立之则应该称为"天子之法"。而天子之法的内容就是顺阴阳、顺四时、顺五行。

第一,顺阴阳。

"阳贵而阴贱,天之制也。"③根据"阳尊阴卑"的原则,人间应君贵臣卑。顺阴阳,君主便应当仁不让地独揽大权,役使群臣,驾驭百姓。董仲舒认为:君主是人间最尊、最贵之人,应效法"天道无二"之象,"贱二而贵一人",否

---

① 《说文序》。
② 《论语·泰伯》。
③ 《春秋繁露·天辨在人》。

则"不足以立身","不足以致功"。① 中国古代律典对皇权无微不至的维护，正是认为君主至尊、神圣的一种反映。《唐律疏议·名例律》解释"谋反"时说：

> "《左传》云：'天反时为灾，人反德为乱。'然王者居宸极之至尊，奉上天之宝命，同二仪之覆载，作兆庶之父母。为子为臣，惟忠惟孝。乃敢包藏凶慝，将起逆心，规反天常，悖逆人理，故曰：'谋反。'"

第二，顺四时。

天子施政效法自然四时（四季）、十二月、二十四节气的变化，是谓"顺四时"。《礼记·月令》详细地记述了天子一年十二个月应穿的服饰、戴的佩物及应行之政。以天子所行应天气所变，与四时变化相协调。兼容阴阳家学说的儒家经典《礼记·月令》的大致内容如下：春季为万物复苏、返青、生长之际，阳气渐盛。为迎春气，天子应衣青衣，服青玉，率三公、九卿、诸侯迎春气于东郊。对大自然采取保护措施，禁止捕杀幼鸟幼兽，禁止捕捞池鱼、掏取鸟卵、砍伐树木等。体察上天的好生之德，教化百姓，赏有功，恤幼怜弱，开仓廪、赐贫穷、赈乏绝。减少狱讼。夏季为万物成长、茁壮、茂盛之际，阳气最盛。天子应衣朱衣，服赤玉，率三公、九卿、诸侯至南郊而迎夏气。夏季对大自然也应采取保护措施，不可毁坏长成的万物，不可砍伐大树。体察上天的生养之德，应行仁政，别贵贱，多赏而薄刑。禁止大的土木工程。秋季为阳气开始收敛，阴气上升之时，万物转入萧条。天子应衣白衣，服白玉，率三公、九卿、诸侯迎秋气于西郊。应举行田猎而教战阵之法，举兵征讨不义，修订法令，断刑决狱，以迎自然肃杀之气。冬季阳气深藏，阴气最盛。天子衣黑衣，服玄玉，率三公、九卿、诸侯迎冬气于北郊。天子应体察冬藏之意，收租赋于民。民也应在有司的指导下猎取山泽之利。对没有收藏好的谷物和放佚的马牛等畜兽准许人们任意收取。对犯罪者申以严刑，加重制裁。

第三，顺五行。

《尚书·洪范》是专讲五行与人事关系的。王政顺，五行变化之道则有

---

① 《春秋繁露·天道无二》。

"休征",并风调雨顺,政通人和。王政逆,五行变化之道则有"咎征",即出现灾变怪异,国破家亡。《晋书·五行志》记:

> "综而为言,凡有三术。其一曰君治以道,臣辅克忠,万物咸遂其性,则和气应,休征效,国以安。二曰君违其道,小人在位,众庶失常,则乖气应,咎征效,国以亡。三曰人君大臣见灾异,退而自省,责责修德,共御补过,则消祸而福至,此其大略也。"

二十五史中的《五行志》记载了许多灾异之象并将其附会于人事。例如,五行之性,"水曰润下,火曰炎上,木曰曲直,金曰从革,土爰稼穑。"君主若"田猎不宿,饮食不享,出入不节,夺民农时,或有奸谋之事发生",便会使木失其性,木失其性,便会发生大雨等灾害。君主若"弃法律,逐公臣,杀太子,以妾为妻",便会使火失其性,火失其性便会发生大旱等灾害。君主若"简宗庙,不祷祠,废祭祀,逆天时",便会使水失其性,水失其性便会发生寒冻等灾害。君主若"好战攻,轻百姓,饰城郭,侵边境",便会使金失其性,金失其性便会发生暑热等灾害。君主若"治宫室,饰台榭,内淫乱,犯亲戚,侮父母",便会使土失其性,土失其性便会发生大风等灾害。①

将自然与王政相联系,用自然证明君权的至高无上并规范君主的言行,一方面说明了古代社会中法律对皇权的无奈,皇权凌驾于法之上是天经地义的事。人世间的法律对皇帝是没有约束力的,只有"上天"才能对皇帝的作为进行裁判;另一方面也表明了人们想与自然保持统一和谐的愿望。人们认识到自然之道才是天长地久之道,王政效法自然,王朝才能长治久安,社会才能在发展变化中保持稳定而有秩序。更为重要的是,这种观念表达了一种对自然"正义"的信念。

2. 自然、立法、司法

与天子直接效法自然不同,百姓是通过效法天子来与自然保持和谐的。制约百姓的"王法",虽无法像"天子之法"那样事事与自然相应,但好的"王

---

① 参见《汉书·五行志》、《后汉书·五行志》等。

法"理应是"天子之法"的副本。因此,顺应自然,效法自然的思想在中国古代的立法、司法中从未消失过。

(1)顺天——立法中体现的自然观。

中国古代立法的自然观表现于三个方面,即以自然为法的立法指导思想,与礼乐和谐一致的法律体系以及仿效五行而设的象刑、五刑之制。

第一,立法指导思想。

汉中期确立起的德主刑辅思想是自汉代以后历代王朝立法的基本指导思想。这一思想也是有"天道"作为理论基础的。《春秋繁露·基义》中说:

"天出阳,为暖以生之;地出阴,为清以成之。不暖不生,不清不成。然而计其多少之分,则暖暑居百,而清寒居一。德教之与刑罚,犹此也。故圣人多其爱而少其严,厚其德而简其刑,以此配天。""天之亲阳而疏阴,任德而不任刑也。"

刑之所以不可废除,是因为无阴相助,阳则不能独成。刑之所以不可多用,是因为天道以阳为百,以阴为一,"亲阳而疏阴"。由于与阴阳运行规则相适应,德主刑辅成为历代统治者遵循的立法指导思想,所谓"天不变,道亦不变"。唐代立法者还为德主刑辅作了进一步的解释:"德礼为政教之本,刑罚为政教之用,犹昏晓阳秋相须而成者也。"①在德主刑辅思想的指导下,中国古代法成为一个礼乐政刑和谐统一的综合体系。

第二,礼乐与政刑的统一。

中国的立法者将礼教、风俗、道德、法律融为一体,其本身便是效法自然的结果。自然界万物的和谐为君主实施王政提供了范本,即兼用各种手段调整解决社会矛盾,使治国之道形成有机的整体。不同的手段,在这一体系中各自发挥着不同的和不可替代的作用。

礼,是圣人效法自然的产物。《礼记·礼运》记:"夫礼,先王以承天之道,以治人之情。"礼的作用是节人之情。《汉书·礼乐志》言:"人函天地阴阳之气,有喜怒哀乐之情。天禀其性而不能节也,圣人能为之节而不能决也,

---

① 《唐律疏议·名例》。

故象天地而制礼乐。所以通神明，立人伦，正情性，节万事者也。"礼是统治者移风易俗，安国治民的最根本的手段，《礼记·经解》中说："礼之于正国也，犹权衡之于轻重也，绳墨之于曲直也，规矩之于方圆也。"《礼记·祭统》记："凡治人之道，莫急于礼。"《孝经》也说："安上治民，莫善于礼。"礼的特征是治人之心，防患于未然，如《礼记·经解》说："礼之教化也微，其止邪也于未形，使人日徙善远罪而不自知也。"礼重繁文缛节的形式，更重道德精神的实质。《礼记·效特性》言："礼之所尊，尊其义也。失其义，陈其数，祝史之事也。"

乐，也是圣人效法自然的产物，《礼记·乐记》："圣人作乐以应天。""先王本之情性，稽之度数，制之礼仪。合生气之和，道五常之行，使之阳而不散，阴而不密，刚气不怒，柔气不慑，四畅交于中而发作于外，皆安其位而不相夺……使亲疏贵贱长幼男女之理，皆形见于乐。"乐与礼相辅相成，同是帝王"正民心"的手段，对百姓的喜怒哀乐具有诱发、疏导作用。《礼记·乐记》："乐也者，圣人之所乐也，而可以善民心，其感人深，其移风易俗，故先王著其教焉。"礼强调贵贱之等，使人知"敬"；乐强调上下之和，使人知"爱"，《礼记·乐记》："乐者为同，礼者为异。同则相亲，异则相敬。""乐至则无怨，礼至则不争。""礼者殊事合敬者也，乐者异文合爱者也。"乐是圣人效法自然和谐之象而作，礼是圣人效法自然差异之象而作，因此，"礼乐之情同"。

政、刑，原本起源于圣人对自然的效法，与礼乐一样，也是帝王治国的手段。朱熹解释政、刑说："政者，法度也。法度非刑不立，故欲以政道民者，必以刑齐民。"①与礼乐不同的是，政、刑注重对百姓的强制性规范，以惩罚作为维护社会秩序的手段。

礼乐应天之阳，主教化；政刑应天之阴，主刑杀。礼乐为主，政刑为辅的治国方略正符合阳尊阴卑的自然之道。礼乐政刑是和谐统一的整体，虽有主有辅，但却不能相互替代。《礼记·乐记》："礼以导其志，乐以和其声，政以一其行，刑以防其奸。礼乐刑政，其极一也。""礼节民心，乐和民声，政以行之，刑以防之，礼乐政刑，四达而不悖，则王道备矣。"

第三，效法五行"相生相克"的五刑体系。

---

① 《朱子文集·四十一·答程允夫》。

汉代以前，人们对象刑和五刑的解释很少与自然联系在一起，如象刑，人们认为是一种悬"画象"以示民的象征性刑罚。《尚书大传》："唐虞象刑而民不敢犯……唐虞之象刑，上刑赭衣不纯，中刑杂屦，下刑墨幪，以居州里，而民耻之。"自天人合一思想被董仲舒完善，又被汉武帝采纳之后，人们一提到"王政"，便往往要追溯到"天象"、"天道"上去。所以，东汉班固作《汉书·刑法志》时就否定了象刑是象征性刑罚的说法，他认为唐虞时用象刑而天下大治，其原因在于"象刑"是"象天道而作刑"的产物。五刑由此也被解释为是圣王效法五行所致："刑所以五者何？法五行也。大辟，法水之灭火；宫者，法土之壅水；膑者，法金之刻木；劓者，法木之穿土；墨者，法火之胜金。"①后世刑名虽变为笞、杖、徒、流、死，但也未离"五"字。五刑体系数千年一脉相承，也许正是因为统治者以为其植根于自然五行。

(2) 则时——司法中体现的自然观。

《唐律疏议·断狱律》规定："诸立春以后，秋分以前决死刑者，徒一年。其所犯虽不待时，若于断屠月及禁杀日而决者，各杖六十。待日而违者，加二等。"这便是司法时令制。从立春到秋分这段时间中，各级官员不得奏决死刑，违者处一年徒刑。②断屠月与禁杀日也不得奏决死刑，③违者杖六十。春夏停刑由来已久，早在春秋时，公孙归生就说道："古之治民也，劝赏而畏刑，恤民不倦。赏以春夏，刑以秋冬。"④根据史料的记载来看，作为制度的秋冬行刑、春夏行赏大约形成于汉朝正统思想确立之后。《汉书·王莽传》记：王莽"春夏斩人都市，百姓震惧，道路以目"。《后汉书·陈宠传》记："汉旧事断狱报重，常尽三月之冬。是时帝始改用冬初十月而已。"《魏书·李彪传》亦载："汉制，旧断狱报重，常尽冬季，至孝章时改尽十月，以育三微。"唐王朝在断屠月、禁杀日禁止一切杀生行为。武则天时，大臣崔融上疏讲道："今者禁屠宰，断弋猎，三驱莫行，一切不许，将恐违圣人之道。"因为："江南诸州

---

① 《白虎通·五行》。
② 参见《唐律疏议·断狱律》记："若犯'恶逆'以上及奴婢、部曲杀主者，不拘此令。"
③ 据《唐律疏议·断狱律》记，断屠月为正月、五月、九月。禁杀日为每月的一、八、十四、十五、十八、二十三、二十四、二十八、二十九、三十日。
④ 《左传·襄公二十六年》。

仍以鱼为命，河西诸国以肉为斋。一朝禁止，倍生奸弊。"①

司法时令制是古人自然观在法律中的反映。《礼记·月令》在详述了每月阴阳二气变化之后，也详细地规定了每月应行之政，其中也包括法令的行与停。如：仲春之月，应"命有司省囹圄，去桎梏，毋肆掠，止狱讼"；孟夏之月，应"断薄刑，决小罪，出轻系"；孟秋之月，应"命有司修法制，缮囹圄，具桎梏，禁止奸，慎罪邪，务搏执"；仲秋之月，应"命有司，申严百刑，斩杀必当，毋或枉挠"；孟冬之月，"是察阿党，判罪无有掩蔽"；仲冬之月，对"相侵夺者，罪之不赦"。董仲舒认为，一岁之中有春、夏、秋、冬四季，"春暖以生，夏暑以养，秋清以杀，冬寒以藏。"王有四政：庆、赏、罚、刑，与四季之气相应："以庆副暖而当春，以赏副暑而当夏，以罚副清而当秋，以刑副寒而当冬。"②庆赏迎春夏之阳气，罚刑应秋冬之阴气，天人因而得到和谐。此为司法时令说。

司法时令制与司法时令说相互促进，不断完善，南朝陈天嘉二年，皇帝下诏曰："古者春夏二气，不决重罪盖以阳和布泽，天秩是弘。宽网省刑，义符含育。前王所以则天象地，立法垂训者，自今孟春，讫于夏首，罪人大辟，事已款者，宜且申停。"③当行刑于市时，"夜须明，雨须晴。晦朔八节六齐，月在张心日，并不得行刑。"④北魏时，有人上疏认为：秋冬时阳气已开始上通，《月令》规定：仲冬之月"身欲宁，事欲静"，故仲冬、季冬行刑是"不稽天意"。⑤

综上所述，立法与司法中"顺天则时"的原则体现了中国古人对自然的崇敬和效法，也表达了古人对自然之道蕴藏着恒久正义的信任。在此，自然规律与人间法度相类相通，浑然一体。"天之法"因此而具有了实用价值，"人之法"也因此具有了合理性与神秘性。应该指出的是，中国古代哲学的"天"并未完全排除神明主宰意义上的至上人格神之"天"，因而，中国古人在断狱时并不排斥或拒绝神明的启示和帮助。《折狱龟鉴》中记载了许多依靠占梦、祷神而破案的例子，在一些传奇小说中，许多人甚至被神化，如包公断阴阳两界之案。

---

① 《通典·刑七》。
② 《春秋繁露·四时之副》。
③ 《陈书·世祖纪》。
④ 《隋书·刑法志》。
⑤ 参见《魏书·李彪传》。

这些正表明在中国古代哲学中以及人们的观念中,"天"的含意是复杂的。

在结束本节的论述时,我们有必要再对中国古代的法律自然主义做一个总结或归纳。

首先,中国古代法律自然主义从未完全摆脱神权观念的影响,儒家对天的阐释也有着夏、商、西周神权法思想的烙印,这一特点在汉以后主流法思想中也一直存在。

其次,中国古代法律自然主义分为道家的纯自然主义、儒家的正义自然主义与阴阳家的神秘自然主义。若再细分,汉初黄老学派的法律自然主义是以道家为本,兼容儒家、阴阳家的;而汉武帝之后的主流法思想中的自然主义则是以儒家为本,兼采道家、阴阳家的。

再次,通过对法律自然主义的论述,我们可以明白古人为什么常常儒、墨、道、法并称。因为在法律自然主义观念引导下,儒墨虽然对人性的看法不一致,但在对法的论述上却有着诸多的一致之处,比如相信"天"的正义,追求自然之法,在乎是非道德和法的善恶等等。而道法两家,虽然道家推崇自然到极端,甚至排斥人为法,法家又对人为法寄予厚望,认为法治才能救世,但是道家对自然的感悟与法家对历史的论述,可以说是殊途同归,即自然的变化规律与历史的发展规律同样是不可抗拒的,这里面没有什么善恶是非好言,唯一的方法就是顺应。所以道家虽然推崇自然法则,但其并不认为自然法则中含有善意、正义。法家也是如此,他们认为法的优劣,并不在于其中含有多少道德的成分,而是在于其是否有功于世,是否能达到立法者立法的目的。

第四,中国古代学术思想的包容性应该归功于自然主义,而中国古代法文化的博大精深、兼容并蓄与开明同样也有法律自然主义的一份功劳。

五 以儒家为本的主流法思想与"法律现实主义"

(一)"主义"辨正与主流法思想的特点

行文于此,笔者感到有必要对本书中所用的"理想主义"、"工具主义"、"自然主义"和即将要使用的"现实主义"做一说明,对各种"主义"的原始定义和演化及本文所采之意进行简单地辨正。对自汉至清跨越近两千年,历汉、晋、隋、唐、宋、元、明、清八大统一王朝及三国、南北朝等五十余个南北并立或多个政权对峙的王朝的主流法思想的特点进行简要概括,以便对后文将要叙述到的不同时期的政治家、思想家根据所处的时势不同,而对主流法思想进行的补充、变革的观点有一个宏观的把握。

1."主义"辨正

(1) 主义

"主义"在中国是一个近代才出现的词汇,在本书写作大纲基本确定后,笔者查阅了近代以来出版的权威辞书《辞源》、《辞海》,以免对各种"主义"犯望文生义的时下通病。通过查阅,笔者惊讶地发现出版于 1915 年、后来又多次续编与修订的《辞源》,与刊行于 1936 年后来也多次改编、修订的《辞海》,竟然没有"主义"一词的解释。倒是简明版《新华字典》中有一个较为符合当下人们认知的解释:"人们对于自然界、社会以及学术、文艺等问题所持有的有系统的理论与主张。"配以网上引擎搜索及社会对"主义"一词的使用,"主义"大约有三方面的含义:第一是社会发展阶段的标志,如封建主义、资本主义、社会主义;第二是人们的一种政治理想和信仰,如共产主义、自由主义;第三即《新华字典》的释义,简言之为系统的理论和思想,如马克思主义。本书所使用的"主义"指的是第三种含义。

笔者认为"主义"虽是近代出现的词汇，但也存在于中国古代社会，先秦儒、墨、道、法、阴阳、名、农、兵等各家的理论与主张显然是自成体系的。近人所著的中国法学著作中，"主义"多用于对西方法学流派的介绍，而对中国古代法思想的介绍很少使用"主义"二字，这与近代中国法学界对传统法文化缺乏自信有关，因为很多法学研究者认为，中国古代的学术，尤其是法学多是经验的总结，没有或缺少成体系的理论。唯梁启超在《中国法理学发达史论》中言儒家为礼治主义、法家为法治主义、道家为放任主义，以及诸多学派兼有的人治主义、势治主义、术治主义等等。对中国古代的法学思想，缺乏"主义"的总结，固然是中国古代法学特殊的表现形式造成的，但同时更为重要的原因还是源自于近代以来我们对自己传统法文化的误解。鉴于提高传统法文化自信的动机，笔者有些不揣冒昧，将"主义"一词用之于归纳、概括中国古代政治家、思想家的法思想。

在此，作者欲说明的是，与西方许多法学家一样，中国古代的思想家、政治家的主张大多是针对现实社会的法律具体问题而发，学派也好，思想家也好，并没有事先预设的"主义"约束，即使有，也不是唯一的。就像法国启蒙思想家孟德斯鸠既是自然法学派中的翘楚，认为法应具有普遍的公正性与正义性，同时他也开法人类学研究的先河，认为不同地域的自然和文化环境对法有着不同的影响。马克思的法学思想充满了理想主义，同时也充满了现实的批判精神。我们前面说儒家是理想主义者，但儒家的学说却是"入世"的；我们也可以换一个角度，认为儒家是理想主义的，但同时也是现实主义的、保守主义的。道家崇尚自然，但对法社会功能的关注并不亚于法家，道家是自然主义的，但也是现实批判主义的。笔者用"主义"来描述中国古代学派与思想家的法主张，除出于提高民族法文化自信的动机外，从学术上说，是为了通过这种"主义"的归纳，强调中国法学思想"融通"的特点。先秦各学派间的借鉴与汉武帝以后儒家现实主义的态度，对各学派的融合，以及对先秦儒学如琢如磨地完善，正是中国法思想发展的主线。

在一般情况下，"遵循祖制"、"率由旧章"是农业社会为政、为人的准则。在中国法思想的发展中，也刻有农业社会深深的烙印。自汉武帝后，春秋战国时期特点鲜明的不同学派经过博弈、蜕变，汇入了以儒家为本的主流思想中，从此，完善、修补、改良成为中国法思想的特点，即使是当时社会中的非主流,甚至异端思想,也常常会以儒家的论述作为依据。完善,而非标新立异,是中国集权时代法思想的特征。

(2) 理想主义、工具主义、自然主义

近代以来,"理想主义"的概念更多地运用于国际关系学的研究中,其直接继承了18世纪德国哲学家康德的主张,即在处理国际事务中应该以"和平"为原则,任何一个享有主权的独立国家,不分大小强弱"都不可以由另外一个国家通过继承、交换、购买或赠与而获得"。康德的目标是"要在所有民族间创造一种和平的共同体,而不必是一种友好的共同体"。① 就法学而言,康德的理想主义与儒家有着相同之处,即强调:

"立宪原则和有实效的法律,原则上必须是获得所有相关各方的充分支持(普遍共识)的。实际上,立法者必须尽力通过的是那些公民们原则上有可能给予支持的法律。这是法律的合法性的检验基础。"②

这也恰恰是儒家的立法主张。春秋战国时期,儒家反对兼并战争,提出了"兴灭国,继绝世,举逸民"③的思想主张。在法与民的关系上,儒家不同于法家之处在于,格外强调自下而上形成的、具有广泛民心基础并为社会广泛认可的"法"——礼的正当性。自汉武帝确立儒家独尊以后,直至清代,以民心作为法律正当性的检验标尺这一传统在中国从未中断。当然,儒家的理想主义与康德的理想主义也有着不同,这就是并不严格地区分法律与道德之间的界限。康德并不主张法律道德化或道德法律化,他认为只有偷盗、谋杀、毁约等这些自有人类社会以来就被禁止的行为,道德的谴责与法律的禁止可以是合二为一的。而在其他方面,道德与法律有着明确的分野。一个不道德的行为,比如缺少人情味、缺乏感恩心,并不意味着要受到法律上的惩罚。而儒家的理想是"法设而无犯,刑设而不用"。儒家也并不是

---

① 参见[挪]G·希尔贝克、N·伊耶著,童世骏、郁振华、刘进译《西方哲学史——从古希腊到二十世纪》,第378—383页。
② [挪]G·希尔贝克、N·伊耶著,童世骏、郁振华、刘进译《西方哲学史——从古希腊到二十世纪》,第381页。
③ 《论语·尧曰》。

全然将法律与道德混为一体,但儒家认为,法的目的就在于维护道德。中国古代法律除刑法方面的道德法律化、法律道德化(比如纳礼入律)外,道德对行政法律规范与民事法律规范的全面浸透(比如典、"官箴书"、乡规民约中的记载),更是其显著的特点。

用"主义"归纳法家的思想,是一项很复杂的事情。如果从社会发展的主张来看,法家在无视传统、主张全面变革上,与激进主义有着类似之处。就对法的主张而言,我们在今人对法律形式主义的阐述中,也能看到法家的影子。比如法家注重法在形式上的完善,结合名家学说,形成刑名法术之学。与儒家相比,法家注重法律的官方有效解释,看重法律形式上的逻辑性与公正性。但法家之法的最大特征以及遗留给后世的遗产,还是用"工具主义"解释最为恰当。先秦法家将法视为实现"富国强兵"最为有效的手段,在主流法思想的形成和发展中,法家法律工具主义的影响并未消失,而且在主流法思想中占有一席之地。法在法家的思想体系中,从来就不是目的,而只是一种实现目的的手段。也许正是因为法这种强烈的世俗化,中国人无论如何也无法理解古希腊哲人苏格拉底为遵守一纸不公正的判决而牺牲掉性命的做法,不理解其对法律的坚守。法家的法律工具主义在强调法权威的同时,恰恰从根本上损伤了法的权威性,使法沦为权力的附庸。在主流法思想中,在儒家理想主义与道家自然主义的制约下,法家的法律工具主义失去了战国至秦朝那样无限膨胀与发展的条件,法律工具主义导致暴政的趋势在汉以后被有效地遏制。

自然主义是一种涉猎广泛、内容深邃的学说。就哲学意义而言,自然主义相信宇宙间一切存在和活动都是自然的:

> "自然主义认为:在原则上自然界是完全可知的。自然界中,有一种具有客观规律的规律性、统一性、整体性。如果没有这些,追求科学知识将是荒谬的。人们对于他们的信念无止境地寻求具体的证明,这就可看做是对自然主义方法论的一种确认。""自然主义并无本体论的偏爱,也就是说,它对任何特殊的实在范畴都无偏见:二元论和一元论、无神论和有神论、唯心论和唯物论

本质上都能和它和谐共存。"①

西方自然主义运动兴起于19世纪末和20世纪初,其在文学方面的表现是,以忠实地、不加选择地反映现实为宗旨,反映不带道德评价的真实"生活侧面"。② 我们从对自然主义的定义中,可以感受到道家思想与自然主义穿透地域与时空的契合。道家也是客观主义的,其对自然以万物为刍狗毫不避讳。道家对事物的客观性态度,是其学说具有强大融合力的基础,其对各种学说的兼容并蓄,赋予了中国古代学术思想尤其是主流学术思想以巨大包容性,其使诸家思想中切合于时势之处都能够在主流思想的体系中找到用武之地。正是道家法律自然主义的包容,儒家的法律理想主义得以在汉初黄老学派占主导地位时复活,法家的法律工具主义也未曾遭受到像秦王朝对待儒家"焚书坑儒"那样的灭顶之灾。在法律自然主义的主导下,先秦诸家的法律主张得以并存融合,为主流法思想的形成奠定了基础。当然道家的自然主义发自对自然的崇尚,它更多地要求人们顺应自然,而不强求认识,更不主张征服自然——这是道家自然主义与建立在近代科学基础上的自然主义的不同。

2. 主流法思想的特点及"法律现实主义"

(1) 主流法思想的定义

具有强大的融合力是主流法思想的第一个特点。

"主流"有两个含义,一是为官方所提倡,社会所认可。二是有着明确的官学体系的学术传承。

主流法思想形成于汉武帝时期,是以儒家法思想为本,兼采法家、道家、墨家、阴阳家等各家法学说而形成的法思想体系。

主流法思想的主体是儒家的法主张,即强调法律必须与道德相辅相成。礼

---

① 《简明不列颠百科全书》(中译本),第9册,第571—572页。
② 参见《简明不列颠百科全书》(中译本),第9册,第571页。

所强调的忠孝节义,也就是汉儒总结的"三纲五常"①,是立法与司法的指导原则。 主流法思想家认为,在一般情况下,法律的条款与礼是一致的,礼是法的精神,律、令、典章等是法的制度。 在一些特殊的情况下,礼与法的具体条文也可能会发生抵牾,如以尽孝为先而为亲复仇杀人的孝子烈女,为义而触禁的侠客,为保护主人而犯国法的义仆等等。 按主流法思想家的主张,孝子(烈女)、侠客、义仆等言行虽犯了法条,但却符合法所要维护的精神,因此在法律的裁决上应酌情减免处罚,甚至应该表彰。

主流法思想吸纳了法家的主张。 认为法律是治国安民的不可或缺的手段,一般的纠纷解决应该以礼的原则和公序良俗为依据,选拔、考核、奖惩官员更应有典章可循。 即使极端的手段——刑罚也不可废于国。 主流法思想吸纳法家思想的原因还在于它与先秦儒家对人性的认识有所不同,即人性并不是尽善尽美的,大多数人生来具有善、恶双重性,即"善恶兼"。 一个好的环境可以充分弘扬人的善行,一个坏的环境也能泯灭人的良知而扩张人的恶性。 基于此,教化的弘扬与法律的禁止都是不可或缺的。 此外,还有少数负有天之使命的生而为善的人,少数本性恶劣生而为恶的人。 道德教化对于恶人的感化作用甚微,所以只能使用刑罚。

主流法思想对道家主张的采纳主要表现在力主立法宽简上,每当王朝初期,统治者基本都会实行宽政简刑的政策,都会修订律令。

---

① "三纲",即"君为臣纲、父为子纲、夫为妻纲"。 "五常",即仁、义、礼、智、信。 "三纲"是自汉中期主流思想形成后,中国古代社会的核心价值观。 其高度概括了国家、社会、家庭中人与人之间的关系,为中国古代的社会稳定与文化发展起到了积极的作用。 "三纲"的内容也是诸家合流的结果。 其最初见于韩非的论述,《韩非子·忠孝》篇中说:"臣之所闻曰:'臣事君、子事父、妻事夫。 三者顺则天下治,三者逆则天下乱,此天下之常道也。'明王贤臣而弗易也,则人主虽不肖,臣不敢侵也。"这段记载反映了儒法两家对君臣、父子、夫妇关系既有相同的看法,也有不同的主张。 先秦儒家提倡的礼治、德治、人治,也主张臣事君、子事父、妻事夫,但是同时也要求君仁、父慈、夫义。 尤其在君臣关系上,孟子主张"民为贵",君主若为独夫民贼,人人得而诛之。 在家庭关系上,孟子主张子女要无条件地顺从父母,即使父母不慈,但子女不能不孝,如舜对自己的父母一样。 而韩非则强调臣子对君主无条件地服从,君主即使不仁,臣子也不能不义。 从对三纲的确认,也可以看出主流法律以儒家为本、兼采各家的特点。 主流法思想以阴阳之学阐释了君臣、父子、夫妇的关系,既继承了儒家对父子关系的强调,也继承了法家对君臣关系的强调。 淡化了孟子"诛暴君"的思想,使其理论更贴现实地服务于君主集权制的政治和以家为本位的社会。

主流法思想对阴阳家的采纳，表现于以阴阳消长的自然规律来解释主流法思想的核心主张所具有的正当性、合理性和永恒性。比如阴阳家认为自然界中万物生生不息，地久天长之道在于阴阳的变化，阳主生，为主，位尊；阴主杀，为辅，位卑。故人类社会中君、父、夫为阳，为主，位尊；而相对应的臣、子、妻为阴，为辅，位卑。因而"君为臣纲，父为子纲，夫为妻纲"的三纲是符合自然长久之道的天经地义的制度。

主流法思想之所以称为"主流"，是因为自汉武帝以来，以儒学为本、杂糅各家的法思想得到了王朝的确认和推广，主流法思想所提倡的法律价值观也得到社会的广泛认可。汉以后的太学及州府县衙所属的官学中，儒家的经典是必学的内容，从朝廷到地方的学校中，会设专门的教席教授学生儒家的经典，一些民间的书院甚至私塾也都以儒家的经典为教授的主要内容。主流学术思想的推广及为社会所认可的原因，还在于其是入仕为官的必经阶梯，无论是汉魏的荐举、察举制度，还是隋唐时期形成并延续到清代的科举制度，儒家经典都是王朝选拔官吏考试的主要内容。

（2）主流法思想的发展阶段

主流法思想的第二个特点是延绵时代漫长，跨越不同的王朝，自汉中期至清代一直为历代王朝立法、司法的指导思想，这种思想甚至影响到现代人们的法律观念。

自秦统一（公元前221年）至清道光年间（1821—1850年）西学传入，中国法思想的发展与中国社会的政治、经济、文化等诸方面的发展呈现出高度的统一性，主流法思想依次经历了秦汉的形成时期、魏晋南北朝的发展时期、隋唐的完善时期、宋明的僵化时期和明清的衰败时期。两千年来，以儒家为本，杂糅各家的主流法思想不因王朝的更替而变化，始终处在主导地位。两千年来，不同的王朝所倡导的法思想不曾有过根本性的改变，而只是处在不断地修补与完善的进程中。

第一阶段：主流法思想的形成时期——秦汉。秦汉为中央集权制统一国家形成之初，法律制度也处在草创、巩固时期。正统法思想亦处于探索、形成阶段。秦王朝以法治国，诸事"皆有法式"①。但在统一后，秦王朝仅统治了十

---

① 《史记·秦始皇纪》。

六年便夭折了。秦王朝的灭亡,给步其后而建的汉朝统治者以深刻的印象。汉初,统治者采用了杂糅各家的"黄老学派"作为统治思想,经过七十余年的探索,最终形成了以儒家为本,兼采各家之长的正统思想。

第二阶段:主流法思想的发展时期——魏晋南北朝。魏晋南北朝是中央集权制的发展时期,法律制度在此时也得以充分发展。主流法思想在此时亦处于发展阶段。首先,此时律学的发展,为礼律融合找到了理论根据。其次,在实践中,儒家提倡的道德伦理不断地入于律典之中,纳礼入律、礼律融合在实践中找到了结合的方式。主流法思想的内容由于礼律融合日益密切而得到丰富。

第三阶段:主流法思想的完善时期——隋唐。隋唐是中央集权制的鼎盛时期。主流法思想此时也日趋完善、成熟。其成熟的重要标志是主流法思想在立法实践中被法典化。无论是隋《开皇律》,还是唐《贞观律》及《永徽律疏》,都充分体现了主流法思想所强调的"三纲五常"原则。礼律融合在律典中得到充分的体现。

第四阶段:主流法思想的僵化衰败时期——宋代以后。经五代十国过渡至宋代,中央集权制实质上开始走向衰败。正统法思想此时亦走向僵化并逐渐衰败。朱熹的理学将礼所倡导的伦理道德形式化、教条化,强调其是"万世不易"之"理"。如同秦朝将法家的学说推向极端一样,宋明理学将主流法思想也推向了至尊之位。非此即彼、不相兼容的思维方式不仅阻碍了新思想的出现,而且也窒息了自己的发展。宋之后,伦理道德对人性的约束也出现了极端化,在"存天理,灭人欲"、"饿死事小,失节事大"等一系列僵化思维中,主流法思想失去了原本所具有的强大的融合力。至明末清初,在阶级矛盾、民族矛盾日益激化,社会经济发展孕育出资本主义萌芽之时,终于出现了早期启蒙学者对正统法思想的挑战。

(3)保守主义与中国古代的"法律现实主义"

主流法思想的第三个特点是以伦理道德为核心,以人们安居乐业的幸福生活为目的。关于主流法思想及中华法系的特点,梁启超、杨鸿烈、张国华、张晋藩等前辈学者都做过归纳。① 尽管不同的学者归纳不尽相同，但认为中国古代法多"含道德的分子"②则是学界的共识。

综上，我认为中国古代主流法思想有三个显著的特点。一是具有"强大的融合力"，主流法思想是一个开放的体系，其能够审时度势地将不同学派的法主张融为一体，以适应社会与现实的需要。第二，因为有强大的融合力，所以其博大精深，根基深厚，具有顽强的生命力，其表现为"延绵时代漫长，跨越不同的王朝"。第三，即以道德为皈依，法律中含有诸多的道德规范，或法律道德化。

从历史的发展来看，主流法思想是保守主义的。与先秦儒家理想主义不同，主流法思想不认为人性是完美的，基于人性有善有恶的现实，主流法思想对国家的治理主张更为现实。与孔子、孟子"善人为邦百年，可以胜残去杀"（圣人统治国家百年，可以不用刑罚），"人皆可以为尧舜"的观点不同，主流法思想认为："鞭扑不可弛于家，刑罚不可废于国，征伐不可偃于天下。"③但是主流法思想在淡化先秦儒家法律理想主义色彩的同时，却继承了先秦儒家的改良思想和方法。尽管认为人性并不完美，现实制度也非无懈可击，但主流思想家们并不主张激进，而是主张以儒家学说为本，调和各种矛盾，节制权力，维系社会稳定并稳健地发展。主流法思想的保守主义并不排斥先秦儒家的理想主义，相反，在主流法思想的体系中，先秦儒家的理想主义虽然淡化，但其始终有着重要的地位，对法的发展起着导向的作用。

从主流法思想的内容来看，我更倾向于用"法律现实主义"作为这一思想体系的归纳。这个"现实主义"是"中国式"和"古典式"的，其与学界所言的现实主义与功利主义既有相同之处，更有不同之处。主流法思想强调的"现实"不是文学或艺术上对现实的忠实，而是对现实复杂性的认识和寻找最佳应付之策。这也是主流法思想能够兼容并蓄、杂糅百家的原因。主流法思想与功利主义的殊途同归是两者都强调法应以人类的福祉为皈依，不同之处在于主流法思想

---

① 详见梁启超著《中国法理学发达史论》、《论中国成文法编制之沿革得失》等，载《饮冰室合集》第2册。杨鸿烈著《中国法律思想史》。张国华著《中国法律思想史新编》。张晋藩著《中国法制史》，北京：商务印书馆，2010年版。

② 杨鸿烈语，见《中国法律发达史》之《导言》，上海：上海书店，1999年版，第4页。

③ 《汉书·刑法志》。

强调人类福祉的前提是以道德伦理的是非为前提的，认为只有符合道德伦理的法才是善法，才能维护人类社会的良好秩序，人类才能获得真正的幸福；而功利主义并不注重道德是非，只注重结果，认为人类的一种行为只要增进了幸福，就是正确的。儒家认为，道德发自于人的善良本性，而功利主义者则强调道德源于人们追求快乐的自私本性。英国启蒙学家休谟对"正义"的功利主义理解是：

"正义是对社会有用的。""公共的效用是正义的唯一起源，对这一德行的有益后果的反思是其价值的唯一基础。"①"如果我们考察用以指导正义和所有权的特定的法律，我们仍将得出同一个结论。增进人类的利益是所有这些法律和规章的唯一目的。为了社会的和平和利益，所不可或缺的不单是人们的财产应当被划分，而且是我们作出这种划分所遵循的规则应当是那些最能被发明来进一步为社会的利益服务的规则。"②

因此，主流法思想的现实主义表现是：根据历史发展与社会实际状况，及时调整法律，使法律与道德相辅相成，得到大多数人的认可和支持。其既不放弃先秦儒家的法律理想主义，又不排斥其他各家学说中有益于时势的理论。主流法思想以儒家的法律理想主义为主导，强调法之善恶，削弱了法家法律工具主义的不良影响，有效防止了社会矛盾的激化和激变。同时，也用法家工具主义的学说，强调法律的现实性和实用性，以弥补儒家学说的"迂阔"之缺陷。冶不同学派的观点为一炉，形成有主有次、多元并存、随势应变、与时俱进的法思想体系，这种兼容各家、因时制宜的灵活性正是"中国式"法律现实主义的体现。

(二) 汉武帝时期主流法思想的形成与内容

1. 由秦到汉的转折

（1）以法家思想为主导的秦朝的法律指导思想

"以法为本"是法家理论的重要内容。秦自商鞅变法后就致力于法律的完

---

① ［英］休谟著、曾晓平译《道德原则研究》，北京：商务印书馆，2002年版，第35页。凡以下引用本书者，只注页码。
② ［英］休谟著、曾晓平译《道德原则研究》，第44页。

善。秦始皇统一后,更是将"皆有法式"作为追求。1975年12月在湖北云梦县睡虎地出土的秦墓考古发掘中,出土了一大批秦代竹简,其中记载了秦统一前的部分法律,内容涵盖刑事法律制度、行政法律制度、经济法律制度、民事法律制度及官吏调查、检验、审理各种案件的程序和文书程式等。可见秦在统一之前,就已经建立了较完备的法律制度。统一后,秦始皇除把原来秦国的法律推行到全国以外,又颁布了新的法律法令。始皇二十八年(公元前219年)《泰山刻石》记载"皇帝临位,作制明法……诸产得宜,皆有法式。"①秦始皇以"皆有法式"自诩,说明秦统治者对"法"的重视。事实上,秦王朝也确实是中国古代史上唯一一个公开宣称以法治为统治思想的王朝。

但是,秦王朝严密的法律制度并不能约束皇帝。法家的理论在重视法制的同时,赋予帝王以至高无上的权势。为了保护这独一无二的权势,秦始皇将法家的重刑思想发展到极端,而且在执法上远离了"缘法而治"的原则。《史记·秦始皇纪》记秦始皇屡屡法外用刑,对一些疑罪,甚至无辜者也动用刑罚。秦二世更是疯狂地诛杀无辜,以致秦王朝"赭衣塞路,囹圄成市"②。《汉书·刑法志》总结道,秦始皇为政"专任刑罚"。

(2) 秦朝法治的得失

秦始皇统一中国后,为改变由于战国时期诸侯割据造成的各国律令不统一的局面,命令大臣在秦国原有的法律基础上,经过修改、补充,制定了统一的法律,在王朝所辖范围内颁布实施,开创了"法令由一统"的新局面,标志着我国古代法制已发展到了一个新的阶段。法律的统一制定和在全国范围内的统一实施,对巩固新的政权、加强中央集权、维护统一局面及促进社会经济和文化的复苏与发展都起到了重要的作用。秦法在我国法律史中的重要地位与所具有的进步作用是不可否认的。

但另一方面,秦王朝二世而亡的现实,宣告了秦朝法治的失败。这一失败的原因在于法家理论的缺陷以及秦王朝在实践中扩大了这些缺陷。

法家法治理论有着自身无法克服的缺陷。首先,法在法家思想体系中是权力的工具,而不是制约,助长了权力的无限膨胀。法家强调"缘法而治",但在

---

① 《史记·秦始皇纪》。
② 《汉书·刑法志》。

其法治理论的体系中又将法律仅仅作为维护专制权力的工具，权力才是法家的目的。所以，无论法家怎样强调法的重要性，它都无法制约权力，尤其是皇帝的权力。这样"缘法而治"便有了前提条件，即法只有与当权者的意志相一致时，才能得以遵守和执行。其次，重刑主义激化了社会矛盾。由于过分地相信法律的威慑作用，所以重刑思想在法家理论中有着支配的地位，执法中很难做到"缘法而治"。一般官吏往往会在经意不经意间枉人人罪，"严法"转向"淫刑"。再次，不能兼容其他学说，封闭性太强。在诸子学说并存的情况下，这一缺陷尚可得到弥补，当秦统一、将法家理论定于一尊后，这一缺陷便充分暴露。定于一尊的法家学说不但迫使其他学说转入"地下"，而且自身的发展也从僵化而走向窒息。第四，利攻不利守。按照法家重刑主义的理论，法网繁密、刑罚严酷，必能使百姓因畏惧重刑而安分守己，听任统治者的役使调度，不敢有任何犯上作乱的念头。这种严刑峻法，在战国诸侯混战的形势下是行之有效的，因为民心思安，渴望结束战乱，完成统一。但在取夺天下后，严刑峻法不仅容易导致社会矛盾的激化，而且将大大削弱政权的合法性。

秦王朝的法治扩大而不是缩小了法家理论的缺陷，导致了暴政的产生：秦统一后将法家学说定于一尊，实行文化专制主义，致使法家理论失去了战国时的战斗力而日益僵化，终致衰亡。秦统治者在立法上虽然做到了严密完备，但在执法上却以权力为中心，以皇帝是非为是非，难以做到"缘法而治"。在执法中竟以"杀人众者为忠臣"。①法治不仅不能划一人们的言行，反而激化了社会各方面的矛盾。"专任刑罚"导致了秦的暴政，也使人们失去了对秦政权的信任和希望，"法治"随着秦王朝的灭亡而被后人指责、摒弃。

（3）汉对秦政与法家的批判与儒家思想的复活

德礼之治优于政刑之治，以理服人的"王道"优于以力服人的"霸道"——孔孟的这一见解虽被春秋战国时身处社会激变的人们视为空谈，以致孔子生前郁郁不得志，身后其所创立的儒家学说也屡遭挫折。但经历了"焚书坑儒"及"毁先王之法，灭礼谊之官，专任刑罚，躬操文墨"②的秦政后，曾对法家法治抱有无限期望的人们，对新生的秦政权不能不深感失望。强大的秦王朝，仅存

---

① 《史记·李斯传》。

② 《汉书·刑法志》。

在了16年，便在人们的怨恨与起义中夭折了。经过秦王朝的实践，人们对礼与法的关系又有了新的认识，并开始向往起先秦儒家的"王道"。汉代，官吏百姓皆谈"法"色变，政治家、思想家对法在实施中的经验教训做了充分的总结。南宋洪迈在其著作《容斋续笔》中对汉人的总结做了辑录，现摘录如下：

"张耳曰：'秦为乱政虐刑，残灭天下，北为长城之役，南有五岭之戍，外内骚动，头会箕敛，重以苟法，使父子不相聊。'"

"陆贾曰：'秦任刑法不变，卒灭赢氏。'"

"张释之曰：'秦任刀笔之吏，争以亟疾苛察相高，以故不闻其过，陵夷至于二世，天下土崩。'"

"贾谊曰：'（秦）置天下于法令刑罚，德泽亡一有，而怨毒盈于世，下憎恶之如仇雠。'"

"晁错曰：'（秦）法令烦憯，刑罚暴酷，亲疏皆危，内外咸怨，绝祀亡世。'"①

善于总结历史经验的太史公马迁一语道破了秦兴秦亡的关键皆在一个"法"字上，他说：

"故秦之盛也，繁法严刑而天下振；及其衰也，百姓怨望而海内畔（叛）矣。"②

在对法的反思中，孔子有关德礼政刑关系的论述逐渐成为全社会的共识，孔子创立的儒学也被统治者奉为圣贤之说。

（4）主流法思想形成的原因

第一，经济原因。汉武帝时，汉王朝已发展了近七十年。在这七十年中，汉代的经济得到了恢复与发展，《汉书·食货志》描写了当时家给人足的富足状况："都鄙廪庾皆满，而府库余货财。"与汉初"天子不能具钧驷，而将相或乘牛车，齐民无藏盖"的国穷民贫状况相比，早已是今非昔比。汉初，经济凋敝，迫使统治者不得不"与民休息"，实行"无为"之策。而此时，凋敝的经济复

---

① ［宋］洪迈著《容斋续笔·卷五》。
② 《史记·秦始皇纪》。

苏、繁荣，又迫使统治者不得不改变"无为"

第二，政治原因。随着经济的发展，武帝时期的政治亦发生了变化。汉初由于中央集权力量的不足，不得不实行"郡国并行制"，给地方王国以相对的独立权。此时，中央集权力量与王国力量都日益壮大，有势不两立之势。黄老的"无为"之策不利于中央集权制的加强，也不利于中央对地方的控制及对百姓的搜刮。汉武帝因而采取了一系列措施，打击地方王国的分裂势力，削弱诸侯王的力量，中央集权得到巩固。政治上的"大一统"使黄老"无为"理论显得陈腐落后。

政治、经济的发展为正统法思想取代黄老"约法省禁"的无为思想提供了时机。

第三，文化思想原因。汉初，统治者推崇黄老，以秦急政而亡为戒，"黄老学派"的宽容无为，为各学派的生存与发展提供了宽松的环境。自战国以来屡屡受挫的儒家学说亦趁时而兴。墨、名、阴阳、法、纵横各家也获得重新发展的时机。至汉武帝时，各学派不但远未泯灭，而且在黄老学派的主导下仍各自发挥着影响。黄老学派在文化思想领域的宽容，为主流法思想的形成提供了丰富的理论与学术资源。

汉武帝时，黄老思想落伍于现实的发展，各学派的发展也使黄老思想的主导地位岌岌可危。雄才大略的汉武帝认为有必要确立一种足以"一统"天下人思想的理论，从政治、经济到意识形态实行全面的"大一统"。此时，政治家与思想家又不得不返回先秦诸子理论的宝库中，寻求"大一统"思想学说。法家，经过秦亡的教训，人们认为其理论已不可取；道家及黄老学派，经过汉初七十余年的实践，证明其学说过于消极，利于恢复不利于发展，在社会大发展时期这种学说成了绊脚石；墨家，代表中下层民众的利益，与统治阶级的要求相去甚远，甚至背道而驰；阴阳家，过分推崇自然之力，对治国治民缺乏论证等等。此时儒家的学说显示了其他学说所不具备的优势。首先，儒家学说在先秦影响巨大，"显学"的地位从未丢失。秦始皇采取文化专制主义时，矛盾所指主要是儒学。但即使在"焚书坑儒"后，儒学在民间的影响力仍未减弱。秦始皇长子扶苏曾以"诸生皆诵法孔子"为由，劝秦始皇改法从儒。其次，儒家学说在反对苛政的同时，也强调等级名分，所以其既可为统治者所接受，也可为平民所认可，有利于社会矛盾的缓和。第三，儒学是入世之学说，但其所持的"中庸"原则，可以避免法家急功好利给社会带来的动荡不安，也可以避免道家及黄老学派过于消极而给社会发展造成的故步自封，不思进取。第四，更为重要的是，儒家学说中的"民本"思想给专制集权的体制带来了开明的气息。于是，儒生董仲舒以儒学为本，以阴阳学为解释，杂糅各家之长呈上"天人感应"三策，深得汉武帝欣赏。"天人感应"的主要内容是认为儒家经典《春秋公羊传》①最为符合上天之意，是永恒之真理。而《公羊春秋》的"微言大义"是主张"大一统"的。在法律观上，董仲舒认为"天道之大者在阴阳，阳为德，阴为刑"，因而统治者施政应"大德而小刑"。所谓德，即儒家宣扬的仁义礼乐、人伦纲常。董仲舒认为这种伦常关系可用"君为臣纲，父为子纲，夫为妻纲"来概括，即"三纲"。而"三纲"符合天道，是天道的体现，"可求于天"。②为"大一统"的新儒学取代黄老之说，汉武帝采取了"独尊儒术"的断然措施，主流法思想随儒学的复兴而形成并占据了统治地位。

第四，汉武帝性格上的原因。汉武帝是中国历史上十分著名的雄才大略的帝王，其处在汉代发展的鼎盛时期。中央集权的加强、王朝经济的发展为汉武帝建功立业提供了时机。史载武帝好大喜功，其在位时，人才济济。朝廷中文有董仲舒、司马迁远见卓识；武有卫青、霍去病抵御匈奴，战功累累。赵过的代田法、张骞的通西域等等也皆在武帝之朝。人才济济使汉朝蒸蒸日上。黄老的消极之说与武帝的好大喜功性格殊为不符，故而，当董仲舒上疏主张"春秋大一统"即以儒家统一人们的思想时，与武帝一拍即合。因为相对黄老之说而言，儒学学说更入世，更利于进取。

政治、经济、文化的发展，汉武帝的性格使黄老学派让位于主流法思想成为势在必行之事。

2. 主流法思想的主要内容

主流法思想自汉确立后，在漫长的发展道路中被不断地补充完善，形成博大精深的体系。在形成时，主流法思想主要以董仲舒的《春秋繁露》为基础。

董仲舒（公元前179—前104年），汉代儒生，著名的思想家、哲学家。汉

---

① 《春秋公羊传》为战国时公羊高对《春秋》的注释，与《春秋左传》、《春秋谷梁传》合称为"《春秋》三传"，同为儒家的经典。

② 参见《春秋繁露·基义》。

景帝时擢博士,讲授《公羊春秋》,即《春秋公羊传》。汉武帝初年诏贤良文学之士,董仲舒上"天人三策",建议独尊儒术,认为儒家提倡的道德伦理出自天,而"天不变,道亦不变"。董仲舒认为,孔子作《春秋》将古今天下"大义"寓于对历史的叙述之中,这个"大义",就是《春秋公羊传》中的"大一统"思想。所谓《春秋》的"微言大义",就是要用孔子的思想统一天下人的思想,用孔子的是非作为人类社会的是非。所以,董仲舒建议汉武帝"诸不在六艺之科,孔子之术者,皆绝其道,勿使并进"。① 董仲舒对儒家"大一统"思想的阐述,正契合了汉武帝的政治要求,所以儒学从此成为官学核心的内容。在对法的认识上,董仲舒对先秦儒家的思想以继承为主,即主张统治者应该行仁政、重教化,但同时在有关人性的认识、德与法关系的阐述中也对先秦儒学进行了改进,使其更符合社会治理的需要。

董仲舒奠定的主流法思想的内容有以下几点:

(1)"王者法天"的神权法思想

儒家强调君主的威严,而主流法思想则利用神权使这种威严获取了正当性。在正统法思想中,皇帝是上天在人间的代理人,是人与天的中介,他可以代天行赏,也可以代天行罚。皇帝既然是上天在人间的代理人,所以他"口含天宪",言出即法,在人间具有最高立法、司法权。董仲舒认为,社会上的君、臣、民等级制是天意的体现。"君为臣纲、父为子纲、夫为妻纲"的"三纲"与君仁臣忠、父慈子孝、兄友弟恭、夫义妻顺、朋友有信的"五常"是上天赋予人类的美德和秩序,违犯者便是触犯天意,皇帝就可"代天行罚"。因此,法制通过维护皇帝的权威,也维护了上天的意志。

但是,在人间至高无上的皇帝也不是不受任何约束的。既然皇帝为天之子,所以就要受到天意的制约。在汉以后的主流法思想中,"天"具有两个方面的含义,一是有意志、有奖惩能力的神格意义上的天。一是反映无处不在、无往不胜的自然规律意义上的天。有时这两种天的含义合二为一。正史中《五行志》常常以自然界的"祥瑞"与"灾异"之象,阐述天意。若有祥瑞出现,比如出现风调雨顺、黄河水清、瑞兽灵草时,便被称为"休征"。休,意为善。休征的出现,表示皇帝为政顺应了天意,是天对皇帝的奖赏;而有灾异出现,比

---

① 《汉书·董仲舒传》。

如逆时冷暖、地震日食等,便被称为"咎征",咎,意为过失、凶、惩处。咎征出现,意味着皇帝为政有违天意之处,是上天以此"谴告"皇帝,须改正过失。也就是"天谴"。遇有天谴,皇帝必须闭门思过,自省自察,甚至举行仪式,祷告上天,下诏罪己。

以往,我们只关注神权法思想使皇权神秘化,并赋予皇帝最高的立法权与司法权。但"王者法天"在主流法思想中,还有一层不同于夏、商、西周时神权法的意义,即天对皇权的制约。

(2)"德主刑辅"的德、刑关系说

"德主刑辅"是主流法思想的核心,来源于西周"明德慎罚"与先秦儒家"为政在德"的主张。其主要内容是主张在治国中以教化为主要手段,以法律制裁为辅助手段,以此共同维护伦理道德。董仲舒从两个方面论证了这种德、刑间的关系。

首先,从"天道"上讲。董仲舒认为,天地万物,以阴阳转化为"大",阳主生,阴主杀;上天有好生之德,故以阳为主,阴为辅。就人类社会统治方式而言:教化为德,德为阳;刑罚为杀,刑为阴。上天既然贵阳贱阴,阳多阴少,统治方式亦应"大德而小刑"。上天又以春夏为先,秋冬为续,体现了阳为先,阴为续的关系,人类社会的统治方式亦应顺应天意以教为政之本,刑为政之辅,"先德而后刑"。①

其次,从"人性"上讲。董仲舒认为:

"人受命于天,有善善、恶恶之性。"②"天有阴阳,人有善恶。"

董仲舒综合了先秦孟子"人性善"与荀子"人性恶"的学说,认为人性的善恶不能一概而论,而是因人而异。根据人性中善恶的多少,人可分为三品,即"圣人之性":不经教化便可从善,并劝导天下向善之人,这种人是极少数;"中人之性":身兼善恶两性,经教化可为善者,此种人为大多数;"斗筲之性":即恶性根深蒂固,冥顽不化,须以刑罚威吓方可收敛者,此种人为少

---

① 参见《春秋繁露·天辨在人》。
② 《春秋繁露·基义》。

数。这便是"性三品"之说。董仲舒认为：有"斗筲之性"，故刑不可废；而"中性之人"为大多数，故应以教为主。"德多而刑少。"

至此，董仲舒从"天道"与"人性"两个方面有力地证实了为政须"大德小刑"、"先德后刑"、"德多刑少"，此即为近代学者所归纳的"德主刑辅"所包含的内容。还有一点值得注意，即董仲舒虽然强调"德"的重要地位，但并不轻视法律。相反，他认为二者不可缺一。"阳者，天之德也；阴者，天之刑也。"①无论是从体现天意的阴阳变化上说，还是从人有贪仁恶善之性上说，刑的废弃都是不可能的。

(3) 礼律融合，法有等差的立法主张

"礼者为异"，礼的实质内容就是等级制度。在夏、商、西周社会中礼表现为宗法等级制，自战国变法后，礼表现为官僚等级制。主流法思想用阴阳变化来解释等级制，使等级制合法化、神秘化。在立法上，主流法思想将礼所体现的等级精神贯彻于法中，如确立皇权在法律上的至高无上、保护官僚的特权、承认同罪不同罚的合理等等，于是形成了礼律融合、法有等差的思想体系。汉代等级制度十分森严，在上朝时，贵族官僚按品级站班，高品在前，卑品在后，对皇帝行三叩九拜之礼。村野之中，长者位于幼卑之上，举行家宴时，须长者主持；家族中，亲者位于疏者之上，嫡亲与庶出尊卑有序。

(4) "《春秋》决狱"的司法主张

"《春秋》决狱"是直接引用《春秋》经义附会汉律，指导司法的一种制度，其兴盛于主流法思想形成时的汉中期。其后随着礼律融合的加深及经义入律而逐渐消失。

"《春秋》决狱"的核心是"原心定罪"，将儒家经义置于法律条文之上。"《春秋》决狱"的主张者与实践者是董仲舒。主流法思想奉儒家学说为正统，但"汉承秦制"的现实使法家思想指导下建立的法律制度不免与儒家的学说产生矛盾。解决儒家思想与法家制度之间的矛盾，是维护儒家独尊地位的关键。董仲舒的解决方案是：司法中须以儒家经典为指导，经律相矛盾时不惜以经破律，也就是说在司法实践中可以将儒家的经典直接作为裁断的依据。《春秋》决狱开司法中礼律结合之先河，为魏晋时期立法中的纳礼入律奠定了基础。

---

① 《春秋繁露·王道通三》。

"《春秋》决狱"的特点是"以经断狱"和"原心定罪"。以经断狱及原心定罪的主要特点是在量刑时要着重考虑犯罪动机。有些人出于善心而犯了罪可以赦免，而有些人言行虽合法度，但心怀不轨，亦应治罪，所谓：

"志善而违于法者免，志恶而合于法者诛。"①

孝子出于孝心，为亲复仇而杀人违法，断狱者应表彰孝子孝亲的动机，不仅不应将复仇杀人的孝子绳之以法，反而应旌扬其孝行。

（5）顺天则时的"司法时令说"

"司法时令说"是主流法思想兼容阴阳家学说的体现。主流法思想认为"天人合一"，人间的赏罚应与"天意"相符。在春夏万物生长之际，应从事教化奖赏；秋冬万物肃杀之时，则应从事断狱活动，故而"春夏庆赏，秋冬行刑"成为制度，这也是中国古代死刑往往秋后执行的原因。

"司法时令说"对帝王亦有制约，即要求皇帝"顺天"则时。"顺天"是说若天有反常之象，如灾异、当寒不寒、当暑不暑，皇帝应反省自己的言行是否有违天意之处。其次要"则时"。如《礼记·月令》中言，当春夏阳和之际，皇帝也应效法天意，善待人犯，停止一般的狱讼和拷掠犯人以体现仁慈好生之德；秋冬时要效法天的肃杀之威，对罪大恶极者"秋后问斩"。

3. 汉儒的贡献与主流法思想的影响

在法思想方面，汉儒继承并发展了先秦儒家学说，其有两大贡献：

第一，确立了刑的辅助地位，将先秦儒家的德治发展为"德主刑辅"，并以此来指导立法、司法实践。董仲舒用自然阴阳五行的变化规律论证儒学德礼政刑的思想，认为天地万物皆由阴阳演化而成，阳"以生育养长为事"，阴"积于空虚不用之处"，自然界中阳主阴辅是天意的体现，故而上天有好生之德。人类社会的发展，在董仲舒看来也是阴阳演化的一个组成部分，统治者为政的手段应仿效阴阳变化："天道之大者，在阴阳。阳为德，阴为刑；刑主杀而德主生。"②因此，统治者在治国中应将德礼放于首位自不待言，否则便是逆天意而

---

① 《盐铁论·德刑》。
② 《汉书·董仲舒传》。

动,必遭天谴。孔子"礼乐不兴,则刑罚不中"的思想被如此神化,在秦王朝被视为神圣的、以刑杀为主体的法律自然退居次要地位,成为礼教的辅助手段及治国的下策。

第二,将儒家学说现实化,儒学由"圣人之学"变为统治者的学说,使儒家的法体系更具有现实性。孔子的学说之所以被春秋至秦代的统治者弃而不用,重要的原因在于理想色彩太浓。有人曾问政于孔子:"如杀无道,以就有道,何如?"孔子答道:"焉用杀?子欲善而民善矣。"①在先秦儒家看来,政治就是如此简单。"君正则天下正。"只要君主心存仁义,天下之人便会弃恶从善。然而,先秦儒家所向往的政治,在具体实践中又格外复杂,史家评论其繁文缛节"博而寡要,劳而少功"②。与先秦儒家不同,相对统治者自身的道德修养来说,汉代儒生更注重统治者的统治方式。因而在肯定教化的同时,汉儒并不认为"人皆可以为尧舜",不讳言有"恶人"的存在,因而他们也就不讳言刑杀的震慑作用,所谓:"阳不得阴之助,终不能独成岁。"③对传统的礼,汉儒则明智地取其"微言大义",将礼作为刑的原则与指导。因此,在汉代,不仅儒家的思想得到了弘扬,而且在法家理论指导下建立的秦法制亦得到继承。"汉承秦制"④标志着汉代政治家、思想家治理思想的现实与成熟。经过汉儒改造的主流法思想,将礼与法逐渐有机地融合为一体。

自汉以后,礼法融合便成为中国古代法发展的主旋律,"德主刑辅"成为主流法思想的核心内容。在礼法融合的过程中,古代法向着儒家化、伦理化、道德化方向发展。董仲舒的"《春秋》决狱"、西汉后期兴起的以经注律、魏晋南北朝时的引经入律等,为"一准乎礼"的唐代法律形成打下了深厚的基础。

---

① 《论语·颜渊》。
② 《史记·太史公自序》。
③ 《汉书·董仲舒传》。
④ 《汉书·刑法志》。

(三) 魏晋时期的律学对主流法思想的深化

1. 魏晋时期的律学

(1) 律学的沿革

律学是经学的一个分支,其形成于汉代。汉中期,以儒家为本的主流法思想形成后,在法律领域出现了儒家思想与法家制度之间的矛盾。为了协调这一矛盾,董仲舒时采用"《春秋》决狱"的方法,即以儒家的经典《春秋》所体现的精神指导司法,有时甚至以经代法,用经典作为量刑定罪的依据。"《春秋》决狱"这种方式,开启了以经注律的风气。以经注律的目的在于用儒家的学说改造秦留传下来的法制,将法律制度纳入主流法律价值观所要求的轨道,以达到礼律融合的目的。而律学便在此时作为经学发展的附属品产生了。

东汉时,以经注律之风大盛。叔孙宣、郭令卿、马融、郑玄等十余家以儒家经典为原则对汉律进行了详细注释,以致律的注解繁杂不堪。于是曹魏初期曾下令,将郑玄的注释确定为官方解释,规定在司法实践中以郑玄的注释为准。①

三国曹魏之时,律学成为专门的学问。但精通律义者皆通经学,许多学者将研究的重点放到了对立法的研究上。陈群、刘邵等一批著名的律学家直接参与了当时《新律》的修订,并将自己的研究成果运用于立法实践之中。与汉《九章律》相比,《新律》的篇章体例都有了较大的变化。② 在律的体例上,《新律》集罪名为"刑名"篇,冠于律首,以统诸篇。在内容上,将"八议"入于律中,开辟了立法上礼律融合的新途径。"八议",即《周礼》中规定的八种人犯罪须经特别审议才能裁决,他们一般都享有被减免刑罚的特权。这八种人大都是皇亲国戚或高级官吏、显贵。三国时的律学发展,使律的体例更为科学,内容更为丰富。

晋代是律学的鼎盛时代。司马氏取代曹魏,建立晋朝,统一了中国。为了巩固自己的统治,他们极力以名教礼法自相标榜,以维护主流法思想为己任。律学也得到司马氏统治集团的高度重视。晋武帝司马炎于泰始三年(公元267

---

① 参见《晋书·刑法志》。
② 参见《晋书·刑法志》。

年)颁布了《泰始律》(《晋律》),这一律典的颁行,凝结着律学家的心血。杜预、羊祜等知名律学家皆参与了《泰始律》的修订,他们以儒家经典为指导,对汉、魏以来的律令条款进行了系统的修订和阐释,又将维护儒家学说的"亲亲、尊尊"的"五服"制度入于律中,使《晋律》成为一部儒家化的法典。《晋律》颁行后,杜预、张斐分别为之作《律本》、《律表》,对《晋律》的原则和条文进行了阐述,对《晋律》篇章的变动作了说明,对一些具体的罪名、刑名作了准确的诠释。经晋武帝批准,《律本》、《律表》与《泰始律》一同颁行天下,时人称为"张杜律"。晋代律学上集汉魏律学发展之大成,下启隋唐律疏学之先河。

(2)律学家简介

魏晋南北朝时期,律学家的主要代表人物有张斐、杜预、刘颂。

张斐,魏末晋初时人。晋武帝时曾任明法掾。张斐官职虽然不高,但其对儒家经典及历代兴衰之事却多有研究,是当时著名的经律兼通的学者。他曾总结秦、汉、魏以来的立法、司法利弊,作《汉晋律序注》与《律解》。这两部律学著作已佚失。其所著《律表》被部分收录于《晋书·刑法志》中。《律表》对《泰始律》的立法原理进行了论证,并总结了前代立法、司法经验。张斐对律的见解,深得统治者的赏识。其提出的一些立法、司法原则也为后世所推崇。如:张斐以为制定法律,须正其理,"理直刑正"。① 在司法审判中又须"慎其变",灵活掌握处刑的轻重,以求理、情、刑的完美结合。张斐对以往法律的总结,及对律"理"的重视,表明主流法思想正在走向成熟。

杜预(公元222—284年),西晋时人,律学家,同时也是政治家与军事家。杜预历任河南尹、度支尚书、镇南大将军等职。他博学多识,尤为推崇《左传》,自称有"《左传》癖"②。在法律上,杜预直接参与了《泰始律》的修纂,并为《晋律》作注。《晋书·刑法志》收录了其所著的《律本》。在《律本》中,杜预提出礼法并用,纳礼入律,维护了主流法思想的主导地位。并杂糅玄学家的思想,提出立法须简约,一反汉末之后繁杂之道,为主流法思想的发展提供了坚实的理论依据。

---

① 《晋书·刑法志》。
② 参见《晋书·杜预传》。

刘颂,西晋时人。出身于名族,为官近四十年。晋武帝时为尚书三公郎,主管司法具体工作,后升为中书侍郎,又任廷尉,掌管全国的司法审判工作。廷尉实为当时全国刑狱最高审判机构的长官。晋灭吴后,刘颂出任河南太守、淮南相。晋惠帝时又回到朝廷,官拜三公尚书、吏部尚书等职。刘颂所任官职多与司法审判、监察考核官吏有关,在立法执法诸方面有着丰富的经验。他为廷尉时,人们将他比作西汉文帝时著名的廷尉张释之;为地方官时,人们称他"在官严整,甚有政绩"。其为官以公正廉洁、执法严明、直言敢谏而著称。由于刘颂为官阅历丰富,所以对当时政治的弊端,尤其是法律的弊端往往能一语中。故而他"论律令事,为世论所美"①。与张斐、杜预相比较,刘颂的主张更富有实践性,他主张统一法令,简而不漏,又主张恢复肉刑,依法断案,罪刑相当。这些主张丰富了主流法思想。

(3) 律学家对法律的研究成果

晋代律学家对律的研究成果主要集中于三个方面。其一是纳礼入律。将汉代董仲舒开启的司法上的礼法融合深入到立法领域。"峻礼教之防,准五服以制罪。"②使《泰始律》成为第一部儒家化法典。其二,对律典体例继续完善。晋代继承了曹魏时对律典体例的改革,并对《刑名》篇的内容加以充实,使其起提纲挈领的作用。《刑名》外又设《法例》篇,述"随事轻重取法"(根据案情而适用法律)的原则。北齐时合《刑名》、《名例》为一篇置于律典之首,此后历代相沿。其三,用准确的语言对法律专名词进行了解释,统一了人们对法律的理解。如对罪名的解释有:"知而犯之谓之故,意以为然谓之失"(知法犯法谓之"故意",不知道的情况下违法谓之"过失"。故意加重处罚,过失减轻处罚),"两讼相趣谓之斗,两和相害谓之戏"(两人在争吵中相打谓之"斗",两人在开玩笑的打闹中有所伤害谓之"戏"。斗者加重,戏者减轻),等等。③这种对法律术语的精确解释促进了法律的发展,也表明中国古代法律研究的进一步深入。

2. 律学家的法思想

律学家的法思想虽然不尽相同,各有侧重,但总体来说不外乎两大内容:第

---

① 参见《晋书·刘颂传》。
② 《晋书·刑法志》。
③ 参见《晋书·刑法志》。

一，是对主流法思想的继承；第二，是在修律过程中，对主流法思想的某些内容加以修正和补充，使主流法思想更适应社会及形势的发展和需要。

(1) 对主流法思想的继承

律学家一般来说都是汉以来主流法思想的继承者。与一般经学家、思想家不同的是，律学家专注于对法律的专门研究，对完善主流法思想的基本原则与体系有着更多地关注。律学家大都既"通经"又"明律"，经律兼治，将汉以来的礼律融合趋势推向了深入。在继承方面，律学家有以下主张：

第一，礼法合一，以礼率律。

张斐以为律应该体现礼的精神，一部律典应是礼法合一的完美体现。他解释《泰始律》之所以采用以"刑名"篇为首、"诸侯"篇为末这种体例时说，这种体例意在体现"王政布于上，诸侯奉于下，礼乐抚于中"①的原则。"礼乐抚于中"即以礼乐贯穿《泰始律》各个篇章，以达到礼法合一、以礼率律的原则。张斐对《泰始律》体例的阐发，继承了主流法思想礼律融合的主张。

杜预在注律时，同样注意到"网罗法意，格之以名分"②。所谓"名分"，便是儒家提倡的尊卑等级制，董仲舒将之概括为"三纲"。"格之以名分"就是要以"三纲"为宗旨来解释法的精神所在，礼是律的指导与灵魂。

刘颂是一个重刑论者，但他不因此而轻视礼的作用。相反，他强调法必须以"尽理"为标准。若不"尽理"则须修改。刘颂的"理"与张斐所言的"礼乐"、杜预所言的"名分"一样，是儒家提倡的道德伦理纲常。刘颂强调对"尽理"之法必须严格遵守，"行之信如四时，执之坚如金石。"③但刘颂并不固守主流法思想中的一些内容，他认为汉中期的"原心定罪"、"法外之仁"是当时法律不完备，即法尚未能"尽理"时的现象，在立法逐渐完备后，一些"变通"的制度应该因时而变。在《泰始律》合礼法为一体、从立法上解决了儒家思想与法家制度矛盾的背景下，那么遵守了法律就等于遵守了礼教，而破坏了法律亦等于违背了礼教。刘颂严于执法的思想是审时度势的产物，其与主流法思想并不矛盾。

---

① 参见《晋书·刑法志》。
② 《晋书·杜预传》。
③ 《晋书·刑法志》。

第二，法出一门，法令划一。

律学家重视法律的权威性，力主将立法权收归朝廷，统一于皇帝，以此杜绝汉末以来政出多门、天下纷争、皇权衰微的局面。

杜预直截了当地提出：

"法出一门，然后人知恒禁，吏无淫巧，政明于上，民安于下。"①

只有统一立法，人们才知道法律的权威，官吏才无法舞文弄墨、鱼肉民众。政治因此而清明，百姓因此而安居乐业。所谓"法出一门"，就是要将立法权归于朝廷。

总结历史经验，刘颂认为汉惠帝以来，政局混乱的原因在于"法渐多门，令甚不一"。立法不统一成为政治上的一大弊端："吏不知所守，下不知所避"，法令的权威受到了极大的损害。他因此而上《请刑法画一疏》，要求将立法权收归中央。刘颂进而认为，统一的法令一旦确立后，君、臣各有职守。司法官吏的职守就是依据法律办事。他强调：

"主者守文，死生以之，不敢错思于成制之外以差轻重。"

当遇到少数疑难案件，法律没有明文规定，与礼又有冲突之时，即对"事无正据、名例不及"、"理有穷塞"的案件，则由中央主管司法工作的大臣根据礼与律的原则加以解释。但大臣的权力只限于对法令的解释。而超出法律之外的"非常之断，出法赏罚"唯有皇帝才有权行使。这就是所谓"主者守文"、"大臣释滞"、"人主权断"。④刘颂划一法令的主张有两大特点。一是强调法令的权威。除皇帝外，任何人都不得擅自改动法律。主守官吏更是要以守法为天职，与法令共存亡。二是，刘颂最终还是将皇权置于了法律之上，赋予人主以"权断"之权。这固然是统一法令的需要，但也反映了刘颂皇权至上的思想。在维护皇权这一点上，律学家与主流法思想也是完全一脉相承的。②

---

① 《艺文类聚·五四》。
② 此段引文参见《晋书·刑法志》。

律学家对主流法思想的继承，不只是停留在理论上，而且体现于修律的实践中。《泰始律》中所设的一些罪名体现了违礼入律的原则。如："亏礼废节谓之不敬"、"陵上僭贵谓之恶逆"、"违忠欺上谓之谩"、"逆节绝理谓之不道"①等。这种将理论用之于实践的风尚为后世立法者所继承，隋唐主流法思想的法典化便是这种风尚延续发展的结果。

（2）对正统法思想的发展

在忠实地继承主流法思想的同时，律学家根据时代的变化，不失时机地对主流法思想的内容进行了补充、修正。

第一，"理直刑正"的立法主张。

总结以往的经验，律学家认为：法律执行顺利与否，立法的质量有着举足轻重的作用。立法合理，法律的执行就顺利；立法违于理，法律在执行中必然会差错百出。律学家认为，以往立法有两大弊端，一是礼律的结合有些牵强或不严密，以致产生礼、法对立的现象。二是法令过于繁杂，以致前后矛盾，使官吏不知所守，民不知所避。

针对弊病，律学家提出了对策。张斐提出进一步融合礼法，使礼成为用刑的准则，即"理直刑正"。此处的"理"是法之理、律之理、刑之理，亦是万事之理。张斐说："夫理者，精玄之妙，不可以一方行也。"这就说明张斐之"理"是无处不在的事物发展规律。在中国古代社会中，伦理发达，万物之理归结为一点就是做人之理，而做人之理即为"三纲五常"。"理直"，即纲常名教大兴；"刑正"，即用刑准确无误。在张斐看来，用刑须以兴礼教为前提，如此才能达到用刑的目的，如孔子言"礼乐不兴，则刑罚不中"。其次，律学家都主张立法须削除烦苛，简明易知。张斐明确指出，《泰始律》的首篇"刑名"篇实为律典之"纲领"，其体现了法之"理"，这一篇设置的目的，意在使人们明白法律宗旨、原则之所在。

"经略罪法之轻重，正加减之等差，明发众篇之多义，补其章条之不足。"

"刑名"篇可以简化法律条文，突出"理"的指导作用。因此，简明法条，

---

① 《晋书·刑法志》。

实为"理直"的必要措施。①

杜预对汉以来"法令滋章，巧饰弥多"的状况进行了抨击，他认为"刑之本在于简、直"。律典是国之大法，不是说教论理之书，因此应以准确、易懂、简明为立法标准。只有简单、准确，人们才能记住法律的要求，法律才能发挥效用。也只有简单、准确、天下人尽知，贪官污吏才无法钻法律的空子，鱼肉百姓。②

刘颂同样主张立法须简明扼要。他认为只有简明扼要的法律才易于人们遵守。如果立法过于繁密，常常会本末倒置，严惩了轻微的犯罪，而漏掉了害政的大奸。如此，法律不仅无法树立权威，反给人以"苛政"的恶劣印象。他提出立法须"简而不漏"、"大罪必诛"。如此可以保持法律的权威，也可以"为政不苛"。③

第二，"随事取法"的审判原则。

律学家强调遵法守礼，但他们同时强调礼与律都不是僵化的、一成不变的。礼法在实践中的运用应随时随事而变易。

张斐认为量刑定罪须"刑"、"理"、"心"、"情"、"事"综合考察。他说：

> "夫刑者，司理之言；理者，求情之机。……论罪务本其心，审其情，精其事，近取诸身，远取诸物，然后乃可以正刑。"④

心，为犯罪动机；情，为人之常情或犯罪时的情绪；事，为犯罪后果。这段话的意思是说，用刑须以理为指导。考察犯罪者的犯罪动机以及当时的情绪及犯罪后果，并要甄别犯者的供词及人证与物证，然后定罪用刑。这种"本其心，审其情，精其事"的论罪原则弥补了正统法思想中"原心论罪"的缺陷，于理于法皆有兼顾。

杜预认为在审判中要以充分体现"名分"这个大礼为宗旨，对一些"析薪小

---

① 此段参见《晋书·刑法志》。
② 此段参见《晋书·杜预传》。
③ 此段参见《晋书·刘颂传》。
④ 《晋书·刑法志》。

理",即无关宏旨的繁文缛节可以简化变易。他提出:

"远遵古礼,近同时制,屈除以宽诸下,协一代之成典。"①

即综合考察古今变迁,而制定礼乐。史书称杜预"习于变礼者"。② 他强调"审名分者,必忍小理"。③ 即当名分与律条产生矛盾时,要存大舍小,变易律令。

刘颂虽然主张严格执法,但他并不反对在审判时"赦小过"。他认为法律的首务是严惩大奸大恶,对一些"微罪"可以赦而不究。他提出"纲举网疏"的司法主张,"纲举"则大奸必惩,"网疏"则小罪可漏。刘颂思想最有特色之处,是提出了"重刑"的主张。这与其政治思想不无关联。刘颂认为汉魏以来,实为较为混乱的"叔世"。④ 刑不制罪,法不胜奸。一味地拘泥于小仁小义,固守繁琐的礼节德治,则会导致奸恶之事泛滥。为此,刘颂主张用严刑重罚来整肃社会,他认为汉文帝废除肉刑,有违于圣王之典,是舍弃了大仁的"小仁"。他极力主张恢复肉刑,用肉刑达到"止奸绝本"、"以刑止刑"的目的。刘颂恢复肉刑的主张虽不可取,但是他强调用刑的目的在于预防犯罪则不无可取之处。

第三,刘颂"严明执法"的司法主张。

律学家中,刘颂最强调法的权威,为了充分地论证法的权威性,他将法家的观点纳入自己的思想体系之中,这在当时儒家独尊的情况下是难能可贵的。也正因如此,刘颂的思想对正统法思想才多有补益。刘颂提出了"人君所与天下共者,法也"的观点。认为人君虽有"权断"之权,但却应当与天下之人共同守法,以取信于民。皇帝的"非常之断,出法赏罚"必须有理有节,不可一味乱用。刘颂尤其反对皇帝"法外施仁",他认为"法外之仁"往往是以小仁小惠而坏大信大法。他告诫皇帝"不可以不信为教","不可绳之以不信之法"。刘

---

① 《晋书·礼志》。
② 《晋书·杜预传》。
③ 《晋书·杜预传》。
④ 叔世,为较为混乱之世。古人有伯、仲、叔、季由大而小的排列之法,季世为末世。

颂认为，晋时状况有别于汉。《秦始律》已使礼律得到有机的结合，改变了汉时出现的儒家思想与法家制度相互矛盾的状况，因此破律即等于坏礼。鉴于此，他对儒家"议事以制"、"看人设教"、"随时之宜"重新作了解释。他认为"议事以制"须依法而议，不得背法"妄议"。"看人设教"、"随时之宜"是指立法时须考虑到面对的对象与形势，而在执法中则须严格依据法律办事。强调立法上的差异、执法上的平等，是中国古代法律平等思想的普遍特征。鉴于执法平等的要求，刘颂明确提出了类似于近代罪刑法定主义的司法原则，即：

"律法断罪，皆当以法律令正文；若无正文，依附名例断之；其正文、名例所不及，皆勿论。"

这是对我国古代司法理论的重要贡献。①

魏晋南北朝时期的律学家对法律的研究没有停留于对礼法关系、法律作用等问题的一般论述上，而是对前代的法制经验和教训进行了全面的总结，对法之"理"进行了深入的讨论。律学家的法律研究成果在《晋书·刑法志》中多有记载。

第四，设"律博士"及其他建议。

曹魏时的卫觊研究了法与政的关系，提出政之弊在于狱吏地位卑下，私议轻视法律。他说：

"刑法者，国家之所贵重，而私议之所轻贱；狱吏者，百姓之所悬命，而选用者之所卑下。王政之弊，未必不由此也。"

为了加强人们的法制观念，提高狱吏的素质和地位，卫觊建议设置律博士，以培养狱吏，宣传法律。他的建议得到朝廷的认可。

在立法方面，陈群、刘劭总结了以往律典的缺陷。其一，篇目太少，以至条款过于疏阔，许多罪行得不到应有的惩罚，而后人增设的条款又与其本意相离，不成体系，杂乱无章，即"篇少则文荒，文荒则事寡，事寡则罪漏"。其

---

① 此段引文参见《晋书·刑法志》。

二，汉《九章律》将律典的总纲《具律》置于第六篇，"既不在始又不在终"，不能使人一目了然地领会法的精神与原则。鉴于此，《魏律》整理了前代所遗留的律令条目，将之系统化，编为十八篇，又将《具律》改为《刑名》，置于律典之首，使人开卷而知其宗旨。这种律典体例的科学化显然应归功于律学家对律的研究成果。①

3. 对律学家的评价

魏晋南北朝时期的律学家在中国法律发展史上占有重要的地位。律学家身处主流法思想发展之际，负有继往开来的重要使命。他们对礼法关系的深入研究，在立法、审判原则上的创见为主流法思想注入了新的内容。在律学家理论中，礼律融合找到了新的途径。

律学家在继承、发展主流法思想方面确实不辱使命。律学家对主流法思想的补充主要表现于四个方面：第一，在立法上，吸取了玄学家的思想，提倡立法简直，使律典从繁琐的条款及杂乱的注释中摆脱出来而自成一体；第二，在执法上，吸取了先秦法家的平等观，认为在律典融礼律为一体的情况下，应依律断罪，从而提高了法律的地位；第三，在审判方面，强调综合考察各方面的情况，使刑、理两全，从而加强了法律的社会效益；第四，对法律的精确解释，统一了人们对法律的理解，可以有效地避免同罪异判的状况。律学家的功绩不仅仅是继承了主流法思想，而是在继承的同时，将主流法思想所倡导的礼法融合推向深入。隋唐继此发展的趋势，使主流法思想贯彻于立法、司法的实践中。

但是，我们决不可因此而断定律学家是一个主张"法治"的学派。其实，恰恰相反，律学家对律的研究，依附于他们对经的理解。他们研究律的目的，在于使法律更好地体现儒家经典的精神，使礼律达到完美的结合。重律，是因为律与经相一致。对于与礼相违的律，律学家则称之为未"尽理"之法，或称为"析薪小理"而加以删除修订。

（四）隋唐时期主流法思想的法典化

唐朝统治者，十分注重将主流法思想贯彻于实际的立法、司法之中。如何

---

① 此段参见《晋书·刑法志》。

将主流法思想与实践结合,自汉中期便开始了探索。晋律儒家化找到了主流法思想与立法、司法实践的结合点,即将礼直接纳于律中。唐代则发展了晋律儒家化的趋势,通过立法,将主流法思想倡导的精神法典化。其主要反映在《唐律疏议》之中。

《唐律疏议》是隋唐时期主流法思想法典化的标志,其反映出的主流法思想的内容十分丰富,这里着重论述其将礼法并用、三纲五常及尊卑等级有别的思想法律化的内容。

1. 礼法并用思想的法律化

西汉董仲舒以"《春秋》决狱"的方式将儒家经义应用于法律实践之中。他以《春秋》经义决狱,以经代律,在司法领域中,以儒家的思想逐渐置换了法家的思想,奠定了礼法融合的发展方向。此后,儒家思想也不断渗透到立法领域中,但其不仅只是一种"指导"思想,而是将一些礼的规范、制度直接融合到律中,形成法典的道德化和道德的法律化。如曹魏《新律》中的"八议制度"、《晋律》中的"重罪十条",都是以礼入律、礼法融合的反映。

领衔修订唐律的唐初宰相长孙无忌在《律疏议序》中阐明了唐律是一部以德主刑辅为原则、礼法融合为内容的法典。他说:

"德礼为政教之本,刑罚为政教之用,犹昏晓阳秋相须而成者也。"

即德礼是为政的根本,刑罚是为政的手段,德礼和刑罚对国家的治理都不可缺少,犹如白昼黑夜相互依存而成一天,春阳秋阴相互依存而成一岁一样。这里将法律的功效和礼义道德的作用有机地结合起来。纵观《唐律疏议》,礼的精神已经完全融化在律文之中。不仅礼之所许,律亦不禁,礼之所禁,律亦不容;而且尊卑贵贱等数不同,刑名轻重粲然有别。这标志着中国古代法律的儒家化已告成功。

2. "三纲"思想的法律化

自汉中期以后法皆以维持礼教为中心,以主流法思想归纳的"三纲"为根本原则。"一准乎礼"的唐律全面而具体地体现了"三纲"的原则,凡是有违"三纲"的言行,都被认为是不赦之罪,是刑罚惩罚的重点。

(1)"君为臣纲"在唐律中的反映

"三纲"将"君为臣纲"置于首,"父为子纲"、"夫为妻纲"从属于"君为臣纲"。为了确保皇帝的权力及其人身的安全,唐王朝在法律上作了严格的规定,凡属于违反"君为臣纲"的言行、危害皇帝的犯罪,均被视为罪大恶极,严惩不贷。这些犯罪,归纳起来有以下几种:

第一,谋反、谋大逆。

从隋朝起,谋反、谋大逆被确定为"十恶"[①]中第一、第二大罪。唐律则进一步对谋反、谋大逆分别作了详细的说明,并规定了严厉的刑罚。《唐律疏议·名例律》云:谋反,即"谋危社稷",《疏议》曰:

"案《公羊传》云:君亲无将,将而必诛。谓将有逆心,而害于君父者,则必诛之。"

唐律规定:"诸谋反及大逆者,皆斩;父子年十六以上皆绞,十五以下及母女、妻妾、祖孙、兄弟、姊妹若部曲、资财、田宅并没官……"值得注意的是,《唐律》根据不同情节,对"罪名"的规定更为细致,描述更为准确,直接反映了魏晋以来律学的研究成果。比如将"谋反"分为三种情况,分别给予不同的严惩。第一种情况是"谋反未行"。《疏议》解释这种谋反罪时说:"始兴狂计,其事未行,将而必诛,即同真反。"这就是说只要有反对皇帝及其政权的预谋,就构成了谋反罪,就要受到最严厉的惩处。第二种情况是"谋反已行",而无后果。《唐律》规定:"即虽谋反,词理不能动众,威力不足率人者,亦皆斩;父子、母女、妻妾并流三千里。"《疏议》解释这种谋反罪是"虽构乱常之词,不足动众人之意;虽骋凶威若力,不能驱率得人;虽有反谋,无能为害者"。这说明虽有行为,实际上并不能造成危害后果的,也要处以重刑。其目的在于把谋反消灭于萌芽状态,以免酿成后患。第三种情况是口头上有"欲

[①] "十恶"是北齐律中规定的十种严重犯罪,称"重罪十要"。隋律改称为"十恶",此后一直沿用。主流法思想认为凡犯十恶者,都是德行有亏之人,属于用心不良的故意犯罪,所以一律不能赦免。《唐律疏议·名例律》规定"十恶"为谋反、大逆、谋叛、恶逆、不道、大不敬、不孝、不睦、不义、内乱。凡犯有这十种罪者,无论情节及量刑轻重,皆须按律处置,不得赦免。

反"表示，行动上无任何表现。唐律规定："诸口陈欲反之言，心无真实之计，而无状可寻者，流二千里。"《疏议》解释说：这种人就是"实无谋危之计，口出欲反之言，勘无实状可寻，妄为狂悖之语者"。对这种妄为狂悖之语的人虽也处流二千里重刑，但较之于其他两种处刑为轻。

唐王朝对于谋大逆者也处以与谋反相同的刑罚。所谓"谋大逆"是指"谋毁宗庙、山陵及宫阙"。《疏议》解释说：犯"此条之人，干纪犯顺，违道悖德，逆莫大焉，故曰'大逆'"。① 他们认为，死去皇帝的陵庙也神圣不可侵犯，因此把毁坏陵庙视同谋反一样严重的犯罪行为，并规定了同样的刑罚。

第二，危害皇帝安全。

自秦以来，历代都有警卫皇帝人身安全的法律，唐律也对保卫皇帝人身安全有全面而具体的法律规定。只要是危及或可能危及皇帝安全的言行，无论大小，都要受到法律制裁。《职制律》规定：为皇帝制药有误者绞；"料理拣择不精者，徒一年"；为皇帝制作御膳时，误犯食禁"主食绞，若秽恶之物在食饮中，徒二年"；为皇帝制造车船不牢固"工匠绞"；对皇帝使用的车马衣物"持护修整不如法者，杖八十；若进御乘失者，杖一百"。

唐律还规定：无凭籍而"阑入宫门，徒二年。殿门，徒二年半。持杖者，各加二等。入上阁内者，绞；若持仗及至御在所者，斩。未奉诏敕而擅自开闭宫殿门者，绞"。② 这些法律规定都是为了保卫皇帝的安全而制定的，也体现了"君为臣纲"的思想。

第三，大不敬。

在专制集权的王朝中，皇帝的权威与尊严从来都是高于一切的，所以不仅唐律，各代法律都有"大不敬"或相类似的罪名。而唐律的规定最为完备，其"君为臣纲"的思想在法典中得到细致、完整的反映。根据唐律的规定，"大不敬"罪的内容及惩罚措施大约有以下五项：

大祀不合法律规定"杖六十；以故废事者，徒二年"。

上书触讳"误犯宗庙讳者，杖八十；口误及余文书误犯者，笞五十。即为名字触犯者，徒三年"。

---

① 《唐律疏议·名例律》。
② 《唐律疏议·卫禁律》。

盗窃皇帝"八宝（御玺）者，绞"。

攻击皇帝（"指斥乘舆"）内容恶毒（"情理切害"）者，斩；不甚恶毒者（"非情理切害者"），徒二年。

不执行皇帝命令，口出抗拒之言者，绞。①

"君为臣纲"是唐律制定时的指导原则。唐律对任何违背皇帝意志、触犯皇帝尊严、危害皇帝安全的言行都给予严厉的处罚，决不宽宥，使主流法思想在律中得到了充分的体现。

(2)"父为子纲"在唐律中的反映

主流法思想提倡孝道，主张以孝治天下，所以中国古代法可以说是以家族为本位。"父为子纲"强调的是孝，其也是中国古代伦理道德观的核心所在，是"三纲"的基础。《大戴礼记·曾子大孝》篇言：

"居处不庄，非孝也；事君不忠，非孝也；居官不敬，非孝也；朋友不信，非孝也；战阵无勇，非孝也。"

通过孝，而忠、敬、信、勇，所以中国有"万善孝为先"的古语。唐律将"孝"法律化，凡不"善事父母"者，构成"不孝"罪，"不孝"为"十恶"之一，属于"不赦"之罪。律文根据不同的情节对不孝罪有不同的量刑标准。情节较轻者，如祖父母、父母在"而子孙别籍、异财者，徒三年"；违犯家长教令及供养有缺者，徒二年；闻父母丧，匿不举哀者，流二千里；"丧制未终，释服从吉，若忘哀作乐，徒三年"。② 情节较重者如"詈祖父母、父母者，绞；殴者，斩。过失杀者，流三千里"③等。但对"不孝罪"无论情节轻重，都要按规定行刑，任何情况都不得赦免。有时，犯杀人罪的死刑犯，在皇帝发布大赦令的情况下可以免死，但犯了"十恶"，包括"不孝"之罪的人，按律当斩者自不待言，即使按律只需判流、徒、杖、笞者的"轻刑"也不得减免。因为一般死刑犯中或有"情有可悯"之人，而犯"十恶"罪者则皆为严重破坏伦理道德的"亏

---

① 此段归纳参见《唐律疏议·职制律》。
② 上述引文见《唐律疏议·户婚律》。
③ 《唐律疏议·斗讼律》。

损名教,毁裂冠冕"①之徒,不存在什么可悯之处,此即"死罪可免,活罪不饶"。

(3)"夫为妻纲"在唐律中的反映

"夫为妻纲"在唐律中有以下规定:

妻妾不经丈夫同意,擅自离弃,"徒二年";但丈夫背妻逃亡,不属于犯罪,而且被离弃的妻子须守期三年,不准改嫁。

夫妻殴斗,"诸妻殴夫,徒一年;若殴伤重者,加凡人斗伤三等;死者,斩"。反之,如夫殴妻一般不治罪,伤重者"减凡人二等"治罪,"死者,以凡人论"。同一斗伤罪,一则加三等,一则减二等,处刑相差五等之多,男女尊卑地位的差别相当明显。

闻夫丧不举哀,"流二千里";如果"丧制未终,释服从吉,若忘哀作乐,徒三年"。

居夫丧而嫁人者,离异,徒三年。

"夫为妻纲"在法律中还表现为法律对离婚条件的规定上。在古代,离婚一般情况下只是"夫"方单方面的权利。如妻犯有"七出",夫则可将其逐出家门。七出为"无子"、"淫逸"、"不事舅姑"(公婆)、"口舌"、"盗窃"、"妒忌"、"恶疾"。

唐律将"三纲"法典化,确实减少了思想与制度的分离和冲突。这不仅使法典在实践中日臻完善,而且主流法思想的主张至少在立法中发挥了切实的导向作用。

3. 尊卑有别的等级法律化思想

唐律既然以主流法思想为指导,就不可能不反映礼的特点。"礼者为异",就是说礼制就是等级制。虽然唐初统治者强调执法的公平性,但在立法上仍然强调等级差异。唐律始终贯穿了礼的"贵贱有等、良贱异法"的精神,它按照礼的原则,将人们分成等级,给每一等级的人规定了不同的法律地位,赋予了不同的权利和义务。唐律维护等级特权的规定很多,这里只着重谈贵族、官吏有罪无刑及良贱异法的问题。

---

① 《唐律疏议·名例律》。

(1) 贵族、官吏有罪无刑

贵族、官吏有罪无刑是指唐律规定在某种情况下,贵族、官吏犯罪可以通过议、请、减、免、赎、官当等各种合法的渠道免除或减轻刑罚。唐律依照人们的社会身份、地位、职业等规定了不同人的不同等级:皇帝至高无上,拥有最高的行政、立法、司法、军事、经济等权力;在皇帝之下,依次分成贵族官吏、平民、贱民。就贵族官吏来说,他们可根据自己的品阶,分别享有减免刑罚、免纳赋税、免服徭役及世袭官爵、荫及亲属等特权。总之,他们是唐律优容的对象。

当贵族官吏触犯国法时,唐律制定了议、请、减、赎、官当等减免刑罚处分的规定。

所谓"议",即"八议",最早始于西周,三国曹魏时入律。"八议"所指的八种人犯罪,须上请皇帝裁决。其范围是"亲(皇帝及皇太后、皇后、皇太子、妃的亲属)、故(皇室故旧)、贤(有大德行者)、能(有大才艺者)、功(有大功勋者)、贵(职事官三品以上,散官二品以上,爵一品者)、勤(大勤劳者)、宾(前朝皇室贵族)"。凡属以上范围的人,犯罪后依法享有减免刑罚的特权。唐律规定:

"诸八议者,犯死罪,皆条所坐及应议之状,先奏请议,议定奏裁;流罪以下,减一等。其犯十恶者,不用此律。"①

请,适用于皇太子妃大功以上的亲属,应"议"者的期亲以上亲属及孙,五品以上官。这些人犯流罪以下可减一等处罚,死罪则须上报皇帝裁定。

减,适用于七品以上官及应"请"者的亲属。这些人犯流以下罪可减一等。

赎,适用于九品以上官及应议、请、减者的亲属犯有流罪以下的罪行,可纳资减罪或赎罪。

官当,适用于一切官吏,他们可以用官品抵罪。

在这样一套严密的制度保护下,大多数贵族官吏,尤其是高级贵族官吏若只

---

① 《唐律疏议·名例律》。

是一般犯罪的话,就可以轻易地避免刑罚,或避免真正地被执行死刑、流刑及杖、笞之刑。所以,有罪无刑在古代社会并不是"非常"状况。《通典》卷一六七记载:永徽二年(公元 651 年)华州刺史受贿,高宗诏大臣议处此事,本想处以死刑,但御史大夫唐临认为依据法律,华州刺史属于"八议"范围,故依法处流配岭南。从这件事,我们可以体会到唐律维护等级特权,优待贵族官吏的宗旨。

(2) 良贱异法

良、贱异法是指法律明确规定不同等级的人有不同的地位,不同的权利和义务。良,指良人,即平民;贱,指贱民,即具有奴隶身份的人,如杂户、官户、部曲、奴婢。凡是贱民,法律规定他们在政治、经济、诉讼、社会生活等各方面的地位均与良人不同。他们没有人身自由;不能参加科举考试、不能入仕为官;没有受田资格,杂户、官户虽可受田,但有严格限制;奴婢被"视同牛马"。唐律中明令:"奴婢贱人,律比畜产",①"奴婢有价",②可以买卖。他们没有自己的户籍和人身自由,他们是主人的财产,任凭主人自由处置。

唐律还明确申明良贱在法律地位上的不平等。在婚姻上,禁止良贱通婚。《唐律疏议·户婚律》曰:

"人各有偶,色类须同,良贱既殊,何宜配合。"

这一规定实质上是维护良贱社会等级的差异,以突出礼治的等级思想。唐律规定,杂户、官户、部曲、奴婢不得取良人女为妻,违者分别处以杖一百或一年半的徒刑;以奴婢冒充良人为夫妻者,加重,徒二年。

在刑罚方面,唐律明显地反映出良贱同罪异罚的思想。良人侵犯贱民,其处刑较常人相犯为轻;贱民侵犯良人,其处刑则较常人相犯加重。以杀伤罪为例:主人谋杀奴婢,处徒刑一年;而奴婢谋杀主人,不论首从,一律处斩。主人过失杀死奴婢,不论罪;而奴婢过失杀死主人,则处以绞刑。

在诉讼方面,唐律从尊卑的原则出发,不许部曲和奴婢告发主人,否则处以

---

① 《唐律疏议·户婚律》。
② 《唐律疏议·户婚律》。

绞刑；至于主人告发部曲、奴婢，即使是诬告，也"即同诬告子孙例，其不在坐限"，即不判刑。

主流法思想自汉中期形成，经过魏晋律学的发展，至唐代而臻于完备。中华法系的代表作唐律的出现，标明主流法思想与法律实践的日渐融合。正如《四库全书提要》中所言：

"唐律一准乎礼，得古今之平，故宋世多采用之，元时断狱皆每引为据，明洪武初命儒臣同刑官进讲唐律，后命刘惟廉等详定明律，其篇目一准于唐。"

《唐律疏议》可以说是主流法思想在立法实践中取得的典型成就。

（五）宋明之际主流法思想的僵化与衰败

1. 宋明之际的历史转折与法思想的特点

（1）历史转折

自宋以后，中央集权制社会进入衰败时期。历史学界的传统观点是将宋以后称为中国帝制时代（秦至清）的后期。这一时期，旧的制度越来越不适应社会生产力的发展，并阻碍了社会的进步。但近年来亦有不少学者提出宋代是继唐极盛之后的进一步发展时期。就社会政治、经济、文化制度整体而言，我更赞成传统的观点。

在政治上，宋明时期的皇权专制发展到顶峰，统治者的统治经验日趋成熟，统治制度完备。宋太祖赵匡胤结束五代十国的战乱后，采取了一系列加强君主权力的措施。如为了使权力集中于朝廷，接受唐末以来藩镇割据的教训，任用文人充任地方官吏，即"文人知州事"，使地方没有武力，从而无法与中央抗衡。宋开国初就以温和的方式收回了高级将领的兵权，并改府兵制为雇佣兵制，使"兵无常将"、"将无常帅"，防止军权独揽。一系列措施的实行，使皇权专制达到空前的集中，但也由此形成了宋自开国伊始就"积贫积弱"的状况。明太祖朱元璋对皇权的集中与稳定更加注意，在中央机构中他废除了自魏晋沿用下来的"三省制"，分相权于吏、户、礼、兵、刑、工六部，六部直接向皇帝负责，"一人之下，万人之上"的宰相被取消。同时明代设立了卫所制，军户由国家分给土地，屯田自养，平时由卫所长官负责操练，遇有战事，则拨归兵部派遣总兵统领，但兵部、都督府、总兵皆不能独专军权。

在经济上，自宋以后，土地政策是"不抑兼并"，因此贫富分化加剧。北宋中期，全国已经开垦的土地，有百分之七十被享有免税免役特权的官僚豪绅占有，而这些人仅占总人口的不足三分之一。① 由于贫富分化，土地兼并，无地农民日益增多，农村中出现了大量的佃户，国家的财政收入直接受到影响。明代的状况与宋基本相同。明代初期全国土地有850余万顷，至天顺年间则剩下429万顷。应该指出，贫富分化的加剧，虽在一定程度上刺激了生产者的劳动热情，促进了土地的大量开垦，经济快速发展，但是，过多的土地掌握在私人手中，使国家的财政入不敷出，国力也由此不振。同时，土地兼并激化了社会矛盾，激起失去土地农民的反抗。宋明以来，大小规模的农民战争频繁发生，农民与地主的矛盾空前尖锐。这说明权力高度集中的专制社会已走上了穷途末路。

在政治、经济危机的情况下，宋明时期思想文化领域中有四个显著的特点：

第一，制度、经济的改革较以前增加。宋代的庆历新政、王安石变法与明代的张居正改革，都是自秦以来历史上少见的大规模改革。但是，应该注意的是，这些改革都是在不触动王朝根本体制下的局部改革，宗旨在于挽救王朝政权。所以，改革家的思想并没有新的因素。

第二，随着专制主义的加强，统治者格外强调主流价值观的作用，强调孔孟之道的神圣不可改变，其思想、文化的控制达到窒息的程度。伦理道德对人们的精神束缚日益加强，主流思想提倡的价值观甚至被推向极端，其中最为突出的是将三纲五常"天理"化的理学逐渐为统治者奉行。理学实际上是融合了佛教哲学及道家思想的新儒家学派。从内容上说，其与汉以来的儒家一脉相承，但是，从其自身的体系来说，则已失去了主流思想在形成时的那种融合力和活力。

理学有广义与狭义之分。广义的理学不仅包括唯心主义思想，而且也包括唯物主义的某些观点，如张载《正蒙》中所说的"气"为万物根本。狭义的理学，特指唯心主义的思想体系。其主要代表人物有朱熹（客观唯心主义）与陆九渊、王守仁（主观唯心主义）。他们之间在某些问题上虽有分歧，但在本质

---

① 参见《文献通考·田赋考四》。

上却是一致的,即都是唯心主义的。朱熹认为:"虽未有物而已有物之理。"他们将主流思想倡导的三纲五常奉为"天理",而将法律制度说成是"天理"的派生物和维护"天理"的重要手段。凡违犯纲常名教的思想言行都是与"天理"水火不相容的,必须用强制手段加以制裁。所以,根据时势的变化,理学从"严刑"治国这一方面补充了正统法思想。显示出专制社会末期统治者更加迷信暴力的思想特征。

(2) 宋明时期法思想的特色

历史的特点决定了宋明以来的法思想有两条主要线索:

第一条线索是学术领域中理学思想与反理学思想。在此需要甄别的是,无论是理学还是反理学,都没有对自汉中期以来形成的主流法思想进行全面的挑战。理学家鉴于当时社会经济发展所造成的主流价值观的动摇,而将主流法思想所竭力维护的"三纲"奉为至尊"天理",主张不惜严刑峻法以维护主流法思想在立法、司法中的主导地位。而反理学的思想,并不反对主流法思想所维护的价值观,他们反对的是理学所主张的严格"形式"对主流法思想的发展形成的窒息和桎梏。

理学的代表人物朱熹以理学为基础阐述、总结了主流法思想与天理的关系,在法律起源、变法理论、德刑关系、司法原则等方面,提出了许多具有特色的见解。其仍将主流法思想作为万世不易之理。而反理学的思想家则反对将主流法思想的主张绝对化,他们要求继续丰富、损益主流法思想。比如陈亮直接继承了战国时法家的思想,认为趋利避害为人之本性,主张借鉴法家的赏罚理论以治乱世。此外,他强调法的公正性,强调赏罚要公道,要使人口服心服。这些思想在当时是颇具特色的。

第二条线索是在社会实践中改革与反改革之争。由于阶级矛盾、民族矛盾的加剧,许多上层社会中的开明人物力主变革社会。反映于法思想上,他们主张"因时立法"、"大修法度"、"立善法"以治民,欲在刑、政的改革中有所作为。这些思想实际上是主张对主流法思想采取变通的形式,使之更符合实际。其中的许多主张实质上是秦汉以来立法、司法实践经验的总结。如明代中期的丘濬,将法律的起源归结为社会的需要,并把法律目的说成是"为民"除害并防止犯罪。反对法律革新的人一般是拘泥于"祖宗之法",认为传统是不可能也不能够违反的,"利不百,不变法"是他们的信条。如宋代司马光等便是其代表人物。在法思想上，他们大都主张严格地遵循主流法思想的训诫，以传统的道德教化为立法、执法的原则。

宋明以来，中国古代社会的经济发展已经十分繁荣，而民间精神、物质文化的生活也丰富多彩。在社会经济、文化发展的基础上，社会价值观也呈现出多元化的发展趋势。但是，宋明以来的政治变革却是相对滞后的。尤其明代中叶之后，社会已经出现了新生产力的萌芽，但明代的统治者却依旧视而不见。宋明以来的经济改革，重点在于加强国家的税赋，将民间由于社会生产力发展而带来的较以前增加的财富搜刮为国有，以加强皇权。这种经济改革，目的在于加强一家一姓的王朝实力，并不是依据变化了的社会而设立制度，使国家的统治体制符合社会的进步并造福于大多数人。所以宋明以来的社会，是政治与社会分裂，主流思想与民间价值观脱节的社会。这也是宋明以后，主流思想被统治者奉为万古不易之理，但其真实的社会认可度却大大下降的原因。从延续了很长时期的理学与反理学的争论中，我们也可以看出当时学界甚至是官场对儒家、对主流思想的认识已经有了较大的分歧。

在基于社会发展而带来的主流思想内部的争论过程中，出于维护政治统治、加强皇权的需要，朱熹的"理学"与王阳明的"心学"被统治者逐渐接纳，并确立为主流思想之"正宗"。

2. 宋代朱熹的"理学"对主流法思想的影响

（1）理学的概念与发展

理学又称道学，其认为"理"为万物之本，世上万物皆由"理"衍生出来。理学的主要内容是阐发义理，兼谈性命。理学以儒家学说为核心，兼采佛道学说，建立了较为完备的客观唯心主义体系。理学萌发于唐韩愈"道统"思想，中经北宋程颢、程颐的发展，南宋朱熹集其大成。自南宋后，理学被奉为正宗学说，明代又经王守仁的发展，在中国古代社会后期的思想领域中占主导地位达七百余年。理学的宗旨是为已衰败的王朝专制制度寻找理论上的依据。

理学的创始者程颢认为："父子君臣，天下之定理，无所逃于天地之间。"①天地之间只此一理，所有一切都是此理演变而出。这说明理学与汉儒是

---

① 《二程遗书·语录》。

一脉相承的，其目的都在于维护三纲五常。程颐也认为只要懂得"三纲五常"，则"百理皆具"。他们用"天理"进一步为伦理纲常染上神秘的色彩。他们认为"天讨有罪"、"天命有德"，即"天"惩罚有罪过的人，而给有德行的人以奖赏。人们对"天理"不能有丝毫的怀疑，否则便是有"私欲"。由此理学又将儒学推向了极端。

（2）朱熹对主流法律学术思想的影响

朱熹（1130—1200年），字元晦，号晦庵。徽州婺源（今属江西）人，南宋思想家。朱熹的理学以"存天理、灭人欲"为指导原则，是客观唯心主义体系。其法律主张具体表现在以下四个方面：

第一，"厚古薄今"的改革思想。

朱熹认为，夏、商、周三代"天理流行"，三代以下"利欲之私"泛滥，"尧舜三王周公孔子所传之道，未尝一日得行于天地之间"①。因此朱熹赞同以古代社会为模式对现实作一些变革，来恢复三代之理，以达到"存天理"的目的。但变革的指导思想则是"万世不易之常理"，即纲常名教。因此变法不能只注意"财利兵刑"等制度，而应：

"以仁义为先，而不以功利为急。"②

朱熹认为伦理纲常是本，法律制度是末，变法就是要确立与恢复伦理纲常的地位，而基本的制度"可因则因"，到了非变不可之时，则按先"识病症"，再"识其先后缓急之序"，从而"渐次更张"、"徐起而图之"这样的步骤有条不紊地进行，即先认识社会主要弊病，再分变革的轻重缓急，依次序改革，渐渐达到恢复天理的目的。

第二，轻立法、重人治。

在国家治理方面，朱熹继承了先秦儒家的"人治"思想。其"人治"思想主要有两项内容。

第一，君主自律重于法律。他认为君主的"心术"决定国家的治乱：

---

① 《朱子文集·卷三六》。
② 《朱子文集·卷三六》。

"人主之心一正,则天下之事无有不正。"①

只要君主革去私念,悟得天理,就可使"尧天舜日,廓然清明",即尧舜之道再现。他认为三代以后"政体日乱,国势日卑"的原因在于三代以后的君主独断专横,只重利欲,即使有了良法,国家也无法治理。

第二,择人重于建制。朱熹认为,择人比制法(建立制度)更重要,因为法是由人制定的,君主"以制命为职",法的好坏系于君主;法又是靠人去执行的,法的社会效果决定于执法大臣,有了良法,没有良吏,良法也无法在实际中运用;另外,作为"法",不可能尽善尽美,需要人去弥补。

"大抵立法必有弊,未有无弊之法,其要只在得人。"②"择一户部尚书,则钱谷何患不治?而刑部得人,则狱事亦清乎矣。"

正因"人治"思想的影响,朱熹主张立法简约,只确立原则性的条文,这样有利于执法者根据具体情况,灵活掌握。可以给经过科举考试、在儒家学说中熏陶多年而走到仕途中的"人"(官)以更大的主动性。

第三,对"德刑关系"的论述。

在德刑关系上,朱熹继承了孔子"道之以政,齐之以刑,民免而无耻;道之以德,齐之以礼,有耻且格"的思想,并做出新的解释。他认为德、礼、政、刑在本质上是一致的,"政刑"与"德礼"都是"天理"的产物,都是统治者进行统治的方法和工具,其目的都在于"存天理,灭人欲"。只是在具体运用中,两者有轻重本末之别。他认为,"政"是治理国家的法度,"刑"是辅助治理的方法,"德礼"则是治理国家的根本。"德"注重内心的修养,"礼"注重行为的言谈举止,"德"又是"礼"的根本之所在。因此政、刑、德、礼虽然不可偏废,但德礼之效远胜于政刑,因而"治民者不可徒恃其末,又当深探其本也"③。

---

① 《朱子文集·卷二〇》。
② 《朱子语类·卷一〇八》。
③ 《论语集注》。

在对德礼政刑的关系作了一般的阐述之后，朱熹还勾勒出德礼政刑四策与人性之间息息相通的对应。他认为人的"气禀"有"浅、深、厚、薄"的差异，这种差异决定了人们"人欲"程度的不同，治理不同的人要有不同的对策。对气禀最深厚者，即自觉效忠君主的人，则"导之以德"；对气禀深厚者，即能够按照道德规范行事的人，则"齐之以礼"；对气禀浅薄者，即只能被动地服从国家政令的人，则"导之以政"；对气禀最浅薄者，即只能用刀锯（刑罚）威力折服的人，则"齐之以刑"。

朱熹的德刑关系说有三个特点：第一是德、礼、政、刑各有明确的对象，有的放矢；第二是德、礼、政、刑同时并举，没有先后，而且这四者都是"存天理，灭人欲"的手段；第三是特定的条件下，先以"刑"止乱，再以"政"去"刑"，再以"礼"去"政"。德、礼、政、刑在"存天理、灭人欲"思想统率下，在时间和空间上是和谐统一的，从而改造了正统法思想"先德后刑"、"以德去刑"等不切实际的思想。

第四，用刑"以严为本"。

在强调因时慎重立法、人治及德礼政刑并举的同时，在司法实践中，朱熹出于镇压农民起义和整顿统治阶级内部秩序的实际需要，主张执法从严、从速：

"以严为本，而以宽济之。"

这一思想的产生是由当时的形势所决定的，因朱熹所处时代，正是集权制日益衰微的时代。

朱熹认为，自汉以来，统治者常常不识大体，将立法与执法的关系本末倒置，重立法不重执法。在法网繁苛情况下，君主又"法外开恩"，以执法宽松沽名钓誉，标榜仁政。统治者确立了许多法外制度，如大赦、恤刑等，以体现仁慈之心，并弥补狱滥之失，结果法出多门，反而使法律失去了应有的威严。朱熹认为这种执法上的宽松是对圣人仁政德治学说的误解。既然法律是为"存天理"而制定，那么在执行中"伤民之肌肤，残民之躯命"也是合乎义理的，没有必要对其加以怜恤。而且只有严于执法，才能恢复法律的威严。他区分了"政"与"刑"的概念，认为政是法制、禁令，而刑，即刑罚是辅政的具体手段。"为政以宽为本"，即在制定法律与政令时，应"以爱人为本"，"以养民为本"，①但在执行"法制禁令"之时，在具体的使用刑罚之时，则必须从严。因为：

>"刑愈轻而愈不足以厚民之俗。往往反以长其悖逆作乱之心，而使狱讼之愈繁。"②

他认为主张轻刑是对圣人仁义思想的误解或歪曲。只有执法"以严为本"，才能禁止恶人作奸犯科，安定天下；才能使人们真正感受到德政的仁慈。如果用刑"以宽为本"，不仅使奸佞得志，善良之民遭殃，而且由于法出多门，将使君主的司法大权旁落于臣下，"可否与夺之权皆不在己"，不利于司法的统一。

朱熹总结了"轻刑"的原因，他认为"轻刑"的思想根源有三：第一是对犯人怀有怜悯之心，"只见所犯之人为可悯，而不知被伤之人尤为可念也"③；第二是执法之吏受佛教"因果报应"、"轮回转世"思想的影响，"多喜出人罪以求福报"；第三是执法之吏曲解"恤刑"的本旨，把恤刑与轻刑相等同。他对这些思想逐一批驳，认为犯罪的人违反天理，对之不应发恻隐之心，对犯人的恻隐就是对天理的破坏。出人之罪常常使"无罪者不得直，而有罪者得幸免，是乃所以为恶尔，何福报之有？"④所谓"恤刑"、慎刑并不是轻刑，而是"令有罪者不得免，而无罪者不得滥刑也"。⑤

从执法"以严为本"的角度出发，朱熹主张严格限制赎刑。他认为："后世始有赎罪之法，非圣人意也。"小罪、轻罪可赎而大罪、重罪决不可赦。他甚至主张恢复"肉刑"，来增加刑罚的威慑力量，但其行"肉刑"的理论仍然以儒家"仁政"为出发点，认为行"肉刑"可保全罪犯的生命并可以警戒其他人重蹈犯罪者的覆辙。

总之，朱熹"用刑从严"的论点反映了他对儒家"仁政"的认识与汉以来儒

---

① 参见《朱子全书·卷六三》。
② 《朱子全书·卷六四》。
③ 《朱子语类·卷五七》。
④ 《朱子语类·卷一一〇》。
⑤ 《朱子语类·卷一一〇》。

生的不同。朱熹这种思想的产生是当时社会条件所造成的。自北宋后，阶级矛盾、民族矛盾日益尖锐。从维护统治者的立场出发，朱熹认为统治者在提倡"德政"以表示仁慈之时，还必须树立"德政"的权威。所以南宋以后的"德政"不同于以往以"柔"为主的"德政"，而是"刚柔并济"的"德政"。朱熹对主流法思想的修正被奉为正统，成为朝廷提倡的主导价值观。朱熹的思想与其地位，又一次典型地反映出主流法思想的现实主义特点，即法律以社会稳定、国泰民安为主旨，在强调以伦理道德为标准来辨别法之善恶的同时，也强调法律必须"宜于时"。

3. 明代王守仁"心学"对主流法思想的影响

(1) 心学的概念与发展

王守仁（1472—1528年），字伯安，又被称为阳明先生。明代中期的哲学家、政治家。明代中期阶级矛盾与民族矛盾不断深化，危机四伏。出于挽救社会危机的动机，王守仁上承陆九渊的哲学思想，给历经三百余年已经教条僵化的程朱理学注入新的内容，创立了"致良知"和"知行合一"的心学。其实质是将伦理道德——程朱理学所说的永恒的"天理"——说成是人心所固有的东西，目的在于使人们从心灵深处认同主流思想的价值观，将所谓"邪念"消灭在"一闪念"之中。王守仁不仅是一个思想家，而且还是一个具有相当政治权力的官僚，他官至兵部尚书，并是朝中"出将入相"的重臣。他的主张在当时具有相当大的影响力。

王守仁"心学"的主要内容是讲"心外无物"，即"身之主宰便是心，心之所发便是意"，"意之所在便是物"，人想到什么，什么才是存在的。同时，王守仁继承了董仲舒的"天人感应"说，把自然界的变化附会于"人事"。他认为："至治之世，天无疾风盲雨之怨，而地无昆虫草木之孽。"[1]因此，君主为政"必谨修其政令，以奉若夫天道"。[2] 这个"天道"实际上就是程朱所言的"万世不变"的伦理纲常。因此，程朱学派与陆王学派虽有客观之"天理"与主观之"心性"的分别，但政治目的却是相同的，他们"同值纲常，同扶名教"[3]。

---

① 《王文成公全书·气候图序》。
② 《王文成公全书·气候图序》。
③ [清]黄宗羲著《宋元学案·象山学案》。

在法思想上,王守仁与朱熹一样,都是主流法思想的维护者。只是在君主专制社会后期,由于形势大大地异于隋唐以前,其对主流思想作了一些必要的、现实的变通。

(2)王守仁对主流法思想的影响

第一,因时因地而制宜的立法思想。

因时因地制宜的主张,是主流法思想所具有的现实主义的表现。正因为这种对现实的重视和承认,主流法思想才能在王朝不断变更的情况下一脉相承,即主要原则不变,而侧重的内容、主张的方法,甚至是一些重要的制度都在随时势的变化而不断变化。王守仁身处多事之秋,正常的法律制度常常难以在实际中实施,而且也难以应付当时的局势,所以现实主义在王守仁思想体系中表现得就格外突出。与前代立法者不同,王守仁很少论述法律条文的繁简宽严问题,而格外强调立法的原则应该因时因地而制宜。

明代中叶商品经济的发展,在一定程度上和一定范围内破坏了原有的小农经济,出现了资本主义萌芽。但在"重农抑商"、"强本抑末"传统的制约下,新的生产方式生存艰难。王守仁却看到商业活动为社会经济发展、社会秩序稳定带来的好处。为了镇压各地的农民起义,必须筹措军饷,因此王守仁不同于一般固守传统的官僚,而是切合实际地提出制定税法、改革轻商的传统,使"商贾疏通",国家"照例抽税"。这样既可解决朝廷军饷不足的实际困难,又有利于政治的稳定和经济的发展,形成"官商两便"之局面。制定税法,是王守仁因时立法思想的反映,但这并不表明王守仁从根本上反对"重农抑商"的传统思想,相反,他认为税法是特殊情况下的"一时权宜"之计,并说明这种立法可以"候事稍宁,另行具题禁止"①。

王守仁在立法中,不仅强调时代的特殊性,而且也强调地域的特殊性。他认为,法律制度的设立必须依据当地的具体情况而定:

"犹行陆者必用车马,渡海者必用舟航。"②

---

① 《王阳明全集·卷九》。
② 《王阳明全集·卷九》。

在镇压了广西思恩、田州的兵乱之后，王守仁通过实践总结道：

"思、田地方，原系蛮夷瑶僮之区，不可治以中土礼法，虽流官之设，尚且不可，又况常设重臣住扎其地。"

一个地区的法律应"以顺其情不违其俗，循其故不易其宜"①为准，表现了其因地制宜的立法思想。

这种因时因地而制宜的立法思想与王守仁的"心学"宗旨并不矛盾。因为王守仁认为"心"为万物本原，人"心"中的"良知"体现为"三纲五常"所要求的道德伦理观念，恢复这种良知，就要去掉"物欲"。而"致良知"的方法是教化，去物欲的方法是刑禁，刑禁与风俗、时势结合，就可以辅助教化。所以，在王守仁看来，不仅德礼有教化作用，因时因地而制宜的法律也可以起到教化的作用。

第二，对德、刑不同作用的论述。

在德、刑关系上，王守仁并未着重论述主辅、先后的问题，而是着重于德、刑作用的研究。他认为治理国家，首先要使社会有一个好的风尚。

"古之善治者，未尝不以风俗为首务。"②

以往只重视教化对改革风俗的作用，不重视刑罚，认为刑罚的作用只能使人安分守己，而不能使人"致良知"。王守仁认为，除"心腹之寇"（人欲、物欲、私念）只有依赖教化这种看法是片面的，对统治者而言也是一种失策。因为刑罚也具有改造风俗的作用，其不仅可以以力服人，而且也可使人知耻，洗心革面。王守仁认为，国家制定的法律往往是实行教化的必备条件，德刑的关系实质上是互为表里的关系。在实践中，王守仁也经常使用法律手段推行教化的实行。如他在任地方官时发布《告谕》规定：节俭办丧事："不得用鼓乐，办佛事。"病者应求医药："不得听信邪术，专事巫觋。"婚事从俭："不得徒饰虚

---

① 《王阳明全集·卷十九》。
② 《王阳明全集·卷二十》。

文。"同时王守仁还命令部下,不许请客送礼、收受钱财,违者依规定处罚。这种主张反映了宋明时期主流法思想的核心正在由"德主刑辅"向"明刑弼教"转化。刑在法律体系中的作用有所提高。

第三,"情法得以两尽"的执法思想。

王守仁在司法中强调"情法交申",区别对待,使"情法得以两尽"。因此,在对待农民起义的问题上,其不仅采用了镇压的手段,而且也采用了分化瓦解的手段。他禁止部下"贪功妄杀",劝诱起义农民"改恶迁善","实心向化","开自新之路"。这种策略也确实瓦解了农民军的队伍,削弱了农民军的战斗力。此外,王守仁重视赏罚对于治理国家的作用。他认为恰当地运用赏罚,使"善有所劝,恶有所惩,劝惩之道明,而后政得其安"①。王守仁将赏罚视为国之大典的思想显然与法家思想有着直接的继承关系。他认为,赏罚可整饬纲纪,可肃清朝政。在政局紊乱、农民起义此起彼伏的形势下,王守仁将法家的"赏罚"思想纳于主流法思想之中,主张赏罚从速,"赏不逾时,罚不后事",用及时的赏罚促使官吏兵士效命于朝廷。

总之,王守仁的法律主张,特点在于从实际出发,维护伦理纲常,目的在于挽救明代中叶的腐败统治。他主张教化,认为教化是长治久安的上策;但也重视刑罚,认为刑罚是改革风俗的必备手段。在特殊的形势下,他对主流法思想作了诸多的变通。但与朱熹一样,这种变通并未脱离主流法思想的轨道。相反,其目的与宗旨是为了使主流法思想能够在现实中恢复以往的盛况,重新振兴。

4. 明代丘濬对主流法思想的总结

丘濬(1420—1495年),字仲深,号琼台,明代思想家。曾为翰林院编修、侍讲、文渊阁大学士。他长期研究历史、政治,对历朝政事的兴衰尤为关注,因而对自古以来的礼法制度和思想也有深度的论述。他熟悉中国历代的律令制度和政治家、思想家、学者对法的主张并对此进行了总结,因此他也是一位中国古代少有的法律专家。丘濬著有《大学衍义补》,在这部著作中,丘濬对历代政治、经济、法律、伦理、军事、民政、学校等方面的制度作了系统的总结,并

---

① 《王阳明全集·卷十八》。

进行了评价。对主流法思想,丘濬按自己的理解作了系统的归纳和解释,提出了许多颇有建树和价值的主张。主要有以下六个方面的内容:

(1) 法律的起源

首先,丘濬肯定了董仲舒的神权天命说。他认为"号令之颁、政事之施、教条之节、礼乐制度之具、刑赏征讨之举"皆"承天意也"。① 君主、圣人是天与制度的中介,他们"承天意"而立法设刑。但是,丘濬并没有把天人格化,而只说天意是"天地自然之理"。这种法律起源说是朱熹"存天理"思想的发展,即法律是"天理"的体现,这样就把主流法思想所维护的原则神秘化了。

其次,丘濬吸收了先秦法家的思想,从物质上阐述了法律的起源。他认为国家与法既是"天意"的产物,同时也是社会发展的产物。"生口日滋,……地狭而田不足耕,衣食不给,于是起而相争相夺。"②意即人口日益增多,土地狭窄,田不足养人,衣食困难,人们有了争夺之心。因此要设立法律以制止人们的争夺。其将儒法两家的法律起源说合二为一。

此外,丘濬根据历史发展的客观情况,划分了法的发展阶段。他认为"陶唐之前,法制未立",人们靠"道"与"德"维持社会;自尧开始,德、法并立,本乎道德;尧舜时期制定了礼法,但未有律;三代之后则出现了律。这种划分基本符合习惯、习惯法、成文法三大发展阶段。

(2) 法律的目的与作用

在论述法律起源的同时,丘濬还注意到法律的目的与作用。他认为法律是"为民"除害的工具,作用在于使人弃恶从善,既惩罚犯罪,又预防犯罪。

"惩之于小,所以戒其大,惩之于初,所以戒其终。"③

丘濬将儒家的重民思想和法家的人性恶等观点结合起来,认为刑罚是罪恶应得的报应,并提出了"君以民为天"的观点,发挥了孟子的"君轻民贵"说,带有启蒙主义的色彩。

---

① 《世史正纲·序》。
② 《大学衍义补·总论刑制之义》。
③ 《大学衍义补·总论刑制之义》。

(3) 德、礼、政、刑的关系

丘濬论证了德、礼、政、刑的关系，将孔子分德礼、政刑为二与朱熹合德礼政刑为一结合起来。他认为，从方法上看，道德教化与法律强制的作用是不同的，但是从目的上看，两者却是一致的。它们在实践中有密切的联系，作为国家制度的礼制与法令，都是为实现同一目的的不同方法，是同一体系中的不同环节。只有交替使用这四种统治工具，才能有效地维护社会秩序。这种认识，反映了专制社会后期统治者的统治经验日趋成熟。

基于以上的分析，丘濬认为法律与道德的宗旨应是一致的。道德所赞许的，法律必须加以维护；对违背道德的行为，法律必须加以制裁。但在社会生活中，道德高于法律，在法律与道德冲突时，法律应服从道德，以道德的原则为准绳。另外，丘濬也从另一方面阐述了法律的重要作用。他认为"王者之治"必须有法律作为保障，否则就难以长久，会随着明君去世或朝代更替而失去"王者之治"的局面。人法兼治，并用法律保障社会的长治久安是丘濬总结历代经验所得出的结论。这一主张强调人、法不可偏废，德礼政刑不可缺一。

(4) 立法思想

丘濬强调要因时因事而立法，立法原则是：

"本天之理，制事之义，为民之利，因时立法，宜时处中。"①

"本天之理，制事之义"强调"应经合义"，以天理（纲常）作为立法的指导；"为民之利"强调"立法以便民为本"；"因时立法，宜时处中"强调法律根据时势而宽严，不偏颇也不能不顾及现实。

此外，丘濬还强调法律要有一定的稳定性。他认为："国家制为刑书，当有一定之制。"②即强调法律的废立一定要谨慎。在稳定性与变通性的关系上，丘濬提出："因前人之故而开一代之新观。"③"不失祖宗之法之初意。""就其阙而补之。""举其滞而振之。"④

---

① 《大学衍义补·定律令之制》。
② 《大学衍义补·定律令之制》。
③ 《大学衍义补·礼仪之义》。
④ 《大学衍义补·经制之义》。

丘濬的立法思想是在对唐、宋、明各代立法经验的总结基础上而形成的,在"因时"与"稳定"上皆有兼顾,这种立法思想比较全面。

(5) 既"任法"又"任人"的司法思想

丘濬主张在司法实践中,要法、例并用,以法为主;在"法所不载"的情况下,用例来补充。这样既可限制奸吏任意破坏法律,又可使法律制度简明完善。他认为法律在实践中的优劣取决于两个方面,一是法律自身的优劣,一是执法人员素质的高低。所以单独地强调"任法"或"任人"都是有失偏颇的,在司法中应既"任法"又"任人":

"法所载者,任法;法不载者,任人"。"法者存其大纲,而其出入变化固将付之于人。"①

丘濬虽强调"任法",但反对严刑酷法,主张以德政为主;强调"任人",但反对君主擅断,主张按天意而立法、守法。君主应以民为天,"顺天之意",这些主张使主流法思想更加系统和完善。

(6) "慎刑恤狱"的思想

丘濬通过对儒家经典的研究归纳,主张继续继承主流法思想中的"慎刑恤狱"原则。他认为犯罪的经济根源在于"民穷"。要杜绝犯罪,首先要"养民"、"富民",而不能"劳民力"、"苦民心"、"费民财"、"戕民命"。犯罪的思想根源是发于"左道"、"邪术",儒家以外的佛、道思想都是诱发犯罪的原因。因此他主张兴儒家之教化,要"仁以存心,义以制事"②。其次,丘濬主张原情定罪:"存哀敬以折狱。"③他认为定罪量刑不仅要看行为与效果,还应注意动机,其动机的善恶则应以经义来衡量。因此在判罪时应"随其情而权其轻重,于经于律,两不违悖"④。若经义与刑律相违,则"不可泥于法",而应"因情以求法"。

总之,丘濬对主流法思想的总结比较全面、系统。在明代,主流法思想虽

---

① 《大学衍义补·谨号令之颁》。
② 《大学衍义补·明流赎之义》。
③ 《大学衍义补·明流赎之义》。
④ 《大学衍义补·明复仇之义》。

然已随历史的发展而走向衰落，但是作为立法、司法的指导原则，作为朝廷倡导的价值观，它在人们的意识中仍根深蒂固，对社会的影响仍然不可低估。

(六)"主流法思想僵化"之分析

目前学界有两种观点。一种观点认为自秦开始的统一的中央集权社会经历唐代极盛后而走向衰败，宋明理学正是为了维护或挽救已经走向衰败的君主专制或中央集权制而产生的。因而，理学失去了唐以前主流思想的活力和生命力，其将主流思想强调的价值观推向极端，这是主流思想开始僵化并走向衰败的反映。另一种观点认为，宋是秦以来中国社会的又一转折时期，但这一转折并不意味着衰败，而只是进一步的发展。理学并未使主流思想僵化，而是将主流思想哲理化、系统化、逻辑化。对于宋在中国古代史，尤其是秦以后的历史发展中的地位，学界的争论莫衷一是。我认为宋是一个经济发达的社会。正因为经济发达，社会生活以及思想不再像以往那样简单。面对这种形势，统治者可以在政治思想上采取两种策略，一是顺应形势，采取宽松之策，使主流思想与时俱进并逐渐与当时经济、社会相匹配。二是对多元化的趋势采取思想强控制的手段，以维护王朝的权威。宋统治者在有些时候和事情上，是顺应了形势的，比如对士人的尊重，对官员尊严的维护等。但就全局而言，宋采取的是思想强控制政策，理学就是这种强控制的产物。所以，从现象上看，宋代以后的社会似乎与主流思想产生了分裂：社会生活丰富多彩，思想活跃，而王朝的主导思想却"宗教化"了，对自汉以来形成的主流思想所提倡的价值观，采取了较以往更为严格的固守之态。其实这种固守降低了而不是提高了主流思想被社会的认可度。

实事求是地说，希望控制人们思想又脱离社会发展的理学，对法思想的影响深远。理学的法律主张，为占主导地位的法律价值观寻找到了比以往更为恰当的表现形式，它对巩固主流法思想的地位、弥补主流法思想内容的缺陷都功不可没。但另一方面，也是更重要的方面，是理学在神化了主流法思想的同时，也窒息了主流法思想的发展。这一点颇有些类似秦统治者在崇尚法家的同时却又桎梏了法家的发展。

归纳起来，理学对主流法思想的影响主要有以下三点：

(1) 使主流法思想的体系更严密,更系统,并具有了思辨的色彩。完成了

主流法思想的哲理化

主流法思想以儒学为基础，儒学的思想体系本身有很多弱点，如注重经验的总结，却缺乏理论的论证；生动、直观，却缺乏缜密的逻辑。儒家的独尊地位，儒家思想的正统化是凭借中央集权的强大政治干预确立的，其本身缺乏系统的理论支持。理学从哲学的角度论证了主流法思想的合理性。在理学体系中，主流法思想所维护的纲常名教成为万世不易之"理"，在"理"的体系中，主流法思想克服了缺乏理论思辨的缺陷。

（2）将主流法思想的主导地位推向极致

由于缺乏系统的理论基石，主流法思想自确立以来一直受到其他思想的渗透与挑战，始于魏晋时期的玄学、佛教、道教等，都在一定程度上对主流法思想的地位构成过威胁。宋代伴随着专制社会的衰败，人们也不免产生"信仰危机"。统治者秉承着统一思想、统一学术，维系治者集权的传统思维方式，将主流价值观"三纲五常"奉为不可有一丝一毫怀疑的绝对真理。理学的出现以自成一体的理论将儒学哲理化，又融合了佛、道思想，为"理"所用，完成了统一思想的历史使命。理学确立后，主流法思想在政治上（而不是社会上）获得了前所未有的至尊地位。

（3）理学使主流法思想在指导司法实践时更具有应变能力

因为刑罚在理学中也被说成是"存天理、灭人欲"的正义手段，因此统治者、思想家不再像以往那样忌讳言刑。朱熹公然要求恢复使用肉刑，借以增加刑罚的威慑力量。宋代之后许多秦代的酷刑被重新使用。刺字、凌迟等酷刑逐渐由法外刑变为法定刑。酷刑的恢复说明主流法思想已失去了发展的活力，其以复古的形式走向了衰亡。

六 主流法思想的地位与非主流法思想的发展

纵观自汉至清的法律发展，以儒家为本的主流思想始终是主导思想，在不同的王朝中这种思想都有着官学的地位，入仕或准备入仕的人不仅要学习领会这种思想的基本知识，更为重要的是必须认同这种思想所阐述的价值观，并能将其运用于实践之中。主流法思想则是王朝立法、司法的指导思想，是各个王朝的主流法律价值观。

当然，这并不等于说，持有或赞成主流法思想的政治家、思想家、学者以及社会大多数的民众对法的认识完全一致，比如就法律维护的纲常名教来源问题，朱熹认为是客观早已存在的"天理"，而王守仁却认为是发自"人心"。朱熹与王守仁虽然"同植纲常，同扶名教"，但王守仁反对朱熹的形式主义，反对朱熹一味主张严刑的思想，在研读朱熹理学数年而无所获的情况下，王守仁自信"忽悟格物致知，当求诸心，不当求诸事物"①。在一些具体的法律问题上，政治家、思想家的争论更是司空见惯，如肉刑的存废、复仇的可否、立法应该是宽还是严，等等。

我们还不应该忽视，在主流法思想之外，更有非主流法思想的存在，尽管这种学术思想由于受到政治的压制、文化的限制而影响有限。但是，有时在王朝政权削弱之际，如东汉、魏晋以及明中叶后，这种思想也会因时势的需要而产生较大的影响，有时甚至能构成对主流法思想主导地位的挑战。非主流法思想与主流法思想也并非截然对立，有时非主流法思想反而会成为主流法思想的补充。需要指出的是非主流法思想并不像主流法思想那样传承有序。非主流法思想的主张从不同的方面对主流法思想中的一些观点提出质疑。有些思想家在维护主流法学术思想的同时，也提出许多反对主流法学术思想某些观点的主张。比如

---

① 《王阳明全集·卷二》。

东汉时期的王充、唐代的柳宗元等。

本节在上节的基础上，阐述三个问题，即主流法思想的地位、有关法律问题的争论、非主流法思想的发展。

（一）汉中期后主流法思想的普及

1. 主流法思想对汉中期直至清代社会的深远影响

自主流法思想形成以来直至清朝，期间虽然受到过魏晋玄学、唐中期以后佛学的冲击，但其作为王朝的立法、司法主导思想以及作为官学的地位从未有过动摇。历朝历代，对儒学的尊崇日益有加，以儒学为主体的主流法思想地位也非常巩固，有人甚至将儒学称为中国的"国教"。由于儒家独尊，所以，社会的主流价值观基本是以儒家的"是非"为"是非"的。在法律领域中，也再没有呈现过春秋战国时期那种百家争鸣的局面。有关法律问题的争论，双方基本上也都是以儒家的经典为理论依据的。比如，无论是主张废除肉刑的人，还是主张恢复肉刑的人，都会以儒家的"仁义"学说作为自己主张的依据。主张废除肉刑的人认为废肉刑是行儒家提倡的"千古仁政"；而反对废除肉刑的人，也以儒家"仁政"为依据，认为治国者应行"大仁"而弃"妇人之仁"，并引用儒家经典《周礼》中所强调的"刑乱国用重典"，认为乱世之秋，肉刑可立而不可废。因此，可以说，自儒家学说定于一尊后，古代社会的法思想就基本被纳入了"一统"之中，两千余年在理论上没有重大的突破，而只有不断的完善。从发展方面说，儒学是与时俱进的。汉有汉人的新儒学、宋有宋人的新儒学、明清有明清人的新儒学，几乎每个王朝的思想家，都有自己所阐述的儒学。

这种主流法思想所提倡的价值观，主要表现为全社会对礼、礼教根深蒂固的普遍认同。汉中期后孔子地位日隆，被国人奉为"至圣先师"。至今尚存的遍布全国各地的"文庙"，既是古人祭奠孔子的地方，也是中国古代文人读经习礼，走上仕途的地方。上至朝廷的制度，下至普通人的日常生活，"隆礼"体现在中国古代社会日常生活中的各个方面。从法的角度而言，"隆礼"是将礼义渗透到法制之中，形成全社会统一的法律价值观。所以，礼不仅约束着民众，也制约着官僚贵族，甚至帝王；不仅约束着人们的言行，而且也制约着人们的心灵。

(1) 礼教是帝王及官吏自律的土壤,是民众约束皇帝与官吏的依据

许多人认为中国古代的帝王,天下独尊,没有任何力量可以约束帝王的言行,事实并非如此。 就制度而言,帝王在朝中的言行会受到礼制的约束,服饰、饮食,甚至举止若不合礼,都会遭到朝臣的规谏和议论。 在社会中,帝王的品行更是人人关注的焦点。 黑格尔在评价中国皇帝时说:

"天子应该享有最高度的崇敬,他因为地位的关系,不得不亲自处理政事;虽然有司法衙门的帮助,他必须亲自知道并且指导全国的立法事务。他的职权虽然大,但是他没有行使他个人意志的余地。因为他的随时督察固然必要,全部行政却以国中许多古训为准则。"①

黑格尔又言:

"假如皇帝的个性竟不是上述的那一流——就是,彻底的道德的、辛勤的、既不失掉他的威仪而又充满了精力的——那末,一切都将废弛,政府将全部解体,变成麻木不仁的状态。"②

黑格尔的评述说明中国古代帝王言行受到一种无形大法的制约,而这个大法就是礼教。 法令在暴君统治下可以朝令夕改,但社会主流价值观念却不是可以一朝一夕就改变的,更不是任何有权力的帝王可以随意改变的。 贵族官僚可以凭借权势践踏法制,却难以挣脱伦理道德的网罗。 帝王欲治国平天下,官吏欲建功立业、青史留名,先决条件就是要修身齐家。

主流法思想提倡的伦理道德,对于官吏的约束同样重要。 在礼教深入人心的社会环境中,官吏的品质往往是庶民议政的焦点,而舆论的褒贬又往往成为官吏自律的动力。 民众以礼教为依据对官吏的监督,时常将为政者置于尴尬的境地:平民百姓可以依据礼教来抨击昏暴的君主,讥讽无能的官吏,揭露统治者的

---

① [德]黑格尔著、王造时译《历史哲学》,北京:商务印书馆,1963年版,第167页。 凡以下引用本书者,只注页码。
② [德]黑格尔著、王造时译《历史哲学》,第171页。

堕落。东汉以"举孝廉"为名,为士宦子弟开辟入仕的途径。民间对这些依靠父辈血缘入仕的官吏不以为然,便用歌谣来讥讽衣冠士族的无能:"举秀才,不知书;察孝廉,父别居;寒素清白浊如泥,高第良将怯如鸡。"①东汉至南北朝时兴起的"清议"之风,中心内容便是以礼教为标准"品核公卿,裁量执政"②。官吏文士一旦亏损名教,受到"清议","则终身不齿"。③故士族公卿若是触犯了舆论,也将会在仕途上身败名裂。五代是天下大乱之时,时人崇武轻文,恃力而争霸天下。但礼教的观念在人们心中并未泯灭,相反,世人对缺礼少教者的讥讽更为尖锐。后唐昭武军节度使安叔千"状貌堂堂,而不通文字,所为鄙陋,人谓之'没字碑'。"④马胤孙官至宰相,后唐灭亡,他未能循礼以身殉职,而是弃儒学佛。当时人就讽刺道:"佞清泰不彻,乃来佞佛。"由于他在位时明哲保身,"不开口议论,不开印以行事,不开门以延士大夫",⑤人们便送给他一个"三不开"的绰号。人们还称前蜀王王建为"贼王八",⑥称南平王高季兴为"高癞子"⑦等等,这些都表达了时人对礼教不兴状况的忧虑与激愤。

礼教的鞭挞使许多官宦对非礼之举望而却步,礼教的旌表也能激励许多官吏洁身自好,立身扬名。甚至能使一些家族以礼义闻名于史。宋代家喻户晓的清官包拯去世时,"县邑公卿忠党之士,哭之尽哀。京师吏民,莫不感伤,叹息之声,闻于衢路"(包拯墓志)。包绶治理汝阳,民感其正直,离任时"州人扶老携幼,争先出郊而饯之,且拜而言曰:'清公善归,台阁今待公矣'"(包绶墓志)。包永年任金州司工曹事,任期满后"州人愿留公不可得,攀辕翳道,相与瞻望叹嗟,咸曰:'包公之后,信乎有是贤孙也'"(包永年墓志)。民间的口碑,实际上是对包氏一门最好的褒奖。

主流法思想对礼教的提倡和维护,使全社会普遍重视道德,珍视声誉,这种

---

① 《抱朴子·审举》。
② 《后汉书·党锢传》。
③ 参见《隋书·刑法志》。
④ 《新五代史·安叔千传》。
⑤ 《新五代史·马胤孙传》。
⑥ 《新五代史·前蜀世家》。
⑦ 《新五代史·南平世家》。

共识迫使统治集团的成员也必须格外注重个人的修养，遵守礼教。由此我们可以说，礼教是统治者自律的土壤，也是民众约束皇帝、官吏的依据。也许正因如此，学界才又将礼视为中国古代之"宪法"者。

（2）礼与宪法

由于主流法思想提倡的礼教赋予了民众以议政权利以及对皇帝、官吏的评价权利，所以近现代有些学者将礼教誉为中国古代社会的宪法。本书在前文"先秦儒家以人性善为基础的法律理想主义"一节中也论述道，儒家崇尚的礼与法家强调的法有一个明显的不同，即礼是由下而上，先自发形成于社会，后又为国家所认可的规范。而法家的法则是由上而下，由国家政权制定与颁行的。此外，礼自三代开始，中经春秋战国至秦的"礼崩乐坏"，至汉中期复兴，一脉相承（虽中间亦有曲折）地发展到了清代。从在人们心目中的地位、社会的影响和在社会中所起到的作用来看，礼与宪法确实有类似之处。

首先，我们看一下卢梭给"宪法"下的定义：

"在这三种法律之外①还要加上一个第四种，而且是一切之中最重要的一种；这种法律既不是铭刻在大理石上，也不是铭刻在铜表上，而是铭刻在公民的内心里；它形成了国家的真正宪法，它每天都在获得新的力量；当其他的法律衰老或消亡的时候，它可以复活那些法律或代替那些法律，它可以保持一个民族的创制精神，而且可以不知不觉地以习惯的力量代替权威的力量。"②

我们再来看儒家及主流法思想对"礼"的认识：

《论语·颜渊》记孔子言：

"颜渊问仁，子曰：'克己复礼为仁。一日克己复礼，天下归仁焉。为仁由己，而由人乎哉？'颜渊问：'请问其目'。子曰：'非礼勿视，非礼勿听，非礼勿

---

① 此处三种法律指的是："政治法"、"民法"、"刑法"，参见[法]卢梭著、何兆武译《社会契约论》，北京：商务印书馆，1987年版，第73页。凡以下引用本书者，只注页码。

② [法]卢梭著、何兆武译《社会契约论》，第73页。

言,非礼勿动。"①

《左传·昭公二十五年》引子大叔子产言:

"夫礼,天之经也,地之义也,民之行也。"

时隔近两千余年后的清代名臣张廷玉等在修《明史》时言:

"《周官》、《仪礼》尚已,然书缺简脱,因革莫详。自汉史作《礼志》,后皆因之,一代之制始灿然可考。欧阳氏云:'三代以下,治出于二,而礼乐为虚名'。要其用之效庙朝廷,下至闾里州党者,未尝无可观也。惟能修明讲贯,以实意行乎其间,则格上下、感鬼神,教化之成即在是矣。安见后世之礼,必不可上追三代哉!"②

以上论述可以看出主流思想倡导的"礼"在中国古人的心目中是人类社会的根本"大法",这个"大法"与我们现在所说的"宪法"一样,镌刻在人们的心中,靠人们内心的自觉而实现。在数千年古代社会的发展中,礼的制度、仪式在不断地变迁,夏、商、西周之礼虽因年代久远"书缺简脱"至明清之际早已"莫详"。但是,礼的精神在中国历史的发展进程中却从未消失过。它确实是"铭刻在公民的内心里",代代相传,这便是张廷玉认为后世之礼未必不能与三代之礼相提并论的根据所在。而民国时赵尔巽等修《清史稿》对礼的沿革与"大法"的作用陈述得更为具体:

"自虞廷修五礼,兵休刑措。天秩虽简,鸿仪实容。沿及汉、唐,迄乎有明,救敝兴雅,咸依为的。煌煌乎,上下隆杀以节之,吉凶哀乐以文之,庄恭诚敬以

---

① 此段意为:孔子的学生颜渊问孔子什么是"仁"。孔子回答说:"约束自己的言行,使之符合礼的要求,就是仁。如果有一天天下人都这样做了,天下便回归于仁的境界了。成仁与否全靠自己,岂能依赖他人?"颜渊又问"请问达到仁的途径是什么?"孔子回答说:"不合礼的事不看,不合礼的事不听,不合礼的事不说,不合礼的事不做。"
② 《明史·礼一》。

赞之。纵其间淳浇世殊,要莫不弘亮天功,雕刻人理,随时以树之范。"①

可见,礼自三代以至于明清,无论是治世、还是乱世,都是人们心目中追求的理想。凭借着礼的精神,中国古人可以"兴灭国,继绝世,举逸民"②。可以在国家危难、制度凋敝的情况下拨乱反正,以礼为依据,"复制"(恢复制度)、"创制"(创建制度),延续着文明的发展。礼也是各个阶层间、人与人之间相互制约的规范、和谐共生的依托。

(3) 礼教使人们从被动守法变为主动循礼

礼教不仅使达官贵人为之倾倒,而且使普通百姓为之风靡。二十五史中《孝子传》、《孝友传》、《列女传》、《孝义传》、《卓行传》等,记载了许多布衣百姓毕生以礼教为圭臬,甚至以身殉礼的事迹。正如《论语》所言:

"其为人也孝弟,而好犯上者,鲜矣;不好犯上,而好作乱者,未之有也。"③

其意为孝于父母、友爱兄弟而不顺从官长的人,是很少见的;而顺从官长却好犯法的人,是从未有过的。礼教是主流法思想所要宣扬的主题,是法的精神之所在。主流法思想对礼教的研究和强调,使中国古代法律将预防犯罪与解决纠纷作为主要目的。这种法律体系将人们的被动守法变成主动循礼。

名垂青史的孝子、列女、义士多是闾巷草野之人。他们的一生或许没有功业,但他们的言行却能充分体现礼教的精神。古代孝子的事迹一般是侍奉父母无微不至(不管父母多么蛮横无理):父母病则亲尝汤药,甚至割股、抉目、探肝作药引以疗亲疾;父母死则负土成坟,守丧于墓庐之中,贫者倾家荡产,甚至卖身以葬亲。列女除在家孝敬父母外,出嫁后须敬公婆,从丈夫,顺族人;丈夫出外或身死,列女须守节,殉节,从一而终。义士以信诚为本,急人之难,一诺千金,言必行,行必果。魏晋,尤其是唐宋以后,礼教注重家庭的和睦,提倡忍让。累世同居的大家族被标为"孝门"、"义门"。礼教使人们克己奉亲,

---

① 《清史稿·礼一》。
② 《论语·尧曰》。
③ 《论语·学而》。

自省自律，礼教盛行之日，必是刑措不用之时。《清史稿·于成龙传》记于成龙为罗城（今广西境内）县令时，行礼教，不仅境内无触刑律之人，而且家族邻里几无纠纷讼事。县衙的官吏无事可做，只好在衙前摆起了水果摊。百姓如此信服礼教，自有其社会环境促成。二十五史中的孝子、列女、侠客、义士虽然多出身平民，但却受到全社会的追捧。

朝廷的礼遇：在古代社会中，孝是忠的基础。孔子告诫学生："孝、慈，则忠。"①统治者对孝子、列女青睐的原因在于使温良恭俭让成为社会风尚，以此杜绝了百姓谋乱甚至是争抢之心。同时勉励官吏移孝为忠，在家孝双亲，入仕忠国君。所以，在古代社会里，孝子、列女的社会声誉并不逊于达官贵人，皇帝亲自旌表，依法免其徭役；朝廷为之树碑立传，甚至建亭筑台，荣耀无以复加。②

为了使教化深入民心，统治者不惜重金为孝子、列女立碑建亭，并修缮其居所。凡孝子、列女之家，均由官府"量地之宜，高其外门，门安绰楔，左右建台，高一丈二尺，广狭方正称焉。圬以白而赤其四角。使不孝不义者见之，可以悛心而易行也。"③这就是说，地方官府要根据孝子、列女所居之处的地形，加高院门，院门两侧树木柱以示对孝义的表彰。房屋左右各砌高一丈二尺的洁白色方台，四角涂以红色。这种光耀门庭的建筑，可以警醒世人，使不孝不义者自惭形秽，迷途知返。"上有所好，下必兴焉。"在朝廷的大力提倡下，孝、节、义成为人们的理想与寄托，越到古代社会后期，孝子、列女、义士越是层出不穷。明代时，由于各地上报的孝子、列女、义士人数过众，以至朝廷难以筹措旌表所需的银两，于是只好因陋就简，建旌善亭："于所在旌善亭侧，建二石

---

① 《论语·为政》。

② 关于对孝子、列女减免徭役赋税的规定参见二十五史中的《孝子传》、《列女传》等。在此仅举北魏一例。据《魏书·孝感传》记载，北魏时有位名叫杨引的孝子，当他73岁时，93岁的老母去世。杨引"哀毁过礼"，不仅为母亲服丧三年，而且又为自己未能见面、早逝的父亲追服了三年丧。这位73岁的老人自母亲去世后，13年未改悲切之容，于是"有司奏宜旌赏，复其一门"。朝廷不仅免除了杨引一家人的徭役，而且"假以散员之名"，即使其享有官员的待遇。"复其一门"即免除一家人的徭役，几乎是历朝对孝子的惯例。

③ 《新五代史·一行传》。

碑，分书男女姓名、邑里及其孝义贞烈大略，以示旌扬。"①

士人的赞扬：朝廷的厚爱使许多布衣孝子、列女、义士名留青史，与公侯将相同传。《新唐书·孝友传》言："唐受命二百八十八年，以孝悌名通朝廷者，多闾巷刺草之民，皆得书于史官。"不仅史官如此，只要认同当时社会主流价值观，就会将孝子、列女、义士作为歌咏的对象。在《新唐书·孝友传》中保留了一篇著名文学家柳宗元为孝子李兴所写的碑文《孝门铭》。碑文先述孝子对患病的父亲竭尽心力地侍奉。为疗父疾，他"引刃自向，残肌败形，羞膳奉进"。即将自己的肉割下为患病的父亲作成饭食奉上。接着又叙述了孝子对父亲之死的悲哀："创巨痛仍，号于穹旻，捧土濡涕，顿首成坟。搯膺腐眦，寒暑在庐。草木悴死，鸟兽踟蹰，殊类异族，亦相其哀。"作者将孝子李兴与历史上的颍考叔等相提并论，认为"显显李氏，实与之伦"。最后，柳宗元描写了孝子周围的人对孝子的赞美及朝廷的旌表："哀嗟道路，涕慕里邻。神锡秘祉，三秀灵泉。帝命荐加，亦表其门。统合上下，交赞天下。建此碑号，亿龄扬芬。"这是二十五史中唯一的一篇保留完整的孝子碑文，兹录于注之中。②但在文人墨客的诗集、文集中，对孝子、列女、侠客、义士的赞誉比比皆是。

文人的赞扬形成了强大的社会舆论，人们自觉或不自觉地将礼教作为是非的标准，以孝为荣，以不孝为耻。在这种社会气氛中，人们的言行一旦有违礼教，便会受到全社会的严厉谴责，其后果较违背法律更为严重。

百姓的崇敬：礼教的复兴，变百姓被动地受制于法为主动地遵循于礼。伦理道德通过教化深入人心。至今仍流传于民间的《三字经》、《女儿经》、《弟子规》等便是普及礼教的产物。这些念起来朗朗上口的儿歌，通过一个个生动的历史故事向人们灌输着做人的道理，告诫人们一举一动都不要逾越礼教的规范。

---

① 《明史·孝义传》。
② 《新唐书·孝友传》记柳宗元《孝门铭》："懿厥孝思，兹惟淑录，禀承粉和，笃守天经。泣侍羸疾，默祷隐冥，引忍自向，残肌败形。羞膳奉进，忧劳孝诚，惟时高高，曾不视听。创巨痛仍，号于穹旻，捧土濡涕，顿首成坟。搯膺腐眦，寒暑在庐，草木悴死，鸟兽踟蹰。殊类异族，亦相其哀。肇有二位，孝道爱兴，克修其猷，载籍是登。在帝有虞，以孝蒸蒸，仲尼述经，以教于曾。惟昔鲁侯，见命夷宫，亦有叔考，寤庄称纯。显显李氏，实与之伦，哀嗟道路，涕慕里邻。神锡秘祉，三秀灵泉。帝命荐加，亦表其门。统合上下，交赞天下，建此碑号，亿龄扬芬。"

广为流传的《三字经》、《女儿经》等几乎家喻户晓的蒙学教育课本中，更是集中了大量的道德先贤，使人们从小就受到礼教的熏陶，在日常生活中处处以礼教为规矩，"犹生长于齐不能不齐言，生长于楚不能不楚言"。生长于礼教环境中的民众自然而然会对孝子、列女、义士等心怀敬意，并将其视为追求的理想目标。明代的浦江出现过一个累世同居近300年的礼义之家，家主名叫郑濂。郑濂的七世祖郑绮是宋代著名的孝子，名彪《宋史·孝义传》。郑家在元朝被朝廷旌为"义门"。这个具有300年光荣史的家族是当地百姓的骄傲，无论王朝如何更替，郑家的孝义之风始终是人们学习的榜样。同乡人王澄对郑氏倾慕不已，临终前谆谆告诫子孙："汝曹能合食合居如郑氏，吾死目瞑矣。"①

孝子、列女、义士不仅受到一般百姓的敬佩，而且也受到一些与官家作对的"盗贼"的崇拜。后汉时，15岁的彭修与父亲在归乡的途中被盗所劫。彭修见父亲身处危难之中，便奋不顾身地上前捉住盗首，高声叫道："父辱子死，卿不顾死邪？"群盗望着这位欲与自己首领同归于尽的孩童，由衷地感慨道："此童子义士也，不宜逼之。"于是谢罪而去。②华秋是北朝时著名的孝子，在天下大乱，盗贼蜂起的情况下，他的住所却从未受到过骚扰。邻里将华秋家视为避难所，因为每当盗贼路过他家，都相互告诫："勿犯孝子乡。"③明代孙清事母甚孝，"流贼入其境，居民尽逃。"孙清因母年迈而守在家中，"贼两经其门，皆不入。"④历朝历代不胜枚举的事例证实了"盗亦有道"绝非枉言。从"盗亦有道"可以看出礼教的烙印已深深地印在每一个生于斯、长于斯的人的身上。

礼教的普及不分贫富，不分贵贱，它是人们心目中永恒的、正义的"法则"。它的威力是"国法"所难以比拟的。在中国古代社会中，礼与法是有机的统一体，一旦礼与法有所冲突时，重礼坏法的皇帝不失为仁君；以礼破律的官吏不失为循吏；以礼违法的百姓也不失为义民。相反以律违礼者，则会被人们视为暴君、酷吏、刁民。礼教造就了顺民，也造就了清官与明君，这便是礼教的威力所在。

---

① 参见《明史·孝义传》。
② 参见《后汉书·独行传》。
③ 参见《北史·孝行传》。
④ 参见《明史·孝义传》。

(4) 礼与民法

自近代西方法学传入以来，中国古代没有民法一直被视为"缺陷"。这是以西方法律模式为标准得出的结论。其实，中国古代以礼来解决一些现在称之为"民事"，古代称之为田宅、婚姻等"细事"的纠纷，以预防纠纷的发生为主，以最低成本解决纠纷，安定社会，我认为这并不是一种"缺陷"，而是一种"智慧"。

首先是预防纠纷体系的形成。主流法思想对儒家"无讼"思想的继承及所采取的措施，无疑是有效的。上文提到的古代对孝子、列女、义士的旌表，古代社会中的蒙学、官箴、家法族规、乡规民约等等，已然使法律的作用不再局限于"惩恶"或"禁止"，而是有了"扬善"的积极作用。法国启蒙思想家伏尔泰对中国法律的这种扬善作用倍加赞赏，他认为：

"在别的国家，法律用以治罪，而在中国，其作用更大，用以褒奖善行。若是出现一桩罕见的高尚行为，那便会有口皆碑，传及全省。官员必须奏报皇帝，皇帝便给应受褒奖者立牌挂匾。前些时候，一个名叫石桂（译音）的老实巴交的农民拾到旅行者遗失的一个装有金币的钱包，他来到这个旅行者的省份，把钱包交给了知府，不取任何报酬。对此类事知府都必须上报京师大理院，否则要受到革职处分；大理院又必须奏禀皇帝。于是这个农民被赐给五品官，因为朝廷为品德高尚的农民和在农业方面有成绩的人设有官职。应当承认，在我们国家，对这个农夫的表彰，只能是课以更重的军役税，因为人们认为他相当富裕。"①

伏尔泰对中国古代法律的赞扬使我们这些"身在此山中"的人感到新颖。近代以来，被我们视作包袱的传统在西方启蒙思想家的体系中竟备受青睐。伏尔泰的评价说明了与其他国家和地区的法相比，中国古代法的层次更为丰富，其实施的手段不仅有"罚"，而且有"赏"，其目的不仅在于惩罚不良行为，而且更在于导人以善，弘扬善行，这也是我们直到现在也常常说的"惩恶扬善"。其实，有效地控制刑罚的负面影响，天理、国法、人情有机结合，正是主流法思

---

① ［法］伏尔泰著、梁守锵等译《风俗论》（上册），第217页。

想所追求的。因此,可以说主流法思想的核心内容及在主流法思想指导下形成的"中华法系",并不是什么"以刑为主",而是"礼法合流,以礼为主"。

其次,以礼为依据解决民事纠纷。朝廷的旌表、文人的赞誉、民众的追捧加上蒙学、官箴教育,虽然成功地将民间纠纷预防在未发中。但是任何一个社会都不可能没有纠纷,一旦纠纷发生,主流法思想,也就是官方同样主张本着"和为贵"的理念,以调解的手段和缓地解决矛盾。《韩非子》曾记述圣君大舜以调解的手段解决纠纷的事情以及孔子对舜的赞扬:

"历山之农者侵畔,舜往耕焉,期年,甽亩正。河滨之渔者争坻,舜往渔焉,期年而让长。东夷之陶者苦窳,舜往陶焉,期年而器牢。仲尼叹曰:'耕、渔与陶,非舜官也,而舜往为之者,所以救败也。舜其信仁乎!乃耕藉处苦而民从之。故曰:圣人之德化乎!'"①

历山的农民为田界划分不公而争执,舜到了历山,先与农人一起耕作(以了解实情),一年后,田界的划分得到大家的认可。在河滨以打鱼为生的渔民为占据有利地势而争执,舜到河滨与渔民一起打鱼,一年后渔民争相将好的地势让给老者。东夷制作陶器的陶工不认真制陶,于是与用陶的人发生争执,舜到东夷与他们一起制陶,一年后陶工制出结实的陶器。韩非子引用孔子的评论说,舜原本是没有管理农耕、渔猎和制陶职责的,只是因为当时社会风气不古,舜以德纠正之,即"救败"。从韩非子的记述中我们还可以看出,舜每次"救败",需要"期年",大约有一年的时间,解决纠纷的时间都很长,说明舜解决纠纷的方法也不是简单地裁决。舜与农民同耕、与渔民同渔、与陶工同劳,为的是了解事实的真相。这种纠纷的解决方法显然是说服式的"调解"。

古代一般的民事纠纷案件很少会闹上公堂,乡中德高望重的耆老"说和"或主持众人明理以裁断从而将纠纷解决在萌芽中。这种由耆老裁断的习惯后来演变成法律。《唐律疏议·户婚律》规定:

"若夫妻不相安谐而和离者,不坐。"

---

① 《韩非子·难一》。

"疏议"曰：

"若夫妻不相安谐,谓彼此情不相得,两愿离者。"

即夫妻双方性格不合,自愿离婚,不可用刑处罚,只要两厢情愿则由之,这种做法有些类似于现在的协议离婚。元代则以法律的形式肯定了耆老的调解权,《通制条格》中的"理民"规定：

"诸论诉婚姻、家财、田宅、债负,若不系违法重事,并听社长以理喻解,免使妨废农务,烦扰官司。"①

明则沿用元代的制度：

"洪武中天下邑里皆置申明、旌善两亭,民有善恶则书之,以示劝惩。凡户婚、田土、斗殴常事,里老于此剖决。"②

《大清律例》也规定：

"州县各里,皆设申明亭。里民有不孝、不弟、犯盗、犯奸一应为恶之人,姓名事迹,具书于板榜,以示惩戒,而发其羞恶之心,能改过自新,则去之。其户婚、田土等小事,许里老于此劝导解纷,乃申明教戒之制也。"

各类纠纷解决的成功与否,在中国古代既看争执的双方是否认为达到了他们自认为满意的公正,更重要的还要看裁断者的品行能否使当事人或众人信服。所以当纠纷闹到公堂官府,我们也常常会看到一些裁断者的"非常"之举。汉宣帝时,地方官韩延寿巡察属县,途中遇兄弟二人为争田产而投诉,面对各执一词的兄弟二人,韩延寿没有急于分辨孰是孰非,而是自责自己身为郡守,不能以

---

① 《通制条格·卷十六·田令》。
② [清]顾炎武撰《日知录·卷八·政事·乡亭之职》。

礼导民，致使兄弟相争。他闭门思过，他的属下县令、县丞以至啬夫、三老也都深深自责。官吏的自责，感化了当事人，争执双方各以田相让，并髡首肉袒至官府谢罪。① 一桩剑拔弩张的争田案，在官吏的自责下得到了比以法论处更为圆满的结果。② 《魏书·列女传》记，有名的孝子崔景伯做清河太守时，治下有不孝子被母亲告发。崔景伯的属下欲治其罪，而崔景伯的母亲却要求儿子将不孝子带到家中住一段时间。崔景伯遵从母亲的嘱咐，将不孝子带到家中居住。在崔府中不孝子看到太守对母亲无微不至的侍奉，深受感动，回到家乡后，效法崔景伯，对母亲的孝敬十分周到，后来竟以孝而闻名乡里。

就中国古代社会的成文法而言，民法部分是"不发达"，但是这种"不发达"也许正是中国古人的智慧在民事纠纷解决方面的显示。因为主流法思想的导向在社会中得到广泛的响应。"立法必有弊，未有无弊之法。"③用法律规范人们的日常生活之事在古人看来应是不得已情况下而为之的，因为法律无法穷尽社会上形形色色的纠纷。以人为中心、以调解为途径、以说理为方法、以和为目的的纠纷解决，其所达到的"无讼"境界也许比法的裁决要更如人意。它可以使当事人双方口服心服又不伤情面，纠纷得以较为彻底地解决；在解决纠纷的同时向民众灌输了和谐的理念，预防了更多的纠纷发生。这样的民事纠纷解决，不仅可以，而且能更好地达到和睦社会及维护公正的目的。

让我们用清代于成龙裁断的一个案例来说明、分析古代中国解决民事纠纷的出发点和方法。

《大清拍案惊奇》记：康熙朝的著名清官于成龙在广西罗城县令任上遇到一起纠纷。说的是八月十五的前一天，年过花甲的钱归氏到罗城县城东街的"老

---

① 参见《汉书·韩延寿传》。
② 二十五史中这种类似于大禹"下车泣罪"的记载很多，可见这种裁定方式在古代是很常见的。大禹下车泣罪的故事在中国古代社会广泛流传，专家考证源于汉，明时被编入《帝王图鉴》。故事说的是大禹巡行诸侯国，在路上遇见一队被押送的犯人。大禹下车问犯人为什么犯罪，并伤心垂泣。跟随大禹左右的人对禹说："这些人不听从您的教导，触犯了刑律，现在被押解受刑，是罪有应得，您作为一个君王，为什么要为他们伤心落泪呢？"禹说："尧舜作君主的时候，能以德感化民众，以致天下的人守命安分，不违法犯罪。现在我作为君主，德不足以感化民众，所以才致使他们犯罪。虽然他们犯了法，但责任却在于我不如尧舜能厚德治国，所以我为他们伤心。"
③ 《朱子全书·卷六四·治道二》。

字号"糕点铺"月中桂"买月饼。 节日前夕,月中桂生日兴隆,人来人往。 嘈杂间,买了60个月饼的钱归氏与店家发生了争吵,60个月饼,每个5文钱,共300文钱,钱归氏说钱已付给店家,拿着月饼要回家;而店家却说尚未收到钱归氏的月饼钱,所以不让钱归氏出店门。 恰好于成龙路过此地,被双方拦住,要求明断。 区区300文的纠纷,拦住了县太爷,双方当事人的目的显然已经不只是为了钱。 好在于成龙深谙"为民父母"的儒家为政之道,并不嫌弃草民的锱铢必较而推诿不理,或简单地各打五十大板了事。 他很理解黎民百姓"决讼只为公平"的心情,耐心询问事发经过及在场的证人,单是这份耐心与认真,已使人们对"公道"有了几分信心。 但这300文的"公道"并不容易讨还。 钱归氏是一个来自乡里的质朴老妪,言谈举止,甚至长相都带有乡间老人那特有的诚实。 她专为买月饼而进城,现在所带的300文钱已经不在身上,坚称付给了店家。 按理说她不会为了300文钱的月饼,在节前专程来店中行诈。 纠纷的另一方月中桂,更是"名驰通省,颇负信誉"的店铺,这样一个口碑远播的老字号怎么会为300文钱而讹诈乡中老妪。 与钱归氏发生争执的店员,在这家店铺已打工八年,况且店中的规矩严密,他没有机会将多收的钱据为己有。 在场的证人众多,却是人多嘴杂,说法莫衷一是。 这种情形,真的有些类似如今生活中时常发生的"高空坠物"却无法确定加害人或侵权人的那些说不清、道不明的案件:真实无法还原,证据无从收集。 令人感叹的是,当年的于成龙,运用自己的智慧,还真就做出了一个令当事人及证人皆大欢喜的公正裁决。 他坦诚地说明,300文钱究竟落入谁手,已经难以查明。 如果判钱归氏再出300文钱(或退还月饼),对钱归氏而言太不公道;但判店家输了这场官司,也是无根无据,一个有着良好声誉的店家或许蒙冤。 于是,于成龙判在场的诸位"一人一文",凑足300文给店家。 于成龙如此裁决的理由是"一人一文",并"不伤众人元气",而可以避免对钱归氏和店家的明显不公。 在无可奈何的情况下,达到尽可能做到的公道。

数百年前,于成龙的这一裁决与现今的民法、侵权法有关"高空坠物"的规定颇有相通之处。 有关法律规定,从建筑物中抛掷物品或者从建筑物上坠落的物品造成他人损害,无法确定具体的加害人或侵权人,受害人则可以起诉建筑物中所有可能的加害人,维护自己的权益。 除能够证明自己不是加害人或侵权人者,被起诉者都应该承担赔偿受害人损失的相应责任。 这种法律规定,目的显然也是为了更好地维护受害人权利，在无奈的情况下避免其继续遭受不公。其实于成龙这则与今日法律及法律精神不谋而合的"故事"，带给我们的不应该只是惊奇，它带给我们的思索应该是多方面的，比如古今人们对"公平"同样的追求和理解，甚至类似的对公平追求的方式。而古今同样裁决所带给人们的不同感受和社会效果，也是我们应该关注的。在现实的高空坠物案件中，我们也许很难见到"皆大欢喜"的结果。被动接受了法律裁决的"无辜"之人，难免心有怨气，邻里间的猜忌、隔阂也许就此产生，埋下后患。尽管许多法学专家为避免这种"高空坠物"案件中出现的维权尴尬，提出了设立基金、社会救助、商业理赔、国家赔偿等建议，但只从经济利益平衡的角度出发而追求的"公正"，对社会的道德难免不产生消极的影响。于成龙的裁决似乎有着更高的道德要求，他劝在场诸位"慷慨解囊"，这种发自内心的"你帮我助"，平息的不只是这场"无益之争"，而且是一种值得提倡的善举。人们通过这一文钱不仅分担了别人所遇到的意想不到的、无奈的"不公"，而且承担了自己应该承担的社会道义，这是一次善行的实现。而于成龙裁决在场者每人出一文钱的前提，不是因为每一个人都有可能是那个"窃贼"，而是因为每一个人都应该具有的那种为儒家所称道并欲修复的"助人为乐"的道德品质。

当然，这个案件也反映了今天社会的进步和古代社会的不足，即古代社会将"公正"的希望更多地寄托在"人"的身上。所以，一些来自于司法实践中的精彩案例，往往止于坊间津津乐道的"故事"，即使被朝廷表彰、甚至青史流传的案例，也难以形成具有普遍效力的"法"。如今一些精彩"故事"往往会通过司法解释或指导形成具有指导意义的制度，它体现了人们对公正的实现，从寄希望于"人"到寄希望于"制度"的转变，这使得我们所要追求的那个"公正"的实现更有保障，也更具普遍性。从主流法思想对古代社会的影响看，其所倡导的法的价值观已然成为社会的追求。

2. 主流法思想始终占主导地位并影响深远的原因与评价

（1）原因

主流法思想自形成后，其发展与王朝法制的发展相同步。所谓"同步"，是指主流法思想的形成、发展、完善与僵化衰败，与王朝法制发展的状况几乎完全一致。具体说来，即主流法思想形成的汉中期，集权制的法制也处在礼与法的初步交融中;而随着主流法思想在魏晋时期的发展,律学也切实见诸立法之中,礼法的融合从司法领域的"春秋决狱"发展到了立法领域中的"引经注律"、"纳礼入律";而唐代主流法思想作为官学,通过科举考试进一步发展,而此时在立法方面出现了中华法系的代表作《唐律疏议》,古代的法制达到了鼎盛。宋以后,主流法思想僵化,而集权制的法制也在走向衰败。不仅如此,主流法思想与法制的发展与中央集权制的政治发展也是同步的。自秦以后,集权政治的发展经历过形成、发展、鼎盛、衰败各个阶段,而主流法思想与法制的发展同样也经历了这样几个阶段。

战国至秦,是中央集权制确立阶段。这一时期的政治特点是官僚制取代世卿世禄制,中央集权制取代贵族分封制。法制随着君主制的形成确立也进入到创制时期。这一时期的主导思想是法家的法治理论。秦法就其特点而言,与三代有沿承关系,即重刑罚,重伦理;就内容而言,则变维护宗法贵族制为维护君主官僚制。秦朝的统治者对法律给予了高度的重视,法律制度迅速发展,秦始皇自豪地宣称,秦王朝治国凡事"皆有法式"。[①] 为了加强人们的"法治"观念,秦始皇不仅统一法令,而且实践了法家"以法为教"、"以吏为师"的主张。但是,应该注意的是,这一时期王朝确立的主导思想并未得到社会的广泛认可,据《史记》有关传记记载,这一时期百姓"苦秦苛法",士人"诵法孔子",秦始皇似乎也自知法家的不得人心,所以才实行文化高压政策,以致出现历史上空前绝后的"焚书坑儒"事件。

汉至南北朝,是集权制发展的阶段,这一时期的政治特点是,统治者在总结秦的统治经验教训基础上,继续坚持中央集权制,但在思想统治方面改法为儒,强调怀柔,强调以"礼"(即伦理道德)而不是以法统一人们的思想,因而出现了在制度上汉承秦制,在思想领域改法家至尊为儒学正统的现象。先秦的儒法之争,于此时开始了合流。统治者倡导的王朝主导思想得到社会的广泛认可,形成主流思想。主流法思想随着统治者方针的改变而形成,并为法制注入了新的内容。汉代的法律依然以家族为本位,思想上继承儒家主张,提倡以孝治天下,皇帝的谥号皆冠"孝"字。北齐时"不孝"成为"重罪十条"之一,为不赦之罪。汉代开启了主流法思想指导下的礼律融合,东汉至魏晋南北朝时许多人

---

① 《史记·秦始皇纪》。

以礼注律，以律证礼，目的就在于强调法律中所体现的道德伦理观念。其次，从制度上看，汉至南北朝改变了秦法"繁于秋荼而密于凝脂"①的状况，形成了以律令为核心的法律体系。曹魏制《新律》"集罪例以为刑名，冠于律首"以为"篇章之义"。② 这个"义"就是自魏晋开始大量直接入于律中的礼，如八议、准五服以制罪、官当等，汉中期在司法中的局部的礼法融合发展到了魏晋时期立法的普遍的礼律融合。

隋唐是集权制政治的鼎盛时期。这一时期的政治特点是中央集权制度高度完善。统治者集统治经验之大成，设立了三省六部制度、官吏选拔考核制度等等，这些制度保证了国家机器的正常运转。集权制下的主流法思想与法制此时也进入到鼎盛发展时期，其主要表现如下：第一，主流法思想在法典中得以充分地体现，在立法时，以"一准乎礼"为原则。唐律制定后，统治者又以礼为依据对律条进行了逐字逐句的解释，而权威解释的依据正是儒家的经典。第二，以各种方式普及三纲五常，从蒙学到科举，从家法到官箴，无不以礼教提倡的价值观为圭臬。唐代有人作《劝孝篇》，对不孝行为进行严厉指责，告诫人们："勿以不孝头，枉戴人间屋；勿以不孝身，枉着人衣服；勿以不孝口，枉食人五谷。天地虽广大，不容忤逆族。早早悔前非，莫待鬼神录。"这种无所不在的教育有效地防止了人们犯罪和纠纷，其正是主流法思想所要弘扬的法之宗旨。第三，隋唐时法律制度完备。新五刑笞、杖、徒、流、死代替了旧五刑墨、劓、剕、宫、辟，酷刑被废除。律文的条款简明完备，覆盖面广，确实给人"疏而不漏"的感觉。而主流法思想此时也被法典化。

经五代十国的过渡至宋代，集权政治走向衰败。宋代的衰败主要表现于经济上"积贫积弱"，政治上中央集权制畸形发展为皇权专制，思想文化日益僵化。法制也因而进入了衰落时期。这一时期，理学占据意识形态的主导地位，"礼义廉耻"的道德观被推向极端，主流法思想被僵化，在实践中难以发展。著名理学家朱熹认为：

---

① 《盐铁论·德刑》。
② 《晋书·刑法志》。

"凡有狱讼,必先论其尊卑、上下、长幼、亲疏之分,而后听其曲直之辟。"①

在伦理道德与法律条文相矛盾时,人们的变通方法唯有一途,即尊礼曲法。礼律融合至此演变为唯礼是从。由于理学将"礼"奉为"天理",所以礼的一些仪式、制度也被奉为"天不变,道亦不变"的万世之制,任何人不可更改。礼的绝对至尊,反而使其失去了发展的活力和空间。思想被僵化,制度也被桎梏。五代之后,人们便将《唐律疏议》视为圣人的"彝典"②而不顾时宜地加以推崇,立法者不敢妄动。于是,自唐之后,无复有新律。《宋刑统》几乎照抄唐律。金《泰和律义》"实《唐律》也"③。明代的《大明律》实际上只是一种象征性制度,法律实践中多以例行事。清代,统治者对《唐律》的改动也不过是"或予其重者轻之,轻者重之"④。律令制度成为束之高阁的一具空文。

宋之前后,法制的发展确实有一个很大的变化。汉代曾有人指责杜周"不循三尺法,专以人主意指为狱"。⑤可见集权社会前期,人们并不习惯皇帝过多地干预法律的执行。唐代魏征在论及皇帝与法律关系时指出,皇帝敕令常常出于一时的喜怒,而法令是国之大信所在,二者相抵牾时,明智的皇帝应"忍小忿而存大信"。⑥而宋代的皇帝却公然主张"出令制法,轻重予夺在上"。⑦法律伴随着皇权专制的发展变为御用性工具。明清两代更是将律视为空文。朱元璋虽"每御西楼,召诸臣赐坐,从容议论律令"⑧,但却认为:"(律)因循日久,视为具文。"⑨清代则"有例不用律,律即多成虚文"。⑩

由此可知,自汉后政治、法制、主流法思想的发展趋势是一致的,但这并不是说宋以后中国的法制与法主流思想一无可取。其实,自宋后,律文在趋于僵

---

① 《无刑录·三》。
② 《新五代史·刑法志》。
③ 《金史·刑》。
④ [清]沈家本《历代刑法考·律令四》。
⑤ 《汉书·杜周传》。
⑥ 《汉书·杜周传》。
⑦ 《宋史·刑法志》。
⑧ 《明史·刑法志》。
⑨ 《明史·刑法志》。
⑩ 《清史稿·刑法志》。

化的同时,其作为刑罚轻重的"矫正器"作用却在增加。作为常法,律常常被称为刑之"经"。而立法技术自宋以后也有了长足的发展,明清的律例体系,较之于汉代的律令科比与唐代的律令格式更为协调统一。① 宋之后主流法思想在僵化的同时,也因时因势提出了一些值得借鉴的主张,比如将立法与执法内涵作了区分,认为执法须"严",以确立法之权威等等。

综上所述,可以看出主流法思想的兴衰与各王朝的政治、法制发展阶段是完全同步的,而同步的原因则在于中国的"大一统"文化。

自秦之后,高度发达的中央集权制使社会"一元化"。一元化的统治使政治权力成为社会发展的中枢,经济、文化、思想无不以政治的兴衰、权力的转变为转变。政治、经济、文化、思想在"一元化"统治下一荣俱荣,一损俱损,这也是主流法思想与政治、法制发展呈同步性的原因。其次,高度集中的集权制度,也需要一个稳定的、强有力的统一思想作为其理论、学术支柱。

这种"一元化"政治与"大一统"文化的形成,有着各方面的原因。从地域环境方面说,古代社会中原地区的政治、经济、文化高度发达,王朝力量所及之处,周边的少数民族以及东南亚诸国无不奉中原王朝为"天朝"。如此环境中,人们很难体察到自身的缺陷,社会的变革只有纵向的经验可以借鉴,很少受异质文化的影响。所以,主流思想长期难有新的突破也在情理之中。此外,周边少数民族入主中原后,常常变本加厉地推崇儒学。因此,少数民族的统治时期,如北魏、元、清等王朝,儒学不仅没有被削弱,反而更加巩固。从经济方面说,古代中国以自给自足的小农经济为主。小农经济的特点是分散、保守、稳定。一种价值观在人们心目中一旦确立了权威地位后,便很难被打破。小农经济条件下养成的保守习惯使人们惯于接受家长式的统治和一元化的价值观。从思想方面说,自战国时人们便将统一视为最高的政治理想,主张中央集权制的法家急于统一的心情与主张自不待言,就是主张中庸的儒家也无不以统一为己任。《孟子·梁惠王》记,有人问孟子安定天下之策,孟子脱口而答:"定于一。"后世汉儒从孔子《春秋》中亦看出"大一统"的"微言大义"。

---

① 关于律在古代社会中的作用,参见本书附录"律、律义与中华法系关系之研究"。

(2) 评价

"大一统"是自春秋战国时就流行的政治主张，无论是赞扬"王道"的儒家，还是提倡"霸道"的法家，最终目的都在统一天下，这也是春秋战国以后，儒法两家能够合流的基础。"大一统"在政治上的体现是"天无二日，国无二主"，政权高度集中的秦王朝的出现也是"大一统"思想的产物。汉人所推崇的"《春秋》大一统"，是一种服务于政治的学术观点。其认为世上万事万物最终皆"归于一"，天、地、人互为感应，浑然一体。这种"归于一"的思想是古代中央集权制的理论基础，其对文化的发展具有正反两方面的影响。

"大一统"使中国古代文化独具特色。在"一统"思想的控制下，中国古代的学术形成以政治为中心的综合体系，学术服务于政治。就积极的方面来说，这种特点使学术与现实密切相关。自孔子"学而优则仕"①始，一直到后世的科举制度，士人的学习无不与"治国平天下"紧密相关。"学以致用"本是中国古代社会中良好的文化传统，其使中国社会的发展较早地摆脱了神权的笼罩，人的地位相对提高，社会呈现出开明进步的气象。春秋战国之后，中国古代社会在发展中虽未能完全摆脱神权观念的羁绊，但"神"的力量远远不能与"人"的力量相抗衡。皇帝为了神化自己的统治，有时会打出"君权神授"的幌子；农民起义为了证明自己反抗的合理性，也会打起"替天行道"的旗帜。但这与其说是对神的崇拜，不如说是对神的利用。"得民心者得天下，失民心者失天下"，民心的向背便是"神意"的体现。从这一点来说，中国古代社会没有坠入西方中世纪那样的黑暗，绝非无缘无故。"大一统"又是中国古代文化发展的基础。每当天下一统，王朝盛世，统治者便投入大量的人力物力，编纂图书，一来粉饰天下太平，二来以此束缚士（知识分子）的思想，使他们死心塌地效忠王朝。记载历史兴衰的二十五史、《资治通鉴》、《续资治通鉴》；记载历代典章、文献、史实的十通；宋代所修纂的类书《册府元龟》、《太平御览》、《文苑英华》；明代的《永乐大典》、《图书集成》；清代的《四库全书》等都堪称世界文化史上的奇迹。许多典籍凝聚着几代，甚至是十几代人的心智。这种对一统文化的崇尚，不仅使主流思想具有了强大的生命力，同时还缔造了世界上独一无二的、数千年一脉相承的中华文明。

---

① 《论语·子路》。

就消极的方面来说，在"大一统"的影响下，由于政治与学术联系过分密切，所以学术失去了独立性，常因服务于政治和现实而遭到扭曲。学术不独立的最大危害是学术的科学价值被大大削弱。此外，"大一统"控制下的文化繁荣，常常流于表面。官修大型图书在繁荣文化的同时，也扼杀了知识分子的创造力，扼杀了许多有识之士的真知灼见。因此，自秦以后，虽然不乏举世罕见的巨著，但再也难见战国时那种"百家争鸣"的局面。文化高度发达，思想却比较枯萎，而且越是王朝兴盛、制度划一的时期，主流思想虽然发达，但其他学说则受到压抑。就思想的多元化来说，其与王朝的兴衰却成反比，即在集权控制相对薄弱的王朝，思想反而更为活跃。这也是自秦至清这一漫长历史进程中独有的矛盾现象。

除政治与学术密不可分外，"大一统"对文化的影响还有两点：第一，其加强了文化的融合力；第二，其造成了文化专制主义。这两点也是相辅相成的。由于要服从于"一统"，文化，尤其是主流文化就必须要有兼容并蓄的能力。兼容并蓄是汉之后，中国历史上出现的各种思潮与学派共有的特点。如汉初黄老学派以道为本，兼采儒、法。汉中期兴起的"新儒学"，以儒为本，兼采道、法、阴阳诸家学说。魏晋时期的玄学杂采道、名、儒、法思想，同时在很大程度上受到外来佛学的影响。隋唐是中国古代社会鼎盛时期，汉文化的融合力也达到了顶峰。在大唐国土上不仅有来自东、西方的使节、商旅，而且还有为数可观的学人、僧侣。佛教、伊斯兰教及祆教、景教、摩尼教等也在这里找到了用武之地。这些外来宗教在被中国文化同化之时，也为中国文化注入了新的内容。宋代之后，统治中国人思想长达七百年之久的理学，许多内容便出自佛学。总之，没有"大一统"，就不可能有如此博大精深的开放型的中国古代文明。

"大一统"观念支配下所形成的中国古代文化，长处是博采众家之长，独成体系；短处是将"成一家之言"视为目的。因而，无论"大一统"文化怎样兼容并蓄，其结果总是将丰富多彩的各家之说纳入"一定之规"。这个"一定之规"就是不得越主流学说这个"雷池"。一旦超越了"一统"的融合限度，与主流学说有所抵牾，便会被称为"异端邪说"。统治者对"异端邪说"采取的往往是文化高压政策。这也是自秦至清中国历史上出现的一些政治家、思想家的主张基本上大同小异、少有建树的原因。

（二）有关法律问题的探讨与争论

中国古代社会究竟有没有"法学"是学界长期聚讼的问题。毋庸讳言，中国古代有与西方相媲美的政治家、军事家、思想家、哲学家、史学家、文学家，而孔子则更是举世公认的无与伦比的教育家。但是中国古代确实没有出现过可以与西方社会相比拟的法学家，没有出现过西方社会那样众多的法学流派和"法治"学说。中国古代的学术特色是礼学、经学和史学的发达，法律之学是礼学、经学和史学的一个组成部分。夏、商、西周时期法学是神学、礼学的附属，春秋战国其是各家政治学说的一部分，秦汉之后的律学也附属于经学。中西学术发展的不同形式当然与社会的经济、政治文化环境息息相关。正因如此，按照我们现在学科的体系，"中国法思想史"的归纳与分析并不现成，其需要对有关重要的政治家、思想家及学派的法律主张进行梳理。而这种整理归纳出来的"法思想"仅仅是原创者整体思想体系中的一部分。上节我们主要从思想家的角度，阐述了主流法思想的内容与特点。但是，主流法思想的完善，尤其是主导地位的保持常常有赖于帝王和官吏，他们不是法学家，甚至不是思想家，他们只是结合实际提出了一些法律主张或对一些法律的具体操作问题提出了看法，但这些主张与看法，却大大地丰富了古代社会的法思想与对法律的研究，体现了思想在一个社会中所具有的多面性。同时，他们的主张往往因为他们所具有的政治、社会地位而对当时的法思想产生了深远的影响。

1. 政治家的法律主张

在集权政治与"大一统"文化的影响下，汉武帝之后政治家们的法律主张在原则上大致相同。因为自儒学被统治者奉为正统后，精通经典、信奉儒学成为士人入仕升迁的必备条件。宦途中人基本上都是儒家弟子。但政治家毕竟是现实主义者，他们信奉儒学，并不是在任何形势下都固守儒学的教条，他们主张因时变通，在司法上灵活地实现儒家的学说。

一般来说王朝后期及乱世之秋，政治家们大都主张"刑乱世用重典"。如三国时的曹操、诸葛亮就明确提出过严格法纪的主张。曹操在任命高柔为丞相理言：

"治定之化，以礼为首；拨乱之政，以刑为先。是以舜流四凶族，皋陶作士。

汉高祖除秦苛法,萧何定律。"①

在曹操看来,治国用礼还是用刑应随时势变宜。天下安定之时,当以礼为重;天下大乱时,则应以刑为先。诸葛亮治蜀,也十分重视法律的权威与赏罚的效用。史臣评论他:

"尽忠益时者虽仇必赏,犯法怠慢者虽亲必罚。""善无微而不赏,恶无纤而不贬。"②

魏晋南北朝时,由于天下纷争,许多政治家皆持有相同的主张。唐代宰相白居易鉴于大唐王朝吏风日下,弊端丛出,提出了"刑礼道迭相为用"的主张。他认为在乱世须确立刑罚的威严,刑是"复礼"的必由之路,所谓"刑者,礼之门","刑行而后礼立"。③自宋之后,中国古代的社会的政治、经济、文化开始走向衰败,宋之后的政治家,包括那些雄才大略的皇帝,如朱元璋、康熙等,都十分强调刑罚在治国中的地位。许多人甚至主张设立重刑来拯救乱世。这也是自宋之后,被废除的肉刑又有所恢复的思想原因。

王朝之初,尤其是天下一统的王朝建立之初,政治家一般都主张简政宽刑,行礼乐教化,以安抚人心。隋文帝以为:"安上治人,莫善于礼。"④因此他强调德、礼的主导地位,主张以刑助教,最终达到"以德代刑"⑤的目的。唐初统治集团亦以"安人宁国"⑥为方针,主张宽简法令,慎刑杀以体现仁政。隋唐两个王朝的初期都对律典进行过修订。在修订律典的过程中,主流法思想得到了充分的体现。隋《开皇律》"以轻代重","尽除苛惨之法"。⑦损伤人肢体的肉刑在隋律中被正式废除。唐初修订律典的原则便是"一准乎礼"。每一款律

---

① 《三国志·高柔传》。
② 《三国志·诸葛亮传》。
③ 《白居易集·卷六四》。
④ 《隋书·高祖纪》。
⑤ 《隋书·高祖纪》。
⑥ 《贞观政要·务农》。
⑦ 《隋书·高祖纪》。

条的设立，都须根据礼的教义。一般来说，各王朝初期社会开始发展时，就是主流法思想贯彻最为顺利、彻底的时期，也是法制最为完备之时。

王朝中期，一般处于变革阶段，主流法思想的内容常在这一时期会因时势的变化而得到补充与丰富。诸如魏晋时的玄学家、唐代韩愈的"道统论"、宋代的理学、明代的心学、清朝的吏治思想等等，都根据时势的变化，从某一方面丰富了当时的法思想，使主流法思想具有更强的适应能力。

但是，无论是初期、中期，还是晚期、乱世，政治家们的思想一般都不会超出主流法思想的窠臼，其不过是因时势不同而各有偏重。他们一般都不会否定在德礼政刑的关系中德礼为本的原则，不否认用刑的最终目的在于确立礼教，不否认礼治"王道"优于法治"霸道"。

2. 少数民族政治家的法律主张

中国自古就是一个多民族组成的统一国家。民族文化的融合与交流是中国古代文化博大精深的重要原因之一。历史上，许多少数民族仰慕汉文化的文明及经济的发达，在入主中原、建立王朝后，大都迅速采取了"汉化"政策。值得注意的是，少数民族自身在汉化的同时，也将本民族传统的精华融入汉文化中，使汉文化的内容得以更新。有些少数民族政治家较汉人更为崇拜汉文化，所以对汉文化的研究探讨就更为精细深入。在吸收汉文化的同时，他们也能较为敏锐地察觉到汉文化的不足。

北魏孝文帝拓跋宏（公元 467—499 年），对狱事十分关注，他"躬亲听狱"，①注重司法改革。入主中原，统一北方后，孝文帝对本民族的一些陋习进行了大胆变革。同时也在礼教的指导下对汉人的一些制度进行了改造。孝文帝认为：礼的核心内容是孝敬父母，"三千之罪，莫大于不孝"。但在汉人的律典中对"不逊父母"者只处剃去头发的髡刑，科刑太轻，体现不出礼的精神，因而应改定此条。②为了提倡孝道，孝文帝还创设了"存留养亲"制度。对犯死罪但情有可悯的人，若父母、祖父母无人照顾者，缓处刑。③在死刑的执行方式上，

---

① 参见《魏书·高祖纪》。
② 参见《魏书·刑罚志》："十一年春，诏曰：三千之罪，莫大于不孝，而律不逊父母，罪止髡刑。于理未衷。"
③ 参见《魏书·刑罚志》。

孝文帝亦提出自己的见解。在处斩刑时，被斩者裸身伏于砧板之上。孝文帝认为这种行刑方式不仅残暴，而且有违于礼教："去衣裸体，男女媟见，岂齐之以法，示之以礼者也！"①因此，他下令将死刑明确分为斩、绞两类，斩刑不必裸身受刑，这种在当时颇为文明的行刑方式为隋唐律所继承。

金世宗完颜雍（公元1123—1189年）对"八议"中的"议亲"、"议贤"提出了修改意见。首先，他认为法是天下的"持平之器"，无论是谁都应以守法为己任。"若对亲者犯而从减，是使之恃此而横恣也。"②至于贤者，金世宗认为守法是贤者为人处世最基本的条件，犯法者不可称"贤"。其次，金世宗认为，在司法实践中应严格掌握"八议"的范围。与皇帝亲缘关系超出五服者及外戚皆不入议。贤者若因他人犯罪而连坐，或因公事致罪者可入议。这样便大大缩小了议亲、议贤的范围，使"八议"制度更为完善。清朝的雍正皇帝对"八议"亦持有质疑的态度，自雍正时起，清人引用"八议"十分慎重。

3. 主流法思想与清官的形象

（1）吏治思想

吏治思想与主流法思想的关系甚为密切。一般说来重视吏治的政治家都信奉儒家的"人治"思想，强调统治者的表率作用，强调统治者要率先守法正己。但在执法问题上，他们又大抵都吸收了法家"法不阿贵"的思想，将儒家的"人治"与法家的"法治"有机地统一起来。一代英主唐太宗不仅要求官吏守法、执法，而且自身也常常听从臣下的劝谏，"忍小忿而存大信"，③不以喜怒而赏罚。他多次忍痛以法处置自己的爱将、故旧，为政堪称"志存公道"。④宋朱熹对"吏治"亦十分重视。首先，他认为君主的自律重于任何制度："人主之心一正，则天下之事无有不正。"⑤其次，他认为法的执行与制定都是由人完成的，官吏素质决定了法的优劣。明代朱元璋是著名的以重典治吏的皇帝。为了纠正官场的贪婪腐败之风，朱元璋陆续颁发了《御制大诰》、《御制大诰续编》、《御制大诰三编》、《大诰武臣》。四编《大诰》156个条目案件中，涉

---

① 《魏书·刑罚志》。
② 《金史·刑志》。
③ [唐]关兢撰《贞观政要·刑罚》。
④ [唐]关兢撰《贞观政要·刑罚》。
⑤ 《朱子文集·卷二〇》。

及严惩官吏违法案件达128个。对"吏风日下"的忧虑,使朱元璋不惜恢复酷刑,企图以严刑震慑官吏的贪败,因而走上了法外用刑的道路,这是十分可惜的。正因为朱元璋的吏治措施背离了"法制"的轨道,所以事倍功半,成效甚微。连他自己也叹道:"我欲除贪赃官吏,奈何朝杀而暮犯。"①朱元璋"吏治"的教训,在现实中不能不以为鉴。清朝虽是满族贵族建立的统一集权制政权,但统治者入关后迅速汉化,对吏治亦有着高度的重视,康熙皇帝一针见血地指出:"从来民生不遂,由于吏治不清。"②

吏治思想作为主流法思想中的重要内容,对法制的完善有其积极的因素。第一,其强调统治者必须具备应有的政治、道德、文化素质,这有利于法制的建设、改良与完善。古代社会中,帝王"口含天宪",出言即法。统领一方或一部门的大臣及行政长官也有审时度势权宜立法的权力。帝王及官吏素质的高低,关系到法的质量。晋《泰始律》之所以为人称道,是因为参与制法者大都是律学家与司法经验丰富的官吏,对法律,他们不仅有丰富的实践经验,而且有一定的理论修养。唐初法制状况之所以优于其他时期,是因为唐初统治集团强调据律论罪,"事须画一"。唐太宗以为:"法者,人君所受于天,不可以私而失信。"③第二,其强调统治者的自律,协调了统治者特权与法律间的冲突,有利于法律的贯彻与执行。"吏治"思想对统治者自律的强调实际上是对皇权与特权的一种束缚。第三,其强调严惩贪败风气,有利于国家机器的正常运转,也有利于抑制司法黑暗的蔓延。

"吏治"思想对法制建设亦有消极的影响。第一,其过分强调"吏"的作用,淡化了人们的制度观念。"择人重于建制"是中国传统观念。因此,中国古代法律制度虽堪称完善,但具体实施的情况却常常因人而异。许多时候,法制如一具空文,被束之高阁。人们的注意力集中于人才的选拔,而常常忽略制度的执行。第二,由于过分强调"吏"的作用,人们注重的是官吏自身的修养,对官吏执法、守法的政绩往往忽略。有时人们出于人情因素甚至会赞扬官吏对法的违背。官吏在处置以身试法的侠客义士、为亲复仇的孝子烈女时,往往以

---

① [明]刘辰《国初事迹》。
② 《清实录·卷四二》。
③ 《资治通鉴·唐纪一二》。

破坏法律为代价而维护道德，以体现其道德、文化修养。第三，对贪官污吏的严惩也往往以坏法破律为代价，使法制建设无法纳入正常的轨道。

（2）清官的法观念与影响

中国社会中最著名的清官几乎都产生于宋代之后。包拯、海瑞、况钟、于成龙、郑板桥等皆以刚直不阿，执法如山，清廉自守，爱民如子而名留青史。包大人与海青天在时隔数百年后的今天仍然是家喻户晓的人物。可见中国社会中，清官观念之根深蒂固。

清官之所以"走红"于宋代之后，是因为中国古代社会自宋代始便进入了衰败时期。宋之后法制的变化有两点格外引人注目。首先，自宋以后，法制的御用性更加突出。宋徽宗公然下诏，强调"出令制法，轻重予夺在上"。皇帝所发布的诏令完全取代或凌驾于法律。上行下效，皇帝视法律为儿戏，各级官吏对法律也肆意践踏。官场上舞文弄墨，贿赂公行，曲法徇私，陷害无辜成为司空见惯之事。其次，由于宋以后阶级矛盾、民族矛盾日益加剧，统治者对刑罚的威慑作用格外重视，因而刑罚手段日益残酷。宋代时便恢复了一些战国及秦时的酷刑，如凌迟、刺配等。紊乱的法律机制与惨烈的刑罚使冤狱丛生。功高盖世的抗金名将岳飞尚且被以"莫须有"之罪处弃市之刑，家产抄没，家人发遣岭南，百姓之命被视如草芥自不待言。在司法如此黑暗的现实中，人们对清官的企盼、信任远远超过法律。因为人们确认，有了"清官"，"王法"才能惩恶扬善，一方之民才可能免遭滥刑苛政之苦。清官观念由此形成。

清官多出现于法制衰败之时，但是，清官自身却不是法制的对立物。相反，清官最大的特点就在于在有法而不守成为风气的情况下，敢于逆风气而动，奉公守法，甚至不惜以身殉法。人们赞扬清官也总离不开法律，清官与法律确实有着不解之缘。清官的形象有两大特征：

一是自身清廉拒贪，率先遵法守纪，以身作则。宋代的包拯身居高位，生活却十分简朴，衣食住行一切从简。包拯曾在端州为官，端州盛产天下名砚，称为端砚。历代地方官无不贪其名贵而驱使端州百姓昼夜开采凿磨，砚民未得名砚之利，反受其劳役，苦不堪言。包拯治端州，按当时上贡制度，使民生产有度。任满调职时，端州人感念他的清廉，一定要送包拯一方端砚以示感谢之情，包拯婉言谢绝，没有带有一砚。为了束缚家人，包拯还立下家规：

"后世子孙仕官有犯赃滥者,不得放归本家;亡殁之后,不得葬于大茔之中。不从吾志,非吾子孙。仰工刊石,竖于堂屋东壁,以诏后世。"①

明代的海瑞在任淳安知县时,衣食住一如老农,并常与家人一起种植菜园,以补俸禄的不足。史书记载,海瑞"布袍脱粟,令老仆艺蔬自给"。海瑞的母亲过生日,海瑞亲自到市上买了二斤肉以表孝子之心。这一举动在官场成为笑谈,而在民间却成为美谈。②被康熙皇帝称为"天下廉吏第一"的于成龙在任广西罗城知县时,县衙只有草屋三间。当地人感叹他的清苦,曾集资欲供其盐米之费,于成龙总是辞谢道:"我一人何必要这么多的东西?你们将这些东西拿回去孝敬自己的父母,就如同给了我一样。"③在给友人的书信中,于成龙如实地描述了自己的清苦生活,他写道:"日二食或一食,读书堂上,坐睡堂上,首足赤露,无复官长礼。夜以四钱沽酒一壶,无下酒物。"④孔子言:"其身正,不令而行;其身不正,虽令不从。"清官之所以能令出必行,禁出必止,原因就在于他们自身能够为民表率。

清官形象的第二大特征,是为官能卓有政绩,敢为民做主,敢触犯权贵。这一特征主要表现于精察狱讼,使无辜之民能免遭牢狱之灾。包拯为知县时,曾智断"盗割人牛舌"案,使罪犯落入法网。由于为官政绩突出,朝廷委以"权知开封府",负责京师地区的政务及整肃朝纲。面对日益腐败的朝政,包拯心忧如焚,脸上几乎从无笑容,当时人们将包拯笑比喻为黄河清。为了扼制权贵鱼肉百姓,包拯打开开封府衙的大门,有冤屈的平民百姓可以直接到开封的公堂之上陈述曲直。包拯的严厉与无私,使"贵戚宦官为之敛手,闻者皆惮之"。而百姓却高兴地唱道:"关节不到,有阎罗包老。"⑤明代的海瑞将为民做主视为官吏的职责。海瑞为淳安县令时,下令严禁请客送礼,规定官吏除俸禄外,不得以任何理由勒索民财。对来往经过淳安县的官吏,无论职位大小,海瑞皆待之以制。总督胡宗宪的儿子路过淳安县,对县驿站的官吏大发雷霆,认为接

---

① 《宋史·包拯传》。
② 参见《明史·海瑞传》。
③ 参见《清史列传·于成龙传》。
④ 《于成龙集·与友人荆雪涛书》。
⑤ 《宋史·包拯传》。

待不周。最后竟将驿吏捆绑起来，倒挂在树上。海瑞赶到后，令随从查封了胡公子的数千两银子，将其纳入国库，并言："胡总督曾三令五申，告诉地方不要铺张。你们这些人行装华丽，随身所带的银子达数千两，怎么可能是胡总督的家人？！"随后派人将此事告知胡宗宪。胡宗宪素闻海瑞刚正，对海瑞如此"非礼"之举也只好作罢。① 海瑞曾上疏皇帝，表达了自己的执法主张，他认为世俗之见，是"法可执于庶民，不可行于乡宦"。但是，若"论道理法度不如是也"。② 清代的于成龙"执法决狱，不徇情面，屡伸冤抑，案牍无停，不滥准一词，不轻差一役"③。

在古代社会，尤其在法制走向衰败的社会后期，执法如山确非易事。包拯为护法曾屡遭人非议，海瑞也曾丢职罢官、蹲过大牢。更有甚者为其断送了性命。清代有一位名叫李毓昌的人，为官时日不多，但对职责兢兢业业。他奉命至山阳县勘察赈事，"亲行乡曲，钩稽户口"，很快便查出县令贪污赈款之事。县令先行以贿赂，李毓昌不收，又买通李毓昌的仆人偷窃账目，无奈李毓昌事必躬亲，防范甚严。最后县令指使自己的仆人与李毓昌的仆人合谋害死了李毓昌。④ 李毓昌的惨死，生动地说明当时清官处境的艰难。也正因如此，清官才格外受人尊敬与爱戴。《明史·海瑞传》记载，海瑞死时"小民罢市。丧出江上，白衣冠送者夹岸，酹而哭者百里不绝"。人们身着孝衣孝帽为这位清官送行，灵船出现于江上，人们将准备好的祭酒倒入江中，哭声不绝。于成龙辞别罗庄时，父老乡亲送出数百里之地，痛哭而返。于成龙去世时，百姓"罢市聚哭"，家家绘其像而祭祀之。清官在民间之所以有如此巨大影响，是因为他们敢于抗衡权贵，搏击豪强，依法行事，不图私利。在"衙门口往南开，有理无钱莫进来"的衙门中，清官的所作所为在一定程度上遏制了腐败风气的蔓延，渎法坏刑的局面有了一定的改善。当人们拍手唱道"关节不到，有阎罗包老"时，心中充满的不仅仅是对包拯的信赖与感激，而且也充满了对"王法"惩恶扬善的信念与希望。

经久不衰的清官价值观流传至今，包拯、海瑞等清官口碑遍天下，对现实社

---

① 参见《明史·海瑞传》。
② 《海瑞集·兴革条例》。
③ 《清史列传·于成龙传》。
④ 参见《清史列传·李毓昌传》。

会治理大有裨益。第一，它有利于形成激浊扬清的强大的舆论阵地。当人们怀着感佩的心情传颂清官业绩时，对贪官污吏无疑是一种鞭挞。这种分明的善恶观与是非观，可以净化社会风气，可以提高人们的道德修养。激浊扬清的社会舆论，是廉洁为政的土壤，是反腐倡廉的阵地。第二，它有利于培养官吏的敬业精神。清官观念的核心内容是强调官吏的表率作用及不畏权贵、执法如山的品德。官吏敬业与否，关系到各行各业及整个国家的兴衰。在法制较为完备的情况下，官吏的敬业精神表现在以身作则、不徇私情、一丝不苟地执行法制上。在法制尚不完备的情况下，官吏的敬业精神更为重要。因为法制的缺漏、疏忽将依靠官吏的道德良心与才干去弥补。第三，它有利于确立法律的威严。清官的魅力在于将古代社会中难以实现的"王子犯法与庶民同罪"的理想变成了现实。法律的公正性在清官治理下得到极大的体现，人们对清官的赞美实际上也是对法律所具有的公正性的赞美。因而，清官观念有利于恢复人们对法律的信心，加强人们的法制观念。

自秦至清是主流法思想始终居主导地位并广泛传播普及的时代，但其在实践中所反映出的社会普遍的法价值观内容并不单调，而是十分丰富的。许多观念对现行法制建设不无影响。对传统思想甄别吸收，因势利导，才能谈得上建设具有中国特色的法律体系。两千余年的传统法思想与观念，是我们前进中的包袱，更是我们发展的动力，因为传统中毕竟凝聚着民族的精华，弘扬传统是每一个民族崛起的必由之途。

4. 有关具体法律问题的争论

主流法思想确立后，有关法律的原则性问题，比如像春秋战国时期的儒家与法家那样涉及法的性质、功能及发展方向的争论便十分罕见。但是在一些具体问题，尤其是立法技巧及立法简约与繁芜、执法宽大与严格、"细故"（民事）纠纷解决方式等方面的争论则从未间断。杨鸿烈《中国法律思想史》、张国华《中国法律思想史新编》中对这些争论有所归纳。以下主要从皇权与法律、道德与法律、刑罚宽严、轻重（肉刑）等几个方面进行归纳，这些问题主要涉及赦制、复仇与肉刑的争论。

（1）有关赦与非赦的争论

赦是中国古代对犯罪者减轻或免除刑事处罚的一种制度，发布赦的权力归于皇帝，皇帝也常以赦来体现自己的仁慈与德政。在改年号、立太子、册封皇后及新皇帝登基时，一般都要发布大赦令，表示普天同庆、与民更始。

赦，始于三代。儒家经典《周礼·秋官》记"司刺"掌"三赦"。三赦规定了赦的对象有三：即老幼、过失及精神不健全者。以赦免罪犯而体现仁政的法律制度，是有儒家思想作为其理论基础的。儒家鉴于春秋战国时"苛政猛于虎"的状况，主张通过赦宥来防止冤狱。对老、幼、愚犯罪，儒家也主张体察其特殊情况而从轻或免除刑罚。对疑狱，儒家主张宁从其轻，不失其重。主流法思想确立后，大赦成为制度，这一制度一直沿用至清朝。

先秦儒家认为"赦"体现了统治者的仁政，主张"赦小过，举贤才"。① 三代及先秦儒家主张"赦"的范围应是：

"或以其情有可矜，或以其事之可疑，或以其在三赦、三宥、八议之例。"②

由于赦赋予了帝王以法外行恩的权力，所以难免有人利用其逃避法网。先秦楚国富豪陶朱公次子因杀人入狱，陶朱公令长子以重金买通楚王亲信，使其向楚王禀告天有灾异之象，须以"德政"化之，说服楚王颁行大赦令。后来，陶朱公行贿事发，楚王大怒，先下令杀了陶朱公的次子，第二天才发布大赦令。从这一事件中，可以看出"大赦"，会造成法令有隙可乘。所以法家坚决反对大赦。齐法家认为：

"上赦小过则民多重罪，积之所生也。故曰：赦出则民不敬。"③

由于儒法两家的对立，战国时发布的赦远不及汉以后频繁，而且范围限制也较为严格。秦王朝以法家理论为指导，秦始皇为政"久者不赦"④。

汉代，为匡正秦的苛政，赦成为常行之事。与先秦大赦略有不同，汉及汉代以后的赦不仅频繁，而且其对象也几乎扩大到除"常赦所不原者"的所有罪

---

① 《论语·子路》。
② [清]沈家本撰《历代刑法考》（二），第 524 页。
③ 《管子·法法篇》。
④ 《史记·秦始皇纪》。

犯。"常赦所不原"一般指颠覆政权的谋反等罪,北齐时的"重罪十条",隋唐以后的"十恶"皆为"不赦"之罪。

汉代皇帝行赦频繁。从"(汉高祖)五年春正月,赦天下殊死以下"①后,汉代有些皇帝一年数赦,赦的名目多种多样:全国罪犯一律开释(除常赦所不原者)称"大赦";针对某一地区的赦称"曲赦";针对某一类犯罪实行的赦称为"别赦"。汉代以后,历代沿袭了这一制度。在司法实践中,赦制确实有防止冤狱、滥刑的作用,但是也有以赦破法,损害法律权威的负面影响。宋人洪迈在《容斋随笔》中记:婺州有一位富豪,名叫户助教,为人苛薄,在收租时被一佃户父子四人捆绑于杵臼之中"捣碎其躯,为肉泥"。衙门审理结案,恰逢皇帝发布大赦令,佃户父子四人获释出狱。出狱后的杀人犯竟到被害人家中挑衅,问死者的家属:"助教何不下庄收谷?"②皇帝的赦免有时甚至干预到民间的借贷等"细事",宋淳熙十六年二月发布的大赦令中有一项:"凡民间所欠债务。不以久近多少,一切除放。"赦令一下,一些刚放出债务的富豪因血本无归而吵嚷"不以为便"。于是,赦令又改为"只偿本钱",免除利息。一些借债者对朝廷出尔反尔深为不满,"几至喧噪"。③赦对民间债务的干预,本想体现帝王为天下人父母的地位及视民如子的情怀,但结果却适得其反。这也是自古以来不少政治家、思想家认为赦并非善政的原因。赦令数下,使为恶者猖獗有所恃,善良之辈则手足无措。东汉时的王符认为大赦破坏了法律惩恶卫善的作用,使善人伤而恶人昌。许多人心存侥幸,有意钻法律的空子。诸葛亮、唐太宗、朱熹等皆是非赦论者。他们以为赦免罪犯之举,体现不了儒家的仁政德治,这些小恩小惠,反而有损于国家的大政。赦免之制,不仅使心怀不轨之人"知罪而不避",罪行得不到应有的惩罚;同时也常常诱使一些善良的人心存侥幸,作奸犯科,以致身陷牢狱。赦的原意在于使人得生,而结果却恰恰相反,其在诱人陷入罪罹之中的同时,又使民不畏法。

清末法学家沈家本总结道:政治较为清平,法制较为严明之时,赦令则较少。愈是乱世,赦令愈加频繁。赦令愈多,铤而走险、以身试法者愈多,因

---

① 《汉书·高祖纪》。
② [宋]洪迈撰《容斋三笔·多赦长恶》。
③ [宋]洪迈撰《容斋三笔·赦放债负》。

此，赦并非"善政"。①

(2) 关于复仇可否的争论

复仇是氏族社会的习惯。在氏族社会中，同一氏族成员若受到其他氏族的羞辱与伤害，每一个氏族成员都有为受害者复仇的义务。中国古代社会，以家族为本位，复仇的习惯因而被沿袭下来。儒家对复仇持有赞赏态度。儒家经典有：

"父之仇，弗与共戴天；兄弟之仇，不反兵；交游之仇，不同国。"②

其大意是杀父之仇，一定要以血还血，以命偿命，要不惜生命代价而复仇；对杀兄之仇，只要与仇人相遇，便要与之拼命；对杀友之仇，不可与朋友的仇人在一个国家做官。儒家主张复仇，意在提倡孝义。

汉代儒家思想占据正统地位后，为维护三纲五常，复仇之风大开。为亲复仇而以身试法者，往往受到舆论的赞扬。而有仇不报者则被认为是贪生怕死的不孝子孙，为舆论所不齿。在主流法思想的影响下，断狱者对复仇的孝子、烈女、义士也往往网开一面。曹魏时，为了安定局势，树立法律的权威，曾下令严禁复仇，对私自复仇者处以族刑。但复仇者只要在官府备案，则可追杀仇人。隋唐以至于明清，对复仇未有明令禁止，法律对复仇者的处理一般是宽大为怀。在对复仇的赞扬声中，亦有持不同见解者。如东汉时的张敏认为复仇，为人子之义；而严禁复仇，是国家的法度，二者不可混淆。他说："春秋之义，子不报仇，非子也。而法令不为之减者，以相杀之路不可开故也。"③唐代的陈子昂亦主张将舆论与国法分开，二者皆不可偏废。他认为对复仇者应置之以刑，以正国法。然后"旌其闾墓"以彰孝道。④ 如此便可礼律两不相失。

对复仇可否的争论与研究，逐渐完善了古代立法制度。魏晋时形成了限制复仇的几条规定，即父为官府所杀，不许复仇。复仇的对象只限于仇人自身，不得扩及仇人的家人。过失杀人者由官府将其迁徙他乡，仇人不得追杀。但是

---

① 参见[清]沈家本撰《历代刑法考》（二），"赦考"第524页。
② 《礼记·曲礼》。
③ 《后汉书·张敏传》。
④ 参见《旧唐书·孝义传》。

由于中国古代社会强烈的伦理道德观念，复仇之风一直未息。法律对复仇的孝子一般也采取宽宥的态度。下面举不同王朝的案例以证之。

晋代王谈，10岁时父亲被邻人窦度所害。年幼的王谈暗立复仇之志，表面上对仇人一如既往，不露声色。18岁时，王谈终于如愿以偿，用锸斩杀了仇人。复仇得逞后，他到衙门自首，太守孔严对其孝勇之举深为赞叹，上表请求赦免了王谈的杀人之罪。①

北魏时孝子吴悉达兄弟三人的一生业绩便是先为父母复仇，又倾尽家资将曾祖以下九位已故的亲人骸骨合葬于一处，使先人团聚于阴间。②同时代的孙益德，其母为人所害，年幼的孙益德为母复仇后，哭于母亲的灵柩之前，并无逃避官府的意思。皇帝闻听此事，赞叹其"幼而孝决，又不逃罪"，特下诏免予处罚。③

北周杜叔毗复仇之事更是曲折。杜叔毗原为南朝梁代官员，以孝敬母亲而闻名于当世。梁被西魏军围困时，他代表梁到西魏和谈。西魏文帝爱其才华，接待得十分隆重。杜叔毗尚未返梁就听说自己的兄长杜君锡及其子被曹策、刘晓所陷害。后来曹策归降了北朝，杜叔毗"朝夕号泣，具申冤状"，但朝议者认为曹策陷害之事发生在归降之前，现在不可加以追究。杜叔毗十分愤惋，志在复仇，只恐违犯朝宪，连累母亲，所以终日沉吟，郁郁寡欢。他的母亲深知其意，对儿子说："汝兄横罹祸酷，痛切骨髓。若曹策朝死，吾以夕殁，亦所甘心，"杜叔毗非常感激母亲的激励，于是在光天化日之下，在繁华的京城手刃曹策，然后自缚至朝，愿受刑罚。西魏文帝深嘉其志，下诏免死。④

南朝李庆绪九岁时父亲为人所害。李庆绪"日夜号泣，志在复仇"。后来他投奔州将陈显达，最终也是在光天化日之下手刃其仇人，然后自首。陈显达感佩其孝义而释放了他。⑤

唐朝是中国古代法制极为完备之时，对复仇的孝子究竟是依法处刑，划一制度，还是法外开恩成为执法中的一大难题。唐太宗时，王君操的父亲被同乡人

---

① 参见《晋书·孝友传》。
② 参见《魏书·孝感传》。
③ 参见《魏书·孝感传》。
④ 参见《周书·孝义传》。
⑤ 参见《南史·孝义传》。

李君则殴杀,当时王君操只有六岁。仇家李君则弃家亡命,数年后,他以为王君操早已无复仇之志,于是到州府自首。不料王君操藏利器于袖中,刺杀了仇人,"并剖腹取其心胆"。州府对其复仇之举并不赞赏,以擅杀戮之罪处以死刑。王君操以为"大耻既雪,甘从刑宪"。此案经唐太宗特诏,王君操才免于一死。① 法律对孝子不贷,引起了人们的强烈不满。唐开元年间,监察御史杨汪到巂州都督张审素军中纠察,两人结怨。后来杨汪以谋反罪将张审素处斩,张审素之子张瑝、张琇流放岭外。数年后,张氏二兄弟逃归京都,手刃杨汪。官府捕捉到张氏兄弟后,城中百姓全都认为张瑝、张琇"幼稚孝烈,能复父仇",主张赦免其罪。丞相张九龄也认为应免其一死以劝孝。但裴耀卿、李林甫却坚持要处斩,他们认为"国法不可以纵报仇"。玄宗同意了裴、李之论,下令处死张氏二兄弟,并为此特意颁诏,以期平息舆论。诏书上说:

"张瑝等兄弟同杀,推问款承,律有正条,俱各至死。近闻士庶,颇有喧词,矜其为父复仇,或言本罪冤滥。但国家设法,事在经久,盖以济人,期于止杀。各申为子之志,谁非徇孝之夫,展转相继,相杀何限?咎繇作士,法在必行,曾参杀人,亦不可恕。不能加以刑戮,肆诸市朝,宜付河南府告示决杀。"

两兄弟受刑之时,张瑝尚稍有恐惧,弟弟张琇却从容一如常日,并说:"下见先人,复何恨?"两人被处决后,人们为之感伤不已。皇帝的诏令丝毫未能阻止人民的"喧词"。士人"为作哀诔,榜乎衢路,市人敛钱,于死所造义井"。人们将二人并葬于北邙,又恐其仇家毁孝子之墓,于是作疑冢数所。② 在法律与道德的冲突中,道德依恃着传统的力量及社会舆论始终不肯后退半步,最终法律还是不得不作出妥协。但这种妥协是"条文"对"宗旨"的妥协。宪宗时,韩愈提出了"明刑弼教"的折中方法:

"将复仇,必先言于官,则无罪也。""有复仇者,事发,具其事下尚书省集议

---

① 参见《旧唐书·孝友传》。
② 参见《旧唐书·孝友传》。

以闻,酌处之。"①

自宋代以后,复仇的孝子或被减死,或被宽贷者居多。《宋史·孝子传》之首的李璘手刃杀父仇人,被免罪释放。 宋太宗时,又有京兆百姓甄婆儿为亲复仇,以斧砍伤仇人头而杀之,"太宗嘉其能复母仇,特贷焉。"②《宋史·孝义传》记:"太祖、太宗以来,子有复母父仇而杀人者,壮而释之。"

明史记载为亲复仇的傅辑、何兢、俞孜、张震、孙文等均受到朝廷的赦免。何兢的父亲被知县所害,何兢率亲族数十人伏于道旁,截击知县,将知县打成重伤后,锁绑押送到按察司。 后由刑部、大理、巡按御史联席审判。 部民殴官,在古代社会中实为犯上作乱之举。 当何兢被问及缘何将知县打成"笃疾"时,何兢答道:"兢知父仇,不知县官,但恨未杀之耳。"更为引人深思的是《明史》的编纂者对"誓九死以不回,冒白刃而弗顾"的孝子寄予了深切的同情。将"政失其平"的原因归为"有司之辜,民牧之咎"③。 明末湖北襄城人李复新的父亲被土匪贾成伦劫杀,李复新死里逃生。 当时天下大乱,王法不行,贾成伦又人多势众,李复新佯装怯懦,使贾成伦无意再加害于他。 清代明祚,社会秩序好转之时,李复新至官府为父申冤,官府拘押了贾成伦,却恰逢皇帝颁发大赦令,贾成伦遇赦出狱。 李复新伏于路旁,用石头打死了仇人,然后到官衙自首。 县官怜悯他的一片孝心、上疏州府,请求赦免并旌表其门。 州府认为李复新是擅杀,应依法律处刑。 县官又上疏为李复新辩护,认为:"《礼》言父母之仇,不共戴天。 又言报仇者,书于士杀之无罪。 赦者一时之仁,复仇者千古之义,成伦之罪,可赦于朝廷,复新之仇,难宽于人子。 成伦且欲原贷,复新不免极刑,平允之论,似不如是。 复新父子何辜,并遭大戮? 凡有人心,谁不哀矜。 宜贳以无罪,仍旌其孝。"州府最终采纳了县衙的意见,不仅赦免了李复新,而且,"表其门曰'孝烈'"。④

(3)关于肉刑废复问题的争论

肉刑是一种残害人的身体的刑罚。 夏、商、西周时的五刑,除大辟(死刑)

---

① 《新唐书·孝友传》。
② 《宋史·孝义传》。
③ 《明史·孝义传》。
④ 《清史稿·孝义传》。

外，皆为肉刑。如在人脸颊上刺字的墨刑，割掉鼻子的劓刑，断足的刖刑，毁坏人生殖能力的宫刑等。这些刑罚一直沿用至汉初时，汉文帝认为肉刑"断肢体，割肌肤"，无法体现君主为天下父母的仁慈之政，故而宣布"除肉刑"。①

自文帝废肉刑后，有关肉刑问题的争论自汉至魏晋便争论不休。主张恢复肉刑者，在理论上以儒家仁政及"刑乱世用重典"为依据，认为废除肉刑，外有轻刑之名，实则是加重了刑罚的力度，有违仁政。如原应判斩右趾之刑，废除肉刑后改为"弃市"。生刑反变为死刑。废除肉刑后，以徒刑代替了黥、劓、斩右趾，是为"轻典"。而三代治世，尚且不废肉刑，现实与三代相比，应为乱世。儒家用刑原则是"刑乱世用重典"，因此，肉刑的废除不合时宜。从法律实施上说，主张复肉刑者认为："死刑既重，而生刑又轻，民易犯之。"②即在死刑与徒刑之间，缺少一个过渡的中间刑，容易造成量刑失当。

反对恢复肉刑者在理论上亦以儒家仁政为依据，他们认为肉刑过于残暴，一旦受刑，终身为耻，不仅不能禁止犯罪，而且杜绝了犯人的弃恶从善、改过自新之路。尤其当冤狱发生之时，有志之士一旦被施以肉刑，便终身无法施展才能。从法律的作用来看，反对恢复肉刑者认为死刑所不能禁止的，肉刑同样也无法禁止，因此，在死刑与徒刑间设立肉刑，徒增朝廷的不仁之名。

有关肉刑废立的争论一直持续到宋明。值得注意的是自魏至唐，正式的律典上已经没有了肉刑的规定。但自宋以后，由于受理学家重刑主义的影响，肉刑有所恢复。从法制发展的主流来看，肉刑的废除是大势所趋。另一方面，我们也应看到由于专制制度的特征是皇权凌驾于法律之上，所以，法外用刑在古代社会中屡见不鲜。肉刑作为一种法外刑与古代社会相始终，从未被彻底废除过。

(4) 有关刑罚轻重问题的争论

主流法思想杂糅了儒、道、法各家思想而形成。在其形成发展之际，汉代鉴于秦严法而亡的教训，基本主张以儒为本，偏重道家。在法律问题上主张简法轻刑以示德政。如董仲舒便认为帝王者为政，宜"任德教而不任刑"。③ 汉代的贤良文学（儒生）也大都认为秦亡的原因在于"法繁于秋荼，而网密于凝

---

① 参见《汉书·刑法志》。
② 《汉书·刑法志》。
③ ［汉］董仲舒撰《春秋繁露·阳尊阴卑》。

脂"①。 汉代的法律亦"百有余篇,文章繁,罪名重"②。 故应约法省禁,以做到"刑省而不犯"。 晋代制律亦以"简约"为指导原则,删繁就简者不计其数。隋文帝制定《开皇律》亦以"以轻代重,化死为生"③为宗旨。

古代社会中,刑罚的轻重,法令的繁简在人们观念中是国家治乱的标志。先秦儒家对刑罚的作用及社会效果持有保守态度,以为仁君为政在德不在刑。道家对"人为法"干脆持有否定态度,老子"法令滋彰,盗贼多有"、庄子"窃钩者诛,窃国者为诸侯"之语流传了数千年之久。 儒道结合,使刑罚成为"不得已而用之"④的治国工具。 大设法度、任用酷吏、加重刑罚都是国之将乱或国之将亡的征兆。 简法轻刑的思想致使许多统治者法外施仁,不惜以坏法为代价,而赦免罪犯。

但在古代社会中,亦有不少重刑论者。 这些人基本以儒家为本,而偏重于法家。 他们认为制定刑罚要适中,不顾时宜地一味地简法轻刑,势必造成民不畏法而奸宄并兴的局面。 重刑论者一般都不讳言自己所处的时代是乱世,而且认为乱世须用重刑。 至于仁政,重刑论者认为法外施仁实为"妇人之仁",是以小仁小惠而坏大仁大信。 如宋代朱熹便认为刑罚也是维护"天理"的重要手段之一,"刑愈轻而愈不足以厚民之俗"。⑤ 因此,他主张执法必须从严,只要合乎天理,即使"伤živ之肌肤,残民之躯命"也在所不惜。

古代社会中有关刑罚轻重问题的争论,对统治者的滥刑起到了一定的扼制作用。 这种争论也有利于统治者根据时势而调整刑罚的轻重。

(三) 非主流法思想的发展

在主流法思想占据主导地位的时期,非主流法思想也以不同形式存在着。只是这些思想在当时集权政治的控制下和"大一统"文化的环境中影响有限。非主流思想多出现在王朝政权的控制比较薄弱时期,比如东汉、魏晋、明中后期。

---

① 《盐铁论·刑德》。
② 《盐铁论·刑德》。
③ 《资治通鉴·陈纪九》。
④ 《晋书·刑法志》。
⑤ 《朱子全书·治道二·论刑》。

非主流法思想的发展，也有一个不断深入的过程，即从对主流法思想中自然观的否定到对主流法思想中的社会观的质疑。宋之前，非主流法思想主要是对主流法思想中的"司法时令"说提出疑问。宋之后，尤其是明中叶后的一些思想家开始反思主流法思想的方法论，并对主流法思想维护的一些制度，甚至皇帝权力的合法性产生了怀疑，这种怀疑实际上是一种启蒙思想的萌芽。应该注意的是，宋以后的非主流思想恰恰是主流思想内部分化的结果。这种分化在明代王守仁的思想中便开始出现，即王守仁的法律主张虽然在目的上与主流法思想并无根本的分歧甚至从某些方面补充了主流法思想，但在对理学的反思中他的主张动摇了主流法思想的根基。其思想为后来的泰州学派所继承，最终形成明末清初黄宗羲、顾炎武等人具有近代启蒙意义的思想。

1. 东汉王充对主流法思想的批判

王充（公元27—97年）生活于东汉前期，曾就读于京师洛阳太学，师从当时著名大儒班彪。王充精通诸子之说，反对流行于当时的谶纬神学，从无神论的立场出发，王充对主流法思想中的君权神授、天刑天罚、司法时令说进行了尖锐的批判。

主流法思想以谶纬神学对皇权专制的合理性加以解释，他们认为皇帝至尊之位与至高无上的权力是上天所授予的，因而是合理合法，不可动摇的。王充以为这纯系无稽之谈。在王充看来天地由自然之"气"所组成，人与世上万物皆为"天地合气""偶有生矣"。① 人与物一样，并非天有意而生，而是天地运行无意间自然而然出现的产物。因此，从"天性"上来看，人与人并没有什么尊卑贵贱之分，而是平等的，尊卑贵贱是人为的产物而非"天意"。他断言："虽贵为王侯，性不异于物。"② 从朴素的唯物主义立场出发，王充否定了君主的神圣性，对等级制的形成也作了较为客观的论述。这对当时的思想学术界确实是一个极大的震动。

为了神化维护统治者利益的法制，主流法思想大力宣扬天有赏罚能力：当政治清明时，上天便会用风调雨顺奖赏天子，当政治昏庸腐败时，上天便会用旱、涝、地震、失火等灾害以示惩罚。这便是上天"谴告"说。同样，法制亦是

---

① ［东汉］王充撰《论衡·物势》。
② ［东汉］王充撰《论衡·雷虚》。

"天刑"、"天罚"的产物,一个人多行不义,便会大难临头,或有牢狱之灾。相反,多行善事则可一生平安,颐享天年。王充认为这是"虚而无验"的说教。他认为天有"天道",其按自然的规律发展变化,"灾变时至,气自为之"①。自然灾难是自然之气郁结不畅所至,与人事绝无关联。人有"人道",其亦按自己的规律发展变化,政治的清明与否及人的善恶决定于人类自己而非上天,因此"人不能以行感天,天亦不随行而应人"。②他举例说明天与人各行其是:尧、舜、商汤是主流思想家竭力赞扬的"圣君",但在尧、舜、商汤时既有过旱灾,又有过涝灾,难道能说上天在用灾难遣告"圣君"吗?如果说是"遣告",那么"天刑"、"天罚"岂不是无公道可言。如果说不是"遣告",由此主流法思想的神学观则不攻自破。

"人不晓天所为,天安知人所行?"③

在王充看来,"行善则福至,为恶者祸来"的报应说更是荒诞不经。④人世间的赏罚出自君王公卿,有时很难做到公正。春秋时秦国大将白起曾活埋了数十万赵国的降兵,在这数十万降兵中,不乏善良忠厚之人,这些人何福之有?战国时秦国丞相李斯因忌韩非之才,将韩非下狱用毒酒药死。秦统一后,为秦国大业立有汗马功劳的李斯亦被处"具五刑"而惨死。"上天"何以明辨过其中的是非?总结历史经验及社会生活现象,王充反而认为君不因圣明而长寿,也不因残暴而短命。"恶人之命不短,善人之年不长。"⑤这些足以说明天人各行其是,既不相知,也不相通,更无法感应。

主流法思想中有这样一种观点,即天之寒暑与人之喜怒相应。司法时令说正是这一思想的体现。为了使法律应合天意,司法时令说主张人君在春夏时应效法上天的"好生之德",停止行刑而行奖赏。秋冬时则应效法上天的肃杀之威,断狱行刑,以惩人间之败类。若赏罚不遵守时节,则会酿成灾变。用刑于

---

① [东汉]王充撰《论衡·自然》。
② [东汉]王充撰《论衡·明雩》。
③ [东汉]王充撰《论衡·变虚》。
④ 参见[东汉]王充撰《论衡·福虚》。
⑤ [东汉]王充撰《论衡·福虚》。

春夏，天气便会当暖不暖，寒阴之气袭人；用赏于秋冬，天气便会当寒不寒，造成虫灾。王充认为司法时令说是幼稚可笑的。他在《论衡·寒温》篇中列举了大量的事实证明司法时令说不堪一击。王充先纵向举例，他说：前世的蚩尤、秦朝都是以用刑酷烈而著名的王朝。蚩尤时，百姓终日惶恐不安；秦朝时，受刑之人相望于道。但蚩尤、秦朝时天气仍按春夏秋冬而演变，并未因用刑酷繁而常寒。汉代赦令频频而下，天气亦未因之而常温。横向举例，王充说，齐、鲁之地相邻，在同一时间齐国行刑，鲁国行赏，天气并不会齐寒而鲁温。因此，王充断言：寒温是自然节气变化所致，与政治无关，人间的赏罚不会影响天气的寒暑，更不会影响春夏秋冬的变化。

王充对司法时令说的批判可谓有理有力，但王充并不由此而否认主流法思想中的"德主刑辅"说。其与主流法思想的区别在于：主流法思想以神学解释了儒学，将儒家"为政在德"的思想神秘化；而王充则从"人事"上解释了儒学，认为"为政在德"是一种优于刑罚的治国手段。

2. 魏晋玄学对主流法思想的批判

东汉末期以来，外戚、宦官相继把持政权，政治日益腐败，在意识形态中占据主要地位的主流学说以儒学的名教纲常与神学谶纬粉饰统治阶级的腐朽无能，内容空虚荒诞。尤其谶纬之学，用迷信的手段宣扬"天命"、"天意"及因果报应，除了神化统治阶级的统治外丝毫无助于社会问题的解决。在这种情况下，一部分士大夫突破了主流思想的束缚，力图将儒学从谶纬及繁杂的经学中剥离出来，以恢复"名教"的真实面目，这便是玄学的萌芽时期。曹魏年间何晏、王弼等研究《老子》、《庄子》，用道家"自然"的思想去解释儒家的经典《周易》，摆脱了用阴阳谶纬释儒的途径，他们认为"名教出于自然"，名教与自然的关系是里表的关系，这是玄学发展的第一阶段。其后，司马氏为了取代曹魏，以名教相标榜而杀戮异己，一些士大夫出于对司马氏的反感，走上了独尚自然之路。是为玄学发展的第二个阶段，其代表人物是嵇康、阮籍。出于政治斗争的需要，他们"非汤武而薄周孔"，[①]并且不拘礼法，放浪形骸，思想颓废，将礼法之士讥讽为裤中之虱，主张冲破一些名教束缚，回归自然。他们思想中

---

① 《嵇中散集·与山巨源绝交书》。

有无政府主义的因素，如阮籍提出"无君而庶物定，无臣而万事理"。① 应该指出的是，阮籍、嵇康等人对礼教的攻击蔑视及颓废与当时的政治密切相关，他们因憎恨以名教相标榜的司马氏集团，而抨击礼法；他们因在政治上郁郁不得志、备受打击、才华抱负不得施展，而绝望颓废。这一时期的玄学对主流思想的冲击最大。西晋时期，向秀、郭象等注《庄子》，认为名教即自然，老、庄、周、孔实质上没有什么不同，这便是玄学发展的终结阶段。

玄学是一个哲学学派，他们论证的多是抽象的"玄理"，对法律问题极少论及。但玄学对法思想的影响并不微弱。何晏、王弼、向秀、郭象在论及名教与自然的关系时，用道家的"自然"观赋予名教以新的生命。他们认为主流法思想中的实质内容，即儒家的伦理纲常之说与老、庄推崇的自然之道是合二为一的。无论是"名教出于自然"也好，"名教即自然"也罢，都是以道家的理论论证了儒家思想的合理性。在玄学家的理论中，主流思想脱下了神秘繁琐的阴阳谶纬外衣，而套上了永恒的自然光环。以道释儒，道儒结合对法律的最大影响便是对繁法酷刑的反对。王弼指出：

"多其法网，烦其刑罚，塞其径路，攻其幽宅，则万物失其自然，百姓丧其手足。"②

阮籍、嵇康则从主张宽简法律发展到一切回归自然，反对一切人为法，颇有些"法律虚无主义"。他们对礼法的讥讽，揭露了当时政治的虚伪黑暗。他们认为法律不过是统治者套在人们身上的枷锁。阮籍认为世上暴虐生于君臣礼法之中：

"君立而虐兴，臣设而贼生，坐制礼法，束缚下民。"③

我们对阮籍、嵇康否定礼法应作全面的分析，即他们否定的是当时的统治者

---

① 《阮嗣宗集·大人先生传》。
② ［曹魏］王弼：《老子注·第四十九章》。
③ 《阮嗣宗集·大人先生传》。

司马氏的礼法,反对的是司马氏的法律。他们以放浪形骸、不拘礼法的形式表示了对政权的轻蔑。而对儒家的礼法,他们并不持反对的态度,他们是要以回归自然的形式,反对当时统治者对儒学的利用。

东晋时的思想家鲍敬言继承了阮籍、嵇康一派的思想,首次明确提出无君、无政府的主张,以为无君、无政府的社会是人类的理想社会。在法律上,鲍敬言主张废弃刑法,回归自然,具有法律虚无主义的思想。鲍敬言对现实的批判,对封建黑暗的揭露给人以深刻的启迪。鲍敬言否定了君权与法律的神秘性,以为君主与法律是弱肉强食、尔虞我诈的产物。他一针见血地指出,君臣之道,起于强者对弱者的征服,智者对愚者的欺诈:

"夫强者凌弱,则弱者服之矣;智者诈愚,则愚者事之矣。服之,故君臣之道起焉;事之,故力寡之民制焉。"①

有了君主,便有了贫乏、战争和贫富不均。在鲍敬言看来,君主不仅不神圣,而且是万恶之源。犯罪亦根源于君主制度。因为君臣之道立,"奉上厚则下民贫",君主与官吏则不劳而获,使百姓不得不铤而走险。对造反的百姓,统治者又"闲之以礼度,整之以刑罚",②用礼乐政刑去规范、镇压他们,因此,礼乐政刑不仅不是"兴利除害"之具,而是"屠割天下"之器。鲍敬言认为,只要君主制不灭,以礼乐政刑治理天下都是徒劳的。他主张:

"无君无臣,穿井而饮,耕田而食,日出而作,日入而息,汛然不系,恢尔自得,不竞不营,无荣无辱。"③

魏晋南北朝时期,民族融合,集权控制相对削弱,思想活跃。玄学可以说使主流法思想的主导地位经受了一次冲击。也许正是因为如此,维护主流法思想的律学也在此时积极发展,以抗衡玄学的冲击。

---

① [东晋]葛洪撰《抱朴子·内篇·诘鲍》。
② [东晋]葛洪撰《抱朴子·内篇·诘鲍》。
③ [东晋]葛洪撰《抱朴子·内篇·诘鲍》。

3. 唐代柳宗元对主流法思想的批判

柳宗元（公元733—819年）是唐中后期的文学家与思想家，朴素的唯物主义者，其对主流法思想的批判亦集中于对神学观的否定上。

首先，柳宗元从法律的起源上批判了主流学说对法律的神化。柳宗元认为：制度、国家、君主及法律的产生并非上天的安排，也非圣人的创设。国家、君主、法制起源于"势"，这个"势"指人类社会发展的必然趋势。柳宗元这样描绘了"势"与法之间的关系：人类社会伊始与万物同生。在森林草莽之中，野兽成群。人类既无兽类的爪牙之力，又无禽类的羽毛自卫。为了生存，人类势必要借助一些工具兵器。有了工具兵器，人类势必发生争战。为了平息争乱，人类又势必要推举出能明断是非曲直的人作为首领。众人以首领的是非为是非，对不从者施之以威，于是"君长刑政生焉"。① 国家与法律是人类社会发展的必然产物，这便是柳宗元的法律起源论。单纯地以"势"解释法律的起源固然有不周全之处，但是这种历史观无疑是进步的。因为法律因"势"而生，则必然会因"势"而变，这种因"势"变法的思想否定了"天不变，道亦不变"的复古保守观点，对社会变革起到了推动作用。

其次，柳宗元否定了主流法思想的"天刑"、"天罚"观。柳宗元认为人与天各行其是，互不相关。一个人只行善事，未必可得其善终，作恶多端也未必不享荣华富贵。风调雨顺，五谷丰登，人类社会的政治未必清明；灾害四起，人类社会的治理也未必悖乱。因而，将天说成有惩罚奖赏能力、天人可以感应绝非是圣人之言，而是"瞽吏之语"。② 天行天道，生长出万物，也出现灾荒；人行人道，制定出法制，也产生悖乱，二者没有因果关系，而是各不相预。③

第三，柳宗元否定了主流法思想的司法时令说。主流法思想家认为赏罚须合"天时"。春夏万物生长之时应停刑行赏，秋冬万物肃杀之时应断狱行刑。按时令行赏罚可以体现统治者上合"天意"、下恤百姓的仁义之心。柳宗元认为从"天意"上说，春秋冬夏四时变化纯为自然之道，与人间的赏罚并不关联。国家设法立刑，目的在于止乱扬善。赏罚必须及时才能起到应有的效果：

---

① 参见《柳宗元集·封建论》。
② 参见《柳宗元集·时令论》。
③ 参见《柳宗元集·答刘禹锡天论书》。

"赏务速而后有功,罚务速而后有惩。"①

秋冬行善,等到春夏才行赏,人们便会怠于行善;春夏为恶,拖至秋冬才行罚,人们便会轻慢刑罚,赏罚的社会效果便会大大削弱。因此,司法时令说是"驱天下之人而入于罪也"。②从惩恶劝善的目的出发,柳宗元认为司法时令说背离了圣人之道。他主张不分季节,有罪则及时处刑,有善则及时行奖,以此充分迅速地发挥赏罚的作用。从"仁政"方面来说,柳宗元认为司法时令说不仅体现不了君主恤民之心,恰恰相反,其极易造成司法黑暗。柳宗元认为所谓圣人的仁政德化"利于人,备于事"③而已。而司法时令说恰恰违背了这一原则。比如一个死刑犯,春天时便已结案,碍于时令不到,打入牢狱,身背沉重的刑具,苦度盛暑之日,其身体"痒不得搔,痹不得摇,痛不得摩,饥不得时而食,渴不得时而饮"④。犯人在狱中坐卧不宁,生不如死,唯闻其哀号之声,这哪有仁德可言呢?

柳宗元对主流法思想的批判也集中于神学观上。他对儒家的为政思想持肯定态度,但不满主流法思想将儒学神秘化。他对儒学的解释在当时来说是富有创见的。

4. 明清非主流法思想中的复古(理想)主义

自汉以后,儒家的思想在漫长的两千余年的发展中被不断改造,汉之儒非先秦之儒,宋明之儒也非汉之儒。虽然"新儒家"不断出现,但自汉以来以儒家为本的主流法思想在政治上的主导地位一直未曾发生过改变。明清以前,社会上对主流法思想的批判集中在人与自然的关系上,比如上文提到的东汉时期的王充、魏晋时期的玄学以及唐代柳宗元等。而明清时期的非主流法思想有两个不同于以往的特征,一是不再局限于局部地对主流法思想中的某些观念进行反思,而是从整体上对秦以来的制度与汉以来的主流思想进行剖析和批判。二是明清时期非主流法思想是一种新的历史背景下产生的新思潮,这一思潮的特征是"复

---

① 《柳宗元集·断刑论》。
② 《柳宗元集·断刑论》。
③ 《柳宗元集·时令论》。
④ 《柳宗元集·断刑论》。

古"主义的。他们明确地指出三代的制度和先秦儒家的精神,尤其是孟子的理想早已在汉之后毁于自称为儒者的"小儒"手中。读王艮、李贽等人的著作,可以感受到明清时期非主流思想家对三代的向往和对现实的不满甚至厌恶,从某种意义上说,明清非主流思想是一种先秦传统的回归和更新。而这一时期的复古思想,给学界带来一种学术独立和启蒙的前所未有的新气象。

(1)王守仁法思想中的和谐观与主流法思想的差异

在论述明清非主流法思想的渊源时,不能不再次论及明中叶伟大的哲学家、政治家和思想家王守仁。

明承宋元,思想上奉理学为正统,提倡"存天理,灭人欲"。主流法思想将儒学的价值观不仅主导化,而且几乎宗教化,强调"天理"和"人欲"的对立。统治者推行理学的目的在于加强人们对天理的敬畏,来维系当时因为受到经济发展而削弱的主流思想的价值观和社会秩序。统治者不但强调以严刑峻法维护"天理",而且将原本以人性为基础,以尽人情、求变通、约束人心为特征的礼教演绎成外在的繁文缛节。宋明之礼教,其形式条文的繁杂,几乎可以与秦的苛法相提并论,其对人性和人情的约束较秦法也毫不逊色,因而明清以来有"礼教杀人"之说,而鲁迅先生的"礼教吃人"之论,在现代也几乎是家喻户晓。以礼教压抑人性,以严刑(诸如恢复肉刑、刺字;恢复秦时的磔刑、凌迟等)维护社会的安定,成为宋以来统治者的共识。这种状况的产生或许是因为当时的社会正处在经济的空前发展中;由于经济的发展,市民阶层扩大,人们的思想便处在越来越无法约束的状态中。有学者以宋明以来的经济发展,论证理学的开明进步,殊不知有时社会经济和社会生活的发展与主导思想的控制并不成正比,当社会经济的发展带来多元化的价值取向时,往往容易刺激统治者的控制欲望,从而采取更严厉的手段进行思想控制,唯主导思想是尊。就如同秦将法家的思想奉为唯一、推向极端一样,宋代的理学实际上也将儒家的思想推向了极端并僵化或桎梏了儒学的发展。

王守仁在研读朱熹理学数年而无所获的情况下,博览群书,独自悟道,"忽悟格物致知,当自求诸心,不当求诸事物"。因而他将宋陆九渊创立的"心学"发扬光大。王守仁认为陆九渊"心即理也"的主张才是孟子学说的真传。"天理"为人心所固有,它就是存于人们心中的"良知"。因此,追求天理之法,不应一味以外在的条文来约束,而是应"自求诸心"中的"良知"。如果人人"致

良知",天理便可以流行天下。① 王守仁言:

"所幸天理之在人心,终有所不可泯,而良知之明,万古一日,则其闻吾拔本塞源之论,必有恻然而悲,戚然而痛,愤然而起,沛然若决江河,而有所不可御者矣。"②

王守仁的学说有这样几点值得注意。 第一,认为流行于世的被统治者视为正统的朱子理学繁琐而失本。 悟道的简捷之法不是求诸繁琐的外界事物,而是求诸自心。 其在理学的迷信和独尊天下的思想强控制中,另辟蹊径,对当时人们思想的解放功不可没。 第二,与理学相比,王守仁更崇尚先秦孟子的学说,并以先秦儒学为本。 这一点也被后来的泰州学派及启蒙思想家们继承。 第三,将"天理"与"人欲"的对立转化为"心"的和谐统一,主张人们通过反省自律、求诸自心而"致良知"。 与朱熹理学强调的依靠外力维系的形式上的秩序不同,"致良知"追求的是一种实质的和谐,即以每个人自身的道德修养为基础的和睦有序的社会。 王守仁总结道,三代礼乐的根本是"明人伦",礼乐的形式是次要的:"孔子云:'人而不仁,如礼何? 人而不仁,如乐何?'制礼作乐,必具中和之德,声为律而身为度者,然后可以语此。"③第四,无论王守仁的本意如何,其认为"良知"为人心所固有这一观点的本身,在客观上表现出了"平等"的意识,以致学界有人认为"致良知"之说"具有'平等精神'与'个人解放'的要求"。④ 这一点对后世启蒙思想家也有很大的启发。 另外,王守仁在朝中显赫的地位也有利于其学说的传播,其学说影响之广泛,在当时与正统思想可以说是伯仲之间。 就历史影响而言,王守仁的"心学"在突破传统主流思想的束缚方面可以说是起到了开先河的作用。

王守仁的法律主张虽然在原则上与当时的主流法思想并无根本的分歧,但也略有区别。 与朱熹"以严为本"的思想相比较,王守仁更主张缓和社会矛盾,

---

① 参见《明史·王守仁传》。
② 《王阳明全集·卷二》。
③ 《王阳明全集·卷二》。
④ 参见侯外庐主编《中国思想通史》(第四卷下册),第 905 页。 此书的作者并不同意这一观点,而是在"关于王阳明思想的评价问题"一节中引出这一观点并加以批判。

分别时势,"宽猛相济"。作为政治家的王守仁并不固守"德主刑辅"、"先德后刑"等所谓主流思想的教条,也不呆板地或一味强调"教化",或一味强调"严刑"。王守仁所注重的是"实效"。在上书论边防事务时,王守仁提出"行法以振威",以严刑峻法遏止将帅的怯懦,使令行禁止,有功必赏,有过必罚。他建议皇帝:"手敕提督等官,发令之日,即以先所丧师者斩于辕门,以正军法。"①而在少数民族地区,王守仁格外强调注意因地制宜,在平定广西思恩、田州的少数民族起义后,王守仁以为:"思(恩)、田(州)地方,原系蛮夷瑶侗之区,不可治以中土礼法。"在奉命治理该地区时,王守仁"沿途询诸商旅,访诸士夫军民,莫不以为宜从夷俗"。与当时的主流思想相比,王守仁更主张审度事势,"治夷之道,宜顺其情"。王守仁的法律主张,更侧重解决实际问题,更强调法与社会环境、习俗的协调及社会的长治久安。

(2) 王艮与泰州学派

王艮(公元 1483—1541 年),泰州(今江苏泰州)人。师从王守仁,并创立了泰州学派。出身于社会下层的王艮在对传统的批判上已经脱离了王守仁"心学"的羁绊,他声称自己"贯伏羲、神农、黄帝、尧、舜、禹、汤、文、武、周公、孔子"之道,并强调"个人"的重要和"人欲"的合理。在政治上,王艮批判的锋芒已经指向了不合理的制度。王艮的"复古"思想与后世启蒙思想家黄宗羲对"三代以前"社会的向往也颇为类似,既继承了王阳明的学说,又与王学有所不同。而启蒙思想家以古非今的启蒙方式直接源于王艮。有学者总结道:

"王艮对于政治,分作三种不同类型,羲皇景象、三代景象、五伯景象。这是袭用了王阳明的说法。这三种不同类型的政治,究竟是什么具体景象呢?《年谱》有一个故事作了象征性的说明:'五十四岁……先生如金陵,偕(董)燧数十辈会龙溪(王畿)邸舍,因论羲皇、三代、五伯事,同游未有以对。复游灵谷寺,与同游列坐寺门,歌咏。先生曰:此羲皇景象也。已而龙溪至,同游序列候迎。先生曰:此三代景象也。已而隶卒较骑价,争扰寺门外。先生曰:此五伯景象乎。羲皇、三代、五伯,亦随吾心之所感应而已,岂必观诸往古?'……王艮

---

① 《王阳明全集·卷九》。

对五伯之世的深刻不满,指的就是封建社会的压迫和剥削。王艮所空想而希冀实现的就是列坐歌咏的平等自由的世界。"①

可见王艮的和谐理念是以"平等"、"公正"为基础的。王艮认为天下不和谐的原因在于社会财富分配的不公,因而主张均田而"定经界",使民有恒产。对横征暴敛的君主,王艮承袭了孟子的"民贵君轻"说,径直主张民众对暴君可以"易其位"。王艮的门徒,将王艮思想继续推进,不仅脱离王守仁的体系,而且也冲出了名教的网络。明人王士贞记道:"盖自东越(王守仁)之变为泰州(王艮),犹未至大坏,而泰州之变为颜山农,则鱼馁肉烂,不可复支。"②

自王艮始,泰州学派中的许多人就以"处士"自居,拒绝仕途,以讲学为生。其于社会的中下层存在着广泛的影响,加之学说自身的批判性,被统治者视为异端邪说。其学派中的何心隐、李贽皆死于狱中。也正因如此,泰州学派对现实社会中的不公和现实中不良之法的残暴性有着深刻的体会。罗汝芳是泰州学派中为数不多的入仕人,但他对现实中法律的残酷并不讳言:

"余自始入仕途,今计年岁,将及五十。窃观五十年来,议律例者日密一日,制刑具者日严一日,任稽查施拷讯者则日猛一日。每当堂阶之下,牢狱之间,观其血肉之淋漓,未尝不鼻酸额蹙,为之叹曰:此非尽人之子与?非曩昔依依父母之怀,恋恋兄妹之旁者乎?夫岂其皆善于初而皆不善于今哉?及睹其当疾痛而声必呼父母,觅相依而势必先乎兄弟,则又信其善于初者而未必皆不善于今也。"③

此言无疑是对统治者以酷法扭曲和摧残人性的揭露。罗汝芳的理想境界是民众的自治。故为官时,他"以讲会乡约为治"。④ 这种自治是建立在和睦平等基础上的。而泰州学派的何心隐更是将这种平等的思想在自己的宗族中做了

---

① 侯外庐主编《中国思想通史》(第四卷下册),第981页。
② 《兖州史料后集》卷三,转引自侯外庐主编《中国思想通史》(第四卷下册),第1011页。
③ [清]黄宗羲撰《明儒学案·卷三四》。
④ [清]黄宗羲撰《明儒学案·卷三四》。

试验，建立了一个在史册上（虽非正史）颇具名声的"乌托邦"村落。在这个乌托邦中，人无私产，人人平等，老有所养，幼有所教，有师友而无君臣。

泰州学派对现实司法黑暗的揭露和批判，正如后世启蒙思想家所评论的那样："诸公掀反天地"。泰州学派的出现确实震动了当时的思想界和整个社会，继其后的启蒙思想家的理论中印有泰州学派深深的印记。

从东汉王充到明代的泰州学派，非主流思想从对主流法思想神权观的批判深入到对皇权的质疑，正是这一日益深入的对秦汉以来传统的反思和对先秦儒家的重新阐释，开启了具有近代意义的启蒙思潮。

七　主流法思想主导地位的终结

史学界一般以1840年作为中国近代的开端，因为这一年开始的中英鸦片战争使中国从一个"天朝"大国逐渐沦为半殖民地国家。从中国古代法发展的角度来说，这一划分也不无道理，因为自中英《南京条约》签订后，中国便丧失了司法、关税等作为主权国家所应该具有的独立权。也有人认为中国近代始于1911年清王朝被彻底推翻。这一认定同样有它的道理，从法律发展的角度上说，1911年以后，无论是制度，还是学理，古代法都不再占有主导地位，主流法思想也随之发生改变。这也是本文所持的观点。因为1911年孙中山建立的南京临时政府虽仅存三个月，而且号令"不出百里"，但其毕竟结束了"王朝"的统治，开辟了中国历史的新纪元。

但就"思想"而言，本书却欲将"近代"上溯至明末清初启蒙思想家出现之时，因为在意识形态方面，大约明万历至清康熙年间，主流思想就受到了前所未有的挑战，而这一挑战是在未全面受到外来学说的影响情况下产生的，它有些类似于欧洲的文艺复兴和启蒙运动，是社会内部发展需要而产生的发自自身的新思想。这一思想的出现和发展原本是可以终结主流法思想主导地位的。但是由于种种原因，这种发自内部的新思想最终未能形成潮流，而被清政权所扼制。尽管如此，明末清初启蒙思想的出现，对于思想界来说，具有非同小可的意义，它说明中国传统文化具有自新的能力，如同春秋战国的百家争鸣最终导致三代宗法制转化为秦汉官僚制度一样，明末清初的这场思想启蒙如果成功，不仅会给中国，而且会给世界带来不一样的"近代"形态，带来不一样的近代法模式。但遗憾的是历史不能假设，没有"如果"。

我之所以不惜笔墨对中国近代的开端追根溯源，其意有二：第一是想说明"天下一致而百虑，殊途而同归"之理，原本不同地区和国家应该有不同的社会发展道路，有不同的近代社会模式；第二是想说明，中国古代法思想也具有自身更新的能力，尽管由于种种客观原因（比如清政权的强大、西方法律学说的输入）中断了这场更新，但是启蒙思想家们总结与阐发的中国古代法中的近代因素应该引起我们的充分关注。

（一）明末清初启蒙思想家出现的历史背景

明末清初，是中国社会又一个巨变的时代，以往的历史证明，天下大乱是否能改进社会，以促成并达到天下大治是有前提条件的。如果在"乱"中，出现了新的生产力、新的社会阶层、新的学术思潮，这个"乱"就会转为"治"，就像春秋战国的大乱便促进了社会的发展一样。种种迹象表明明末清初的社会变动，是一场可能引发社会性质转变并促进社会发展的变动。而这一时期法的观念转化也具有启蒙的意义。

1. 明末清初的"新气象"

明末清初是一个"天崩地解"的时代。延续了千余年的古代社会经济、政治有了不同于以往改朝换代时的衰微迹象。这一变化在经济、政治及思想文化上皆有所反映。

（1）经济上资本主义萌芽的出现

明延续宋以来经济的发展，积累至明中叶经济出现了新的气象。由于手工业、农业生产水平的提高，商业的发达，社会分工进一步加强，手工业部门中率先出现了资本主义萌芽。江南地区，尤其是苏州一带产生了大量的以织绢为生的"机户"和"机工"。机户与机工之间的关系是"机户出资，机工出力"①的商品货币交换关系。机工对机户没有以往的那种人身依附关系，他们在法律上获得了较为自由的地位。机户"以机杼起家致富"，②积累财富数万金，甚至百万金。他们出资购买机工的劳动力，按值付酬。机户与机工的关系正朝着资本家与工人之间的雇佣关系发展，这是数千年古代中国不曾出现过的一种新的生产关系，资本主义的萌芽已经显现。此时手工业的生产已经从以往供奉皇室官府和自给自足为主开始逐步转向以生产"商品"为主，

明朝末期，资本主义萌芽继续成长，市民阶层的力量日益壮大。手工业工

---

① 《明神宗万历实录·卷三六》。
② ［明］张瀚《松窗梦语·卷六》。

人组成行会,在货币贬值、物价腾飞时,向工场或作坊主要求增加工资的事时有发生。对待朝廷的盘剥,城市居民亦集合起来抗争。万历年间,宦官曾四处征商,结果处处受到抵制。湖广市民将征商的宦官陈奉逐出武昌,其随从五六人被抛入江中。苏州机户为抗议宦官孙隆加税,"皆杜门罢织",失业的机工铤而走险,捶死税官多人,孙隆狼狈逃往杭州。

清初,手工业、商业迅速恢复。全国的城市、市镇中,布满手工作坊。以丝织闻名的江南、四川、福建、山东、湖广的手工业较明代更为发达。江西制瓷业、广东铸铁业、四川煮盐业也都有不同程度的发展。随着手工业的发展,一向为专制制度所压抑的商业也不可扼制地蓬勃发展起来。广东佛山,弹丸之地,却有大街小巷622条,商铺、市集如林。内地商人奔走于西北、西南,而四面八方的商人会集北京,商业的繁荣,促进了社会的发展。

资本主义萌芽的出现,使古代社会的经济主体,即自给自足的自然经济开始动摇。许多无地农民涌入城市,一些农村开始转而经营经济作物的生产。重农抑商、重本轻末的传统观念与制度在"末富居多,本富日少"(从事商业及手工业而致富的人居多,从事农业而致富的人日益减少)的状况下被逐渐冲破。

有专家研究认为,就经济状况而言,明万历时期土地兼并的加剧、国家赋税的加重使民众不堪重负,民变随时可能发生,政权尚能维系已实属万幸:

"当斯时也,土崩瓦解,民流政弊,其不亡者,幸也。"①

明之所以当亡却又未亡,原因在于新经济方式的出现缓解了社会矛盾,也缓解了朝廷的财政危机。一向为传统政治所压抑的商人在此时也格外活跃。手工业和商业的发展、吸引了许多人前往城市谋求生路,市民阶层逐渐壮大。尽管作为新的生产关系的代表——江浙一带的市民阶层的力量在当时相对微弱,但他们毕竟形成了一定的势力,而且在经济上有着广阔的发展前景。为了维护自身的利益并获取更大的发展,他们迫切需要自己的代言人,将自己的利益诉求反映于社会政治中。

---

① [清]谷应泰《明史纪事本末·卷六五·矿税之弊》。

(2) 政治上各种矛盾错综复杂

明末清初,政治局势十分复杂。阶级矛盾、民族矛盾及统治者内部的政治斗争交织在一起。尤为引人注目的是,伴随着资本主义萌芽的出现,形成了新的工商市民阶层。在对统治者的斗争中,这一阶层锋芒初露,显示了巨大的潜力。下面对明末清初时的各种矛盾作一简要介绍:

第一,阶级斗争。明朝末年,朝廷腐败无能,王公勋戚与豪强地主疯狂地兼并土地,使许多农民成为无立锥之地的流民。国家的赋税、徭役,与官僚豪绅的巧取豪夺,将农民逼上了绝路。明自万历以来,农民起义便此起彼伏,从未间断。佃农抗租、军队哗变、奴婢"叛主"使王朝处于风雨飘摇的境地。万历时期白莲教反朝廷的秘密活动遍布北方。天启年间,由于天灾引发了王二领导的饥民起义,明末农民大起义以此为开端,历时十七年,直至李自成率领农民军攻入北京城,明崇祯皇帝自缢于煤山(今北京景山)。李自成所到之处,"从者如市,良民无不呼千岁,间呼万岁"。① 由此可见广大农民对朝廷的痛恨已忍无可忍。

第二,民族矛盾。明朝末年,民族矛盾亦空前尖锐。在朝廷所辖的东北地区,建州女真部发展强大起来。强大了的女真部族看到了明朝廷的腐败无能,便开始对明朝廷发动战争。自万历以来,明与女真的战争,败多胜少,明朝对辽东的统治开始动摇。女真人先建立了后金政权,与明对峙,后又改国号为清,表明志在灭明。李自成攻占北京后不久,清人便大举入关。此时镇守山海关的明将吴三桂投降了清朝,引清兵共同镇压农民起义军,农民军最终被迫放弃了北京。女真人建立了统一的政权,清朝取代了明朝的统治。但是,民族矛盾并未因清朝的统一而缓和。清初,各地的抗清斗争风起云涌,许多汉族士大夫也加入了抗清行列,人民的反抗,迫使清政府不断地调整政策,加速汉化,并改施怀柔之策。

第三,政治斗争。明朝末年,王朝的政治十分腐败。朝廷独揽政治、经济、军事等一切大权,实行独裁统治,但皇帝本人却常常无心于朝政,整日在宫中嬉戏。皇帝不理朝政,大权便旁落于宦官手中。宦官的统治是十分黑暗的。他们结党营私,排挤朝中的贤能正直之士,或教唆皇帝耽于戏乐,或任意诛杀大

---

① [清]戴笠撰《怀陵流寇始终录·卷四》。

臣，正人君子在朝中无立足之地。官场的腐败在明中叶后也达到了令人难以容忍的地步。许多人虽然经过科举步入仕途，饱读儒家经典，但为非作恶时却毫无廉耻之心，贪赃枉法已成风气。李自成攻入北京后，在数千名明朝的官吏中只选出了92名被认为是无污点的可用之人，送吏部准备授职。延续了近两千年的以帝王为中心的中央集权制的弊端在明末集中暴露，政治黑暗已经达到了空前的程度。与明代国库空虚形成明显对照的是，明朝的皇亲国戚、各衙门中的官吏却大都腰缠万贯。李自成大顺政权的财政来源竟然主要要依靠"拷饷"所得来支撑，因为明末国库早已亏空，入不敷出。

一些在政治上受到打击、较有远见卓识的开明士大夫看到宦官专权、朝廷无道，便挺身而出抨击朝政，这些人便被称为东林党人。东林党人在与宦官的斗争中几起几落，他们常常被逐出朝廷，成为在"野"势力。当东林党人被罢官免职后，他们便以"裁量执政"为事。于是，"外论所是，内阁必以为非；外论所非，内阁必以为是"。① 形成了自古未曾有的朝、野对立之局。东林党人与江南手工业及商业界的关系密切。他们的斗争时时受到市民的支持，因而被朝廷视为心腹之患。东林党人虽历经坎坷，许多人为反对宦官执政受尽酷刑，献出生命，但是，他们的斗争从未停止过，而且一直延续到他们的子孙。这便是启蒙学者产生的渊源。

经济的发展与政治的腐败造就了明末清初的启蒙思想家。与以往统治者中的开明士大夫不同，启蒙思想家对社会的批判已经不再只局限于一时一事，他们的批判锋芒已经从"事"扩展到"制"。他们继承了明中叶以来发展起来的泰州学派的思想，充满了理想的复古主义，所谓：

"诸公掀翻天地。前不见古人，后不见来者。"②

2. 启蒙思想家的产生

启蒙思想家多是东林党人的后裔。他们对朝廷的黑暗有着充分的认识，与父辈不同的是，阶级斗争、民族斗争、政治斗争的日益激化，使启蒙思想家感到

---

① ［清］黄宗羲撰《明儒学案·泰州学案》。
② ［清］黄宗羲撰《明儒学案·泰州学案》。

了两千年的集权制已处于"天崩地解"之时。他们将对昏君的失望与对当时为政者的不满,转移为对整个制度的怀疑与反思。又由于他们与新兴起的市民阶层关系日益深入,使他们有可能用前所未有的观点去研究历史,分析制度。因而,他们对制度提出的不是改良之策,而是尖锐的批判与否定。启蒙思想由此产生。

首先,明末清初的启蒙思想是资本主义萌芽的产物。由于有了新型的生产关系的萌芽,启蒙思想家才有了新的思想武器与新的观点。资本主义萌芽是启蒙思想家冲突旧思想藩篱的经济基础。

其次,明末清初的启蒙思想是古代社会日益腐朽的产物。明朝末年的内忧外患,使正直的士大夫不仅感到了亡国的危机,而且也感到了"亡族"的危机。从东林党人到启蒙学者,开明的士大夫走过了一个艰难的历程。他们对旧制度的认识日趋深刻,从失望到怀疑,从怀疑到基本否定。

再次,农民起义为启蒙思想家的出现创造了条件。明末农民大起义暴露了专制的黑暗与野蛮,也暴露了纲常礼教的虚伪,为思想的解放扫清了道路。

第四,明末清初的启蒙思想家是传统文化的产物。启蒙思想是中国传统思想的更新,启蒙思想家都深受中国传统文化的熏陶。在新的形势下,他们用新的思想对传统文化"去粗存精"。孟子"君轻民贵"的民本思想是启蒙思想家提出微弱的"民主"要求的历史依据。此外,"学校议政"、"君臣共治"、"限制君权"等等,都可以在儒学中找到根据。启蒙思想实际上是对传统精华思想的一次弘扬。

3. 启蒙思想家介绍

明末清初启蒙思想家的代表人物是黄宗羲、顾炎武、王夫之、唐甄。这些人有着大致相同的坎坷经历,也有着大致相同的政治主张与抱负。他们在"国破家亡"的情况下,对两千年的专制制度进行了深刻的反思。他们的许多见解,冲破了伦理纲常的束缚,体现了新兴市民阶层的要求。启蒙学者在政治上都明确地反对君主独裁专制,具有民主、民权、近代平等思想的倾向;在经济上,都否定传统的"重农抑商"政策,主张平均地权,工商皆本;在学术上,他们抨击空谈的时尚,主张经世致用。在法思想上,他们提出了具有民主、平等色彩不同于先秦法家的"法治"主张,彻底动摇了主流法思想的根基,具有划时代的意义。在对主流法思想的批判中,黄宗羲、唐甄侧重于揭露专制法制及礼教的罪恶；王夫之、顾炎武侧重于用新的观点对立法、司法加以总结，并提出新的主张。启蒙思想家的政治、经济、法律主张虽大体一致，但也略有差异。

黄宗羲（公元1610—1695年），字太冲，号南雷，世称梨洲先生。黄宗羲的父亲黄尊素是著名的东林党人，因抨击时弊被宦官杀害。黄宗羲曾至京为父申冤。清兵南下，又组织义兵抗清，此后隐居著述。《明夷待访录》是黄宗羲总结明亡教训而作的一部划时代著作。书中对专制制度进行了深刻的批判，并闪烁出民主思想的光辉。《明夷待访录》篇幅不长，但其全面地总结了君主专制社会的政治机制、财经贸易与文化教育诸方面的问题。此书凝结了作者一生的心血，顾炎武称其是揭露"起百王之弊"的著作。由于对旧制的批判言中要害，此书被统治者列为禁书。在书中，黄宗羲论证了君臣间的关系不应是主仆而应是师友；又论证了法律不应为"一家一姓"私利而设，应为"天下之利归天下之人"而设，提出以法治、舆论及"相权"（宰相权力）来限制君权。这些变革的主张体现了前所未有的民主意识。黄宗羲博学强识，所著甚丰。其所著《宋元学案》、《明儒学案》等著作在当时亦不同凡响。

顾炎武（公元1613—1682年），字宁人，号亭林，是与黄宗羲同时代的思想家。清兵南下时，顾炎武曾举兵抗清，后来专心学术，终身不仕。顾炎武十分仰慕黄宗羲，他读完《明夷待访录》后写道："读之再三，于是知天下未尝无人，百王之敝可以复起，而三代之盛可以徐还也。"[①]顾炎武反对专制政治，以为"天下兴亡，匹夫有责"。在学术上他力主学术与现实相结合，"除旧布新"以实现社会改革。顾炎武的主要著作有《日知录》与《天下郡国利病书》。

王夫之（公元1619—1692年），字而农，号薑斋，世称船山先生，是与黄宗羲、顾炎武齐名的思想家。明亡后，王夫之曾举兵抗清，后隐居湘西。王夫之认为自然与社会都是变化发展的，因而应用变化的眼光看待问题。从进化的历史观出发，王夫之要求政治改革，反对君主独裁专制。他还提出土地非王者私产，"有其力者治其地"[②]的进步主张。王夫之一生著述不下百余种，由于其思想触动了统治者的根本利益，所以被列为禁书，湮没了一百多年后才得以印行。王夫之的主要著作有《读通鉴论》、《黄书》、《噩梦》、《宋论》等等。

---

① ［清］顾炎武撰《顾宁人书》，载［清］黄宗羲撰《明夷待访录》。
② ［清］王夫之撰《噩梦》。

唐甄（公元1630—1704年），字铸万，别号圃亭，是稍晚于黄、顾、王三大家的思想家。唐甄曾做过清朝的知县，但仕途不顺，仅十个月便被罢免革职。其后，以讲学著述维持生计，穷困潦倒。唐甄反对专制思想，与黄、顾、王不谋而合，他用了三十年的时间写成《潜书》九十九篇，评判国家政治。在书中，他提出："自秦以来凡为帝王者皆贼也"①的观点。

明末清初启蒙思想家对权力高度集中的政体和"大一统"的文化专制都进行了大胆的怀疑和批判，对皇帝权力的合法性进行了质疑，并提出了一些解决社会弊端的方案。这一时期对传统的反省不同于以往，它已经形成一股深刻的思想变革潮流，对秦汉以来君、臣、民的关系，对礼法的实质提出了不同于以往的主张。这一时期的思想启蒙也不同于1840年后的洋务运动、戊戌变法和辛亥革命，这是一场发自内部的几乎没有受外界影响的自身传统更新，它的历史与理论依据来自传统。启蒙思想家在批判传统的同时，更注意汲取传统的营养，弘扬传统的精华。这一点对我们今天来说也是极具借鉴意义的。

以上是明末清初启蒙思想家的简要情况。在对主流法思想的批判与思想启蒙方面，以黄宗羲、王夫之的思想最有创见，本书将详细介绍这两位启蒙家的法思想。

（二）黄宗羲的法思想

黄宗羲法思想的核心是以"天下之法"取代"一家之法"。围绕着这一核心，黄宗羲批判揭露了君主专制的黑暗与法律的残酷，提出了独具特色的立法、司法主张。

1. 以"天下之法"取代"一家之法"

（1）"天下之法"与"一家之法"的概念

黄宗羲认为：三代以上之法为"天下之法"。"天下之法"的特点是将天下之利归于天下之人，因而"法愈疏而乱愈不作"，故又可称为"无法之法"。② 三代以下之法为"一家之法"。"一家之法"的特点在于将天下之利归于君主一

---

① ［清］唐甄撰《潜书·室语篇》。
② ［清］黄宗羲撰《明夷待访录·原法》。

家,天下之害推诸百姓,因而"法不得不密,法愈密而天下之乱即生于法之中",①故又可称为"非法之法"。"一家之法"实际上就是维护君主制的法制。

黄宗羲进而论述道,以"天下之法"取代"一家之法"方可称为"法治"。可见黄宗羲的"法治"观从根本上有别于先秦法家的"法治"观,其带有明显的近代气息。先秦法家的"法治"观是与君主集权密切相联的,其目的在于加强君权。而黄宗羲的"法治"观却与民众即"天下之人"的利益密切相联,"法治"的目的在于限制君权。

(2)"天下为主,君为客"

"天下为主,君为客"的观点是黄宗羲"法治"思想的政治理论基础,也是黄宗羲要求以"天下之法"取代"一家之法"的政治原因。

黄宗羲认为:人类社会伊始,由于人的自私本性所致,"公害"不除,"公利"不兴。为兴利除害,解决协调公私矛盾,维护社会秩序,人们便推举出有德能的人掌管公共事务,这个人便是君主。所以君主的职责原本在于兴天下之利,除天下之害,而"不以一己之利为利,不以一己之害为害"②。无论是从君主的产生来说,还是从君主的职责来说,黄宗羲认为君与民的关系应是客与主的关系,君主的权力是民授予的,君主的职责便是为民服务。设君以为天下,而不是将天下归于君。故而,黄宗羲说:"古者,以天下为主,君为客;凡君之所以毕世而经营者,为天下也。"③

"天下为主,君为客"的思想变主流法学术思想中的"君权神授"为"君权民授"。变"君权至上"为"设君以为天下"。体现了黄宗羲法思想中的"民主"、"民权"因素。鉴于"天下为主,君为客",黄宗羲认为,体现天下人意志的"天下之法"应该取代"一家之法"。

(3)对"一家之法"的批判

黄宗羲认为"一家之法"违背了君民关系的准则,其对君主的利益无微不至地予以维护,而视天下为草芥。为了维护一家一姓的利益,"一家之法"不惜

---

① [清]黄宗羲撰《明夷待访录·原法》。
② [清]黄宗羲撰《明夷待访录·原君》。
③ [清]黄宗羲撰《明夷待访录·原君》。

剥夺天下人之利尽归于天子，而将天下之害推予他人。"一家之法"使本末倒置的君民关系合法化，从而造成了中国近两千年的君主独裁统治。在黄宗羲看来，"一家之法"所竭力维护的君主集权制度正是世上的"万恶之源"。

首先，君主集权是造成天下苦乐不均的根源。君主制将天下人的天下变为君主的私产，成为君主一家一姓的"家天下"。君主既然视天下为私产，便会占尽天下之利，而将天下之害推予他人。黄宗羲认为，君主无不

"视天下为莫大产业"，"以为天下之权皆出于我，我以天下之利尽归于己，以天下之害尽归于人"，"以我之大私为天下之大公"。①

君主制下，终日劳作的民众饥不得食，寒不得衣，劳不得息。而无所事事的君王贵戚却为所欲为，享尽人间荣华。天下劳逸不均，苦乐不等。而且帝王用世袭的方式，世世代代"合法"地统治着人民，本应享天下之利的天下之民反成为君主"家天下"的奴隶。黄宗羲认为这种君民关系显然是不合理的，"一家之法"所维护的是一种本末倒置的君臣关系，因而是"非法之法"。

其次，君主专制是造成天下战乱不息的根源。黄宗羲指出"一家之法"是将天下人的天下藏于君主的"筐箧"之中，②其利所在天下人共知。为了争夺"筐箧"，占据天下之利，于是战事延绵不断，民不聊生。许多帝王为了争夺或保住自己的天下，不惜使天下之人肝脑涂地，妻离子散。君主制下，被视为神圣不可侵犯的君主，实际上是独夫民贼，是天下百姓不共戴天的"寇仇"。③黄宗羲认为"一家之法"所维护的是没有"一毫为天下之心"的君主私利，对天下之人只有束缚，没有保护，故称为"非法之法"。

再次，君主专制是造成宫廷政变、宦官专权等政治黑暗的根源。君主专制制度将政治、经济、军事、司法大权集于皇帝一身。造成了君主的独断与专横。黄宗羲认为，一人独尊的局面使天下人民成为"人君橐中之私物"④，官吏

---

① [清]黄宗羲撰《明夷待访录·原君》。
② 参见[清]黄宗羲撰《明夷待访录·原法》。
③ 参见[清]黄宗羲撰《明夷待访录·原君》。
④ [清]黄宗羲撰《明夷待访录·原君》。

成为君主之"仆妾"。君主选官以私为准："能事我者贤之，不能事我者否之。"①任人为私，有才能的人往往无用武之地。而接近皇帝的人只要讨取了皇帝的欢心，无才无德亦可掌管大权。如此便给宦官专权创造了条件，造成"奄臣之祸"。黄宗羲总结道："奄臣之祸，历汉、唐、宋而相寻无已，然未有若有明之为烈也。"②此外，权力的高度集中，容易引发骨肉相残的宫廷斗争。历朝历代，皇位之争不息。皇帝的宗族，"远者数世，近者及身，其血肉之崩溃在其子孙矣"。③因而，君主制下的政治黑暗，不仅使天下之人生灵涂炭，而且君主自身及其宗族也往往饱尝其苦。"一家之法"最终连帝王自身都无法保全，故称"非法之法"。

维护君主制度是"一家之法"的主要弊端。就"一家之法"本身而言，其亦有许多不可克服的弊病。如法网烦密、有法不依、压抑人才、鱼肉百姓等等。这些弊病是君主专制制度下的必然产物。黄宗羲在批判"一家之法"的弊端时，清算了君主专制的罪恶。

(4) 以"天下之法"取代"一家之法"

黄宗羲认为，"一家之法"在明末清初这个"天崩地解"的时代已走上了末路。局部的改良已无济于事，只要法律仍以维护君主一家一姓的利益为宗旨，无论其条款内容如何改变，都不足称道，而且君主制下，"一家之法"的弊端无论如何改良都无法克服。因为法律以维护君主利益为宗旨，不得不以天下之人为敌，其法就"不得不密"。因为法律将君主置于至高无上的地位，君主便可以私欲而毁法坏法。由于立法、司法的最高权力皆掌握于君主手中，有法不依就在所难免。由于法律以"桎梏天下人之手足"④为目的，天下贤才则难免受到压抑。君主谋取"大私"于上，官吏便会营小利于下。上行下效，狱吏"创为文网以济其私"⑤便是理所当然之事。

克服"一家之法"弊端的唯一出路在于立"天下之法"以取代"一家之法"。

---

① [清]黄宗羲撰《明夷待访录·置相》。
② [清]黄宗羲撰《明夷待访录·阉宦》。
③ [清]黄宗羲撰《明夷待访录·原君》。
④ [清]黄宗羲撰《明夷待访录·原法》。
⑤ [清]黄宗羲撰《明夷待访录·胥吏》。

黄宗羲的"天下之法"有以下几个特征：

首先，立法须体现"天下为主，君为客"的原则。将"一家之法"颠倒的君民关系再颠倒过来。将天下之利归于天下之人，将一家一姓的"家天下"变为天下人的天下。君主与官吏不得视天下为私产，而应为天下人服务。在"天下之法"兴盛下，官吏出仕为民不为君。官吏不是君主个人治天下的工具，而是忧民之忧、乐民之乐的公仆。黄宗羲批判了三纲中的"君为臣纲"，以为伦常所提倡的愚忠是为一家一姓服务的工具。黄宗羲号召官吏出仕便应有"为天下，非为君也"①的抱负。将民视为"寇雠"的暴君，民众可以起而推翻之。这里黄宗羲显然继承了孟子的"民贵君轻"论。

其次，"天下之法"须以保障人民的平等为宗旨。黄宗羲以为三代之时是"天下之法"盛行之时。当时人人有权利享用自然山泽之利，刑赏公正，朝廷官吏不为贵，草莽布衣不为贱，人人平等。这种法是"藏天下于天下也"。②天下之人依法享有天下之利，于是避免了战乱、残杀，达到太平境地。

再次，"天下之法"必须要反映"民意"。黄宗羲认为"天下之法"保护天下人的利益，还须体现天下人的意志。为了保障民意的体现，他提出了"学校议政"的方案。黄宗羲认为，中国古代学校有议政的传统。黄宗羲认为应该发扬这个传统，使学校不但成为"养士"之所，而且成为表达民意的机构。"天下之法"须根据民意而制定：

"天子之所是，未必是；天子之所非，未必非。"③

是非须公布于学校，民意以为是者，法以为是；民意以为非者，法以为非。

"天下之法"维护天下人的利益，保护天下人的平等权利，体现天下人的意志。黄宗羲认为只有这样的法律，才能称其为"法"。由于天下人皆可从"法"中得到应得之利益，所以法律条文不必烦苛，人人都能自觉地遵守。君主亦不必终日恐其大权旁落。"天下之法"流行，战乱自息，宫廷政变自灭，人

---

① ［清］黄宗羲撰《明夷待访录·原臣》。
② ［清］黄宗羲撰《明夷待访录·原法》。
③ ［清］黄宗羲撰《明夷待访录·学校》。

人以"兴利除害"为务,天下大治。以"天下之法"取代"一家之法"是黄宗羲献给统治者拯救时弊的良方。

2. 以法约束"君权"的法治观

黄宗羲认为君主专制的最大弊端在于君权过重,法治不兴。要实现以"天下之法"取代"一家之法"的理想,首先要限制君权。在依法限制君权,实行法治方面,黄宗羲提出了如下主张:

(1) 加重"相权",以分君权

宰相是中国古代的"百官之长",其职责是辅佐皇帝统领百官,以治天下,故有"一人之下,万人之上"的重要地位。明代初期,为了加强皇权,朱元璋废弃了宰相之职,六部直接向皇帝负责。黄宗羲认为,废除了宰相制,使皇帝更加独裁,更加专制。因此,他主张恢复宰相制,并加重相权,使皇帝与宰相形成互相制约之势。黄宗羲认为宰相的职责主要是统领"政事堂",处理日常政务。政事堂下设五房:"一曰吏房,二曰枢机房,三曰兵房,四曰户房,五曰刑礼房。"①这种宰相制,尤其是其率领的"政事堂"与近代资产阶级的内阁制颇有相似之处。

(2) 君臣共治,以弱君权

黄宗羲认为"天下之大,非一人之所能治"。②君与臣都是为治天下而设,因此,君与臣之间"名异而实同",没有主仆的关系。臣不必为君而死节尽忠,君也没有权力要求臣为"仆妾"。君臣共同向天下人负责。因此,作为臣来说,"为天下非为君也,为万民,非为一姓也"。③作为君来说应视臣为"师友"。君臣关系如此,君则失去了独断之权。君臣在共同治理国家时,须以天下人为重,相互协商,各司其职。

(3) 地方分治,以制集权

黄宗羲认为君主大权集于一身的基础是高度集中的中央集权制所造成的。要削弱中央集权,须采用地方分治的方式。黄宗羲总结历史的经验,说道:分封诸侯的弊端在于天下以强凌弱,强国吞并弱国,而中央政教不能通达于地方。

---

① [清]黄宗羲撰《明夷待访录·置相》。
② [清]黄宗羲撰《明夷待访录·原臣》。
③ [清]黄宗羲撰《明夷待访录·原臣》。

实行郡县制的弊端是天下争伐不息。要克服分封制与郡县制的弊病，只有采取"地方分治"的方法。地方分治的内容是给地方相对独立的经济、军事自主权："一方之财，自供一方"；"一方之兵，自供一方"。① 这样中央集权力量的发展才会受到限制，君权从而削弱。这种地方分治的形式与近代联邦制有相同之处。

3. 学校议政

黄宗羲认为学校是体现民意的场所，因此对学校在限制君权方面的作用十分重视。黄宗羲认为学校应参与法律的制定，并监督其实行。最高学府京师太学的长官，地位应与宰相相同。学官应由德高望重，能代表民意的大儒担任。君主每月初一应亲临太学，体察民意，听从劝谏。地方学校亦有评议、监督、弹劾本地政府官吏的权力。黄宗羲所设想的学校，与资产阶级议会的某些职能不谋而合。

4. 健全法治体系

黄宗羲从限制君权，反对专制的角度出发，对"法治"进行了新的解释。他认为以往所谓的"法治"是维护君主利益的，其以残害天下之人，束缚人才为能事。以往的"人治"亦从维护君主利益出发，所得之人皆为助纣为虐的行家。他宣称，两千年的集权专制中无可称道之人才。所谓忠臣贤人不过是助君以残害天下之人。因此，在君主制下，无论是人治，还是法治都不免于乱。黄宗羲进而认为，真正的"法治"应是"天下之法"流行，天下之人无不享受"法治"所带来的保护与利益。鉴于"法治"观的更新，黄宗羲毫不犹豫地断定"法治"优于"人治"。他说：传统观念及现实中的人们都认为"有治人无治法"，而"吾以谓有治法而后有治人"。他详细地论证道：首先，只有"天下之法"流行，社会才能安定。故此，天下之治乱"系于法之存亡"。两千年集权社会之所以黑白颠倒，天下大乱不止，原因便在于"天下之法"不兴。其次，"天下之法"有利于人才的出现。在"天下之法"流行时，人人平等，君主也须恪守法律。人们在法律的保护下，可以各显身手。两千年君主制下，人才之所以匮乏，原因在于"天下之法"不兴，君主以好恶取人，任人唯私。"一家之法"又

---

① ［清］黄宗羲撰《明夷待访录·方镇》。

桎梏了天下人的"手足",使有才能的人虚度年华。再次,"天下之法"盛行,可以限制约束那些贪婪残忍之人,使其不得危及天下人的利益。

黄宗羲的"法治国"中,任何人也没有凌驾于法律之上的特权,人们依据"天下之法"尽其义务,享其权利,这与近代资产阶级的"法治"观多有相似之处。

(三) 王夫之对传统"法治"思想的改造

1. "趋时更新"的立法主张

崇拜祖先,恪守成规是中国古代的传统,主流法思想家无不以"天不变,道亦不变"作为维护"圣法"的依据。王夫之认为,自古至今,主流思想被誉为所谓的"正统"论,实在是一种偏见。中国历史的发展证明,天下的制度时常处于变化之中,无千古不变的"正统"。王朝的发展"一离一合",没有千古不废的王朝。在王朝更迭中"不合与不续多矣"。① 任何一个王朝都不会由于占据了所谓"正统"地位而永不废灭。因此,"正统"是统治者为维护自己的统治杜撰出来的,在现实中并不存在。既无"正统"可言,制度、法律便无相沿不变之理。主流思想家尊奉孔、孟,远祖尧、舜,不过是借古人之威"镇压人心"而已。

在对"正统"的批判中,王夫之否定了"托古改制"的途径。他认为许多士大夫"读古人书,不揆其实",②以为"三代之制一一可行之今,适足以贼民病国,为天下僇"③。他总结道,三代时的制度无外乎封建(即分封)、井田与肉刑。三代之后,这些制度渐渐与实际相脱离,与时势相违背,于是郡县制代替了分封制,均田制代替了井田制,笞、杖、徒、流制代替了肉刑。封建、井田、肉刑的废除是时势的产物,欲以复三代之制以拯救时弊则如缘木而求鱼。

鉴于对"正统"与"复古"的否定,王夫之提出了三点立法原则:

(1) 立法应因"势"顺"理","趋时更新"

王夫之认为法律不是一成不变的,其随着社会的发展而发展,随着时代的变

---

① [清]王夫之撰《读通鉴证·叙论一》。
② [清]王夫之撰《读通鉴论·卷二〇》。
③ [清]王夫之撰《读通鉴论·卷二三》。

化而变化，这是不以任何人意志为转移的客观规律。但是，法律的发展与变化并非杂乱无章，毫无规律，立法者须掌握法律发展变化的规律，才能使法律充分地发挥应有的社会效益。据此，王夫之认为，立法者应把握"势"，即社会发展的方向。应精通"理"，即法律"知人安民"，"进贤远奸"①之理。顺应社会发展的潮流，以"知人安民"、"进贤远奸"之理指导立法，才有利于国，有益于民。在王夫之看来，法律的结构，法令的条款都是可变的，而且应当"趋时更新"。但是，立法因"势"顺"理"的原则不能变。故尔，王夫之强调"天下有定理而无定法"。②

因"势"顺"理"的核心内容是立法须"趋时更新"，以三代之法治三代之民，以汉以后之法治汉以后民，今之天下则以今法治之。王夫之认为，汉代之后"田之不可复井，刑之不可复肉"，③若固守古制则"道相沿而易衰，法已久而必弊"④。同样，现实中的法律亦不应固守汉以来之制，而应"因天因人"，"趋时而立本"。⑤

(2) 立法应"相扶而成治"的综合治理主张

王夫之认为变革积弊已久的旧法，建立"趋时更新"的新法决非易事，须统筹兼顾，建立合于时宜的法律体系。他反对只变更局部的法律条文，也反对割裂法律与政治、道德、习俗、经济等各方面的联系，单纯地"变法"。他认为法律的变革不仅要考虑到时代发展的因素，而且还应细致地考察社会其他领域的实际情况，以免法律与其他领域相脱节。他举例说明综合改革与综合治理的必要。他说：三代之时，实行分封、井田、礼乐、学校等各项制度，与这些制度相配合的法律制度则以肉刑为主。这些制度是相辅相成，"同条而共贯"的。⑥简单地改动任何一项制度都会破坏社会的和谐而造成动荡。从社会整体的和谐看问题，王夫之认为仁、暴、利、害都不是固定的，一成不变的：

---

① 参见［清］王夫之撰《读通鉴论·卷六》。
② ［清］王夫之撰《读通鉴论·卷六》。
③ ［清］王夫之撰《读通鉴论·卷五》。
④ ［清］王夫之撰《读通鉴论·卷二八》。
⑤ ［清］王夫之撰《读通鉴论·卷五》。
⑥ ［清］王夫之撰《读通鉴论·卷二一》。

"三代之所仁,今日之所暴;三代之所利,今日之所害。"①

不同时代的法律制度必须有各自的时代特色,并与同时代的政治、经济、文化、习俗相协调,自成规模,成为"一代之治"。

(3) 立法必须简约,设刑严禁苛暴

王夫之认为治理乱世不可过急,更不可用繁刑苛法以治乱。他总结历史的经验认为,欲速不达,繁刑苛法不仅难以拯救时弊,反而会使矛盾激化,造成社会的大动荡。他指出:

"法愈密,吏权愈重;死刑愈繁,贿赂愈章。"②

为此,王夫之反对传统"宽猛相济"之论。他认为,任何时候,无论乱世、治世,法与刑都应以宽为本。"宽"、"不忍"、"哀矜"的仁义之道,是立法、用法的"精意"所在。

从反对君主制社会的严刑酷法出发,王夫之提出了立法宽简的原则。他认为律文宽简,用刑才能准确,用刑准确百姓才能知道有所畏惧。宽简的原则体现了仁义之本,可以杜绝吏卒滥施酷刑,鱼肉百姓。他认为宽简的法律可以做到大罪不漏,小过不察,惩恶扬善。宽简又有利于法律的统一与威严,可以遏制法外用刑,减少冤狱的发生。

王夫之的立法思想是传统立法思想的总结,又是传统立法思想的突破。"趋时更新"的变法主张、强调法制的综合效益及认为法贵简约,都带有传统立法思想的痕迹。而对法之"理"与"势"的论证、对法律系统性的强调及对宽简宗旨的解释又都突破了传统的束缚。

2. "法治"观中的民主色彩

王夫之与黄宗羲是同时代的启蒙学者,与黄宗羲相同,王夫之对"法治"给予了高度的重视,而且在一定程度上对传统的"法治"观进行了更新。王夫之"法治"观中的民主因素主要表现为以下几点:

---

① [清]王夫之撰《读通鉴论·卷二五》。
② [清]王夫之撰《读通鉴论·卷一》。

(1) 法治须"循天下之公"

王夫之认为设法立制的目的在于为公。秦王朝之所以为后世唾骂指责，原因便在于立法以"私己而已"。① 他揭露专制君主制度的"不公"，认为专制制度将天子一家之私变为"天下之公"，而真正的天下之公被淹没于天子私欲之中。他认为，历代帝王所标榜的"仁义中正"实为"帝王桎梏天下之具"。② 王夫之区别了"公"与"私"的界线，他认为辨别公私，须考察"一人之正义"，"一时之大义"及"古今之通义"③。"一人之正义"与"一时之大义"相比则为"私"，而"一时之大义"与"古今之通义"相比亦为"私"。所以立法者须把握"古今之通义"，"不可以一时废千古，不可以一人废天下"。④ 因而，法律既不是为皇帝一人服务的御用工具，也不是为某一朝某一代服务的"一时之制"。法律是体现"古今之通义"的天下公器。王夫之所言的"公"，已超出了统治阶级整体利益的范围，与战国时法家所言的"公"有了本质的区别。这个"公"体现了古代历史发展的普遍规律。

体现公意的法律"不以一人疑天下，不以天下私一人"，⑤其理、其势，圣人不能违。王夫之认为法律由私而公，是历史发展的必然趋势，"他年之道"的社会与法制必然有别于今日维护"一姓之私"的法制。在此，王夫之以他的远见卓识，预言了专制制度的必然灭亡，宣告了当时被奉为正统的主流法思想的衰败。

(2) 法治须维护民族利益

明末清初，民族矛盾十分激烈，王夫之是一个视民族利益高于一切的启蒙学者。他不满明末腐朽的统治，组织"匡社"以求改革政治，匡扶时艰。但当清兵南下时，王夫之在民族危急关头，缓和了与明朝廷的矛盾，为"抗清复明"奔走于两湖地区，并亲自组织起义抗清。后来，随着南明的灭亡，清朝统治日益巩固，王夫之知势不可挽而隐居乡间，拒不仕清。在隐居期间，王夫之的民族主义思想日益成熟，这种思想也表现于其法律主张之中。

---

① ［清］王夫之撰《读通鉴论·卷一》。
② ［清］王夫之撰《读通鉴论·卷五》。
③ ［清］王夫之撰《读通鉴论·卷一四》。
④ ［清］王夫之撰《读通鉴论·卷一四》。
⑤ ［清］王夫之撰《黄书·宰割》。

王夫之认为保护同类,维护本民族的利益是自然赐予一切生物的本能。"玄驹"(即蚂蚁)尚知团结一致,守其"穴壤",对来犯之敌竭力"噬杀之",而何况人类。人类伊始,以能"保其类者为之长",能"卫其群者为之君",①君长的职责是"保其类"、"卫其群"。君主之位可以禅让,可以世袭,可以更替,但绝不可以使异类夺之。君长是民族利益的代表,法制则应是维护民族利益的武器。王夫之认为,法制应维护民族间的彼此尊重,互不相犯。他说:

"天有殊气,地有殊理,人有殊质,物有殊产",因此,各族之人应顺应自然:"各生其所生,养其所养,君长其君长,部落其部落;彼无我侵,我无彼虞,各安其纪而不相渎耳。"②

鉴于对民族独立的信念,王夫之认为维护国土的完整与民族独特的文化,是君主及每一个人义不容辞的责任。立法也须体现"保类"、"卫群"的宗旨。

由于历史条件的限制,王夫之不可能摆脱大汉族主义的影响,因而对清及其他少数民族存有偏见。他提出的"各安其纪而不相渎"的主张体现了他民族独立而不是民族平等的思想。

(3)法应体现尊君分权的原则

王夫之认为君主是"势"、"理"发展的必然产物。若无君主,社会的治理与发展则不可想象:"天下之民,非恃此而无以生。"③君主的职责是为"民之生",即服务于民众。从君民关系来说,君为民而设,民尊君而生,因此,尊君的实质在于为民。这是一种新型的君民关系,因而王夫之的"尊君"论赋予传统以新的内容。王夫之认为君主权威的削弱是造成天下大乱的原因所在:"蔑上下之等,视天子若亭长三老之待食于鸡啄……亦缘此为致祸之源。"④以维护社会秩序为目的的法制应体现尊君的原则,确立君主的威严。

王夫之强调尊君,但反对君主独裁。他认为君权过重,"言出法随",君主

---

① 参见[清]王夫之撰《黄书·原极》。
② [清]王夫之撰《读通鉴论·卷一八》。
③ [清]王夫之撰《读通鉴论·卷一八》。
④ [清]王夫之撰《读通鉴论·卷九》。

"独断"难免亡国。他认为君主应当"虚静慎守",分权于臣下。在制定制度时应广泛听取官吏与民众的意见:"因其故俗之便,使民自陈之,邑之贤士、大夫酌之,良有司裁之,公卿决之,天子制之",如此,才可以创立出"行之数百年而不弊"①之法。与黄宗羲相同,王夫之重视宰相的作用,认为宰相无权,天下无纲。宰相不仅可以与君主分权,而且在君主无道时可以代君行事。王夫之反对大权集于君主一身,也反对中央集权制,认为应分权于地方。在王夫之的"法治"蓝图中,君主、宰相、州、郡、县各级机构有明确的职权划分,王夫之对"一统"的解释是:

"天子之令不行于郡,州牧刺史之令不行于县,郡守之令不行于民,此之谓一统。"②

在"一统"的法治体系中,尊君与分权有机地结合在一起;君、臣、民皆可参与创制立法活动,这确实是对传统君权至上法思想的突破。

3. 人法兼任、宽下严上的执法原则

王夫之总结了历史兴衰治乱的经验,认为过于强调法治或过于强调人治都有失偏颇。治国之道必须人、法兼顾,二者并重。他从以下三个方面论证了人法兼任的必要性。

(1)"任人而废法"为"治道之蠹也"

王夫之认为法律为天下公器,任人而废法,则难免破坏法律的公正。当权臣小人掌权时,天下便祸乱不止。帝王难免以个人的好恶而进行赏罚,天下无"公"可言。王夫之认为,从某一方面来说,任人而废法是造成天下动荡混乱的原因所在。他说:主流思想在言及治国之道时,皆以为"任法不如任人"。结果法制大坏,"下以合离为毁誉,上以好恶为取舍",③是非功过全无客观公正的标准加以评价。人们不恪守职责而重视虚名,以私坏公。这种"任人而废

---

① [清]王夫之撰《读通鉴论·卷一六》。
② [清]王夫之撰《读通鉴论·卷一六》。
③ [清]王夫之撰《读通鉴论·卷五》。

法"的治国方式是"治道蠹也"。王夫之尖锐地指出"治道之裂,坏于无法"。①

(2)"任法而不任人"为"治之弊也"

王夫之认为,片面强调"法治",亦有许多弊病。"法之立也有限,而人之犯也无方。"②一部法典所容纳的内容毕竟有限,而世上的犯罪违法行为却形形色色,无一定之规。单靠法律治国,势必造成"律外有例,例外有奏准之令",③一事一法,法繁而刑密。法繁刑酷不仅无裨于国家的治理,反而会促使各种矛盾激化。另外,单纯强调法治,官吏的素质势必下降,量刑难免同罪异刑。专任"法治",其弊病在于法条繁杂,前后抵牾,民无所是从,吏不知所守。前后抵牾的法令,为奸臣猾吏的舞文弄法、贪赃受贿提供了条件,造成"意为轻重,贿为出入"⑧的局面。王夫之因而断言,因"人治"不可取而片面强调"法治"者亦非治道。

(3)"任人任法"为治之道

在总结了片面强调"任人"或片面强调"任法"的危害后,王夫之断言,治国之道须"任人"与"任法"相统一。

在治国中,法律的作用至关重要。统治者须依法饬吏治,恤民隐,安天下。没有法,就没有"治"的依据。王夫之认为有了体现"天下之公"的法律,君主才能够说,我治民有所依,即"吾以治民为司者也";而百姓才能够心悦诚服接受治理,认为君主治国"非徒竭我之财,轻我之生,以为之争天下者也"。④基于此,王夫之认为"制法"实为为政之要,法即使有所不足也较无法而治强得多:

"天下将治,先有制法之主,虽不善,贤于无法也。"⑤

但体现公意的法律须得其人而行,而法制完善也未必就能达到天下大治。

---

① [清]王夫之撰《噩梦》。
② [清]王夫之撰《读通鉴论·卷四》。
③ [清]王夫之撰《读通鉴论·卷四》。
④ [清]王夫之撰《读通鉴论·卷四》。
⑤ [清]王夫之撰《读通鉴论·卷十》。

因为法由人而定，由人而行，在司法实践中法制的缺陷还须由人加以弥补。因此，法的完善与否、法执行的准确与否、法的社会效益是否理想完全系于人的素质。故而为政之道，择人亦为其关键所在。"择人而授以法，使之遵焉"，①是王夫之总结了千百年来历史经验而得出的结论。

在论证了人法兼治的主张后，王夫之进一步论述了严上宽下的司法主张。王夫之认为法律既然是公意的体现，就应该维护公共的利益。法律的矛头应对准侵害公利的贪官和曲解公意的昏官。他反对"严下吏之贪，而不问上官"，②认为越是位尊权重的大官，越应以法束缚之，若有贪污之迹，则应严法治之。他认为在执法中偏袒大官，严下宽上势必造成"法益峻，贪益甚，政益乱，民益死，国乃以亡"③的局面。对枉法、断狱不公者，王夫之认为亦应予以严惩，尤其对贪赃而故入人罪的官吏应"倍宜加等"。与"严上"相对，王夫之继承了孟子"民为贵"的思想，主张"宽以养民"。他认为体现公意的法，须以保民为宗旨，良吏执法，须体恤民情。从保民宽下的立场出发，王夫之主张废除酷刑，废除司法时令制度，及时实行赏罚。

王夫之作为启蒙学者，其法律主张及思想具有毋庸置疑的先进性。王夫之法思想中的民主因素，加速了主流法思想的衰败，对解放人们的思想及对后来中国的维新立宪运动都有一定的借鉴作用。

(四) 启蒙思想家的历史地位

1. 启蒙思想的夭折

两千余年前春秋战国时期的百家争鸣，为缔造统一强大的秦帝国作了理论准备。自此，中国社会不论是处在统一强盛之时，还是处在战火纷飞的割据战乱之际，"君权"的思想始终不曾动摇。约两千年后的明末清初，中国社会的发展又到了转折关头。这一转折若顺利完成，中国近现代的历史也许会重新书写。这场变革的意义还不仅限于此，假设中国自身顺利地完成由古代至近代的变革，目前唯一的西方法律模式将不再唯一，中国将为世界提供由古代向近代转

---

① [清]王夫之撰《读通鉴论·卷十》。
② [清]王夫之撰《读通鉴论·卷二八》。
③ [清]王夫之撰《读通鉴论·卷二八》。

折的东方或中国模式。

从启蒙思想家不尽详细的"法治"蓝图中,我们已经可以隐约地体悟到中国自生自发的近代法的模式一定不同于西方。在启蒙思想家的"法治"学说,中国传统学说尤其是先秦百家之说中的优秀成分得以充分的发扬。启蒙思想家们的"法治国"中,"法"并不繁密,相反,法治完善的标志应是"法愈疏而乱愈不作"①。道德的自律仍是社会追求的目标和社会控制的主要手段。法律的公正与人之常情密切相关,人们对法律的遵循是自觉自愿的,而不是被动的、受制于人的、不得已的。但令人遗憾的是启蒙思想家的民本与法治主张在学界的兴起仅是昙花一现,瞬间便逝,这不仅是中国发展,而且也是世界发展的遗憾。明末清初,中国社会变革未能成功,启蒙只限于思想,未形成运动的原因是多方面的,明朝廷的腐朽、满人的入主、工商业发展的缓慢、士阶层的软弱等,归根到底,不外乎两点:这就是中国古代法文明的高度完善与启蒙思想家的自身弱点致使这一变革中途夭折。

(1)客观原因

中国古代社会的模式是:自给自足的小农经济;至高无上、高度集中的皇权;统一人们思想的儒家道德观;鼓励人人进取的科举制度……完备的制度一旦付诸实施,社会便会呈现出安定祥和的气氛。因此,人们相信只要有一个圣明的君主,就会造出一个田园诗般的社会。在中国历史典籍的记载中,我们看到中国大多数人感受不到西方中世纪的那种压抑。民众对启蒙思想家带有民主色彩的主张也不免反应冷淡。当时人们追求的最高境界是国泰民安,是现实中的人际和谐、舒适安逸。若将传统的"民本"与启蒙思想家的"民主"相比较,人们似乎更寄希望于传统。人们希望得到的是统治者的体恤,而不是与统治者的平等。

启蒙思想夭折的客观原因是强大的传统观念使工商业的发展举步维艰。当有识之士提出"工商皆本"时,更多的人则会以传统的重农轻商思想加以反驳。经营工商被人歧视,新的经营方法受到人们的怀疑,更多的人宁愿将钱财藏在地窖中也不愿将其用于扩大再生产。更多的有钱人将钱用于添置田地、以本守末或用于畸形消费而醉生梦死。这种风气一直持续到清末民初。"如海盐张元济

---

① [清]黄宗羲撰《明夷待访录·原法》。

先生经营商务印书馆,发展印刷事业,当时遗老们认为:'张菊生(即张元济)侍郎,经营书商,是一件异事。'"①明末清初工商业所受到的压抑更是自不待言。而朝廷对工商业发展的干涉也愈演愈烈。明末,宦官四处奔走征商,以满足皇帝的贪欲。贵族官吏也大肆搜刮。在朝廷的盘剥下,许多从事工商业的人被迫歇工罢市,新型的经济关系总是处在风雨飘摇之中,得不到充分的发展。正值此时,经济、文化发展落后于汉人的满人入关,取得了统治权。经济落后于中原地区的满人,对汉人文化倾慕不已,他们对新型的经济关系难以容忍。因此,清初工商业的发展一再受到严厉的限制。康熙时,大学士李光地反对商人集资开矿,公然提出:"请著令:止土著贫民无职业职事者,许人持一铫,而越境者有诛。"此建议被康熙采纳后,一些将资金投入开采业的富豪皆悔之不及。文献记载:"一时大豪辇金谋首事者,皆啮指自悔。"②雍正明确晓谕天下:"农为天下之本,而工贾皆其末也。"又告诫官吏:"平日留心劝导,使民知本业为贵,崇尚朴实,不为华巧。"③清初的重农抑商政策有力地支持了逐渐走向瓦解的小农经济,明末以来出现的新型的生产关系不仅没有得到扶持发展,反而遭到摧残与压抑,小农经济得以恢复,使启蒙思想家的新思想在民众中无法普及,法治的蓝图也只好藏之名山,以待来者。

根深蒂固的传统观念,不仅阻碍了工商业的发展,而且使启蒙思想在士人中也难以找到知音。启蒙思想家的法思想虽然脱胎于传统的儒学,但是民主与法治的思想萌芽却与传统格格不入,尤其是具有近代气息的法治观更是难以被人们心悦诚服地接受。中国古代的统治者,始终将礼治、德治与人治视为治国的真谛,"有治人,无治法"是统治者恪守的古训。所谓的"治人"指的是帝王将相的素质;"治法"指的是统治者的治国制度。启蒙思想家提出的"有治法,无治人"的观点,意在以具有近代意义的"法"来束缚高高在上的皇帝。对皇权的触动,是统治者最不能容忍的;而深受传统影响的一般士人、小农也难以接纳"法治"的主张,因为"法治"在传统观念中意味着暴政与乱世。没有广泛的群众基础,又没有最高统治者的支持,启蒙思想无法广泛影响社会,并陷入了后无

---

① 《雪桥诗话》,转引自谢国桢著《明末清初的学风》,北京:人民出版社,1982年版,第68页。
② [清]平步青撰《霞外捃屑·卷二》。
③ 《大清历朝实录·清世宗实录·卷五七》。

传人的境地。明末清初的学界呈现出一种奇特的现象,名震一时的启蒙学说对政治的影响微乎其微,以"经世致用"为己任的启蒙思想家曲高和寡,遭受冷落。当清统治者一手举起"科举"的王牌,一手掀起文字大狱时,汉族士人便纷纷依附了朝廷,聚集在传统的旗帜下,理直气壮地为新朝廷服务。而启蒙思想家却只有退隐山林一途了。专制文化在传统观念的护卫下不仅得以维持,而且尚能取得令人瞩目的成绩。清初完成的《四库全书》,其工程浩大堪称文化史上的一大奇迹。具有数千年历史的传统在人们心目中依旧完美,具有生命力。当清政府严令革除明末积弊时,大多数的人们便不由得又对传统充满了期望。对强汉盛唐的怀念,使人们致力于恢复而懈怠于创始革新。令人惊叹是中国的传统制度发展到清时,弊政虽已积重难返,但仍出现了康雍乾盛世。清初的统治,一定程度地改变了明末的混乱与腐败,也为启蒙思想的发展增设了障碍。在遗憾启蒙思想家法治理想夭折的同时,我们确实不能不感叹传统的完善。

许多人认为,明末清初启蒙思潮的中断,原因在于落后的满人入主中原。满人的社会发展落后于汉人,对传统的崇拜是情理之中的事情。雄才大略的康熙常常"于宫中披阅典籍,殊觉义理无穷,乐此不疲"。① 清初统治者对传统的大力提倡使启蒙思想的发展受到了阻碍。但传统力量的强大,只是启蒙思想中断的外在原因。而启蒙思想家自身的弱点则是启蒙失败更重要的内在原因。没有强有力的科学作为后盾,启蒙思想便显得过于单薄,其不足以涤荡深植于人们头脑中的传统观念,无法形成声势浩大的启蒙运动。

(2) 主观原因

启蒙思想夭折的主观原因是启蒙思想家自身的弱点。启蒙思想家虽然对传统进行了史无前例的批判与反省,但他们自身也深受传统的束缚。有时,他们的思想与言行常常不一致,言行的保守削弱了其学说的战斗力。如启蒙思想家对"忠君"的思想都有程度不同的批判,但自身却又都以明朝的遗民自居,身退山林,独善其身。这种传统的处世方式极大地限制了其学说的传播。又如,受传统的束缚,启蒙思想家未能对"科学"给予足够的认识。重人文是中国古代学术一大特色,自然科学除服务于政治的天文历算为统治者重视外,其余的则被

---

① 《大清历朝实录·圣祖仁皇帝实录·卷四一》。

视为可有可无的雕虫小技。明末清初,西方先进的科技已开始向中国渗透,但这新时代将要到来的标志不仅没有引起中国朝廷的重视,而且也没有引起先进的启蒙思想家的重视。李约瑟引用胡适的话对比了这一时期中西方学术的差异:

> "胡适曾把这一时期的古典文学的复兴和欧洲同时发生的科学运动作了明晰的对比,他说:'在顾炎武诞生前四年,伽利略发现了望远镜,并利用它革新了天文学,而开普勒则发表了他对火星研究的结果和他关于行星运动的新定律。当顾炎武研究语言学,并重新订正了古字音的时候,哈维则出版了论血液循环的巨著,而伽利略则出版了天文学和科学方面的两大著作。在阎若璩开始对史书进行考证前十一年,托里拆利完成了他有关气压的伟大实验。接着,玻意耳发表了他在化学上的实验结果,并确定了玻意耳定律。在顾炎武完成他的划时代的巨著《音学五书》的前一年,牛顿已创立了微积分,并完成了对白光的分析。顾炎武在1680年为他的语言学著作的定稿写了序言,而牛顿则在1687年发表了他的《原理》。'胡适接着道,两者所用的研究方法极端相近,可是所研究的领域却又有很大的差异。西方人研究星辰、球体、斜面和化学物质,中国人则研究书本、文学和文献考证。""中国的人文科学所创造的只是更多的书本上的知识,而西方的自然科学却创造了一个新世界。"①

由于缺少近代科学的支持,中国启蒙思想家无力彻底地更新传统,他们对旧制度、旧观念的批判虽然十分凌厉,但其影响所及较西方的启蒙学说远为逊色。

启蒙思想家"法治"理想的夭折,延缓了中国历史发展的进程,中国由古代向近代的转折因此而失败,这确实是历史留给人们的遗憾。但启蒙思想的出现证明了中国社会的自我更新能力。

2. 启蒙思想家的历史影响

启蒙思想家是明末清初新兴市民阶层的代言人。对市民的同情与希望,亡国亡族之忧,家破人亡之恨,使他们继承了明中叶泰州学派的学术思想,与朝廷保持一定的距离,并以抨击时政为己任。在对君主制的评判与讨伐上,可以看

---

① [英]李约瑟著《中国科学技术史》第1卷第1分册,北京:科学出版社,1975年版,第311—312页。

出，黄宗羲的思想几乎是空前的。黄宗羲在揭露君主专制不合理时提出的"天下为主君为客"的政治主张与行"天下之法"的新法治观更是令人耳目一新。

以"天下之法"取代"一家之法"这是中国法思想史上的一个划时代的口号，其标志着以往统治者所倡导的主流法思想遭到了彻底的否定。以"天下之法"为核心的"法治"观也宣告了传统"人治"与"法治"之争的结束。黄宗羲的学术将为帝王服务的法律转而为天下人服务，将"法治"与民的权利相结合，发展出带有民主色彩的法治思想。王夫之更是将民族的利益与法结合起来，在强调变法的同时，更强调法原本应该具有的"保类"、"卫群"的作用。他们把执法的平等深入到立法领域，把对帝王的保护变为限制。这些是在启蒙思想家出现以前从未有过，甚至从未想过的事情。更新传统法学说，使其透露出近代的气息，改革传统政治制度的格局，逐渐削弱君主之权，变君主为天下之"客"，民众为天下之"主"，这种前不见古人的独创，是启蒙思想家的巨大贡献。

启蒙思想家的启蒙虽然在清中叶后逐渐减弱，但其影响了两百年之后的中国近代社会。在近代官僚开明派、资产阶级改良派、民主派的法律主张中，皆有启蒙思想的印记。因此，启蒙思想家在明末清初之际虽昙花一现，但其对思想界的震动，对近代资产阶级思想的兴起皆有极大的影响。

启蒙思想家"法治"理论的夭折，延缓了中国历史发展的进程，中国由古代法向近代的转折也因此未能展开，这确实是历史留给人们的遗憾。但启蒙思想的出现证明了中国社会的自我更新能力。因而，梁启超论道：启蒙思想"不独近世之光，即置诸周秦以后二千年之学界，亦罕或能先也"。①

(五) 改良、立宪思潮与主流法思想主导地位的终结

主流法思想的终结，是指主流法思想在政治上主导地位的失落与在社会上为各阶层"共识"状况的改变。思想与制度不同，制度可以宣告废除，有时在一朝一夕之间新的制度就会在形式上取代旧的制度。中国古代法律制度的解体始于1902年清朝廷开始的"修律"。从1902年到1911年不到十年的时间中，以沈家

---

① 梁启超著《饮冰室合集》第1册，《文集之七·论中国学术思想变迁之大势》，第84页。

本、伍廷芳为修律大臣的修订法律馆参照西方的法律体系，解体了数千年一脉相承的"中华法系"。西方的部门法体系被移植到中国，古代法律制度终结。

但主流法思想的终结，却没有像制度终结那样简单，那样有着明显的时间或事件的标志。古代学术思想的终结是一个漫长的过程。这一过程从明末清初启蒙思想家的学说出现就已经开始了。但是，可惜的是这一发自社会发展内部需求的终结过程由于种种原因被中止。主流法思想的终结是在1840年西法越来越多地传入中国后完成的。

1. 西学东渐与中国近代法学的形成

（1）西学的传入与《海国图志》

随着欧风西雨涤荡中国，西学在中国的影响迅速扩大。被誉为近代中国"睁眼看世界的第一人"林则徐于1839年奉命到广州查禁鸦片。在频繁地处理外事公务中，林则徐敏锐地认识到"西夷"有"长技"可师，其精心组织翻译人员翻译西方的新闻和学术著作，以了解西方社会。1842年，林则徐的挚友魏源在林则徐的支持下完成了划时代的巨著《海国图志》的编纂。《海国图志》是魏源在广泛地搜集、整理、分析了大量的中西有关资料的基础上，系统介绍世界各国和地区的历史、地理、文化、风俗、制度的巨著，魏源批评了一些人"徒知侈张中华，未睹寰瀛之大"的愚昧，提出"师夷长技以制夷"[①]的主张。《海国图志》开阔了国人的视野，为国人了解西方提供了渠道。更重要的是其开启了近代中国学习西方的风气，自此，以仿效西学为主要内容的"新学"逐渐兴起，中国的学术，包括法学，无论是从方法论上说，还是从研究对象上说都进入了一个与以往不同的时代。

19世纪末至20世纪初，是新学迅速发展时期。一是中日甲午战争加剧了中国人的危机感，效法西方以拯救中华的迫切性已然成为全社会的共识。二是随着国人对西方社会了解的深入，"比较"自然地成为学校研究的时尚。国人并不满足于只了解西方社会的"现象"，而更渴望了解西方社会现象背后的原因和道理，因此西方社会制度和其制度背后的学理更为中国人所关注。于是有了以梁启超、严复等为领袖的维新改良思想家将西学更广泛并深入地介绍给国人，并

---

① 参见《海国图志·筹海篇》。

率先以西学的研究方式来研究中国问题的思想先驱。这也就是近现代中国学术的发端和基础。

（2）对西方法学著作的翻译

中国的近代法学随着西学的涌入、新学的发展而产生。林则徐时，为了处理与西方各国间的关系，译成《各国律例》一书，《各国律例》作者为瑞士著名国际法学家滑达尔 De Vattel（一译为瓦特尔）所作，1758年用法文发表，原名为《国际法》或《运用在国家和主权行为和事务上的自然法则》，翌年译为英文，该著风靡西方法学界，成为国际法学的经典著作。林则徐的随员袁德辉与美国传教医师伯驾节录其中的有关章节译为中文，名之为《各国律例》，这是中国第一部关于西方法律方面的专门译著。① 在翻译和整理西学的过程中，不仅西学的方法影响了中国的学界，西方社会的一些思想、价值观也影响到了中国社会。《海国图志》中，魏源对美国的民主政治赞赏有加：

"二十七部酋,分东西两路,而公举一大酋总摄之,匪惟不及世,且不四载即受代,一变古今官家之局,而人心翕然,可不谓公乎？议事听讼,选官举贤,皆自下始。众可可之,众否否之,众好好之,众恶恶之,三占从二,舍独洵同,即在下预议之人,亦由公举,可不谓周乎？"②

其实从《海国图志》中我们已经可以看出当时中国的有识之士对西方政治制度及法学的关注。

中国戊戌变法前，对西方法学著作的翻译基本上以实用性为主。因为在鸦片战争后，中国在与各国的交涉中深感"国际法"的重要，1864年同文馆译成美国律师惠顿著作《万国公法》，总理衙门曾依据其中的一些原则、条文与外国交涉，获得一些成效，故而将其刊印发给各省督抚和通商口岸的地方官员，以资备用。这期间《公法遍览》、《法国律例》（《拿破仑法典》）等也陆续译成。

戊戌变法时及戊戌变法后的法学研究动向有两点值得我们关注。一是以康

---

① 参见熊月之著《西学东渐与晚清社会》，上海：上海人民出版社，1994年版，第224—225页。

② 《海国图志》（百卷本）卷五十九《外大西洋墨利加洲总叙》。

有为、梁启超、严复等为首的维新改良思想家，不再满足于对西方法律知识的了解，不再满足于运用这些知识在一事一案中的小有所获，他们期望通过全面的社会变革拯救中国。对于法律也是如此，他们更渴望了解西方法律的原理并以此为指导，在中国建立起西方式的民主政治制度。戊戌变法的失败与清朝廷的立宪修律活动更是从不同的方面刺激了中国社会对西方法学的渴求。于是20世纪初，法学译著不仅显著增加，而且学理性的著作远远多于知识性的介绍，《国法学》、《民约论》(《社会契约论》)、《万法精理》(《论法的精神》)、《法学通论》等纷纷译成。1898至1909年，仅严复的译书就有赫胥黎《天演论》(1898)、亚当·斯密《原富》(1902)、斯宾塞《群学肄言》(1903)、约翰·穆勒《群己权界论》(1903)、甄克斯《社会通诠》(1904)、孟德斯鸠《法意》(1904—1909)、约翰·穆勒《名学》(1905)、耶方斯《名学浅说》(1909)八种。这些译著系统地介绍了西方社会政治、经济、法学之"学理"。二是清朝廷下诏"预备立宪"，并任命沈家本、伍廷芳为修订法律大臣，主持法律的修订。"宪政"为舶来品自不待言，修律的宗旨也是将现行的法律体例、条文"近代化"，律例合一的法律形式通过修订也改为部门法的体系。总之，通过修律，中国法律起码在形式体例及一些术语方面开始与西法接轨。于是，在沈家本主持的修订法律馆中，考察西方制度、翻译各国的法典、法规成为主要的一项工作。

(3) 近代中国法学的形成

西学传入中国，形成了中国近代的法学，在翻译西方的法学著作时，译者每每有精彩的序言和评述（如严复《法意》按语），其中也有为数不多的学者学习西方的法学方法开启了近代中国的法学研究，诸如梁启超1896年写成的《论中国宜讲求法律之学》、1898年写成的《立宪法议》、1900年写成的《法理学大家孟德斯鸠之学说》、《近世文明初祖二大家之学说》、1904年写成的《中国法理学发达史论》、《论中国成文法编制之沿革得失》等。但是我们可以看到清朝末年中国近代的法学基本是舶来品，如有的学者所指出的那样：

"中国近代有法学。但是基本没有自己的法学，即没有中国人用中国语言,以中国的社会为背景,融合中外法理,阐述中国近代的法学。"①

通过对近代法学翻译著作的梳理,我们可以发现近代中国法学在形成时具有这样两个特点:第一,近代法学的形成发端于与西方各国交涉的需要,所以国际法为其先导;第二,近代法学首重实用,在清末修律过程中,部门法的译著和著书要远远多于法学理论方面的译著和著书。有学者总结道:

"在1949年以前的旧中国,法学不受重视,法学专业的基础理论尤其不受重视。高等法律院系中开设有'法学通论'、'法理学'之类的课程,多半属于选修课。'法理学'主要讲授一些西方的法律派别,尤其是社会学法学的学说。'法学通论'一般讲授关于法的性质、作用、渊源、分类、效力、适用、权利、义务、制裁等问题的观点。在多数'法学通论'中,除以上问题,还简单地论述宪法、民法、刑法和诉讼法的基本内容。"②

其实这种对西方法律技术以及实用性的关注远远大于对其基础学术理论的关注,原因是在中西文化的冲撞中,以西学为主的新学,虽然已经成为时尚,但它尚无法立刻终结中国古代主流法思想在政治及社会中的深远影响。但此时此刻,即使朝廷中的大员,也不可能对从西方舶来的法律制度以及这些制度中出现的新名词、新观念置若罔闻。其实,清末由朝廷主持的修律表明,清王朝已经开始放弃了主流法思想的主导地位。

近代中国法学形成经历了两个阶段:一是1840年至1911年的晚清时代,二是1912年开始的民国时期。

2. 晚清时期的法学

(1) 维新派的立宪主张

维新改良派的领袖人物梁启超、严复等人并不是专门的法学家,但是他们最

---

① 李贵连著《近代中国法制与法学》,北京:北京大学出版社,2002年版,第233页。

② 沈宗灵主编《法理学》(第二版),北京:北京大学出版社,2003年版,第20页。

先较为彻底地摆脱了传统法理的约束，将法视为独立的学科而加以研究。在引进西方法学，批判传统法律，开创中国近代法学研究方面，他们功不可没。改良思想家的法理集近代以来人们法律观念变革之大成，建立在以西方法学系统地批判传统法观念的基础之上。

第一，对传统法的批判。

梁启超曾这样总结过中国近代社会变革的过程。"第一期，先从器物上感觉不足"，"于是，福建船政学堂，上海制造局等等渐次设立起来"。"第二期，是从制度上感觉不足"，"所以拿'变法维新'作一面大旗，在社会上开始运动"。"第三期，便从文化根本上感觉不足"。① 这一总结被奉为经典。维新改良派的法理主张也是从认识中国法"不足"开始的。

与明末清初启蒙思想家对传统的批判不同，改良思想家对传统的批判是以西学为武器的，他们通过"比较"的方法指出中国法的"缺陷"并主张效仿西法。如果说启蒙思想家对传统的批判是基于对现实的否定，那么，他们对未来则是处在探索中。改良思想家对传统的批判多是在与西方的比较中产生的，其对未来的设想则是以西法为目标的。在与西方法律的比较中，梁启超认为中国法律的不足如下：

首先，"法律之种类不完备"。私法部分全付阙如，是中国法律最大的不幸。因为私法的阙如，民众所应具有的"权利"在法律中无法体现，法律对普通的民众而言只有约束，缺乏保护，由此造成民众对法律的畏惧，而不能像私法发达的西方那样"人民之乐有法律，且尊重法律也"。与西方相比，中国的"公法"也不完善，因为"国家根本组织之宪法，未能成立也"。而无宪法，则无法进入法治国。

其次，"法律之固定性太过"。梁启超认为，无论怎样杰出的思想家和立法者都不可能制定出万世不变并与社会发展完全相符的法律，因此变法是每一个时代的必然之举。西方社会每每及时变法，用心立法，使社会的发展与立法事业相辅相成，所以社会日益进步，"国民幸福，遂以日增"。而中国"法律与社会两者俱成静止之形，殆如僵尸，毫无生气"，"法典之复旧，与社会之麻木，两者相递为因，相递为果"。

---

① 参见梁启超著《饮冰室合集》第5册，《文集之三九·五十年中国进化概论》。

再次,"法典之题材不完善"。梁启超认为,中国法律因缺乏学理的指导而"范围不确立"、"主义不一贯"、"纲目无秩序"。范围不确立表现为主法、助法的界限无严格区分,应入于主法的条款常常入于助法中,因而削弱了法律的效力;应入于助法的条款又常常入于主法中,因而使法律体系凌乱破碎,难以适用。主义不一贯表现为对学理的采用基本处在无意识状态中。而西方法典编纂,必先确定主义。比如宪法,取国家主义,还是君主主义,或民主主义;民法取家族主义,还是个人主义等等。主义不一贯则会造成法条文意矛盾,执法者无所适从的局面。纲目无秩序表现为将法作为"头痛灸头,脚痛灸脚"的工具,而无法体会到法律的"大原则"。

此外,"法典之文体不适宜"。梁启超吸纳了英国法学家边沁的思想,认为法律的言辞文体,即法律的术语必须具备"明"(简明易懂)、"确"(表达准确)和"弹性力"(法律条文有可容解释之余地)三要素。与西法相比,中国法律"'明'则有之,而'确'与'弹性力'皆甚缺乏",而"确"与"弹性力"缺乏的原因是中国律令条文所含学理不丰富造成的。①

梁启超在对传统法的批判中,强调了"学理"对于立法的重要性,法本身之善恶、其对社会之作用皆在于"理"。从西方法学引进的以"权利"为核心的法在梁启超的法学思想中得到了充分的肯定和赞扬。

第二,法应以"权利"为核心权利。

在中国古代"权利"意为"权势及财货"。中国近代文献中,"权利"一词最早出现于1865年美国传教士丁韪良翻译的美国法学家惠顿的《万国公法》中:"国使之权利,皆出于公议"等。《万国公法》中虽然没有对"权利"明确定义,但其显然不是指"权势及财货",而具有近代社会的"正当利益"之含义。②

维新改良思想家接受了"权利"观念的转变,认为无论国家还是个人所具有的正当利益都是天所赋予的,而法的核心和作用正是确认并保护这些"正当利益"。严复言:

---

① 以上归纳及引文参见梁启超著《饮冰室合集》第2册,《文集之十六·中国成文法编制之沿革得失》。

② 关于近代"权利"一词的出现与定义,参见李贵连《话说"权利"》,载俞江《近代中国民法学中的私权理论》,北京:北京大学出版社,2003年版,第83—98页。

"彼西人之言曰:惟天生民,各具赋予得自由者乃为天受,故人人各得自由,国国各得自由,第勿令相侵损而已。"①

"刑禁章条"应该是为维护这种天赋的权利而设。梁启超不仅将侵犯损害他人的自由视为犯罪,而且将放弃自由权利也视为不可饶恕的犯罪。因为"苟天下无放弃自由之人,则必无侵人自由之人"。②为维护正当利益,维新思想家鼓励人们摒弃以"以德报怨"与"忍让"为美德的传统,指出中国人不懂得珍惜自己的权利,随意放弃自己的正当利益,造成了中国人的"奴性":"遇势力之强于己者,始而让之,继而畏之,终而媚之。"③梁启超对以"权利"为核心的"新法律"寄予厚望:"权利思想愈发达,则人人务为强者,强与强相遇,权与权相衡,于是平和善美之新法律乃成。"④即使统治者"欲为不仁而不可得也,权在我者也"。⑤

法以权利为核心,法的概念则有了全新的改变。1904年,梁启超写成《中国法理学发达史论》和《论中国成文法编制之沿革得失》,⑥在这两篇论著中,"法"被赋予了新的含义。梁启超主张全面拓展"法"的含义,使其与西方以"权利"为核心的法相连接。梁启超认为法的正义有七层含义:一为平直、制裁;二为准则;三为均布;四为古训;五为秩序;六为"中正平均为体用";七为规范。这些含义的中心在于法应是公意的体现。

第三,"先开制度局而变法律",而变法律则"抽象的法理最为要也"。

维新改良派的变法主张有两点不同于以往,一是对法律的格外重视,将法律的变革视为社会变革的先导,这一点显然是受西方社会崇尚法治的影响所致;二是主张社会的根本变革,即由君主制变为立宪制,再渐次进入民主制。

---

① 《严几道文抄·卷二·论世变之亟》。
② 梁启超著《饮冰室合集》第6册,《专集之二·自由书·放弃自由之罪》。
③ 梁启超著《饮冰室合集》第6册,《专集之四·新民说·第八节·论权利思想》。
④ 梁启超著《饮冰室合集》第6册,《专集之四·新民说·第八节·论权利思想》。
⑤ 《严译名著丛刊·孟德斯鸠法意》(上册),北京:商务印书馆,1981年版,第258页。
⑥ 载梁启超著《饮冰室合集》第2册,《文集之十五》。

康有为、梁启超在戊戌变法时批判清廷洋务派对西方"得其貌，失其真；慕其名，失其实"的所谓仿效，他们主张对传统进行彻底改革，要求"变法"而不仅仅只满足于"变事"。康有为明言：

"今数十年诸臣所言变法者，率皆略变其一端，而未尝筹及全体。又所谓变法者，须自制度法律先为改定，乃谓之变法。今所言变者是变事耳，非变法也。臣请皇上变法，须先统筹全局而全变之，又请先开制度局而变法律，乃有益也。"①

统筹全局的变法是康、梁维新所要达到的目的，而"先开制度局变法律"则说明了法律在变法中举足轻重的地位。维新改良派的"变法"有以下内容：

首先，用君主立宪制取代君主独裁制。立宪派认为，与西方君主立宪制度相比，中国的君主专制制度犹如黑暗的地狱："两千年来君臣一伦，尤为黑暗否塞，无复人理。"②"直无一法一政，足被记录，徒兹人愤懑而已。"③解决专制黑暗的唯一途径是效仿西方实施"君民共治"的君主立宪政体。康有为主张设议院、开国会，行三权分立。戊戌变法不仅震动了政界和学界，而且在国民中普及了宪政观念，启发了民权意识。民权意识的增长是戊戌变法失败后，清朝廷不得不继续变法的原因之一。

其次，以现代的平等观取代传统的等级观念。立宪派接受了西方"天赋人权"的学说，并将中国传统的"性相近也，习相远也"的人性观附会于此。与传统的"平等"观不同，立宪派所宣扬的平等并不否定竞争，而是把平等同"鼓民力，开民智，新民德"相联系。在康有为描绘的理想的"大同之世"中仍然有"大富人"的存在。这种以西方理论为指导的平等，破除了中国数千年以礼教为立法指导思想的传统，破除了"三纲五常"的束缚。

再次，以西方法取代古代法。立宪派之所以主张变法首先从变法律始，是因为在中西文化的比较中，中西法文化的差异格外引人注目。早期改良派马建忠在

---

① 《康海南自编年谱》，载《戊戌变法》第4册，上海：上海神州国光社，1953年版。
② 《致汪康年》，载蔡尚思、方行编《谭嗣同全书（增订本）》下册。
③ 《仁学》，载蔡尚思、方行编《谭嗣同全书（增订本）》下册。

给洋务派李鸿章的信中说到：原本以为欧洲之强"专在制造之精，兵纪之严"，后来到了法国"披及律例，考其文事，而知其讲富者以护商为本，求强者以得民心为要"。① 康有为在游历香港时也敏锐地察觉到西人治国有法度，不可将其视为古代的狄夷。 康有为主张改变传统的律典体系，仿效西方的法律制度，分别制定民律、刑律、商法、币则、讼律、军律等等。 这些主张为清末的修律奠定了理论基础。

维新派主张设"制度局"以变革法律，而法律的变革必须有学理可循，在《中国法理学发达史论》中，梁启超言：

"在诸法樊然淆乱之国，而欲助长立法事业，则非求法理于法文之外。""一理之明，一法之立，必验之事事物物而皆然，而后定之为不易。""居今日之中国而治法学，则抽象的法理其最要也。"

(2) 沈家本"会通中西"的法学主张

传统的法律体系在世纪初清政府进行的"修律"中瓦解，西方的法律体系被迅速移植。 1902年至1911年在日本专家的协助下，清政府制定了《大清新刑律》、《大清民律草案》、《商人通例》、《公司律》、《违警律》、《结社集会律》及《刑事诉讼律草案》、《民事诉讼律草案》、《各级审判厅试办章程》等。 清政府甚至预备在中国实行君主立宪政体，颁发了《宣示预备立宪谕》及《钦定宪法大纲》、《宪法重大信条十九条》等。

经过19世纪后半叶与西方的冲突及戊戌变法，变君主专制为君主立宪已成为全社会的共识，而清末修律正是这种共识的产物。 让我们先来看被学界称为"顽固派"或"保守派"的清朝廷的态度。 1900年八国联军攻入北京，慈禧太后率朝臣西逃，逃亡途中以光绪名义颁诏罪己。 诏书中透露出"欲求振作，须议更张"的变革之意，并要求"军机大臣、大学士、六部九卿、出使各国大臣、各省都督各就现在情形，参酌中西要政，举凡朝章国故"而"各举所知，各抒己见"。② 无论是迫于国际的压力，还是为了平息国内的舆论，此时的清朝廷已经

---

① 马建忠著《适可斋记言记行》。
② 《清历朝实录·德宗景皇帝实录·卷四七六》。

放弃了"宁失祖宗之地,不变祖宗之法"的信条,变法的意向已经十分明确。从后来修律过程来看,清朝廷的"变法"之举也并非敷衍。再来看被人们称为"礼教派"、在"礼法之争"中扮演了保守派角色的张之洞等人的态度。张之洞是洋务运动晚期的主将,他的思想核心是"中学为体,西学为用"。清末修律的发起与他有直接的关系。在著名的《江楚会奏变法》的第二折中,他与刘坤一提出了整顿刑律的九点主张,又提出制定"矿律"、"路律"、"商律"、"交涉律"的建议。建议被采纳后,又联名保举"久在秋曹,刑名精熟"的沈家本和"练习洋务,西律专家"的伍廷芳主持修律。朝廷与"礼教派"的态度尚且如此,其他各派主张"变革"的急切心情当然自不待言。

然而,"必须变法"的共识并没有弥合人们对"如何变法"的不同主张,这就是在修律过程中产生"礼法之争"的原因。被称为"法理派"的沈家本、伍廷芳等人主张不仅要仿效西法的条文体例,而且要吸纳西方法律的学理。而礼教派认为旧律的条文规章可以模仿西方修订,但旧律体现的礼教精神和国情必须于新律中得到再现,而不是消亡。这是一场"主义"之争:

"新刑律为采取世界最新之学理,与我国旧律统系及所持主义不同,故为我国'礼教派'所反对。"①

这场争论的一个基本内容是:新律要不要,或怎样体现传统的精神,或在多大的程度吸纳西学。礼教派认为传统有可变与不可变之处,同样西法也有可学与不可学之分。就传统而言:

"夫不可变者,伦纪也,非法制也;圣道也,非器械也;心术也,非工艺也。"②

与此相应,有违伦纪、圣道、心术的西方法学原理不可学,而西方分别民法、刑法的部门法体系及监狱制度等则可以模仿。张之洞明言中国"必改用西

---

① 《法政浅说报》第十一期,宣统二年(1910年)。
② 《张文襄公全集·劝学篇》。

法",才能强国,"孔孟之教乃能久存"。但是张之洞同时认为"知君臣之纲则民权之说不可行也,知父子之纲则父子同罪免丧废祀之说不可行也,知夫妇之纲则男女平权之说不可行也"。① 礼教派修律的理想境界是西方的制度与中国的精神合一。而法理派在明言采纳西方"最新之学说"的同时,也一再申明修律的宗旨并不违背中国的传统。法理派的构想是运用西方的一些法学理论改造中国的法律,以追随世界潮流,以达到融合中西的境界。

沈家本对于中西法律的总结是这样的:"大抵中说多出于经验,西学多本于学理。不明学理,则经验者无以会其通,不习经验,则学理无以证其是,经验与学理,正两相需也。"②融合中西,始终是沈家本所追求的目标。

3. 民国时期的法学

在立宪派转向传统时,以孙中山为首的民主共和派则从戊戌变法的失败中得出了另外的教训,即中国的变革不能走改良之路,立宪理论不适合中国的国情。所以,共和派对清朝廷的立宪与修律的举动另有一番深刻的见解。他们认为清朝廷的立宪不过是在内外压力下的一场骗局。针对立宪派的"开明专制"和对传统的回归,共和派提出了相反的见解,即主张通过革命的方式推翻清朝廷的统治,建立真正的民主共和国。但就法理而言,共和派与立宪派并无大的分歧。梁启超在《中国法理学发达史论》中认为法有七种含义,即"平直、制裁";"准则";"均布";"古训";秩序;"中正平均为体用";规范。这种法的概念不仅被共和派所接受,而且有所发展。但是,共和派的一个突出特点就是在吸收西方法律学说时并不盲从,与戊戌时的立宪派相比,他们更为冷静。孙中山"五权宪法"的构想就是在分析了西方社会三权分立的弊病时提出的。在谈到法律问题时共和派不仅注重到法应该包含怎样的内容,而且注重到法律应该体现怎样的精神和发挥怎样的作用。孙中山明确指出:法律,尤其是宪法应该是民意的体现,权力应当受到法律的制约。在就任南京临时政府大总统短短的三个月时间中,孙中山下达了一系列保障民权和社会改革的法令并确立了民主共和的政体。在南北议和达成协议、孙中山卸任之前,经参议院决议后颁布了《中华民国临时约法》,对总统权力做了进一步的限制。

---

① 《张文襄公全集·劝学篇》。
② [清]沈家本撰《王穆伯佑新著无冤录序》,载《历代刑法考》(四)。

民主派兴起之时，西方资产阶级社会的黑暗面开始日益暴露：资本主义社会中的贫富差别、资产阶级对殖民地的残酷掠夺、世界性的战争等等。立宪派此时虽然仍坚持君主立宪的主张，但已开始向传统回归。所以立宪派反对在中国实行民主派提倡的民主共和制度。而民主派虽然坚持民主共和的立场，但也开始注意到对传统文化的吸取。

孙中山对西方社会的法律、制度、文化进行了比较，并力图寻找出中国落后于西方的原因和中国的出路。孙中山认为，中国要摆脱贫困落后必须追随世界的潮流，实行法治。但在效法西方的同时也必须注意到西方已出现的社会弊病，以避免同样的问题出现于中国。孙中山对西学与中国传统的分析如下：

第一，孙中山在改革传统法时注意到对西方理论的深入理解和运用。他认为中国的出路在民主共和制度的确立，而民主共和制度确立的基础是近代化的法治：

>"国与天地，必有与立，民主政治赖以维系不敝者，其根本存于法律，而机枢在于国会。必全国有共同遵守之大法，斯政治之举措有常规；必国会能自由行使其职权，斯法律之效力能永固。所谓民治，所谓法治，其大本要旨在此。"①

要实行法治，就必须改造传统的人治观念。孙中山认为在民主共和的国家中为了保障人民的权益，必须以法律的是非为是非，"只可以人就法，不可以法就人"②。传统的人治思想是为帝王张目的，是古代社会战乱频繁的原因。因为"君主专制国家，因人而治，所谓一正君而天下定。数千年来，只求正君之道，不思长治之方。而君之正，不可数数见，故治常少，而乱常多"。③ 只有民主与法治才能弥补贤人政治的缺陷，才能保证国家长治久安。同时，孙中山认为法治也有局限性，如因受政治影响，法律有时在现实执行中会悖于公理，而且法律无法穷尽世间之事，因此在建立法治国家的同时，国民不能放弃道德上的

---

① 《大元帅辞职临行通知》，载《孙中山全集》第4卷，北京：中华书局，1985年版。
② 《接见国会议员代表的讲话》，载《孙中山全集》第4卷。
③ 《元旦布告》，载《孙中山全集》第4卷。

追求。治理国家既要服从法律,也要"风以道德"。但是"风以道德"须在民主法治的原则下实现,而不是在人治中实现。运用西方法学的理论,孙中山重新解释了权势与法律的关系。他认为法治国家的最高目标是保障人民的权利,因而法律是人民意志的体现。权势或权力只是执行法律的一种手段,法治国家中"权"与"法"的关系应该是:"法律者,治之体也;权势者,治之用也。"①这种法律为体、权势为用的思想颠倒了以往几千年的法与权的关系,从理论上说法治从此成为人们的理想,而不再是皇帝的御用工具。

第二,孙中山吸纳西方学说时也注意到了对中国的优良传统的发掘。孙中山认为西方的社会并不是一个完美的社会。他注意到:"英国财富多于前代不止数千倍,人民的贫穷,甚于前代也不止数千倍,并且富者极少,贫者极多。"②

西方出现的社会问题使孙中山认识到西方资本主义的法治理论也存在着缺陷,三权分立的体制缺乏官员选拔的规则,难以保证议员及官吏的素质。而且在行政运作中,政府受议员的挟制,动辄得咎,有形成议员专制的倾向。因此孙中山反对照搬西方制度,认为要建立一个真正的理想的共和国,必须用中国的优良传统弥补西方理论的不足。在此基础上,孙中山提出了"五权宪法"的理论,即立法、司法、行政、考试、监察五权分立,互相制衡。"五权宪法"的理论显然吸收了中国传统的考试和监察制度。孙中山欲用考试制度保障官吏的素质,以杜绝一些愚昧无知的人通过各种手段当选为议员或成为政府的官员。考试权的独立是防止官场腐败无能的第一步。监察权的独立则是分议会之权,使议员亦不能随心所欲。它可以防止议员贿赂选民,挟公济私,掣肘政府。同时也有利于对官吏的监督,防止官吏利用职权进行非法活动。

从晚清立宪派主张三权分立、清廷任命修律大臣力图建立"融合中西"的制度,到孙中山提出"五权宪法",近代中国的思想家、政治家对西方的学说由崇拜开始逐渐转向甄别。对传统法思想也从彻底的批判开始逐渐转向较为冷静的反思,但无论如何,自清末始,古代主流法思想的主导地位在此已经终结。

---

① 《驳保皇书》,载《孙中山全集》第1卷。
② 《三民主义与中国前途》,载《孙中山选集》上卷,北京:人民出版社,1981年版。

附 录

選輯

一 中国传统法中的"和谐"观

古今法理念连接的研究是一个庞大的法学研究工程,中华法文明蕴含着人类社会的永恒追求和智慧,其为现实社会的发展提供了丰富的借鉴。比如中国古人对"立善法"的追求;对立法须"法自然"的强调;主张法律应兼顾社会公正与秩序;"惩恶"与"扬善"并重等,都可以通过今人的阐释转化为现代的法理念。所以,古今法理念的连接绝非一篇论文,甚至一本专著就可以"毕其功于一役"。本文之所以选择"和谐"的理念作为研究分析的目标,原因在于:首先"和谐"是中国古代法中的重要核心理念之一,其与古代社会"礼乐政治"相匹配。其次,"和谐"已然成为目前社会与学界的时髦用语,受众面甚为广泛。但是,对"和谐"沿波讨源的研究并不多见。和谐的原义是什么?古人赋予它怎样的内涵?作为法理念的和谐是否有制度的体现?……也许只有通过细致的研究,和谐理念在古今的连接中才可能真正地获得新生。

在中国古代法理念中极为重要,在现实社会中又广泛流行,这就是笔者不揣冒昧,选择"和谐"法理念进行古今连接探究的原因。

(一)"和谐"与"乐"——和谐原义

和谐,在古代中国与"乐"的联系最为密切。

《礼记·乐记》(以下简称《乐记》)对"乐"作了这样的描述:心有所感而有"声",声分"宫、商、角、徵、羽"五种,这五种声音有高有低,有扬有抑,单出而为"声"。"声变",即五声组合在一起则成"音","音"即歌曲。音配以乐器、舞蹈,组成"乐"①。

乐,对于人类社会之所以重要,是因为其与"政事"相通,是人类社会区别

---

① 参见[清]孙希旦撰《礼记集解·乐记》。

于动物、进入文明的标志。《乐记》这样阐述人类社会的文明及其发展:

"知声而不知音者,禽兽是也。知音而不知乐者,众庶是也。唯君子为能知乐。"

如果说"音"是人类社会别于其他动物的标志,那么"乐"则是人类社会文明成熟的标志。人们可以通过"乐"观察一个社会的兴衰和治乱,即《乐记》所言的"声音之道,与政通矣","审乐以知政"。中国古代的"礼乐政治"或"礼乐文化"由此而来。

关于礼与乐的关系,笔者将在后文中叙述,在此着重对"乐"的核心进行探讨。乐是音、器、舞的组合,音是声的组合,因此,这种组合,体现了"乐"的核心之义,即"和",唯有"和",才能有"乐"。《乐记》言:"乐者,天地之和也。礼者,天地之序也。和,故百物皆化;序,故群物皆别。""和"造就了"乐",而"乐"也体现了"和"。

我们再进一步,考察一下乐与和谐的关系,以探求和谐的原义。

和谐中的"和"字,原本是形容"音正"的,即五音各有高低扬抑,在组合中"发而皆中节谓之和"。①

"礼以道其志,乐以和其声,政以一其行,刑以防其奸。礼、乐、刑、政,其极一也,所以同民心而出治道也。"

清代经学家孙希旦在解释《乐记》这一段文字时说:"乐以养其心,而发于声者乃和,故曰'乐以和其声'。"喜、怒、哀、乐、爱、敬之心,人不能无,"惟感之得其道,则所发中其节,而皆不害其为和矣"。② 中节的"音"即为《康熙字典》中对"和"的解释:"顺也,谐也,不坚不柔也。"和谐中的"谐"字为"协调"之义,"谐"与"和"之义大致相同,晋人杜预在注释《左传》时

---

① 《礼记·中庸》。
② 参见[清]孙希旦撰《礼记集解·乐记第十》。

言："谐，亦和也。"①对乐而言，"谐"就是将诸音合为一体并使"各得其所"，汉经学家郑玄言："八音并作克谐曰乐。"②"谐"也含有"成"的意思，《后汉书》记汉光武帝刘秀欲将新寡的女儿湖阳公主许配给大臣宋弘，宋弘对光武帝说："臣闻贫贱之交不可忘，糟糠之妻不下堂。"委婉拒绝。光武帝对公主说："事不谐矣。"③即无法协调，而事不成之意。

综上所述，《乐记》开篇这样定义"乐"：

"凡音之起，由人心生也。人心之动，物使之然也。感于物而动，故形于声。声相应，故生变；变方成，谓之音；比音而乐之，及干戚羽旄，谓之乐。"

不同的声音，配以乐器舞蹈谓之"乐"。而"和谐"的本义也是协调多种声音、乐器、舞蹈而成有机的体系。所以，在古人观念中，和谐即乐，乐即和谐。《左传·襄公十一年》记晋侯将郑人所送之乐师、乐器等一半转而赏赐给魏绛，以表彰魏绛在"合诸侯"中的功劳，晋侯说："子教寡人和诸戎狄以正诸华，八年之中，九合诸侯，如乐之和，无所不谐，请与子乐之。"杨伯峻先生在"如乐之和，无所不谐"下注："如音乐之和谐。"④

由此而言，乐所体现的和谐，有两层含义：

第一，和谐不是一种声音或一种乐器所能完成，其是一个体系或系统，即必须是不同的乐器、不同的声音之间相互配合而发出的，若只是一种声音，或只有音而无器与舞，就谈不到"和谐"。所以，古人认为，音须"变"而"杂"，方有和谐，方能成"乐"。郑玄解释"音"时说道："宫、商、角、羽、徵杂比曰音。"孙希旦又言：杂糅五声之音尚不可称之为乐，须"比次歌曲（即音），而以乐器奏之，又以干戚羽旄象其舞蹈以为舞，则声容毕具而谓之乐也"。⑤ 和谐的关键是不同的乐器和声音在"乐"中能各得其所，恰到好处地表达或抒发人们

---

① 参见《春秋左传集解·襄公十一年》。
② 《十三经注疏·礼记正义》引。
③ 参见《后汉书·宋弘传》。
④ 杨伯峻编著《春秋左传注·襄公十一年》。
⑤ ［清］孙希旦撰《礼记集解·乐记》。

的情感，以达到"合和父子君臣，附亲万民"①的境界。 "乐"的理念，是和谐的理念。 而和谐的乐章，一定发自不同的乐器和不同的声音。

"审乐以知政"，君主治国也是如此，一定是多种意见的综合与协调。 先秦的思想家、政治家对"和"与"同"的区别，最能反映乐的这一理念。 齐国晏子对齐君说，君臣之"和"在于"君所谓可而有否焉，臣献其否以成其可；君所谓否而有可焉，臣献其可以去其否"。 君臣之"同"则是君谓可，而臣亦谓可，君谓否而臣亦谓否。 "和"不是"同"，同是一种声音："如琴瑟之专一，谁能听之？"所以"和"与"同"不一样。② 用我们现在的话来说，"和"是多种声音的协调，多种意见的统一；而"同"只是对一种声音和意见的盲从和依附。

第二，乐由多种声音构成，可谓"多元"，但这并不意味着多元的"音"在乐中同等重要，没有主次。《乐记》用子夏之言区别"音"与"乐"的不同，即"德音之为乐"。 德音，也就是合乎"道"的"君子"之音，而不是"小人"无节制的情感发泄之音：

"乐者，乐(lè)也。君子乐得其道，小人乐得其欲。以道制欲，则乐而不乱"。

在子夏看来，"正六律，和五声，弦歌《诗》、《颂》"的古乐，即德音。 德音为乐，而德音的标准则是"律"。 律为定音之器。《晋书·挚虞传》记，晋武帝时，将作大匠陈勰"掘地得古尺"，而古尺较当时晋所用的尺短近半寸，有人建议说因为用"今尺"已经很长时间了，不宜再用古尺校正长短。 挚虞则不以为然，他认为古人效法天地自然而定的律（定音之器）、度（计量长度之器）、量（计量容积体积之器）、衡（测定重量之器），是"其作之也有则，故用之也有徵。 考步两仪，则天地无所隐其情；准正三辰，则悬象无所容其谬；施之金石，则音韵和谐；措之规矩，则器用合宜。 一本不差而万物皆正，及其差也，事皆反是"。 挚虞坚持认为古人所确定的量物定音的标准之器是"象物

---

① 《礼记·乐记》。
② 参见《左传·昭公二十年》。

制器"而成,可以使万物各得其所(皆正)。 文中所言"施之金石,则音韵和谐",意为只有符合古人的定音标准——律,才有和谐之乐。 所以德音是律之"一统"的产物,是乐之正音。

分析至此,我们可以总结出乐所体现的和谐模式是"多元"之音与"一统"之"德音"的结合。

(二)"礼乐政刑,其极一也"——和谐理念的发展

乐,可以说是人类社会最古老的政治。 乐在人类伊始的社会中有着多种功能,向神表达敬畏之心需要乐,战争的指挥需要乐,族群抒发喜怒需要乐,氏族日常的生活也需要乐。 中国古人更是将乐的作用发挥到极致,即以乐来反映自然界的变化,反映阴阳的消长。 乐的基础为"律",前文已述,律是定音之具,是音"发而中其节"的检验标准。 古人之所以将定音之具称为"律",还有着更为深层的原因,即中"律"音所反映的是自然界节气的变化。《汉书·律历志》记,律按自然界春生夏长秋收冬藏的规律设定十二音,称为十二律;或称六律、六吕,阳六为律,阴六为吕。《汉书·律历志》记,律"所以述阳气","吕,助阳气也"。 律音展现了一年四季十二个月阴阳变化,是不可违背的自然规律。 这种规律,在古人的观念中,尤其在初民的观念中,毋宁说是神意的体现。 人间的法度只不过是神意的延伸,所以司马迁在《律书》中开篇即言:"王者制事立法,物度轨则,一禀于六律,六律为万事根本焉。"[①]由此,乐沟通了神意与人间的法度,即《乐记》中所说的"声音之道,与政通矣"、"审乐以知政"。 音是否"中律"、乐是否"和谐",关系到神的庇护与族群的兴衰。《乐记》将"音"分为"治世之音"、"乱世之音"和"亡国之音":"治世之音,安以乐,其政和;乱世之音,怨以怒,其政乖;亡国之音,哀以思,其民困。"

在初民社会中,乐在国家的治理及人们的日常生活中有着后人难以想象的重要作用。 因为乐是与自然、与神圣沟通的渠道,所以它几乎是当时人们全部的精神寄托。《乐记》言:

---

① 《史记·律书》。

"君子曰:礼乐不可斯须去身。治乐以治心,则易、直、子(慈)、谅(良)之心油然生矣。易、直、子、谅之心生则乐,乐则安,安则久,久则天,天则神。天则必言而信,神则不怒而威,致乐以治心者也。"

在此,乐的作用可比拟于宗教,是人类心灵与天则、神则相通的枢纽。明代真德秀这样解释礼与乐的关系:"礼之治躬,止于严威,不若乐之至于天且神者,何也?乐之于人,能变化其气质,消融其渣滓,故礼以顺之于外,而乐以和之于中。"①乐所到之处,无不和谐。《乐记》言:

"乐在宗庙之中,君臣上下同听之则莫不和敬;在族长乡里之中,长幼同听之则莫不和顺;在闺门之内,父子兄弟同听之则莫不和亲。"②

这种重乐的社会,应该是人类社会的伊始阶段。也就是上文说到的人以不仅知"声"而且知"音"为标志脱离了"禽兽"界而进入了人类文明的初始阶段。我们姑且将这一时期的社会治理称为"乐治"时期。

礼,最初作为祭祀鬼神的仪式而成为乐的组成部分,随着人类社会的发展,其演变成社会风俗和秩序。在《乐记》中是这样描述礼乐的区别的:"乐者为同,礼者为异。同则相亲,异则相敬。""乐由中出,礼自外作。""乐者,天地之和也;礼者,天地之序也。和故百物皆化;序则群物皆别。"随着社会的发展、族群的融合、人类社会治理经验的不断丰富,礼乐的内容和含义也处在不断地变化中。众所周知,西周初年周公"制礼作乐"。尽管历代统治者对周公"制礼作乐"有着无以复加的肯定和赞扬,但是囿于资料的匮乏,我们至今也无法对周公"制礼作乐"的原因和内容进行详细的阐述。仅是从后人追记的资料归纳中,我们可以看出周初的统治者在夺得政权后,面临着意识形态和统治秩序的双重难题:在意识形态方面,周人必须对商王朝笃信鬼神却又被鬼神抛弃的原因作出令人信服的解释,否则周人统治的正当性就会受到天下质疑;在秩序制度方面,周人的经济发展原本落后于商人,王权远不如商强大,只有利用族人和传

---

① [清]孙希旦撰《礼记集解·乐记》。

② 《礼记·乐记》。

统的亲和力，才能稳定政权和局势。所以，周初统治者对以往的制度观念进行了深刻而全面的改革。改革的目的在于为周人的统治寻找理论与制度的支持，而改革的结果是"礼治"或"礼乐之制"取代了"乐治"。这场改革的烈度，用王国维的话来形容，就是"中国政治与文化之变革，莫剧于殷周之际"。① 在拙作《礼与法：法的历史连接》中，曾将西周的礼治体系划分为两大部分，一是"礼义"，即礼的精神之所在；二是"礼仪"，即礼的外在制度表现。② 当时令笔者遗憾的是，虽然笔者感觉到了礼义的内容应该是古乐的演变，但是由于问题的复杂而未敢涉及，其实礼义所体现的礼的精神正是古乐"和谐"宗旨的延续，西周时期的为政、为国，已然从"乐治"进入到了"礼乐之治"或"礼治"时代。从《论语》来看，孔子对周礼的论述远远超过了乐，将西周政治社会模式作为理想的孔子，提出的救世之道是"克己复礼，天下归仁"。③ 礼治更换成了乐治，显然是因为讲究秩序的礼比注重人心熏陶的乐更好把握。④ 因为体现人们宗教情感的"德音"唯有德才兼备的君子才能够体会，民众知音而不知乐，其在国家的治理中缺乏普适性。此外，更有一些失律之音会给国家与社会带来混乱，如"乱世之音"、"亡国之音"等。与乐治相比，讲求"异"、"别"、"序"、"敬"的礼，就更具有普遍性和可操作性，这就是《乐记》强调的"乐"须以"礼"节制方能成"和谐"之音的原因⑤。身处礼崩乐坏之际的孔子，在总结周人统治的经验时，将乐的"和谐"精神纳入到了"礼治"体系中，《论语·学而》记孔子言："礼之用，和为贵。先王之道，斯为美；小大由之。有所不行，知和而和，不以礼节之，亦不可行也。"原本"和"是乐的核心，而孔子认为其也是礼所要达到的目的，而且不以礼"节之"的"乐"会偏离"和"音，于是孔子总结的周之礼因此兼有了"别"与"和"的双重含义，乐的和谐精

---

① 《王国维遗书》第2册，《观堂集林》卷十"殷周制度论"，第14—15页。
② 参见马小红著《礼与法：法的历史连接》第三章。
③ 《论语·颜渊》。
④ 孔子认为，即使周人之乐也不如古乐完善，《论语·八佾》言："子谓《韶》'尽美矣，又尽善也。'谓《武》'尽美矣，未尽善也。'"《韶》为舜时乐，《武》为周武王时乐。古乐经春秋战国的礼崩乐坏，又经秦政，已难复兴，故《晋书·律历志》言："汉室初兴，丞相张苍首言音律，未能审备。"可见汉代古乐已经失传，只能复兴礼教。
⑤ 《乐记》言："先王有大事，必有礼以哀之；有大福，必有礼以乐之。哀乐之分，皆以礼终。"即以乐抒发人们的情感，须合于礼，只有合于礼才能恰到好处。

神也就变成了礼的宗旨。

由初民的乐治,到西周的礼治,乐以养心的和谐精神并没有中断,随着礼的内容的拓展,乐转化为礼义,即"德"。

乐与德的关系,在儒家早期的经典中几乎有着同等的含义。《论语》中的"德礼政刑"在《乐记》中则为"礼乐政刑",试将两者比较如下:

《论语·为政》:

"子曰:为政以德,譬如北辰,居其所而众星拱之。子曰:诗三百,一言以蔽之,曰:思无邪。子曰:道之以政,齐之以刑,民免而无耻;道之以德,齐之以礼,有耻且格。"

《乐记》:

"故礼以道其志,乐以和其声,政以一其行,刑以防其奸。礼乐政刑,其极一也,所以同民心而出治道也。""礼节民心,乐和民生,政以行之,刑以防之。礼乐刑政,四达而不悖,则王道备矣。"

《论语》中"德礼政刑"之"德",与《乐记》中的"礼乐政刑"之"乐"同义,即发自人内心的神圣情感,即乐治时代的"德音"、礼治体系中的"礼义"。《乐记》自释:"乐者,所以象德也。"经学家孙希旦亦言"乐在于示德"。①

由于"乐与政通",所以乐所体现的"多元"与"一统"的和谐模式渗透到国家治理的方方面面,无论是西周时的礼治,还是汉代以后的礼法并用,"和谐"始终是中国政治和文化的最高境界。孔子将和谐的理念用于治国,总结为:"君子和而不同,小人同而不和。"②开明的统治者及有道德修养的人,可以和具有不同观点和主张的人和睦相处。这种主张既是西周"明德"、"保民"思想的总结,也是儒家"民本"理论的基础,中国古代社会中主张君主"兼

---

① [清]孙希旦撰《礼记集解·乐记》。
② 《论语·子路》。

听"、主张民众"议政"的思想即导源于此。

实事求是地说,这种注重将"和"与"同"相区别的思想,多见于先秦儒家的理论中。秦以后,统治者在治国中往往更注重和谐模式中的"一统"含义,即强调"德音"的主导地位。秦崇尚法家,"焚书坑儒",政治上出现了"琴瑟专一"的状况自不待言,即使汉武帝"独尊儒术"后,也只是有限度地"杂糅百家",文化上较秦暴政略有宽松。其与春秋战国时期儒家所说的"和而不同"已有很大的区别,即对和谐中"一统"主导的强调远远胜于对"多元"并存的关注。于是东汉思想家仲长统对和谐的解释也就成了:

"夫任一人则政专,任数人则相依。政专则和谐,相依则违戾。和谐则太平之所兴也,违戾则慌乱之所起也。"①

自汉以来,和谐的宗旨体现于乐、礼、政、刑的各个方面。如果用现在社会的语境分析中国古代社会的法,我们很难寻找到相互对应的概念,也许我们可以笼统或勉强地将中国古代法的模式解释为礼乐为之精神、政刑为之规范。从乐治到礼治再到礼法合治,中国古代社会中的法,不断变化着的是制度条文,而不变的则是"和谐"的精神。

(三)"法之不可犯,不若礼之不可逾"——古代法律体系对和谐理念的体现

中国古代法律是在和谐理念指导下,或是在古人对和谐理想的追求中逐步形成的。所以,其对和谐精神的体现也是全面的。比如,宽猛相济的统治方法、家族教育作为预防犯罪的第一道防线、息讼止争以安定社会,等等,都与和谐的理念有着密切的关系。而有关这些方面的研究成果也为数不少。笔者所要重点阐述的是古代法律体系对和谐理念的充分体现。

所谓"体系"是指互相联系、互相制约的有关事物而构成的一个整体。法律体系简单地说就是法律规范之间的相互联系和制约。中国古代是一个农耕社会,如果与现代社会相比的话,社会的经济活动相对平静,物质生活相对贫乏,

---

① 《后汉书·仲长统传》。

社会发展相对稳定,人们的生活相对简单而安逸宁静。农耕社会是以农为本的"综合"型社会,社会的分工并不精细,人们亦官亦农、亦学亦农,社会的经济中心在"农",政治文化的核心在"官"。如此社会环境中的"法"当然不会同于今天。在这样一个稳定的以"安居乐业"为追求目标的综合型社会中,"经验"对变化甚微的社会生活至关重要,王朝统治的基础靠历史的经验,家族的壮大靠祖辈经验的积累,个人的发展也须从前人"故事"中汲取经验教训,无论对国家、对家族、对个人,"祖宗"都至关重要,所以,在中国古代社会"祖先之法"常常被奉为圭臬,所谓"前事不忘,后世之师"。对王朝来说,帝王祖先,尤其是有兴邦立国之伟业的祖先所订立的制度甚至是祖先的"故事"都会成为后世必须尊奉的法度。"祖宗之法不可变",成为守成帝王的为政信条,其实,在古代法律体系中,"祖宗之法"往往就是王朝法律的主旋律,这个"祖宗之法"对于国家来说,并不仅仅指狭隘的有着血缘关系的祖先之成规,而是泛指以往各朝各代历史经验的总结,如《唐律疏议》所总结的那样:"远则皇王妙旨,近则萧、贾遗文,沿波讨源。"这也正是中国古代法律一脉相承,延绵数千年的原因。

在历史经验基础上形成的中国古代法律体系,它的表现形式是"综合"。在这个综合的体系中,如同先民的"乐"那样,形成主次分明、急缓有序的体系。说其"主次分明",是因为中国古代的法律体系中,法律的精神总是第一位的,在法律的精神与法律的条文发生冲突时,即经与律相违、礼与法相悖的偶然状况中,"法官"基本上会维护经义。比如对为亲复仇的孝子烈女、为义犯禁的侠客义士等,法官会网开一面。说其"急缓有序"是指中国古代法律对"刑狱"案的审判多有严格的程序,属于"急"办之案,所谓"王者之政莫急于盗贼"。① 而亲属邻里间"细事"纠纷则属于"宜缓不宜急"之事,多采用调解的手段化解。但这种"急缓有序"往往被今人误读为"重刑轻民"。

与现代法律体系不同,我们从古代的经书、政书、官箴书、案牍、律典、蒙书、族谱家训中,都可以看到"法"的内容。律是王朝颁布的统一的法律,而经则是律的灵魂之所在。从法律规范的组合看,围绕着经律,各官署衙门的规范几乎将我们今天部门法的内容以不同的形式囊括于内,形成了以官署为中心的法

---

① 《晋书·刑法志》。

律体系。比如我们今天所说的行政法的一些内容便可以划归到吏部、御史台的职能规定及"吏律"中；刑法的一些规范可以划归到刑部、大理寺的职能规定与"刑律"中；民法、经济法的一些规范可以划归到户部的职能规定与"户律"中，等等。这种体系的形成是由于中国古代社会"官"所处的政治核心地位所决定的。

具体说来，中国古代法律体系具有这样的一些特点体现着和谐的精神：

第一，以礼为主，多层次。

中国古代法律体现着礼的和谐精神和宗旨，这一点众所周知。就法律体系而言，礼的规范作用同样不可忽视。即使在规范制度中，礼同样占据着主导地位。有许多我们现在称之为"法"的内容，在古人的语言中往往被称为"礼"。国家颁行的诏令、律、律疏、典中有着大量的"礼"的节文和规范。比如各王朝的"衣服令"，详细规定了不同身份的人在不同场合所应着的衣服的质地、纹样和配饰，不同品级的官员上朝、办公服饰也有不同。龙凤纹样为至尊的皇帝所独有，其他人不得穿服。元初，中书省上奏，街市中有人卖仿造皇帝穿的龙纹布料，只是将龙爪改为四只而已。于是，元武宗下诏沿用汉人服饰制度，规定即使蒙古人也不许服龙凤纹衣服。① 中国古代对财产、家庭的"争讼"也基本依据"礼"来裁决。比如，乡规民约与家法族规的订立基本上遵循着"符合礼教"、"注重教化"、"符合国法"三项原则。②

第二，执行法律时注重社会效果，旌表与惩罚并用。

中国古代审判裁断以"天理、国法、人情"为依据。当三者在实践中产生不协调时，裁断者往往会变通法律的条文而以符合天理人情——法律的最终要旨为要。这就要求"法官"不能只理解法律条文而"守文定罪"，而是要求"法官"深切地体会法律的精神，以裁断体现出法律的目的——维护社会的和睦而不是激化社会矛盾。对社会效益的注重在立法上的表现是集表彰与惩罚为一体。在这种体系中对犯罪的预防占有重要的地位。中国古代的旌表制度是世界上独一无二的。上至朝廷大员，下至草民百姓，只要道德卓著、堪称表率，王朝就

---

① 参见《通制条格·卷九·衣服》。
② 参见费成康主编《中国的家法族规》，上海：上海社会科学出版社，1998年版，第28页。

会按制度给予表彰。表彰的形式多种多样，有时由官府赐予匾额，修建居所，皇帝敕建牌坊，朝廷给予物质的奖励（如免除家庭的赋税、给付子孙的教育费用）等。旌表制度使"修身"、"立德"成为全民的追求，也使中国人视荣誉重于生命，而对道德的追求成为社会预防犯罪的最好堤防，正可谓"法之不可犯，不若礼之不可逾"。其实，早在16世纪，法国启蒙思想家伏尔泰就注意到了中国法律的这一特点，他说："在别的国家法律用以治罪，而在中国，其作用更大，用以褒奖善行。"①

第三，官署职能规范完善。

如前文所言，中国古代政治的核心在"官"，所以中国古代的法律也是以行政官署——吏部、户部、礼部、兵部、刑部、工部为纲目的。这种体系本身也体现了经与律、礼与法的和谐。成于春秋战国至汉时的《周礼》，传说经过孔子的整理。从表面上看，《周礼》是后人对西周历史的追记，其记载了西周"礼治"社会中的政权组织机构——六官：天官、地官、春官、夏官、秋官、冬官，并叙述了六官的职掌。但实际上，《周礼》的编写者们更多的是通过历史来规划未来，阐述自己的理想，即实现官吏各司其职的礼治社会。这种规划与理想为中国古人所接受，《周礼》自汉代起就具有了"经"的地位，此后王朝的制度设计无不以《周礼》为蓝本，而《周礼》体现的思想也成为人们的追求。直至隋唐，国家的行政机构终于如《唐六典》所记载的那样逐渐完备。天、地、春、夏、秋、冬六官演变为吏、户、礼、兵、刑、工——"六部"，而地方的政府机构也随之逐渐演变为吏、户、礼、兵、刑、工——"六房"。至明代，律的体例也随之变为名例为首，其后为吏、户、礼、兵、刑、工——"六律"。在以官为核心的政治文化中，行政机构的体系，也就是法律的体系。

中国古代有关官吏组织机构的设置管理、官吏的选拔、官吏政绩的考核、官吏的升迁贬黜等方面的法律规定十分严密，而执行这些法律的"吏治"机构也十分发达。有学者称"官僚法"完备发达是中国古代社会的一大特征，此言不虚。我们从中国古代的政书和会典中也可以看到中国古代完备的官僚机构的设置。

第四，强调刑罚的负作用，主张多种方式安民富国。

在"律"和"刑"的关系上，现代人对古代的误解颇深。许多人认为中国古

---

① ［法］伏尔泰著、梁守锵译《风俗论》（上册），第217页。

代的法就是"律",而律又以罪名、刑名为核心,所以中国古代的法就是刑,并以此又延伸出中国古代法律体系"以刑为主",甚至是"有刑无法"。其实,律只是中国古代法律体系中的一个组成部分。我们前面所说的礼、官僚法在中国古代都是法,中国古代的法律体系是"以礼为主"的,而不是"以刑为主"。如果不带有偏见,我们就会发现中国古代社会的主流思想并不强调刑的恐吓作用,更不以为刑罚万能。相反,在中国古代社会长期占主导地位的法思想格外注意的是刑罚的负面作用和局限性,如对社会问题治标不治本、激化矛盾、容易形成暴政,等等。因此,"恤刑"和"慎刑"而非"以刑为主"才是中国古代法律的真正特色。

古人对"刑"的认识也值得我们深思。在古人看来,刑罚毕竟是"以暴制暴"迫不得已而用之的手段,使用刑罚的目的固然在于惩罚犯罪,但更重要的却是保护善良并教育更多的人远离犯罪,弃恶而从善——这就是古人常说的于"法中求仁"而非"法中求罪"。由于提倡慎刑,古代立法对于死刑尤为谨慎,死刑的判决和执行权自魏晋后基本掌握在中央甚至皇帝的手中。即使只看律文,我们也完全可以自豪地认为中国古代的刑罚与同时代世界其他国家和地区相比,是文明而先进的。在幅员辽阔的王朝统辖地区,"律"具有高度的统一性和延续性。每一个新王朝,在条件成熟的基础上,都会颁行王朝的新律作为"与民更始"的标志。自秦统一后,颁行及修订"律"的权力便归于中央,"律出一门"是为了避免统一的王朝治下出现因"同罪异罚"而造成的社会不公。为了保障"律"在执行的过程中也能高度统一,中国古代的"律疏"(律文解释)学格外发达,《唐律疏议》对制定"律疏"的原因是这样写的:

"今之典宪,前圣规模,章程靡失,鸿纤备举,而刑宪之司执行殊异:大理当其死坐,刑部处以流刑;一州断以徒年,一县将为杖罚。不有解释,触途睽误。"

统一解释律文是为了实现官员对律的统一理解,是为了尽量避免因为官员素质的差异而造成的律在执行中不统一的状况。

因为对刑罚的负作用有充分的认识,思想家和政治家强调治国方式也应该是一个以教化为主、礼乐政刑各司其职的和谐体系,这与《乐记》中的"礼以道其志，乐以和其声，政以一其行，刑以防其奸"①的精神一脉相承。

(四) 古今法理念的连接

在对中国历史上的"和谐"理念及法律体系对和谐的体现进行梳理的过程中，笔者惊讶地发现以往的和谐离我们是那么遥远。百余年来更为我们耳熟能详的是"物竞天择，适者生存"的竞争呐喊。在此，我们不得不承认一个既成的事实，即在中国实现法理念的古今连接是一件十分困难却又必须进行的事情。

说其十分困难，是因为中国法律近代化的进程充满了坎坷。西方古代的法律是随着社会发展的内部需求自然而然地得到更新，成为现实法律发展之源和动力，即古代的法在一辈又一辈人的解释中延续、更新、发展。正是这种深厚的法文化的积淀，成就了西方风靡世界的"法治"。如葡萄牙法律史学者叶士朋所言："现今的法在其用语、概念、体制上均是一个漫长传统的遗留物，在此传统中，罗马法的文本占有中心地位。"②而中国社会近代化，并非发自社会发展的内部需求，其是被西方殖民主义拖入近代历程的。在这个进程中，西方的社会模式成为中国变革的预设目标，也成为判断古代文化的唯一取舍标准。当这个标准用于法律近代化变革中时，延绵了数千年的传统法律成为被批判的对象，自西周以来对历史上的法进行"沿波讨源"式的继承被中断了，中国古代法没有在近人的阐释中遗留、发展、更新，而是在模仿西法中解体。在失去传统平台的法律近代化过程中，古今法理念连接的困境可想而知。但要说明的是，笔者并不认为百余年前的那场法律变革是失败的，因为那是在当时的国际环境中，我们的前辈所能做出的唯一的无奈但却明智的选择。

说其必须进行，是因为法文化的发展自有其规律，这就是对一个国家、民族来说，文化当然也包括法文化不可能也无须全面地移植，而传统的存在和影响也并不以人们的主观意志为转移，近代以来中国法律近代化的坎坷进程已经充分地说明了这一点。当我们拿来西方的法律制度时，传统法理念的影响并不因此而退出历史舞台，其虽然支离破碎但却顽强地影响着外来制度在本土的实施。正是因为缺少像西方近代化进程中那种对古代法的整理与阐释，所以直到今天我们

---

① 《礼记·乐记》。
② [葡]叶士朋著，吕平义、苏健译《欧洲法学史导论》，第66页。

尚能明显地感到某些"西法"与"中土"的不服。这种水土不服的原因在于中国近代以来在法文化的培植中过于忽视传统的因素，这个"忽视"无疑已经在某种程度上给法律的发展带来了困境；还因为现今的国际环境与百余年前已经有了很大的不同，我们的选择不再唯一且无奈，所以连接古今法理念就成为必须。这种连接是法律自身发展规律的需要，是克服困境选择最佳的需要。当然，古今法理念的连接，不是一蹴而就之事。因为其需要正本清源，需要对古代法理念进行具体且客观的梳理与解释，以寻求其与现代社会和法理念的契合处，使传统法成为发展的动力而非包袱。由于种种原因，中国法律在由古代向近代转变的过程中，重视对西方法律的学习与吸收，而忽视了对古代法律的阐释、发掘与继承，直到今天我们才充分地认识到传统法律的构建、古今法律理念的连接对现实法律发展的重要性。正如恩格斯说："没有希腊文化和罗马帝国所奠定的基础，也就没有现代的欧洲。"①同样，在中国这样一个历史文化悠久的国度中，没有对以往历史的总结和继承，现代社会也就难以寻找到符合自身特点的发展模式。法理念的古今连接，是传统法律构建的有机组成部分，其目的在于通过对古代法理念的阐释，寻找到古今法律的契合点，将古人的法律追求和智慧变为现实法律发展的基石与动力。

通过对中国古代"和谐"理念演变的梳理，我们可以体会到和谐在中国古人的理解中，是"一统"与"多元"有机结合的体系，这个体系在一统与多元相协调时才能正常运转。用我们现在的思维方式分析，在和谐的体系中，有权力的统一，也有权利的维护，这其中"度"的把握十分重要。自秦以后，对权力的强调是中国古代和谐体系中的主导，这种和谐必然建立在人们的"忍让"自律基础上，对权利难免有所损害。这是我们如今在提倡和谐理念时所必须注意的。然而，我们还应该认识到，"和谐"作为一种理想，是古今人类社会共同追求的目标。古代先贤对和谐的主张与实践未必不可以为现代社会所借鉴。比如先秦时期对立的儒法两家，儒家主张的是"以理服人"的王道式和谐，法家主张的是"以力服人"的霸道式和谐。与法家相比，儒家更偏重民意，即和谐体系中的多元；而法家更注重君权，即和谐体系中的"专一"。现代社会的和谐也离不开这两种因素，即在保护人们应有的多元化的权利基础上，达成社会的共识，形

---

① 《马克思恩格斯选集》第3卷，北京：人民出版社，1972年版，第220页。

成整体的和谐。

就法律而言,具有中国传统特色的一些法律制度为"和谐"理念的实践提供了历史的经验。 比如,在国家、民族间的交往中反对以强凌弱,强调相互尊重,"入乡随俗"。 据《唐六典·鸿胪寺》记,唐代中央专设"典客署"掌管对外的交往"凡酋渠首领朝见者,则馆而以礼供之",在社会及家族中,强调对弱势群体的体恤,反复强调"不敢侮鳏寡孤独"。① 历代法律明确规定官府有收养无依无靠的孤老疾患者的义务。 如《大清律例·吏律·收养孤老》规定:

"凡鳏寡孤独及笃废之人,贫穷无亲属依倚,不能自存,所在官司应收养而不收养者,杖六十。若应给衣粮而官吏克减者,以监守自盗论。"

和谐的理念在一些司法过程体现得更是淋漓尽致。 元人张养浩在总结中国古代裁断民事纠纷的经验时说:"亲族相讼,宜徐而不易急,宜宽而不宜猛。 徐则或悟其非,猛则益滋其恶。 第下其里中开论之,斯得体矣。"②而明代被郡人称为"明日来"的松江知府赵豫则将"宜徐不宜急"发挥到极致,因而深得郡人的爱戴。《明史·循吏传》记:"方豫始至,患民俗多讼。 讼者至,辄好言谕之曰:'明日来。'众皆笑之。 有'松江太守明日来'之谣。 及讼者逾宿忿渐平,或被劝阻,多止不讼。"及赵豫任满,郡民五千余人"列状乞留"。 "明日来"这种裁断方式之所以受到人们的认可和赞扬,不仅仅是因为它体现了裁断者的智慧,更重要的是因为其对人情世故有着切实的体察。 如此的裁断避免了公堂上的冲突,运用得当,也不失为维护和谐的方法。 其实,在和谐理念主导下,传统法律对罪犯的怜悯和对讼事的和缓处理,其意义不仅是稳定了社会,更深远的影响在于这种法文化体现了当时社会发展阶段所能做到的最大限度的对人的尊严的维护和对人性向善的希望。

产生于"乐"中的和谐,经过了西周礼治时代、汉以后礼法并用时代的阐释而不断更新,"礼乐政刑综合为治"的法律体系、纠纷的多种解决方式、体恤弱势群体等更是中国古代法律和谐理念的反映。 这种和谐的理念给中国带来过安

---

① 参见《尚书·周书》中的"诰"及《吕刑》。
② [元]张养浩撰《为政忠告》。

定,也带来过压抑;带来过整体的发展繁荣,也带来过局部、个体的牺牲;带来过生活安定的保障,也带来过权利的损害。但无论如何,和谐理念中所蕴含着的兼顾社会各方利益,导人向善,运用多种方法治理国家的宗旨和智慧,即使在现代社会中也具有生命力和借鉴的意义。

笔者还发现这样一条规律,即在近代法律的变革中,凡是有传统文化作为基础而更新的制度,经过古今的连接在实践中执行就比较顺利并能如人所愿,比如调解制度、综合治理等等。反之,与传统的隔膜较深,而又缺乏本土文化阐释的制度在发展中就难免有"南橘北枳"的现象并充满坎坷。愿和谐的理念在今人的阐释中寻找到传统法文化的支撑,在现实法律的发展中实现古今的连接。

(原文载《中国人民大学学报》2010年第5期)

二 中国古代的"权力"理念

中国传统社会的制度、价值观与西方确实有着诸多的不同。对"权力"的认识也是如此。从西方先哲的著作中,我们可以看到早在古希腊时,西方人对权力,尤其是最高权力就充满了戒心。直到近代,权力的限制问题一直是西方政治学研究的焦点。而在中国,"权力"是一个中性词,政治家、思想家更为关注的是掌握权力的"人"。

由此深入解析,对权力不同认识的背后,实际上是对人性认识的不同。对权力的限制,是希望通过制度遏制人们的贪欲,由表及里地达到社会的正义。而对人的关注,则是希望通过弘扬人之善性,使权力发挥正面的作用。社会公平主要通过人们的良知而由里及表地实现。因此,尽管中西社会对权力有着不同的解读,但他们却有着相同的目标,所谓"天下一致而百虑,殊途而同归"。

(一)问题的提出:"定义"中国古代社会的性质

自近代中西文化大规模地交融以来,中国古代社会的定性就是一个国际学界聚讼不已的话题。

近代西方法治理论的扛鼎之作孟德斯鸠《论法的精神》在第一卷中就谈到了政体与政体原则的问题。在总结以往政治学的基础上,孟德斯鸠将政体划分为三类,即专制、君主、民主共和。这三种政体类型划分的依据是"权力"的不同状态:"共和政体是全体人民或仅仅一部分人民握有最高权力的政体;君主政体是由单独一个人执政,不过遵照固定的和确立了的法律;专制政体是既无法律又无规章,由单独一个人按照一己的意志与反复无常的性情领导一切。"[①]孟德斯鸠进一步阐述不同政体有着不同的原则,民主共和国的原则是"品德",君主国

---

① [法]孟德斯鸠著、张雁深译《论法的精神》,第8页。

的原则是"荣誉",专制国家的原则是"恐怖"。值得注意的是,出于文化、民族的偏见孟德斯鸠将中国划为"专制国",但是,中国具有完备的典章制度,这与他对专制国的描述是相矛盾的。孟德斯鸠如此武断地解释了这一矛盾:

>"(中华帝国的)人们曾经想使法律与专制主义并行,但是任何东西和专制主义联系起来,便失掉了自己的力量。中国的专制主义,在祸害无穷的压力之下,虽然曾经愿意给自己戴上锁链,但都徒劳无益,它用自己的锁链武装了自己,而变得更为凶暴。"①

然而,同在西方,时代稍后于孟德斯鸠的启蒙思想家,法国重农学派的代表人物魁奈对中国政体的评价却与孟德斯鸠不同,在《中华帝国的专制制度》中,被弟子称为"欧洲孔子"的魁奈专设章节对孟德斯鸠的主张进行反驳。② 针对孟德斯鸠将中国划归为专制国,魁奈说:

>"我从有关中国的报告中得出结论,中国的制度系建立于明知和确定不移的法律之上,皇帝执行这些法律,而他自己也审慎地遵守这些法律。"③

由此可见,魁奈将"专制君主"分为两种,即"合法的专制君主"与"为所欲为的或不合法的专制君主",而中国的皇帝属于前者,即"合法的专制君主",魁奈实际上是将中国划归为"君主国"。

但有些令人遗憾和诡异的是,终结西方学界伟大思想家有关中国问题争论的不是中西文化间更深入的融合与沟通,而是西方的炮舰。19 世纪中叶以来,清政府一次次屈服于西方的武力,在战争中败北,割地赔款后,中国是野蛮专制的国家便成为学界以至于西方社会的共识。 这种共识为西方对中国的殖民找到了

---

① [法]孟德斯鸠著、张雁深译《论法的精神》,第 129 页。
② 参见[法]弗朗斯瓦·魁奈著、谈敏译《中华帝国的专制制度》,北京:商务印书馆,1992 年版。 第三章第一节"基于伦理的法律;正经,孟德斯鸠先生"、第七章第一节"孟德斯鸠先生的主张",用较长的篇幅专门对孟德斯鸠《论法的精神》中关于中国的论述进行了辩驳。
③ [法]弗朗斯瓦·魁奈著、谈敏译《中华帝国的专制制度》,第 24 页。

依据。

受西学的影响,中国学界也开始对中国的"政体"进行研究。① 19世纪末,20世纪初,西学在中国政界与学界的影响深广,有披靡之势。鉴于中国"亘古未有"的变局,也鉴于中国当时"救亡图存"的迫切需要,当时思想的先驱,如康有为、梁启超等基本接受了西方对中国政体的"定义",对中国的"专制政体"进行了深刻的反省和批判。当时的反省与批判甚至在今天也被视为不刊之论,在学界的研究中被反复征引。然而,同样值得我们注意的是,随着时代的发展,中国古代社会的解体,一些戊戌变法时的思想先驱、领袖,开始对近代以来的反思进行了反思。这其中,戊戌变法领袖、开中国近代学术之风的梁启超的思想变化最具有典型意义。

1896年,戊戌变法前夕,为警醒国人,梁启超这样评价中西的局势:

"今吾中国,聚四万万不明公理,不讲权限之人,以与西国相处,即使高城深池,坚革多粟,亦不过如猛虎之遇猎人,犹无幸焉矣。乃以如此之国势,如此之政体,如此之人心风俗,犹嚣嚣然自居于中国而夷狄人,无怪乎西人以我为三等野番之国,谓天地间不容有此等人也。"②

对中国科技、学术、国力落后于西方的担忧,对中国前途的深切忧虑,促使梁启超反思中国"政体"的理论基础,梁启超认为,自秦后两千年来,中国所秉持的是荀子的专制之学,而反对独裁的孟子之学早已中断,孔子之学也处在衰败中。③ 正是基于这样的认识,梁启超才鼓吹变法。与其同时代的康有为、严

---

① 参见《饮冰室合集》,从目录中看,1986年至1905年间,梁启超作《变法通议》(1896)、《论中国与欧洲国体异同》(1899)、《各国宪法异同论》(1899)、《中国专制政治进化史论》(1902)等,都论述过"政体"的问题。作者的观点前后稍有不同,戊戌变法前,作者基本以为中国为专制国,后以为中国介于专制与君主国间。
② 梁启超著《饮冰室合集》第1册,《文集之一·论中国宜讲求法律之学》,第93页。
③ 梁启超言:"二千年间,宗派屡变,一皆盘旋于荀学肘下,孟学绝而孔学亦衰。于是专以黜荀申孟为标帜,引孟子重诛责'民贼'、'独夫'、'善战服上刑'、'授田置产'诸义,谓为大同精义所寄,日倡导之。"参见梁启超撰、朱维铮导读《清代学术概论》,第84页。

复、谭嗣同等人，也无不以为中国两千年来实为君主专权无道的黑暗社会，"君权则日尊"，正是"国威则日损"的原因。① 然而，民国时期梁启超的思想似乎有所变化，在作于1920年的《清代学术概论》中，梁启超反思道："启超之在思想界，其破坏力确实不小，而建设则未有闻。晚清思想界之粗率浅薄，启超有罪焉。"②梁启超反省了当时对不加选择地吸纳西学，并将那种"无组织，无选择，本末不具，派别不明，惟以多为贵，而社会亦欢迎之"的西学输入称为"梁启超式"的输入。③ 其实，在戊戌变法失败后不久，梁启超对西学在中国的适用与传统在现实中的作用就开始了反思。这一时期，梁启超对于"专制"的认识处在矛盾之中。一方面他将"专制"与"野蛮落后"、"民权不申"相联系，指出中国与欧洲、日本在"政体"演进中的不同："欧洲、日本，封建灭而民权兴；中国封建灭而君权强。何也？曰：欧洲有市府而中国无有也；日本有氏族而中国无有也。"④而在1905年的《开明专制论》中，梁启超不再将"专制"简单地与"野蛮"相连接，而是将专制分为"开明"与"野蛮"两类："开明专制"是"由专断而以良的形式发表其权力"；"野蛮专制"是"由专断而以不良的形式发表其权力"。不独专制可以分为开明、野蛮，非专制政体也有"野蛮"与"开明"之分，即"以公意发表良形式者，谓之开明的非专制；以公意发表不良之形式者，谓之野蛮的非专制"。⑤ 更为重要的是，梁启超认为"儒家之开明专制论，纯以人民利益为目标"，他认为实行开明专制是当时的中国走向强盛的最佳选择。很多学者都注意到了梁启超的这种变化，美国学者张灏认为：

"在梁（启超）看来，开明专制不仅是世界历史的常有现象，而且还具有一段悠久和光荣的思想历史，在中国古代法家的思想中和近代欧洲如马基雅维利、波丹和霍布士等政治家的思想中都能找到。要是早几年，梁会严厉地指责

---

① 梁启超著《饮冰室合集》第1册，《文集之一·论中国积弱由于防弊》，第96页。
② 参见梁启超著、朱维铮导读《清代学术概论》，第89页。
③ 参见梁启超著、朱维铮导读《清代学术概论》，第97页。
④ 梁启超著《饮冰室合集》第1册，《文集之九·中国专制政治进化史论》，第71页。
⑤ 梁启超著《饮冰室合集》第2册，《文集之十七·开明专制论》，第21页。

这些思想家,而现在他却在他们的著作里寻找为中国政治秩序所开的药方。"①

当我们研读中西前贤的经典著作时,我们会感受到中国文化在世界发展中的分量。在西方近代进程中,中国模式也曾经是西方思想家们绕不过去的"模式",所以在孟德斯鸠、伏尔泰、魁奈、黑格尔的著作中,对中国的解释都占有相当的分量。尤其是孟德斯鸠在有关"政体"论述结束时将"中华帝国"专门列出,因为中国在孟德斯鸠政体的分类中很难套用。到过中国的传教士对中国政体的评介是:"那个幅员广阔的中华帝国的政体是可称赞的,它的政体的原则是畏惧、荣誉和品德兼而有之。"孟德斯鸠明白,如果不能合理地解释传教士的评介,"三种政体的原则的区别就毫无意义了"。② 孟德斯鸠说:"对于我上面所说的一切,人们有可能有所非难,所以我在未结束本章之前,必须加以回答(中华帝国的问题)。"但可惜的是,孟德斯鸠的回答正如魁奈所言,充满了偏见。而这种偏见,又不幸为另一启蒙思想大家伏尔泰所言中,被传播到世界各地,中国被塑造成为独裁的"专制国"③。伏尔泰明确地表明,孟德斯鸠描述的"专制国"并不适用于中国,因为"独裁政府是这样的:君主可以不遵循一定形式,只凭个人意志,毫无理由地剥夺臣民的财产或生命而不触犯法律",而中国的情况是"尽管有时君主可以滥用职权加害于他所熟悉的少数人,但他无法滥用职权加害于他所不认识的、在法律保护下的大多数百姓"。④

今天中国人对于"专制"与"君主"的理解,并没有那么复杂,这当然源于梁启超们前期对孟德斯鸠学说的接收,将中国"定义"为"君主"与"专制"的简单结合,即君主制必是独裁专制的,而专制必是法律简陋、统治野蛮的。戊戌变法前后,梁启超为中国思想界的翘楚,他对中国传统的批判与定性,无疑成为一种风尚。这也是直到现在许多人仍将中国古代社会认为是一个皇帝说了算的"专制独裁"社会的原因。而当民国,"梁启超们"开始反思自己"梁启超

---

① [美]张灏著,崔志海、葛夫平译《梁启超与中国思想的过渡(1890—1907)》,南京:江苏人民出版社,1993年版,150页。
② 参见[法]孟德斯鸠著、张雁深译《论法的精神》(上册),第127页。
③ 参见[法]伏尔泰著、梁守锵译《风俗论》(上册),第221页。
④ [法]伏尔泰著、梁守锵译《风俗论》(下册),第461页。

式"地输入西学并将中国古代社会定义为"专制国"时,可惜这时的梁启超在学界的影响已经日渐式微,而不复存在了的"中国古代"也已经离时代渐行渐远,加之西方文化的强势,中国始终未能为自己"正名"。

西方启蒙思想家们的争论,梁启超们从批判到反思批判的学术历程,为我们留下了这样一个问题——如何"定义"中国古代社会的性质?

(二)中西不同的权力理念源于对人性认识的差异

定义中国古代社会的性质,当然也要从中国古代的"政体"说起,即中国古代社会的权力,尤其是最高权力的状态是怎样的。而权力状态的背后,是人们权力理念的不同,而中西权力理念的不同则源于对人性认识的差异。

一说到"政体",近代的中国思想家不免有些替祖先惭愧,因为"中国自古及今惟有一政体,故政体分类之说,中国人脑识中所未尝有也"①。而在西方,稍晚于孔子,与商鞅、孟子几乎同时代的亚里士多德就开始从权力的角度研究"政体"的形式。从亚里士多德的《政治学》中可以看出,"政体"是古希腊思想家们的重要研究论题。有关政体的研究反映了古希腊思想家的权力理念,从公元前先哲们的著作中我们可以看到中西思想家对权力的相同或相近的认识,也可以看到其中的差异。

公元前五六百年到公元前二百年间,在世界不同的文明地域中,大思想家辈出。西方的苏格拉底、柏拉图、亚里士多德,中国的老子、孔子、商鞅,无不在人类思想发展史上占有不可替代的地位。

首先,先哲们的思想有着相通,甚至是相同之处。先秦的儒家,孔子、孟子主张的"仁者宜在高位"的人治思想与西方柏拉图提出的"哲学王"统治并无二致。在孔子与柏拉图的理想国中,权力应该是与人的品德、智慧、才能甚至身体的健壮完美相联系的。对消除社会不公与犯罪,柏拉图与孔子的治理方案似乎都雷同。从亚里士多德对苏格拉底、柏拉图的批评中,我们知道苏格拉底、柏拉图主张财产"公有",希望城邦建立"划一"的政治制度。②在阅读西

---

① 梁启超著《饮冰室合集》第1册,《文集之九·中国专制政治进化史论》,第60页。

② 参见[古希腊]亚里士多德著、吴寿彭译《政治学》,第44—61页。

方先哲们的"理想国"时，我们不自觉地就会想到《礼记》托孔子之言所描绘的"大同之世"，甚至能具体地想到直到今天在中国也妇孺皆知的孔子名言"天下物不患寡而患不均"及孟子天下"定于一"的主张。柏拉图的"理想国"与孔子的"大同"充满了"哲学王"与"圣君"的奉献，充满了人性之"善"。因为相信"善"，所以无论是理想国，还是大同世界，所重视的都是教育，是人们心灵的净化。

问题在于，随后的发展，中西文化的主流开始分道扬镳。专家这样概括柏拉图的政治生涯："第一阶段是壮志雄心的幻灭时期。第二阶段困心衡虑，久而弥坚，相信哲学家确能兼为政治家，确能治理世界。其代表作《理想国》，不仅是哲学家的宣言书，而且是哲人政治家所写的治国计划纲要。第三阶段柏拉图垂垂老矣。事与愿违，不得已舍正义而思刑赏，弃德化而谈法治，乃撰《法律篇》。"①而在西方思想家反思以往的主张时，中国的儒家创始人孔子却老而弥坚，初衷不改。他坚持认为："善人为邦百年，亦可以胜残去杀。"②如果是善人治理国家，连续一百年，就会消除暴力和犯罪。而孔子自信，如果有君王能重用他来主持国家政事，三年之内，便会取得成效。③

柏拉图之后的亚里士多德，对"哲学王"的统治已经毫无兴趣，而"权力"在不同状态下的不同作用，促使亚里士多德开始了系统的"政体"研究。从亚里士多德的《政治学》中，我们看到了思想家对人性的不信任。在批评财产公有主张时，亚里士多德说："实际上，所有这些罪恶都是导源于人类的罪恶本性，即使实行公产制度也无法为之补救。"④有些人认为君主制的统治比较适合城邦，圣明的君主没有德才兼备的子孙可以传位时，君主可以传贤。而亚里士多德说："主张君主政体的人将起而辩护说：老王虽有传位于子嗣的法权，（但）他可以不让庸儿继承。但很难保证王室真会这样行事；传贤而不私其子的善德是不易做到的，我就不敢对人类的本性提出过奢的要求。"⑤在"研究了

---

① ［古希腊］柏拉图著，郭斌和、张竹明译《理想国》，"译者引言"第 iv 页。
② 《论语·子路》。
③ 《论语·子路》："苟有用我者，期月而已可也，三年有成。"
④ ［古希腊］亚里士多德著、吴寿彭译《政治学》，第 56 页。
⑤ ［古希腊］亚里士多德著、吴寿彭译《政治学》，第 166 页。

一百五十多个希腊国家的政制"①后,亚里士多德得出了结论,即由贵族集团或一部分人共同参与政治的共和民主"政体"与只依靠君主一人智虑的君主政体相比,共和政体更为可靠,也更为公正。而平等的人平等地参与政治的方法是"法治":"依此见解所得的结论,名位便应该轮番,同等的人交互做统治者也做被统治者,这才合乎正义。可是,这样的结论就是主张以法律为治了;建立〔轮番〕制度就是法律。那么,法治应当优于一人之治。遵循这种法治的主张,这里还须辨明,即使有时国政仍须依仗某些人的智虑(人治),这总得限制这些人们只能在应用法律上运用其智虑。"②亚里士多德对人治的否定实际上是对人性的否定,因为将人性恶视为人的本性,所以亚里士多德对权力充满了戒心,因为权力,尤其是最高权力,如果不受限制的话,就会随人性而成为一种"恶"势力,而这种恶,在亚里士多德看来是最大的犯罪。亚里士多德将人类"犯罪"分为三种:一是迫于饥寒而产生的盗窃;二是困扰于情欲的寻欢作乐;三是追求无穷权威的肆意放纵。亚里士多德言:"世间重大的罪恶往往不是起因于饥寒,而是产生于放肆。"③因此,消除这种产生"放肆"的重大罪恶唯一方法,就是限制权力。对权力的限制,实际上就是对人性的遏制。

与西方不同,先秦儒家对人性,同时也对贤人始终寄予了希望。所以先秦儒家的理想始终是一个充满温情的、以教化为主的"礼治"社会。儒家的创始者孔子对人性的善恶并无明确的论断,他认为人性原本相近,是后天的教化与环境不同,使人性在发展中产生了差异,即所谓的"性相近也,习相远也"④。但孔子同时还认为"苟志于仁矣,无恶也",⑤表现了一定程度的性善主张。孔子之后,亚圣孟子明确提出了"人性善"的观点。孟子认为,无论什么人,若突然间看到一位孩童将跌落井中,都会"怵惕恻隐"。这种不自觉地唯恐孩童受到伤害的心情,便是"不忍人之心"。由"不忍人之心"而产生的"恻隐之心"为"仁之端";"羞恶之心"为"义之端";"辞让之心"为"礼之端";"是非之

---

① 参见〔古希腊〕亚里士多德著、吴寿彭译《政治学》。中文版译者吴恩裕前言"论亚里士多德的《政治学》"。
② 〔古希腊〕亚里士多德著、吴寿彭译《政治学》,第167—168页。
③ 〔古希腊〕亚里士多德著、吴寿彭译《政治学》,第71页。
④ 《论语·阳货》。
⑤ 《论语·里仁》。

心"为"智之端"。① 源于"不忍人之心"的仁、义、礼、智四种美德是人之所以为人的根本所在。由于倾向或确认"人性善",孔子与孟子都将拯救时弊的希望寄托于人性的恢复上。为此,孔子谆谆告诫弟子:"入则孝,出则悌,谨而信,泛爱众而亲仁。"②孟子也告诫世人:"事孰为大?事亲为大。"③由于相信人性,儒家始终将天下治理的希望寄托在通过教育,使人保持良知并提高素质之上。

在此,我们不能不说到先秦的荀子与法家。在对人性的认识上,荀子、法家与西方亚里士多德有相同之处,即认为"人性恶"或"人之性,趋利以避害"。荀子与韩非同是"人性恶"论者,但在如何对待"人性"的问题上却不尽相同。荀子认为人性通过教化是可以改造的。人们在自省自律中可以抑制人性的膨胀,披上善良的伪装,这就是"化性起伪",④即改造恶劣的人性,弘扬后天的伪装。而法家,尤其是韩非,对人性的改造并不抱有希望。他们不仅嘲讽孔孟的道德说教,而且也不相信荀子的"化性起伪"。韩非警告那些欲以礼教治国的统治者:"严家无悍虏,而慈母有败子。"⑤对人性的改造不抱有希望,但是法家对国家的治理并不失望,因为:"人性有好恶,故民可治也。"⑥法家强调国家、君主应顺应人性而设立制度,利用人趋利避害的本性用刑赏建立起国家的秩序。法家认为,法家的治国良策是:一、设立制度,"缘法"而赏罚,有功必赏,有过必罚,使法取信于民;二是用刑须重,使其足以震慑人心,用赏须厚,使其足以打动人心,让法在所及范围内产生最大的社会效益;三是刑须多于赏。刑多使人不敢因恶小而为之;赏厚使人竭尽所能效力国家。法家对人性的利用可谓淋漓尽致。其重刑主张为后来的统治者实行"法外之法"提供了理论依据。可以看出,法家的治国主张,就形式而言,与亚里士多德有着形似之处,即强调制度(法治),但是,实质上却有着本质的不同。法家对制度的强调,目的在于"利用"人性,而加强君主的权力;亚里士多德的法治目的却在于

---

① 参见《孟子·公孙丑》。
② 《论语·学而》。
③ 《孟子·离娄》。
④ 参见《荀子·性恶》。
⑤ 《韩非子·显学》。
⑥ 《商君书·错法》。

限制人性,以制约权力。

问题还在于,西方在此后的发展中,对人性的认识基本秉持着亚里士多德的观点,而中国则坚持着孔孟的思想,虽然汉儒以后的"性三品"之说较先秦儒家更为现实,但大多数人经过教化可以从善则是中国人的共识。性三品的内容大致如唐代韩愈所总结的那样:"性之品有上、中、下三。上焉者善焉而已矣,中焉者可导而上下也,下焉者恶焉而已矣。"情为性之表现,因而亦分上、中、下三品。上品之人,七情具合于善:"动而处其中"。中品之人,经教化可以达到善。下品之人则"情发而悖于善"。① 因此,就人类整体而言,有少数圣贤生而为善者;大多数人则善恶兼,得教则向善,失教则向恶;亦有少数人冥顽不化,须以威震慑。鉴于这种对人性复杂的认识,统治者确立了礼法并举的治国方针。此处的礼与先秦孔孟所倡导的礼一脉相承,侧重于通过人情、人伦的教化,达到人性的恢复或维持。在汉之后的社会中,教化的内容被概括为"三纲五常"。而法侧重于用严厉的刑罚扼制人性中"恶"的发展,其主要针对下品之人而设。简单地说,礼是一种由里及表的统治方式,法是一种由表及里的统治方式。礼以扬善,法以惩恶。

正是基于这种人性论,中国古人对权力,尤其是握有最高权力的人充满了敬意。因为在中国人的心目中,权力除了来自不可知的上天外,更为重要的是其源于统治者自身的品德修养。这一点我们从儒家的经典《尚书》对夏、商、周三代"天命转移"的解释中可以看到。《尚书》记周初的政治家周公在解释周人"革"商人之"命"时提出了一个新的概念,即"德"。周公认为,上天降"天命"即统治人间的权力给商人,是因为商人的祖先商汤是一个有德之人,而周人之所以夺商人之权,取代了商的统治,是因为商人的子孙纣王失去了"王"的道德,而周文王、武王却具备了这种品格。天命于是发生了"转移"。由此看来,有德、无德是检验权力是否正当的标准,但以什么来验证统治者获取权力的正当性呢?儒家认为是"民心",而不是武力。孟子言:"以力假仁者霸,霸必有大国;以德行仁者王,王不待大:汤以七十里,文王以百里。以力服人者,非心服也,力不赡也;以德服人者,中心悦而诚服也。如七十子之服孔子

---

① 参见《韩昌黎先生集·卷十一·原性》。

也。《诗》云：'自西自东，自南自北，无思不服。'此之谓也。"①孟子这段话的意思是：只有像先王那样以仁义、道理来统治人民，人民才会心悦诚服，统治者才会真正地获得天下。相反，像春秋时期的霸主那样以武力征服人民，虽然也可以取得政权，但是人民不会心服，其也无法真正获得天下。以理服人还是以力服人是"王道"与"霸道"的区别所在。更为重要的是，孟子认为"霸道"的权力是不合法的权力，而"王道"的权力由于深得民心而正当。所以，有人问孟子，周人围困商纣王，夺商的天下，不是谋反吗？孟子说，我所看到的只是周人为天下讨伐"独夫民贼"，因为纣王失德，已经无资格掌握权力。正是基于这种对权力的认识，孟子提出了"民为贵，社稷次之，君为轻"的论断。

其实，我们不必为我们的祖先未能论及所谓的"政体"而抱歉，因为我们的祖先对人性始终抱有希望，他们始终没有放弃通过教化达到"人皆为尧舜"的理想。在中国，政权与社会、与文化是融为一体的，对权力的合理使用依靠着统治者的自觉和品德。一旦权力脱离了民心，"革命"便是合法的，这种"天命转移"对权力无疑是一种无形的制约。也许正是如此，中国古代对帝王的教育尤为重视，而官吏选拔、考绩、奖惩制度也格外地发达。与"西方人对政府权力久怀猜疑"因而不认同"人治"②不同，在中国，人们并不认为统治者与民众的关系是对抗的，社会的精英——士，无不希望通过接受教育而介入政权，以施展才能。

（三）结语：中国古代是一个"混合政体"

正是基于不同的人性论，西方将正义、公正的希望寄予对权力的限制上，而中国却将希望寄予"人"的良知与素质上。这种以人为本的文化与以教为主的统治，也许无法套用西方思想家们的"政体"分类。如果一定要套用政体分类来研究中国古代社会的"权力"，也许亲历过中国的西方传教士的看法更贴近客观，即如孟德斯鸠转述的那样，中国是一个畏惧、荣誉、品德兼而有之的混合"政体"。

显然中国不是共和民主政体，贵族民主在西周时期似乎存在过，但秦以后的集权使贵族"衣食租税"而已，为保障皇帝的权力，王室其他成员的政治发言权

---

① 《孟子·公孙丑》。
② 参见[美]郝大维、安乐哲著，何刚强译《先贤的民主》，南京：江苏人民出版社，2004年版，第133—137页。

无法与重臣官僚相比。然而，中国古代对帝王品德的要求却是苛刻的。这一点甚至连对中国文化并不欣赏的黑格尔都不掩饰。许多人认为中国古代的帝王，天下独尊，没有任何力量可以约束帝王的言行，事实并非如此。在朝中，帝王的言行受礼制的约束，服饰、饮食，甚至举止若不合礼，都会受到朝臣的规谏和评论。帝王的品行更是天下关注的焦点。黑格尔在评价中国皇帝时说：

>"天子应该享有最高度的崇敬，他因为地位的关系，不得不亲自处理政事；虽然有司法衙门的帮助，他必须亲自知道并且指导全国的立法事务。他的职权虽然大，但是他没有行使他个人意志的余地。因为他的随时督察固然必要，全部行政却以国中许多古训为准则。"①"假如皇帝是个性竟不是上述的那一流——就是，彻底地道德的、辛勤的、既不失掉他的威仪而又充满了精力的，那末，一切都将废弛，政府将全部解体，变成麻木不仁的状态。"②

中国古代虽然没有限制最高权力的具体制度，但并不是没有对帝王的约束。中国古代的"谏官"针对皇帝而设，"盖棺论定"的谥法更是帝王日常行事所必须考虑到的，而民众的议政权利与天命转移的历史经验也会时时提醒皇帝在"有道"与"无道"中做出合乎道德的选择。

对于君主政体与专制政体而言，中国也许如魁奈所言，更类似于君主国。这不仅表现在中国有着完备的典章制度，而且表现为全社会对道德与声誉的珍视。这种对荣誉的珍视正是礼教的特点，为此伏尔泰称赞中国法律有别于西方：

>"在别的国家，法律用以治罪，而在中国，其作用更大，用以褒奖善行。若是出现一桩罕见的高尚行为，那便会有口皆碑，传及全省。官员必须奏报皇帝，皇帝便给应受褒奖者立牌挂匾。前些时候，一个名叫石桂（译音）的老实巴交的农民拾到旅行者遗失的一个装有金币的钱包，他来到这个旅行者的省份，把钱包交给了知府，不取任何报酬。对此类事知府都必须上报京师大理院，否则要受到革职处分；大理院又必须奏禀皇帝。于是这个农民被赐给五品官，因

---

① ［德］黑格尔著、王造时译《历史哲学》，第167页。
② ［德］黑格尔著、王造时译《历史哲学》，第171页。

为朝廷为品德高尚的农民和在农业方面有成绩的人设有官职。应当承认,在我们国家,对这个农夫的表彰,只能是课以更重的军役税,因为人们认为他相当富裕。这种道德,这种宗法精神,加上对玉皇大帝的崇拜,形成了中国的宗教——帝王和士人的宗教。皇帝自古以来便是首席大祭司,由他来祭天,祭祀天上的神和地上的神。他可能是全国首屈一指的哲学家,最有权威的预言者;皇帝的御旨几乎从来都是关于道德的指示和圣训。"①

伏尔泰说的中国古代这种独有的"褒奖善行"的"法律",正是中国古代自西周时就有的旌表制度,这一制度的目的是弘扬人的善性。

中国古代社会虽然王朝更迭频繁,但"政体"却一以贯之地延续了数千年,也许正是得益于以上所述的那种"兼而有之"的混合型政体。因为中国面对的是地域辽阔的疆域,按照孟德斯鸠"如果从自然特质来说,小国宜于共和政体,中等国宜于由君主治理,大帝国宜于由专制君主治理"②的分析,中国的先人们显然创造出了最适合当时中国的治理方式。这种对权力的认识和兼而有之的混合政体,对我们今天社会的变革也深有启发,它是我们祖先留下的充满智慧的宝贵遗产。尽管亚里士多德不赞同,但与他同时代的西方"有些思想家认为理想的政体应该是混合了各种政体的政体"③。

（原文载王绍光主编《理想政治秩序:中西古今的探求》,三联书店,2012年版）

---

① ［法］伏尔泰著、梁守锵译《风俗论》（上册），第217页。
② ［法］孟德斯鸠著、张雁深译《论法的精神》（上册）第126页。
③ ［古希腊］亚里士多德著、吴寿彭译《政治学》，第66页。

三　价值观与法律的关系

从流传至今的中国古代社会完整的律典（如《唐律疏议》、《明律集解附例》、《大清律例》等）、会典以及散见于各种史料中的有关法律制度的记载来看，中华法系博大精深、独树一帜绝非虚言。与世界其他国家和地区的法律相比，中国传统法具有毋庸置疑的先进性并影响到周围的国家和地区，也是不争的事实。民国时期，随着法社会学的传入与兴起，学界开始关注法律的实效问题，完备而发达的法律制度是否得到切实的执行，在实践的运作中，传统法是如何被实施或搁置的，成为研究中国传统法的热点。这方面的代表作是瞿同祖先生的《中国法律与中国社会》。① 在导论中，瞿同祖明确地指出：

"条文的规定是一回事，法律的实施又是一回事。某一法律不一定能执行，成为具文。社会现实与法律条文之间，往往存在着一定的差距。如果只注重条文，而不注意实施情况，只能说是条文的、形式的、表面的研究，而不是活动的，功能的研究。"②

时隔半个世纪，黄宗智教授运用清代四川巴县、河北宝坻和台湾淡水、新竹的诉讼档案解读中国古代民法的"表达"与"实践"，出版了《民事审判与民间

---

① 瞿同祖著《中国法律与中国社会》，吴文藻主编，《社会学丛刊》甲集第五种，上海：商务印书馆，1947年版。
② 《瞿同祖法律学论文集》，北京：中国政法大学出版社，1998年版，第5页。凡以下引用本书者，只注页码。

调解：清代的表达与实践》，①大大推进了中国法律史的研究。 这一研究使我们不仅看到了官方记载以及文本上的古代法律，而且看到活生生的实践中的法律，看到普通人的纠纷调解和诉讼过程，看到官员审断时对情理法的反复斟酌，甚至是或恳切忧伤而语重心长，或愤怒而痛斥的神态。 一时间"表达"与"实践"成为法学界的时尚用语。 该书再版时黄宗智教授对其原创的"表达"与"实践"作了这样的说明："我从诉讼档案得出的一个主要结论是：法律制度的实际运作与清代政府的官方表述之间有很大的差距。 我这本书称之为'实践'与'表达'之间的'背离'。"应该注意的是，无论是瞿同祖先生，还是黄宗智教授，都并没有将这种"背离"或社会现实与法律条文之间的"差距"视为中国传统法的缺陷。 从某种意义上说，两位的研究成果使我们认识到法律的表达与实践间存在着差距和背离是一种普遍的社会现象，这种现象的存在有其合理性。②

（一）价值观与法律的表达

笔者此处的"价值观"指的是社会普遍认可的理念，即主流意识形态。 众所周知，在中国这个文化"大一统"的国家中，主流意识形态一般必是统治者所竭力倡导的，也可以称之为官方意识形态。 中国古代社会的价值观，包含了人类社会的普遍追求，如和谐、公正、秩序等，同时，也具有自身的特色，即礼治所倡导的人伦道德，比如忠孝节义等。 其实在古人的眼中，忠孝节义就是和

---

① 黄宗智著《民事审判——民间调解：清代的表达与实践》，北京：中国社会科学出版社，1998年版。 再版书名为《清代的法律、社会与文化：民法的表达与实践》，上海：上海书店出版社，2007年版。 凡以下引用本书者，只注页码。

② 比如瞿同祖先生对唐以后"同姓不婚"虽在律中有明确的规定，但在实践中却并不严格执行的原因进行了解释，其引用《清律例汇辑便览》言："同姓者重在同宗，如非同宗，当援情定罪，不必拘文。"（参见《瞿同祖法学论著集》，第 101—102 页）法律在维护传统的礼法方面，难免有与社会失调处，故条文与社会现实之间有所差距。 黄宗智教授援引方大湜《平平言》："户婚田土钱债偷窃等案，自衙门内视之，皆细故也。 自百姓视之，则厉害切己，故并不细。"黄宗智教授认为古代官方的表达是：民事诉讼不多，一般良民不会涉讼，县官处理民事诉讼案多用调处手段。 但巴县等诉讼档案告诉我们的是民事诉讼占县衙处理案总数的三分之一，诉讼当事人大多数是普通人民，调解多在亲族和社区中进行，官府的调解并不多（参见《清代的法律、社会与文化：民法的表达与实践》，重版代序）。 黄宗智教授的研究拓展了研究的视野，将对法律条文的规定及其在实际运作中的差异，拓展到对官方的法律表达与社会现实间背离的解释。

谐、公正、秩序的具体体现。

在论述到法律的价值时，中国古代的政治家、思想家及学者大都从"应然"的角度出发，认为法律作为社会的有机组成部分，应该与社会普遍认可的价值观相辅相成。汉代儒家思想成为主导思想后，儒家经典对法律的阐述便成为统治者立法、司法中的圭臬。《论语》中每一句关涉法律的话都被国人奉为经典，可以说，孔子或儒家对法律的论述，几乎就等同于中国古代社会法律的表达。关于《论语》对汉以后法律的表达之影响，归纳如下：

第一，政刑是德礼的辅助。《论语》言："道之以政，齐之以刑，民免而无耻；道之以德，齐之以礼，有耻且格。"①又言："名不正，则言不顺；言不顺，则事不成；事不成，则礼乐不兴；礼乐不兴，则刑罚不中；刑罚不中，则民无所措手足。"②在孔子的思想体系中，德礼所达成的国家治理境界显然较政刑更为理想。因此，汉儒将孔子的论证概括为"德主刑辅"，③并以此来指导立法、司法实践。董仲舒用自然阴阳五行的变化规律论证孔子德礼政刑的思想，认为天地万物皆由阴阳演化而成，阳"以生育养长为事"，阴"积于空虚不用之处"，自然界中阳主阴辅是天意的体现。人类社会的发展，在董仲舒看来也是阴阳演化的一个组成部分，统治者为政的手段可以与阴阳变化相比附："阳为德，阴为刑；刑主杀而德主生。"④因此，统治者在治国中应将德礼放于首位自不待言，否则便是逆天意而动，必遭天谴。孔子"礼乐不兴，则刑罚不中"的思想被如此神化。自汉以后，礼法融合便成为中国传统法律发展的主旋律，"德主刑辅"成为中国传统法律的主要特色。在礼法融合思想的指导下，古代法典向着儒家化、伦理化、道德化发展。董仲舒的"《春秋》决狱"、西汉后期兴起的以经注律、魏晋南北朝时的引经入律等等，为形成"一准乎礼"的《唐律》打下了深厚的基础。

第二，法律不能违背人情。《论语·子路》篇记："父为子隐，子为父隐，直在其中矣。"《颜渊》篇又记："片言可以折狱者，其由（子路）也欤？"孔子的话表明法律与正直、公正并无必然的联系，维护法律的人，未必都是正直的

---

① 《论语·为政》。
② 《论语·子路》。
③ 《春秋繁露·天变在人》："刑者，德之辅；阴者，阳之助也。"
④ 《汉书·董仲舒传》。

人。只有按人之常情办事才算得上正直，因为公正体现于人情之中。所以，法律只有体现人情，才能体现公正。所谓"人之常情"，在儒家的学说中有着确定的内容，即礼教所提倡的"亲亲也，尊尊也，长长也，男女有别"。①儒家认为亲爱自己的亲属、尊敬上级、恭敬长者、男尊女卑是自然赋予人类的永恒本性，人生在世，就是要根据自己所处的社会角色恰如其分地尽为人之父、为人之子、为人之君、为人之臣、为人之长、为人之幼、为人之夫、为人之妻的责任与情分。父亲或自己的亲人触犯了国法，便去告发，这种举动有违于人情，从而也违背了做人的根本大法，因而不应该提倡。自汉代后，官吏如果只知道一味地固守法条而不知因人情随时变通，虽清廉堪为天下仪表，也不免被视为"酷吏"。如《史记·酷吏传》记载：张汤虽"被污恶言"而死，"家产直不过五百金"，但由于"治淮南、衡山、江都反状，皆穷根本"，而被当时人斥责为"诈忠"。与张汤不同，宋代包拯虽"立朝刚毅"，但却受人敬仰，成为有口皆碑的清官。这是因为包拯有执法如山的一面，还有"恶吏苛刻，务憨厚，虽甚嫉恶，而未尝不推以忠恕"②的一面。深谙统治术的帝王典范唐太宗，虽然反复强调法须公平，反对大赦，但他决不固守法条，在人情与法律的冲突中，他也更倾向于"人情"，他曾下诏，以为

"比来有司断狱，多据律文，虽情有可矜而不敢违法，守文定罪，或恐有冤。自今门下复有据法合死，而情有可矜者，宜录状奏闻"③。

第三，"听讼"的目的在于"息讼"。《论语·颜渊》记"听讼，吾犹人也，必也使无讼乎。""无讼"，即人与人之间和睦相处，纠纷最好通过各自的忍让协商解决，而不是通过官府，动用法律，在公堂上强制裁决。《礼记·礼运》托孔子之言，描绘了理想的"大同社会"的特征："天下为公，选贤与能，讲信修睦。"尽管纠纷是每一个社会都不可避免的普遍现象，"讲信修睦"的"无讼"只存在于理想之中，但是在法律的表达上，受价值观的影响，无论是蒙

---

① 《礼记·大传》。
② 《宋史·包拯传》。
③ [唐]吴兢著《贞观政要·刑罚》。

学教育,还是官箴政书,甚至是律典中,无不以调解"息讼"为务。成书于汉时的《周礼·地官》记述西周时期设"调人",职掌为"司万民之难而谐和之"。对一些婚姻、田土等"细故"纠纷,则调和之;对过失杀伤人的刑事案件,也可以以调解的方式解决。如果涉及复仇的案子,比如过失杀死了某人的父母,孝子有复仇之责,所以不能阻止死者的子孙复仇,但应该劝说对方避之他乡。若有争讼(斗怒)者,先说合,即"成之","不可成者,则书之,先动者诛之"。即调解不成者,则先记录在案,双方都不得私自再起事端,如果有一方率先又挑起事端,则以法惩除。这实际上就是调解制度的萌芽。元代《通制条格·卷十六·田令》中的"理民"条,明确规定:"诸论婚姻、家财、田宅、债负,若不系违法重事,并听社长以理喻解,免使妨废农务,烦扰官司。"唐代甚至允许不和的夫妻"协议离婚"。《唐律疏议·户婚律》规定:"诸犯义绝者离之,违者,徒一年。若夫妻不相安谐而和离者,不坐。""疏议"曰:"若夫妻不相安谐,谓彼此情不相得,两愿离者。""无讼"是古代社会治理的最高境界,而"息讼"更是地方官治理地方的要务。古代的地方官每到一地都会发出告示,安抚民众,告诫百姓不要为一些细故轻易到官府打官司(诉讼)。明末清初时期著名的思想家李渔作《资政新书》,记江宁地方官俞砚如到管辖地的第一件事就是出告示"劝民息讼",告示言:"兹本县下车伊始,职在亲民,要知亲民吃紧关头,亦即在使民无讼。"在此书卷九《文告部·词讼》中,记载了不同地方官的有关词讼告示十二篇,其中劝谕民众禁讼、息讼、停讼等内容的告示有九篇,训诫属吏秉公办案的告示一篇、禁止有关部门乱征赎金的告示一篇,禁止利用息讼而鱼肉民众的告示一篇。① 对于民众来说,诉讼也不是光彩的事情,宋人吴自牧作《梦粱录》,记:"临安府治(今杭州)前曰州桥,俗名懊来桥。盖因到讼庭者,至此心已悔也。"对民间的"讼事",历代统治者更主张依靠家法、乡规、村约等"礼"来进行调解。因为讼事到官,既破了人情,又破费财钱。因此,在中国古代的家训、楹联、学校等各处,皆可见到劝人息讼的教育。比如山西古城平遥县衙大门的楹联上联告诫众人不要轻率地争讼:"莫寻仇莫负气莫听教唆到此地,费心费力费钱,就胜人终累己。"下联告诫官员要秉公办事:"要酌理要揆情要度时世做这官,不勤不清不慎,易造孽难欺天。"由此可以看

---

① 参见《李渔全集·卷十七》,杭州:浙江古籍出版社,1992年版。

出,孔子的无讼理想,成为中国古代社会的理念,而这一理念在法律制度上有着充分的体现。

第四,贤人重于法制。《论语·子路》记:"其身正,不令而行;其身不正,虽令不从。"孔子认为"人"与"法"相比,人的地位是首要的。这句话包含了两方面的内容:第一,君主的知人善任和提高官吏的素质相对制度的建设来说更为重要,达到"无讼"理想的路途中须依仗"善人为政",而不是靠严密的法律;第二,统治者的表率作用重于其发布的法令。统治者自身行为端正,天下人便会争相效法。统治者自身行为不端,即使设立严刑密法,人们也不会遵守。因而,治国的首务是加强统治者的自律,其次才是建设完备的制度。这便是孔子的"人治"思想。孔子的人治思想为汉儒所继承,在中国古代社会中,法律的社会效果如何,与其说取决于法制的优劣,不如说是取决于官吏,即执法者的自律与表率作用。而百姓对圣君、清官的依赖也远远超过对法律的信任。"有其法者尤贵有其人",这也是"清官"在中国古代社会格外受人敬仰的原因。

中国古代价值观不仅影响了人们对法律的普遍认识,而且在立法上也得到最大程度的体现。可以说,中国古代的法律制度是以儒家思想为灵魂的。以律文证实之。众所周知,汉代的"春秋决狱"便是以儒家经典中的"微言大义"为依据,遇有律所不载或律礼矛盾的案件,则依据儒家经典——也就是法律所要维护的精神——来裁决。而魏晋南北朝,是法律儒家化逐步深入的时期,这一时期的律虽然没有完整地流传下来,但是从《晋书·刑法志》等史籍来看,"以经注律"、"纳礼入律"已经蔚然成风。儒家经典中的"八议"、体现"亲亲"原则的"准五服以制罪"、体现"尊尊"原则的"官当"等与律融为一体。而从《唐律疏议》中,我们可以更深切地感受到主流价值观对法律条文的影响,体会到为什么后人说唐律"一准乎礼"。

综上,我们可以看到无论是在人们对法律的认识上,还是在法律制度的设计上,都深深地打上了价值观的烙印。这种表达是一种对法律"应然"的表达,其带有强烈的理想色彩。这也是中国古代的法律条文,有许多并不是现行法的原因。如法史学家杨鸿烈所言:"中国法典率以理想之法典为的,苟认为良法,虽非现制,抑必採入法典之中。李东阳《进正德会典表》所为'令之善者,虽寝亦书'是也。"①

(二) 价值观与法律的实际运作

价值观对于法律的表达来说，其作用在立法领域中几乎是绝对的。在价值观的主导下，社会对法律的认识几乎是以孔子的是非为是非，在政治家、思想家、学者以及民众的定义和阐述中，我们可以听到和看到在古人的心目中那个"应然"的法；我们也可以从法律的条文中，体悟到法条背后那种"价值观"的支撑。

与立法的表达相比，法律的实践中所体现的价值观的作用则复杂得多。

价值观作为人类的追求，对人性可以约束、甚至改造，但是无法完全抹杀人性。在复杂的社会现象和人性面前，法律无法完全按照其所表达的那样来运作。关于民事的表达与实际运作，黄宗智教授在《清代的法律、社会与文化：民法的表达与实践》中分析得极为透彻，其中的一些结论对重新认识中国法律文化具有奠基的意义。比如，尽管清代官方对民事诉讼的表达是"民事诉讼不多"、"一般良民不会涉讼"，县官在处理民事诉讼时"采取的是调处的方法""不都以法律判案"——如前所述，这其实也集中代表了整个中国古代社会官方法律的表达。但是通过对大量档案的整理，黄宗智教授认为中国古代的民事诉讼并不像人们认为的那样稀少，涉讼者也并非大多数是讼棍和刁民，官员对民事纠纷的裁决也不是如一些人想象的那样没有确定性。②民法的表达与实践之所以如此"背离"，是因为法律在实践的运作中远比理想的表达复杂。"无讼"的表达只是人们理想中的状况，其与人之本性间存在着差距。早在战国时期，诸子百家就对人性进行了探讨，孔孟虽然主张人性善，但是，荀子却尖锐地指出人"性恶"——"争"而不是"让"才是人的本性，《荀子·礼论》言：

"人生而有欲，欲而不得，则不能无求；求而无度量分解，则不能无争。争则乱，乱则穷。"

---

① 杨鸿烈著《中国法律发达史》（上），"导言"，第3页。
② 参见黄宗智著《清代的法律、社会与文化：民法的表达与实践》，"重版代序"。

汉儒董仲舒综合了孔、孟、荀的思想，提出了"性三品"说。上品之人本性善，生来品德高尚，负有以道德教化民众的使命，这种人当然是少数人；下品之人本性恶，道德教化无法改变他们的本性，必须以刑罚威慑，才能使他们安分守己，这种人当然也是少数。天下大多数人属于中品之人，这些人的本性是"善恶兼"，即生来就有善性，也有恶性。后天的教育对这些人弘扬善性而抑制恶性起着决定的作用。① 所以即使儒家的理论也无法否认"争"是人之本性。人的本性决定了无讼的空想性，这种表达原本就是一种导向，而不是现实。按荀子及法家言，礼法的出现、君主以及官吏的设置都起源于这种"争"的本性，因为有争，所以有乱，君主、官吏、礼法无不是为了止争拨乱而设。其实从大量的判词、案牍中也可以读出这种人性，如宋代的《名公书判清明集》、明代的《盟水斋存牍》中记载了大量的父子、母子、兄弟、同族、邻里争田争产及婚姻纠纷的案例。宋代有官员记当时民风言："顽民健讼，视官府为儿戏，自县而至监司，自州而之台部。此犹其小者耳。今州县未毕，越去监司、省部，径诉都省，以致拦马叫号，无所不及。"② 由此可见，法律表达中所倡导的忍让的价值观对每一个个体所产生的作用并不一样，在纠纷面前，有人忍让"息讼"，也有人为利益不惜"健讼"。而纠纷一旦讼于官府，官员最简单也最为妥帖的处理方式只能是依法行事，所以调处的案例大多会被当成典范而被记载，在当时也会或受到朝廷的嘉奖，或被人们传颂。

关于犯罪问题，中国古代法律的表达与实际运作也有一定的距离。这当然有法律本身滞后于社会发展的原因，如瞿同祖先生所言"同姓不婚"在唐以后逐渐不用，但立法上始终未能废止。其中也有古人崇尚祖先，对祖宗之法敬若戒律的原因，如唐律被后世奉为圭臬，许多条文虽然与现实相去甚远，但也作为先人法度在立法中被保存。但是，表达与实践存在差异的最重要的原因则在于古人宁愿将法律的表达理想化，树立典范，使社会效法。比如关于刑罚的轻重问题，中国古代的价值观中，一向以恤刑、轻刑作为仁君循吏的特征，所以王朝的基本法律、律典中规定的刑罚，基本上会比法律实际运作时的处刑轻。《唐律》记："祖父母、父母在，而子孙别籍异财者，徒三年。"而《册府元龟·刑

---

① 参见《春秋繁露·实性》。
② [宋]袁说友撰《东塘集·卷十一·体权札子》。

法部·定律令四》则记，唐肃宗时"百姓有事亲不孝、别籍异财、玷污风俗、亏败名教，先决六十，配隶碛西。有官品者，禁身奏闻"。"配隶碛西"显然比"徒三年"要重得多。再比如，古人希望："法设而无犯，刑设而不用。"但是犯罪作为一个社会现象是无法消除的。汉武帝在意识形态中确立了儒家的独尊地位，在法律上构建了"德主刑辅"的体系，并强调恤刑。但出于政治上的原因，实际上却重用酷吏，对威胁到皇权和有不同政见的人，施以酷刑，用刑罚来加强自己的统治。对一般民众，汉代大儒董仲舒也以"性三品"之说告诫统治者对"下品"之人不可以抱有通过教化改造其本性的希望，而汉宣帝更是"多用文法吏（而不是儒生），以刑名绳下"①。从汉代的法律中，我们可以看到"独尊儒术"、"德主刑辅"的理想表达与"霸、王、道杂之"为政实践之间的差异。

从以上的事例中可以看出，价值观在法律的实际运作中虽然不能如法律的表达那样充分体现，但是作为理想其在法律的运作中起到的是一种导向的作用。正是这种导向，使法律不断地趋于文明。在此，我们也许应该对古人"令之善者，虽寝亦书"的做法进行进一步的分析，一般来说，法律是与社会贴近的制度，制定法律当然是为了行用。但是，中国古代的法律更为注重理想的体现，更注重价值观的维护。一些与"礼"关系密切的法条，如"八议"、"同姓不婚"等虽然在实践中已经难以行用，但立法将其作为"善者"保留了下来，而司法实践中遇有这种问题大都以"人情"变通。这种表面上无视客观实践的"表达"，实际上是利用法律传达了一种理念，即法律的条文、制度是可以改变的，但是主宰法律的精神，也就是价值观则是不可改变的，即"天不变，道亦不变"。符合社会主流价值观的法律条文，即使在实践中已经无法行用，但在立法上仍然得到肯定，即"虽寝亦书"。这也体现了当时人们对"善法"的追求。

在肯定价值观在法律的实际运作中的导向作用的同时，我们还应该注意到法律表达与实践差异的另外两个原因。一是，当有限的法律条文对价值观的体现无法尽善尽美时，法律在实际的运作时，则可以利用天理人情以弥补法律条文之不足。比如对烈女、孝子、忠臣、义士因礼而违法者，网开一面。此时法律在运作中以法的精神而不是以法条为最终依据，价值观的支持起到了决定的作用。

---

① 参见《汉书·宣帝纪》。

二是官员的素质也常常是价值观是否能在法律的实际运作中充分体现的重要因素。除去为贪赃枉法而故意歪曲法律、鱼肉当事人者，官吏对法律理解的不同，也常常会使法律的表达与运作产生差距。《汉书·于定国传》记载："东海有孝妇，养姑（婆婆）甚谨，姑欲嫁之，终不肯。姑谓邻曰：'孝妇事我甚苦，哀其无子守寡，我老，久累丁壮，奈何？'其后，姑自经死。姑女告吏：'妇杀我母。'吏捕孝妇，孝妇辞不杀姑，吏验治，孝妇自诬服，具狱上府。于公以为此妇养姑十余年，以孝闻，必不杀也。太守不听，于公争之，弗能得，乃抱其具狱，哭于府上，因辞疾去。太守竟论杀孝妇。"此案中的于定国和太守对孝妇论罪与否的争执，表现了两人对法律理解的不同。太守的僵化使法律的运作偏离了价值观，而于定国对法律的理解符合社会普遍认可的价值观，最终社会与史家对两者的评论也是以价值观为依据的。

（三）价值观与法律关系的思考

价值观与法律的关系，价值观在法律表达与运作中的不同作用，涉及法律研究的三个方面论题：第一，法有善恶；第二，善法在实践中也未必能顺利地执行；第三，价值观最终将会对法律的运作作出评判。笔者专攻中国法律史，欲以"历史故事"对这三个方面进行简要论证。

第一，法有善恶之分，法律的目的是区分法之善恶的试金石。古今中外的良法，虽然在不同历史时期和不同地域空间有着不同的表现形式，但却有着一致的宗旨和精神，那就是对公正与正义的维护，尽管不同文化对正义的阐释并不尽相同。中国古人对此早有论述，西周时期《吕刑》就强调刑有"祥"、"虐"之分。以镇压民众，维护自己残暴统治为目的的"刑"就是"虐刑"，如蚩尤之刑；以维护民众福祉，体恤鳏寡孤独弱势群体利益，维护社会公正为目的的"刑"就是"祥刑"，如尧舜之刑。虐刑实施的结果必然会造成社会的动荡和民众的苦难，祥刑则可以建立并维护和谐的社会秩序。明末清初的启蒙思想家更是具有了"权利"思想的萌芽，认为以天下人利益为宗旨的"天下之法"才是应当被遵守的良法，而以帝王利益为皈依的"一家之法"，不仅不应当被遵守，而且不应当将其称之为法，因为这样的法是失去了正当性的"非法之法"。其实，从启蒙思想家对良法恶法的论述中，我们已经看到了近现代社会"良法"的正义观——依法维护天下人的权利。① 因此，在关注法律运行的时候，我们首先要关注法律的善恶。 历史经验告诉我们，恶法一旦运行，即使不能长久，也会造成灾难性的后果，如第二次世界大战时期希特勒政权的法律。

第二，良法一旦能顺利地运用到社会实践中，将会成为社会稳定和繁荣的制度保障。 就中国历史而言，政治清明、社会稳定发展的王朝初期，一般都是法律制度的制定和执行俱佳之时。 沈家本在《法学兴衰说》中如此总结中国历史上的法律以及法学兴衰与社会治乱的关系：法善而行以致天下大治之例有：汉初萧何造律，而有文景刑错不用之风；唐初武德修律，而有贞观之治。 法善而不行的例子有：晋虽律学大兴，泰始之律颁行，但八王之乱作于下；北齐法学亦盛，北齐律为隋唐律之蓝本，但齐祚不永。 恶法乱世的例子则有秦王朝行督责之术，法弊而亡。 历史经验告诉我们，法律能否顺利执行，并不是检验良法的唯一标准，有时即使把握了历史发展趋势的良法也需要在实践中不断完善。 因为，良法不只是法条的堆砌，它更是一种精神的体现，是社会问题解决的一种导向。 一句话，良法顺应时势，但更应当经得起历史发展检验。 虽然良法未必能立竿见影地贯彻于实践中，也未必能解决社会积累的一些矛盾和问题，但是因为其符合人类社会发展的根本利益和需要，良法最终会得到历史的承认。 这其中最著名的例子莫过于汉文帝废除肉刑。 今天，没有人对两千年前的汉文帝废除肉刑持有否定意见。 但是，在汉文帝时期至唐代的近八百年间，有关肉刑废立的争论一直不断。 实事求是地说，肉刑的废除对当时的执法也一度产生过很大的困扰。 如魏晋时期的律学家刘颂认为，肉刑废除后，在"生刑"与"死刑"间缺少了"中间刑"，很难把握"罚当其罪"的原则。 按以往法律当判处肉刑的犯罪，肉刑废除后，或处死刑，显然刑罚过重，有"滥刑"之虞，或判笞、杖、劳役等刑，却又明显过轻，削弱了刑罚的威慑作用，不足以禁奸邪。② 虽然反对废除肉刑的论点并非全无道理，但是肉刑自唐代以后在中国律典中确实再也没有出现。 这是因为废除肉刑不仅顺应了刑罚由野蛮向文明的发展趋势，而且其与中国古人"仁政"价值观指导下的正义理念相吻合。 虽然在整个中国古代社会法律运作的具体实践中，肉刑并没有被完全禁止，但是废除肉刑所产生的历史意义

---

① 参见［清］黄宗羲撰《明夷待访录·原法》。
② 参见《晋书·刑法志》。

和影响并未因为法律表达与实践的"差距"而削弱,因为律典对法律运作中的肉刑始终有着极大的遏制作用。总结历史的经验,我们发现良法在运作中并不会一帆风顺,甚至将良法完全付诸实践也许只是一种理想,但是我们不能由此而否定良法的导向作用,不能否定其中所蕴含着的人类社会所拥有的恒久的正义理念。

第三,价值观对法律运作的导向作用,是一个颇为复杂的问题。一般来说,从法条方面来说,语言的表达是否准确、体系是否严密周详、对来自实践的经验教训总结得是否恰当、是否符合时势等等,都是良法能否顺利贯彻的重要因素。从法律运作方面来说,法官对法的精神的把握,对法律条文的理解,民众对法律的信念和认可,各个阶层利益的诉求在法律上的妥当体现等等,也都是良法在运作中是否能体现立法者"美意"的关键。当法律的表达与实践产生过大"差距"时,尤其当一部良法在运作中受阻时,我们也许更应该注重到法律运作问题和社会法律环境的改造。例如,中国古代有官员"讲读律令"的规定,① 这是因为人们注意到了"断狱"、"断讼"的人在法律运作中的重要作用。相同的法律由不同的人运作,常常会有不同的裁断方式和不同的社会效果,为使官员准确理解法律以及法律的宗旨,官员读律成为法条的规定。社会整体的价值观对法律的运作也至关重要,这也涉及传统文化的现实作用,传统文化常常是社会主流价值观形成的基石。在现实中凡是有传统文化作为基础的法律制度往往能够比较顺利地执行,比如调解制度、综合治理等等。如果缺少传统文化的支持,缺少共同价值观的认同,法律将很难顺利执行,尤其当法律为维护社会长远利益而约束一部分人的眼前利益时,法律的执行就更为艰难,比如环境保护方面的法律执行就是如此。中国古代"天人合一"、敬畏自然、造福子孙的观念原本十分有利于环境的保护,数千年的历史发展也证明中国古人对环境的保护卓有成效,但是,近代以来人们抛弃了原有的价值观,在商品经济的诱导下,重利成为时尚,法的禁令无法阻止一些人对利益的疯狂追逐。

(四) 结语

改革开放已经三十年,法律越来越贴近我们的生活。不知不觉间,法律开

---

① 参见《大清律例·吏律·公式》。

始逐渐成为人们的依靠,与以往依靠领导、社会关系或通过"告御状"的非常手段解决争端、维护公平相比,这种寄希望于法律的社会观念,不能不说是一个不小的社会进步。因为人们对法律寄予的希望越来越大,对法律的议论也就不免越来越多,"议法"也因此成为社会的普遍现象。法律表达与实践的背离,古代社会中有,今日社会中也有;立法者的美好愿望在法律的实践过程中,似乎都很难尽善尽美地体现。但是,人类社会并不因此而废弃法律,相反,遏制恶法、实践良法成为社会日益关注的话题,也成为学界研讨不止的永恒课题。

(原文载《政法论丛》,2009 年第 3 期)

四 律、律义与中华法系关系之研究

自近代"法系"之说形成后,"律"就成为中华法系研究中的重点。更有学者将律视为中华法系之核心,并将《唐律》视为中华法系或中华法系成熟时期的代表作。[①] 笔者认为,问题也就由此产生。一是,尽管学界对"中华法系"的定义并不一致,但没有人否认中华法系是以"礼"为主导,以"德"为皈依的,中国法系的价值取向几乎完全与儒家一致。而作为"刑书"之一的律,起于法家,为什么在中华法系的研究中却被学者如此青睐? 二是,中国古代自秦以后,几乎历代王朝皆颁行律文,[②]但完整流传于今的旧律,却以唐律为最古。而唐代之前,十余王朝的律皆佚。近代法史学家程树德"欲尽搜罗唐以前散佚诸律",而做《九朝律考》。然而令人深思的是,《九朝律考》始于汉律,而奠定了律之基础的秦律却只"附见于汉律中"。[③]众所周知,在1975年湖北睡虎地云梦秦简发现之前,学界对秦律一直是语焉不详,因为在浩瀚的历史典籍中,有关秦律一直为史家所避讳,或阙文不载,或语焉不详。既然律之于中华法系如此重要,而中国又是一个如此重视文化与典章制度传承的国度,为什么律的完整流传却始于唐代,而发"律"之端的秦朝的律文,在史籍中又是如此难以寻

---

① 参见王启富、陶髦主编《法律辞海》"中华法系"条,长春:吉林人民出版社,1998年版;沈宗灵主编《法理学》(第2版),北京:北京大学出版社,2004年版,第10页。

② 读沈家本《历代刑法考·律令考》可知,唯北朝东魏、西魏;五代晋、汉;辽、元未颁行本朝之律,但东魏、西魏沿用后魏之律,五代晋、汉沿用晋律;辽、元以汉制治汉人,律一直被沿用,方龄贵《通制条格校注》考证,元之"断例"篇目一如唐律与金《泰和律》。方贵龄《通制条格校注》,北京:中华书局,2001年版。凡以下引此书,只注页码。

③ 参见程树德著《九朝律考》,程氏言"九朝"者,谓汉、曹魏、晋、南朝梁、陈、北朝北魏、北齐、北周及隋。秦律为汉所沿袭者,则于"汉律中附见之"。北京:中华书局,1988年版。凡以下引此书者,只注页码。

觅呢?

上述问题反映出律在中华法系中的特殊性,而其地位也并非自始至终一成不变,简单地将律视为中华法系的核心,将《唐律》视为中华法系的代表作则不免有失偏颇。这也说明,律与中华法系的关系,律在中华法系中的地位,尚有待于进一步地研究。这一研究的深入,对我们全面地理解中华法系,准确地把握中华法系的特征,理解儒家思想对中华法系之重要有深刻的意义。

本文试图通过定义"律"与"中华法系"的概念,通过论述律从重"制"到重"义"的发展演变以及律在中华法系中逐渐取得的重要地位,说明中华法系与儒家法律价值观的关系,从而说明中华法系的内涵和特征,以就教于各位前辈与方家。

(一) 律与中华法系的概念

律与中华法系是两个出现于不同历史时期的概念。拙作《礼与法:法的历史连接》中曾对"古代法"与"传统法"的概念作过区分,认为古代法是历史的客观存在,是已经静止了的过去;而传统法则是后人对古代法的阐释,其是流动的,对现实有影响的。① 按此划分,律属于前者,即古代法的范畴,而中华法系则属于后者,即传统法的范畴。

1. "律":形成于法家之学的中国古代"刑典"

对于"律",古人多有论述,其是中国古代的刑典。②

将律作为法律制度的名称,始于先秦。《康熙字典》释"律":"又军法曰

---

① 参见马小红著《礼与法:法的历史连接》,第60—63页。

② 或称"刑书",这种名称皆为古人在论述律时所用之原文。如《唐律疏议》言李悝《法经》为"集诸国刑典";《新唐书·刑法志》言:"唐之刑书有四,曰律、令、格、式。"然近代以来,亦有学者认为律并非现代意义上的刑法,如居正认为:"历代的所谓律,我们不可误认其范围为如今之刑法,例如《唐律》卷一名例,不仅为关于刑法之总则,同时亦为关于一般法律的适用法;卫禁、职制、厩库、擅兴,则属于行政法规;户婚属于民事法规;贼盗、斗讼、诈伪、杂律,乃可谓实质刑法;捕亡、断狱,则属于诉讼法规、监狱法规及关于法官违法失职之惩戒法规;又如杂律之中,有属于行政性质者,如关于河防的规定是;有属于民事性质者,如关于钱债的规定是;有属于商事性质者,如关于市廛的规定是。"参见《居正文集》下册,武汉:华中师范大学出版社,1989年版,第400页。

律,《易·师卦》:师出以律;又刑书曰律,《前汉书·刑法志》:萧何捃摭秦法,取其宜于时者,作律九章;《晋书·刑法志》:秦汉旧律起自李悝。"《韩非子·饰邪》在叙述各国变法状况时言:"当赵之方明《国律》、从大军之时,人众兵强,辟地齐、燕。"可见,先秦诸侯国中,律已经成为法律的名称之一。据《史记·律书》、《汉书·律历志》记载,"律"字最原始的含义是以声音表达自然界的变化规律。也就是我们今天所说的"音律";由音律演变为法律之"律",从甲骨文中看,商代就已经开始了,甲骨文中的"师惟律用"①正与《易》经中的"师出以律"的记载相印证。由此可知《康熙字典》中将"律"释为"军法"是律作为法规或法典时最初的状况。②

律最早是军法的名称,通过东汉许慎《说文》,我们可以比较当时专门适用于军队的"律"与适应于一般人的"法"是有所不同的。法,在先秦的典籍中常常写作"灋",右边的"廌"与"去"表示以具有神性且能断曲直的神兽"廌"进行裁断,"去其不直";左边的三点水表示"平之如水"的结果。而律,作为军法,则更强调"均布"、"划一"、不可抗拒。律强调的是颁行的制度或条文具有权威性、普遍性。军法——律的特点,是令出必行,赏罚分明。而这一点正是战国时期法家所推崇的君主治国之道。于是,在秦国推行"什伍制",全民皆兵的过程中,便有了商鞅"改法为律"的变革,律由此成为对所有人(不仅仅是军人)皆有普遍约束力的"刑书"。我们应该注意的是,商鞅的"改法为律"只是"移军法之律作刑典之称",而不是将所有的法统统纳于律中。③可以说,自商鞅之后,律便成为刑典,也就是《康熙字典》中所言的"刑书"的专名词。汉人继承了秦朝的这一变革的成果,律在汉初立法时仍然为刑典之名称,《汉书·刑法志》记:"汉兴,高祖初入关,约法三章:'杀人者死,伤人及盗抵罪。'蠲削烦苛,兆民大说(悦)。其后四夷未附,兵革未息,三章之法,不足以御奸。于是,相国萧何捃摭秦法,取其宜于时者,作律九章。"可见,《九章律》是汉初之刑书,其目的在于"御奸",即惩罚犯罪。《汉书》之后,北齐

---

① 考古研究所《小屯南地甲骨》,北京:中华书局,1980年版,第119页。
② 律由音律之意拓展为纪律、法律的过程,见马小红著《礼与法:法的历史连接》。
③ 参见吴建璠《商鞅改法为律考》,载韩延龙主编《法律史论集》(第4卷),第39—45页。

时成书的《魏书》、唐贞观时成书的《晋书》分别在各自的《刑法志》或《刑罚志》中记述了作为"罪名之制"的律,由此,我们知道商鞅所作的"律",条文大致出于战国时期魏国李悝的《法经》。《唐律疏议》总结了战国以来律的发展:"魏文侯师于里(李)悝,集诸国刑典,造《法经》六篇。商鞅传授,改法为律。""汉相萧何,更加悝所造户、兴、厩三篇,谓九章之律。魏因汉律为一十八篇,改汉《具律》为《刑名》第一……"①关于汉之后,历代律典的篇目,学者多有考证与研究,不再赘言。

归纳古人对律的记载和今人对律的论述,我们可以为律下这样一个定义:作为统一的国家刑法,律形成于春秋战国的变法之际,是法家之学的产物。作为历代王朝统一颁行的刑典之名称,律一直沿用到清朝,与秦以后的中国古代社会相终始。

律的内容与作用类似于现代社会中的"刑法"。其有这样几个方面的内容:第一,它明确规定了何种行为属于犯罪,并规定了相应的"罪名"。因此,古人常将律称为"罪名之制"。第二,它规定了国家法定的"常刑"种类,比如《唐律》中的笞、杖、徒、流、死。因此,古人也常将律称为"刑名之制"。第三,与三代刑书不同,它明确规定了何种行为构成何种犯罪,应该受到何种刑罚,且公之于众。第四,它规定了加重处罚与减轻处罚的刑罚适用原则。

在此应该交代的是,上述引用古人对律的概括与总结,多是从制度、作用或表现形式方面描述的。我们据此定义"律",毋宁说是归纳了"律制"的概念更为恰当。而与"律制"相对的"律义",与本文主题的关系更为密切,笔者将在下文中详述。

2. 中华法系:以儒家思想为灵魂,以内容儒家化为追求

"法系"是一个近代比较法研究中出现的概念。由于不同学者划分法系的标准不尽相同,所以关于世界究竟有多少"法系"的论断也不尽相同。1937年中国法律史学家杨鸿烈在《中国法律在东亚诸国之影响》一书中对当时法系划分

---

① 《唐律疏议·名例律》。

的情况作了介绍。① 综合比较各种观点，杨鸿烈取五大法系之说，即将世界法系划分为印度、中国、伊斯兰、英国、罗马五大种类，并以为："'中国法系'在'世界法系'中有其不可磨灭之价值存在，即'发生最早'、'传播最广'，足与其他四大法系分庭抗礼也。"② "中华法系"又有"中国法系"或"中国固有法系"等多种说法。

"中华法系"既然是近代以来比较法研究的成果，其概念就必然带有"比较法"研究视角的特征。 "中华法系"不同于其他法系的表现形式、内容及其精神特征一直是近代以来学界研究的焦点。

西方学界在对中华法系进行批判时，有两种观点在国际法学界流行甚广并也为中国学界所接受，一是中国法律"以刑为主"，因而中国社会是半开化的"静止的社会"。 这一观点源自英国法律史学家梅因的《古代法》。 尽管梅因的《古代法》对中国法律的论述甚少，但其在这一著作中确立的"静止社会"与"进步社会"的法律标准却为学界奉为圭臬。 梅因认为，与世界其他国家和地区"静止的社会"不同，"进步的社会"主要指欧洲，其标志是民法发达，公民财产多受到法律的保护，法律促进了而不是限制了社会的发展。 而中国的法律虽然较处在原始状态下的印度有所进步，但这一进步是有限并中止了的，"因为

---

① 杨鸿烈言：日本学者穗积陈重先将法系分为印度、中国、伊斯兰、英国、罗马五种，后又加日耳曼、斯拉夫两种，共七种；德国学者柯勒尔、温格尔将世界法系分为原始民族、东洋民族、希腊罗马民族三种；东洋民族又分为半文明民族法及文明民族法二种，中国法系属文明民族法。 美国韦格穆尔教授将法系分为埃及、巴比伦、中国、希伯来、印度、希腊、罗马、日本、日耳曼、斯拉夫、穆罕默德、海洋、大陆、寺院、英美、爱尔兰等十六法系。 参见杨鸿烈著《中国法律在东亚诸国之影响》之《全书提要》，北京：中国政法大学出版社，1999年版。 20世纪初，"法系"之说为中国学界普遍接受，如梁启超1904年《中国法理学发达史论》言："近世法学者称世界四法系，而吾国与居一焉。"（载《饮冰室合集》第2册）

② 杨鸿烈著《中国法律在东亚诸国之影响》之"全书提要"，北京：中国政法大学出版社，1999年版，第2页。 另：杨鸿烈没有更详细地说明取"五大法系"之说的原因，但其在中国法史学界这一观点可以说是不刊之论。 这一观点为学界普遍接受的原因，我认为应该有两点，一是这种划分清晰地表明："凡属于具有某种共性或传统的法律就构成一个法系。"（沈宗灵主编《法理学》（第2版），北京：北京大学出版社，2003年版，第130页）二是法系同时还必须具有"清晰、完备、系统、连续的法律思想和法律方法体系"。 （参见倪正茂著《比较法学探析》，北京：中国法制出版社，2006年版，第156—158页）这两个标准应该是学界对法系划分的共识。

在它的民事法律中，同时又包括了这个民族所可能想象到的一切观念。"①梅因思想东传之际，正是中国反思自身传统，向西方寻求强国良方之时，戊戌变法的政治领袖，近代中国学界翘楚梁启超对此深以为然，1904年梁启超发表《中国法理学发达史论》虽认为："我之法系，其最足以自豪于世也。"在同年的《论中国成文法编制之沿革得失》中却毫不迟疑地写道："我国法律界，最不幸者，则私法部分全付阙如之一事也。罗马法所以能依被千祀，擅世界第一流法系之名誉者，其优秀之点不一，而最有价值者，则私法之完备也。"②这种反思和批判，在上世纪初期中国法的反思中始终居于国内外学界的主流地位，③尽管在上世纪30年代以后，中国法律史学界便开始对这一误解进行纠正，④但由于"比较"深陷误区，即使现在，这种观点在学界也颇为普遍。⑤正是出于这种"比较"带来的偏见，"以刑为主"成为所谓中华法系的特点。二是，中华法系深受儒学的影响，儒家的价值观是中华法系之灵魂。在对中华法系的研究中，无论是以清代法律为主要资料的国际学界，还是已然将中国历代法之内容纳入中华法系研究的中国学界，对中华法系以儒家思想为皈依都无异议。1947年由商务印书馆出版，在国内外法学界影响深远的瞿同祖先生的《中国法律与中国社会》总结道：

---

① 参见[英]梅因著，沈景一译《古代法》，第二章、第五章。
② 梁启超著《饮冰室合集》第2册，《文集之十六·中国法理学发达史论》，第52页。
③ 参见杨鸿烈著《中国法律发达史》之《导论》。
④ 如1932年上海法学编译社出版的丁元普的《中国法制史》之《绪言》曰："刑之一门，要不足概括法制也。"持此观点者，亦有不少有影响力的学者，如杨鸿烈、陈顾远、居正等等。1959年中国学者李祖荫在中译本的梅因著《古代法》之《小引》中批判道：梅因认为"一个国家文化的高低，看它的民法和刑法比例就能知道。大凡半开化的国家，民法少而刑法多，进化的国家，民法多而刑法少"。日本的一些学者据此"说中国古代只有刑法而无民法"实为无稽之谈，因为"古代法律大抵都是诸法合体，并没有什么民法刑法的分别，中国古代是这样，外国古代也是这样"。
⑤ 如美国学者D.布迪、C.莫里斯认为："中国法律的注重于刑法，表现在比如对于民事行为的处理要么不作任何规定（例如契约行为），要么以刑法加以调整（例如对于财产权、继承、婚姻）。"（见D.布迪、C.莫里斯著，朱勇译《中华帝国的法律》，南京：江苏人民出版社，1995年版，第2页）而中国一些20世纪50年代后的"中国法制史"教科书也持此观点。

"法律儒家化是中国法律发展史上一个极为重要的过程。""自儒家化的过程完成以后,如本书各章所显示的,中国古代法律便无重大的、本质上的变化,至少在家族和阶级方面是如此。换言之,家族主义及阶级概念始终是中国古代法律的基本精神和主要特征,它们代表法律和道德、伦理所共同维护的社会制度和价值观念,亦即古人所谓纲常名教。"①

对于近代学界通过比较而归纳的中华法系的两大特点,笔者认为第一个特点是误解的产物,是亟须纠正的。而第二个特点,即中华法系的精神以儒家的思想为核心,法律的发展有一个儒家化的过程则是符合客观事实的。但我们说中国法律儒家化的过程,应该注意两点,一是法律儒家化不只是律的儒家化;二是律的儒家化是法律儒家化的难点和重点。如陈顾远在《中华法系之回顾及其前瞻》中言:

"论其(儒家)思想之表现于法律者,以礼为本,以刑为辅,刑事法之要除刑官外,固归之于律统、刑书、刑狱方面,而政事法、民事法则见之于礼书、礼制方面,并有先王成宪、开国祖训为不成文法之信条,居于无字天书之崇高地位,与真正不成文的柔性宪法相当。然无论为无字天书,为律统、刑书及刑官、刑狱,为政事法、民事法之见于礼书、礼制者,皆属于中华法系之范围,舍其一端则非中华法系之全貌,必有扞格不通之虞。"②

虽近来亦有学者对中国古代法律儒家化提出异议,认为法家的学说才是中国历代法律的指导思想。③ 又有学者认为魏晋南北朝时期法律条文与儒家思想的暗合"并不意味着前者是后者影响的结果,或者可以说,后者并非前者出现的主

---

① 瞿同祖著《瞿同祖法学论著集》,第360页。
② 《中国文化与中国法系——陈顾远法律史论集》,北京:中国政法大学出版社,2006年版,第540—541页。凡以下引用本书者,只注页码。
③ 参见郝铁川著《中华法系研究》,上海:复旦大学出版社,1997年版。凡以下引用此书者,只注页码。

要条件"。① 但分析两位具有代表性论者所征引的资料，尚不足以动摇汉魏以来由于律儒家化进程的发展，而导致中国古代法律儒家化的结论。认为中华法系"法典的法家化"的郝铁川教授，对中华法系的论证，几乎没有涉及"律"以外的法律规范，远不是上述陈顾远所言"中华法系"之范围，是一种对中华法系狭隘的理解或误解。另外，论者在举例说明唐律对秦律的继承时，颇有"断章取义"之嫌，因为作者没有对《唐律疏议》中大量的以经注律的"疏议"进行解释。② 认为魏晋以来法律与儒家思想只是"暗合"的韩树峰教授，将现实社会的需要视为魏晋法律儒家化的动因，本身就承认了这一时期法律的儒家化现象，但应该注意的是，汉魏以来，儒家思想与现实法律绝非是"暗合"，用儒家的思想置换法家在法制体系中的地位，使法制尽可能地体现儒家的理念，甚至将礼制的条文直接作为法律的"规范"，法律的内容不断地儒家化，是立法者明确提出的目的，是主流思想家的追求。"一准乎礼"的唐律出现，正是这种追求的结果。

通过梳理有关"中华法系"研究的论点，笔者认为我们可以为"中华法系"下这样一个定义：第一，"中华法系"是近代比较法研究中提出的概念，它以中国古代法律为主要研究范围，同时也包括受其影响的东、南亚古代法律，就地域而言，中华法系以中国为主，但又不限于中国；第二，就时代而言，中华法系主要指汉法律儒家化以来的中国古代法律，截止到清末变法修律之前，但是，儒家的思想成于春秋战国，是在总结夏、商、西周尤其是西周历史经验基础上而成的，所以，汉以前的历史，可以视为中华法系的准备期；第三，中华法系的特点，在于其价值观以汉代形成的"纲常名教"的儒家思想为核心，以法律内容的儒家化为追求，与社会普遍认可的伦理道德相辅相成。

---

① 韩树峰著《汉魏法律与社会——以简牍、文书为中心的考察》，北京：社会科学文献出版社，2011年版，第250页。

② 参见郝铁川著《中华法系研究》，上编"中华法系的特点"第二章"法典的法家化"。该章分为三节：一、法家创立的《法经》、《秦律》是后世封建法典的基础；二、法家学说是历代法典的指导思想；三、汉唐间法律未曾儒家化。郝铁川教授对中华法系特征具有新意的论点在学界有着广泛的影响，对拓展研究思路有着积极的作用，但是正如作者自己所说的那样，许多观点有些"片面地深刻"。笔者对中华法系整体式的研究时日尚浅，不揣冒昧，提出商榷。

(二) 律学:律义的阐释由法而儒的转变

如上所述,"律"与"中华法系"就概念的形成而言,存在着一个时间差。

律作为法律的名称出现,最迟不过商代,因为甲骨文中有"师用惟律"的记载。被认为保存了大量夏商西周史实的《易》中亦有"师出以律"的记载,自汉以来的经学家大都将此处的"律"释为军队出征时的纪律,"师律",也就是军中的法律,①因此,律为商周时期的军法应无疑义。将律推而广之,作为定罪量刑的国家刑典,则始于战国时期法家商鞅在秦国的变法。

而今人在研究中提出的中华法系,应始于汉代儒家的纲常名教成为王朝的主导思想、法律开始儒家化之时。中华法系是一个与汉以来儒家居于主导地位的中华文化相匹配、儒家价值观为核心、礼法融合的法律体系。将从时间到内容看似格格不入的律与中华法系连接在一起的关键词是"律义"。

1. "法家之律,犹儒者之经"

前文所言"律"之定义,实为"律制"之定义。战国时期,商鞅将用于军队中的律,推广而成为具有普遍约束力的国家刑典,必有着丰富的法律实践经验的总结与理论阐释,这种总结与阐释,是律由军法转变为刑典的理论依据,这种理论依据也就是律之"义"。春秋战国时期律的"制"与"义"是统一的,律之制是在法家思想指导下而形成的,律之义则是法家的刑罚主张。

就法律实践而言,春秋战国时期各诸侯国的政治、法律改革,为商鞅在秦实行"改法为律"积累了丰富的经验。春秋时期,齐桓公任用管仲"作内政而寄

---

① 《周易正义》卷二:"初六,师出以律。否臧凶。"魏晋王弼注:"为师之始,齐师者也。齐众以律,失律则散,故师出以律,律不可失。失律以臧,何异于否。失令有功,法所不赦。故师出不以律,臧否皆凶。"唐孔颖达疏:"师出以律者,律,法也。初六,为师之始,是整齐师众者也。既齐整师众,以师出之时当须有其法制整齐之。故云师出以律也。否臧凶者,若其失律行师,无论否之与臧,皆为凶也。否谓破败,臧为有功。"另,参见《易学精华》,济南:齐鲁书社,1990年版。此书汇编了唐、宋、元、明、清治《易》成就颇为卓著的学者的著作。如:唐李鼎祚的《周易集解》;宋张载的《横渠易记》,程颐的《伊川易传》,朱震的《汉上易传》,朱熹的《原本周易本义》,朱元升的《三易备选》;元吴澄的《易纂言》、《易纂言外翼》,黄泽的《易学滥觞》;明来知德的《周易集注》;清毛奇龄的《仲氏易》,惠栋的《周易述》,张惠言的《周易虞氏易》、《周易虞氏易消息》,焦循的《易通释》。以上学者在其著作中皆将"师出以律"之律释为法律意义上的律。

军令"，将军队的组织方式用于地方的管理，使"卒伍整于里，军旅整于郊"①。由此广开兵员，增强国家的战斗力以应付连年不息的诸侯兼并战争，终成霸业。这正是三百年后商鞅在秦国实行"什伍制"的历史渊源。所不同的是，管仲"作内政而寄军令"时，法律尚处在习惯法时代，而商鞅实行什伍制时，距公元前536年的"郑人铸刑书"②为开端的中国法典时代到来已有近二百多年的历史了。更值得一提的是，在商鞅入秦前，魏国李悝集各国变法之大成，著成《法经》六篇，更是为商鞅的"改法为律"提供了制度上的方便。

仅有制度的基础，尚不足以使律成为自秦以后中国古代史上唯一贯彻始终的王朝颁行的统一刑典之名称，律制之发达、成文法之风行、《法经》之出现，必有其"学"阐释其义。先秦及秦代虽未有"律学"之名，但法家对"法"的阐述与传授，随着各诸侯国的变法而影响广泛。众所周知，法家注重刑罚在治国中的作用，强调"刑无等级"，正是在法家思想的指导下，春秋战国时期的刑典才有了突破性的发展，即从习惯法时代的"刑名之制"进入到法典时代的"刑名""罪名"合一的制度。③春秋以前，三代刑书只言"刑名"，或以"刑名"为主，没有"罪名"。如《尚书·吕刑》言墨、劓、剕、宫、大辟"五刑"；《左传·昭公六年》、《左传·文公十八年》记周有《九刑》，而《九刑》据汉人言为："正刑五，加之流宥、鞭、扑、赎刑。"④许多中国法制史的教科书中，将《尚书》中记载的"不敬上天"、"不吉不迪"等对"罪行"的描述，误定为当时的"罪名"，因此而抹杀了中国古代刑事法律制度在春秋战国时所取得的巨大进步。其实，"罪名"的出现，其历史意义并不亚于子产第一次将刑法公之于众的"铸刑书"。因为，从法律的发展规律看，刑名确定而罪名不确定，正是习惯法时代的特征，因为罪名不确定，方可"议事以制"，即由裁断者综合各方面的情况"议"而量刑，⑤这是习惯法时代，贵族阶级的法律特权。这种只有确定刑名的"刑名之制"，显然无法达到春秋战国时期法家"刑无等级"、"罪刑相

---

① 《国语·齐语》。
② 《左传·昭公六年》。
③ 有关习惯法时代与法典时代的区别，参见[英]梅因著，沈景一译《古代法》第一章。
④ [清]孙诒让撰《周礼正义.秋官.司刑》，第2840页。
⑤ 参见杨伯峻编著《春秋左传注·昭公六年》，第1274—1276页。

抵"、"赏罚分明"的法律诉求。正是在法家学说的阐释下,才有了李悝《法经》一改以刑名作为刑典之篇名的做法,而改为以"罪名"为篇目,《法经》六篇,其中《盗》、《贼》、《杂》对罪名作了明确的规定,《晋书·刑法志》记:"(李)悝撰次诸国法,着《法经》。以为王者之政,莫急于盗贼,故其律始于《盗》、《贼》。盗贼须劾捕,故着《网》、《捕》二篇。其轻狡、越城、博戏、借假不廉、淫侈、逾制以为《杂律》一篇,又以《具律》具其加减。"在介绍了《法经》篇名后,《晋书·刑法志》画龙点睛地指出:"是故所著六篇而已,然皆罪名之制也。"

商鞅携带着李悝的《法经》入秦,并"改法为律",实为由刑名之制转向罪名、刑名之制合一。① 这一重大变革的深化,无论是从字义还是从内容上看,"律"都更能体现法家的用刑原则:均布、划一、不可违抗。② 将刑的作用发挥到极端,是法家学派的特征。大到富国强兵,小到民间的纠纷,刑的作用可以说是无所不在。《管子·七臣七主》言:"律者,所以定分止争也。"1975年出土的湖北云梦秦简,证明了作为刑典的"律",在秦统一前已经十分发达。而阐述律义的法家之学在秦统一后,更是被秦统治者视为不容置疑的王朝核心价值观。从《史记》、《汉书》的描述中,可以看出,秦始皇为政的特点是"贵治狱之吏","专任刑罚"。而秦王朝的"学",其目的也在于统一官吏高度重视刑罚的作用,告诫天下人必须绝对服从于"律"的规定。为树立律的权威,充分发挥刑的震慑作用,商鞅提出在中央与地方均设"法官"或"主法之吏",并奉他们"为天下师",③而韩非进一步明确提出:"明主之国,无书简之文,以法为教;无先王之语,以吏为师。"④秦始皇统一后,采纳了丞相李斯的建议,禁绝天下私学,焚烧《诗》、《书》及法家之外的各家书籍,昭告天下:"若欲

---

① 关于《法经》成书时间及性质,关于商鞅"改法为律"的有无在学界一直存在着争论。关于《法经》的问题,参见何勤华著《中国法学史》第1册,北京:法律出版社,2006年版,第66—84页;李学勤《秦玉牍索引》,载《故宫博物院院刊》2000年第2期。笔者亦以为《法经》应为战国时期李悝总结各国刑制变革之著作,而商鞅携之入秦,以其为基础制定了秦律。关于商鞅"改法为律"的问题,参见吴建璠《商鞅改法为律考》,载《法律史论集》第4卷,笔者赞同作者的观点。

② 参见马小红著《礼与法:法的历史连接》,第71—76页。

③ 《商君书·卷五·定分》。

④ 《韩非子·五蠹》。

学法令，以吏为师。"①这种文化教育的专制，到秦二世时法家之学已经演变为"非斩、劓人，则夷人三族也"②的极端刻薄寡恩之说。

正如元代儒生柳赟所言："法家之律，犹儒者之经。"③秦自孝公用商鞅变法，中经七世，至秦王政，一百五十余年，推崇法家。统一后，秦始皇更是以法家思想与方法统一法令，完善律制。学在官府，恪守律令，经过秦政，已成社会风习。汉代秦后，统治者深知严刑峻罚荼毒天下，是秦覆灭的原因，所以汉初便屡屡发布诏令，废除秦朝苛法，逐渐恢复私学，但秦"以吏为师"、重视刑律之风尚存。汉高祖曾布告天下，郡守须按朝廷要求选拔"明法者"或"明德者"，上报朝廷，举荐书上要写明被荐者的形状年纪，年老有病者不在举荐范围中。审核合格者，郡守亲自前往勉励，并送至丞相府学习。若有此人材而郡守不举荐者，免官。④汉景帝时，蜀地郡守文翁，为改造蜀地的"蛮夷风"，"乃选郡县小吏开敏有材者张叔等十余人，亲自饬厉，遣诣京师，受业博士，或学律令"。⑤

律，作为法家青睐的治国工具在战国至秦得以充分地发展，并成为王朝教育的中心内容。以严刑峻罚统一人们的言行和思想，任何人不得违背——这就是法家对律义的阐释。

2. 律的儒家化

(1) 经学成为官学

对律义阐释的转变，始于汉初私学的恢复。汉初，虽然"以吏为师"、"以法为教"的秦风犹存，但国家对私学的控制已经大大松动，儒家之学此时也悄然兴起。随着儒家的恢复，法律之学私相授受也不再受到严格的限制。汉中期，武帝定儒学为一尊，以法家之学阐释律义被正式废止。《汉书·武帝纪》记

---

① 《史记·秦始皇纪》。
② 《汉书·贾谊传》。
③ [元]柳赟《唐律疏议序》，载《唐律疏议》，北京：中华书局，1983年刘俊文点校本，第664页。
④ [唐]杜佑撰《通典·选举一》："其有称明法者，御史中执法、郡守必身劝勉，遣诣丞相府，署其行、义及年，有其人而不言者，免官。"《汉书·高祖纪》记："御史大夫昌下相国……御史中执法下郡守，其有意称明德者，必身劝，为之驾，遣诣相国府，署行、义、年。有而弗言，觉，免。年老癃病，勿遣。"
⑤ 《汉书·循吏传》。

载，建元元年，汉武帝诏天下举荐贤良方正、直言极谏之士，在所举荐的贤良中，有以习申不害、商鞅、韩非（皆为法家）及苏秦、张仪（为纵横家）之学的人，丞相卫绾上书言法家与纵横家之学"乱国政"，建议废除。这一建议被武帝认可。其后，武帝又诏贤良上治国之策，决意效法先王，改变秦以刑钳制天下、而使天下人怨望反叛的局面。诸位儒生，尤其是董仲舒在对策中主张的儒家"大一统"之学深合武帝之意，于是脱颖而出。① 建元五年，置"五经博士"，所谓"博士"，是秦时学官的名称，其任职的资格是"通古今"。但秦时博士"备员弗用"，并无多少发言权。② 而武帝所置"五经博士"则不同于秦之博士，五经博士的任职要求是"通儒家之学"。所谓五经，有时又称"六经"，据章太炎考证，"六经"之名为孔子所定，其中"诗"、"书"、"礼"、"乐"是周代官方教学的课本，"周易"、"春秋"亦谓孔子所赞，这六类典籍皆经过孔子修订，故称为"六经"，而"乐"有谱无经，所以武帝"罢黜百家，表彰六经"，而所设学官却称为"五经博士"。③

五经博士的设立，确立了儒学的官学地位。武帝又采纳了董仲舒的建议，兴太学，置博士弟子员。五经博士各以本人所擅长的经授徒。而通晓经义者，擢拔为官。与董仲舒同样受到武帝青睐的公孙弘"以治春秋为丞相，封侯"，④"以儒学为利禄之途，始于此"⑤。武帝之后，儒学定于一尊，经学成为汉学的核心。因通经而走向仕途的人越来越多。

（2）律学使律义皈依儒家

如前所述，律源于刑，是在法家思想指导下形成的罪刑名合一之制，而先秦及秦统一后的律义，也是法家之意。法家之所以重律，是因为强调国家的利益至上，而刑罚的震慑和划一功能实为维护国家利益的利器。作为罪名、刑名合

---

① 《汉书·武帝纪》："（元光元年）五月，诏贤良曰：'朕闻昔在唐虞，画像而民不犯，日月所烛，莫不率俾。周之成、康，刑错不用，德及鸟兽，教通四海……贤良明于古今王事之体，受策察问，咸以书对，着之于篇，朕亲览焉。'于是，董仲舒、公孙弘等出焉。"

② 参见《史记·秦始皇纪》。

③ 参见章太炎著《国学讲演录》，关于儒家经书由"五经"到"十三经"的演变，参见顾颉刚著《汉代学术史略》，第十章，第46—47页。

④ 《汉书·儒林传》。

⑤ 邓之诚著《中华两千年史》（卷一），北京：中华书局，1983年版，第146页。

一之制的律，在实践中当然要"法中求罪"，通过严厉惩罚犯罪来彰显律的权威。

汉代儒生，继承了先秦儒家的传统，其不仅看到了刑罚震慑作用的有限，而且更看到了秦朝"专任刑罚"、二世而亡的教训及过度用刑的危害。汉武帝时确立的官方主导学说——经学，高扬的是儒家仁义教化的旗帜，与以刑立威的律不免矛盾。但是，无论是武帝，还是当时及后来通过习儒通经而受到朝廷重用的儒生，没有任何人提出过废除律制的建议，因为他们都明智地认识到"汉承秦制"是一个历史的必然，是他们无法更改的选择。无论法家对律的阐释，与儒家思想有着怎样的冲突，律制在现实国家与社会的治理中都是无法废除的，成书于东汉儒生之手的《汉书·刑法志》对此说得透彻："鞭扑不可弛于家，刑罚不可废于国，征伐不可偃于天下。"① 与秦始皇以刑钳制天下人言行甚至焚书尊法而统一天下人的思想不同，汉统治者面向实际作出了以官爵利禄为诱导，以发展经学而扬儒抑法统一人们思想的聪明决策。在刑典方面，以儒家思想阐述律制，将儒家对刑的诉求注入于律中，成为汉武帝罢黜百家后的不二之选，于是用儒家的思想解释律制，阐述律义成为汉中期以后经学的重要内容之一，律学因此而兴。以儒家经典注释律文、阐释律义的律学之兴起与发展，终于使法家思想指导下形成的律在宗旨和精神上逐渐皈依儒家。

开以经注律，以儒家学说阐述律义之先河者，是汉代董仲舒。清代张鹏一作《两汉律学考》，从《史记》、《汉书》、《后汉书》本传及表、志中集律家，作表，述其人名、世业、官阶、事迹与所著。董仲舒之前列萧何、叔孙通、张欧、张释之、贾谊、晁错、宋孟、刘礼、田叔、吕季主、彭祖十一人。唯文帝时贾谊有儒学背景"年十八能诵诗、书"。而其余人或为文吏，有"学"无派，如萧何、叔孙通等；或学法家，好法律，如晁错、彭祖等。而武帝后，情况改观。董仲舒通晓《春秋》，史载"治《公羊春秋》"，景帝时期为博士，武帝时举贤良，为诸侯国相，后因病而免。董仲舒最为世人知晓是因"天人三策"而获得武帝赏识，儒学因此而成为汉之"国学"。其实，在刑典由法而儒的转变方面，董仲舒也是功不可没。从史书的记载看，董仲舒没有直接参加汉律的修订，但是在致仕家居期间，王朝主管刑狱的最高长官廷尉张汤则屡受武帝派遣，亲自至

---

① 《汉书·刑法志》。

董仲舒所居的陋巷中请教。董仲舒总是以经剖析，集二百三十二事，给后人留下了《春秋决狱》。程树德考证，此书直到宋时尚存。① 武帝派张汤所问之事，主要是"狱事"。而董仲舒"动以经对"，这种折狱方式，所改变的首先是律之目的，即刑典虽是为政者必备的治理手段，但确立律的权威，以刑罚的震慑、恐吓作用而建立王朝所需要的秩序并不是刑典的最终目的，刑典的目的在于维护《春秋》等儒家经典中所提倡的人伦，比如《通典》引董仲舒以《诗》与《春秋》决狱的例子：养父甲包庇犯有杀人罪的养子乙，问"甲当何论"？董仲舒认为："《诗》云，螟蛉有子，蜾蠃负之。《春秋》之义，父为子隐。甲宜匿乙而不当坐。"②

可以说，董仲舒的《春秋决狱》为改造律义提供了思路。其影响较亲自参加律的修订更为深远。董仲舒后，虽然亦有以法家、纵横家释律，如晁错、主父偃等，但依据儒家经典裁决重大或疑难案件蔚然成风。有许多著名的经学家，经律两通，像董仲舒那样"表《春秋》之义，稽合于律"③，亦有先好刑名之学，而后又学习儒家经典者。④ 虽然许多学者指出，汉武帝罢黜百家是表面文章，终汉之世，就律的阐释而言，儒家也没能一统天下，而是王、霸并存。就历史现象的描述来说，这样的论点无可非议。但是，就历史的走向来说，我们可以看到，自汉初始，法家作为王朝确立的唯一的统治学说，地位动摇。自武帝起，律义唯法家之学是从的局面也不复存在。不同的律义阐释淡化了法家对刑的强调，也淡化了作为刑典的律与儒家仁义思想的冲突。以经决狱的律学虽然与释律诸家并存，但其已经取代法家，成为王朝的统治学说，并逐渐为社会大多数人所认可。如张鹏一总结的那样："汉以经术施诸政治一事，实自董仲舒发之，当时人君向用其说，古汉世律法多洗秦旧，流风所被，浸为俗尚。"

董仲舒后，两汉律学的发展，史籍多有记载，学界也多有论述。如《晋书·刑法志》记："叔孙宣、郭令卿、马融、郑玄诸儒章句十有余家，家数十万

---

① 参见程树德著《九朝律考》，第163页。
② [唐]杜佑撰《通典·礼志五六》。有关更多的《春秋决狱》事例，参见程树德著《九朝律考》之《汉律考》及高恒《论"引经决狱"》、《董仲舒的法律思想》，载高恒著《秦汉法制论考》，厦门：厦门大学出版社，1994年版。
③ [东汉]王充著《论衡·程材篇》。
④ 参见[清]张鹏一撰《两汉律学考》。

言。"而出自东汉大儒班固之手的《汉书·刑法志》中所表达的法律观,也说明儒家的刑法主张经过律学的阐释至西汉末基本成为律之灵魂,《汉书·刑法志》中总结了自黄帝以来刑罚的发展,引儒家之经与孔子之言告诫统治者,王者应该有为天下人父母的慈悲之心,对民众的统治应以教化为主,刑罚只是一种迫不得已而用之的工具。因此,用刑之道的根本在于"省刑",而不是如法家那样用繁刑峻罚将天下人置于法网之中。《汉书·刑法志》引孔子言:"今之听狱者,求所以杀之,古之听狱者,求所以生之。"由此区别了儒法两家用刑目的的不同:法家于"法中求罪",儒家于"法中求仁"。又引孔子言:"古之知法者能省刑,本也;今之知法者不失有罪,末也。"由此区别了儒法两家对刑罚作用认识的不同:法家只是将刑作为惩罚犯罪的工具,而儒家则将刑视为社会教化的一种特殊手段,即用刑不仅要树立法律的权威,更要树立是非善恶观。儒家用刑之道的效果是"省刑"而缓和社会矛盾,法家的用刑之道效果则是法繁而刑苛,激化社会矛盾。《汉书·刑法志》的结论是:"礼教不立,刑法不明。"是如《尚书》所言"伯夷降典,悊民惟刑",即"制礼以止刑"。

《汉书》为官修史书,其表现出的价值观在当时社会中居于主流地位自不待言,《刑法志》充分体现出的儒家刑观念证明,法家对律的阐释已经逐渐退出历史舞台,而儒家通过对律的重新解释,为律注入了新的灵魂。

(三) 礼的拟制:律制日益简约,律义日益深邃

汉武帝之后,王朝的统治者逐渐为法家思想指导下形成的律注入了儒学的价值观。作为刑典的名称,律自秦王朝始历代沿用不变(只有元朝除外),而内容也多有沿革,这种一以贯之的延续性几乎可以与儒家崇尚的礼相比。实际上,自汉武帝后,律的发展历程,与礼有诸多相似处,甚至可以说其正是礼的拟制。

众所周知,周公"制礼作乐"及周礼之发达,是中国古人以"礼仪之邦"而自豪的缘由。"克己复礼"是孔子的毕生理想。但身处春秋"礼崩乐坏"之时的孔子也知道周的礼制、礼仪过于繁琐,礼的完全实施,几乎是无法达到的。因此,在强调"复礼"时,相对于制度、仪式而言,孔子更强调恢复与弘扬礼义,即礼所维护的人伦道德——孝、忠、节、义与礼义所体现的仁、义、礼、智、信的宗旨。简单地说,孔子对礼制的改良并不反对,但他旗帜鲜明地反对

抛弃礼义，所以阐述礼义，在儒家体系中远比礼制的恢复和改革重要。《礼记·大传》中强调：

"立权度量，考文章，改正朔，易服色，殊徽号，异器械，别衣服，此其所得与民变革者也。其不可得变革则有之矣：亲亲也，尊尊也，长长也，男女有别。此其不可得与民变革者也。"

战国以来，作为一种制度，礼制越来越简化，影响远不如西周宗法制下广泛，而汉之后，礼制仪式更是常常只具象征意义，如陈寅恪所言"自汉以来史官所记礼制止用于郊庙朝廷，皆有司之事。"①与礼制简约的同时，礼的价值观经过不同时期儒生们不间断地阐释，却成为社会主流价值观。忠、孝、节、义及仁、义、礼、智、信成为社会的共识和各项"制度"的根本，合乎礼义与否，大到关涉王朝的合法性，细微至个人言行的准则。

律，自汉中期以来的发展，也经过了律制日益简约、律义（儒家之说）日益深邃这样一个类似战国至汉时的礼的发展过程。秦汉时期，就律制的形式而言主要有律、令两种。律是王朝颁行的基本刑典，而令则是王朝根据时势发布的单行法规，其涉及王朝制度的各个方面，刑事方面的令，主要用来补律之不周或根据案情具体情况加重或减轻处罚。汉初萧何对律进行了"简化"，原因在于战国至秦政的"泛刑罚"治理，将许多不是或不应纳入刑法领域解决的问题也纳入到律中。根据湖北云梦出土的秦简看，汉人对秦法"繁于秋荼而密于凝脂"的评价并不为过。但简化律制并不是一件简单的事情，其不仅需要长时间实践经验的积累，更需要理论的指导。萧何的《九章律》虽为后世奉为律宗，但其简化律制的工作并未达到理想的状态。程树德在《九朝律考·汉律考》中列出了许多汉律中律令不分、律礼不分的例子。但此时的律礼不分，是因为律令定义尚不明确，体系尚不完善以及秦之尊法任刑的思想尚有广泛的影响而造成的，其与汉武帝后的礼法有机地融合有着本质的不同。

关于律的儒家化过程，学界论述甚详，不再赘述。笔者关注的是，在律儒

---

① 陈寅恪著《隋唐制度渊源略论稿》，北京：中华书局，1977年版，第4页。凡以下引此书者，只注页码。

家化的过程中，发生的律制日益简约和律义日益深邃这一现象，并试图加以解释。

(1) 律制日益简约

先说律制日益简约。汉之后，修律基本是在王朝统一之初时进行，从律之篇目上看，汉律60篇；①曹魏《新律》18篇；晋《泰始律》20篇；北齐律12篇949条；②北周《大律》25篇1537条；③隋《开皇律》12篇500条，《大业律》18篇500条；唐《武德律》、《贞观律》12篇500条，《永徽律疏》12篇502条；《宋刑统》依唐律，12篇502条；明《大明律》7篇460条；清乾隆《大清律例》7篇436条。

自汉至唐，律的篇目、条文总体呈减少的趋势，魏晋律学兴盛之际，也正是这一进程迅速而稳定发展之时。唐初制律以北齐、开皇律12篇为宗，更是对律简约化的一种历史的肯定。唐之后，元代制定《大元通制》，其中"断例"部分的篇目一如唐律。故其《序言》中说元之刑典"于古律暗用而明不用，名废而实不废"④。律在发展过程，除总体呈现简约的发展趋势外，还有一个特征，即有极强的延续性，不仅"律"作为刑典名称相沿二千余年，甚至一些篇章条文也二千年一脉相承，如《大清律例》叙述"名例"之沿革："李悝造《法经》，其六曰《具律》，魏改为《刑名》，晋分为《刑名》、《法例》。沿至北齐，乃曰《名例》。隋唐以后因之，至今不改。"

(3) 律义日益深邃

与律制发展日益简约同步的是，对律义的阐释日益深邃。甚至可以说，正是律义的深邃，使律制在修订时有了儒家理论的指导，因而体例更为规范，条文更加规范，解释也更加准确。《晋书·刑法志》记，曹魏时期制定《新律》，律学家对已往的律进行了学理上的分析：第一，对当时通行的律的解释，以"应经合义"为标准进行统一，加强儒家价值观的地位。第二，就体例而言，指出了《九章律》的缺点：阐发刑之宗义的篇目《具律》在律典中"既不在始，又不在

---

① 《晋书·刑法志》："萧何定律……，合为九篇，叔孙通益律所不及，《傍章》十八篇，张汤《越宫律》二十七篇，赵禹《朝律》六篇，合六十篇。"
② 参见《隋书·刑法志》。
③ 参见《隋书·刑法志》。
④ 关于唐、金、元律篇名之比较，详见方贵龄《通制条格校注》，第13—15页。

终"，因而不能显示其重要性。于是《新律》"集罪例以为《刑名》（代替《具律》），冠于律首"。并指出律"当慎其变，审其理"。第三，对一些罪名、刑名进行了更为精确地解释。比如，对律、令的解释，汉人言："前主所是着为律，后主所是疏为令。"①而魏晋时杜预则言："律以正刑名，令以存事制。"②杜预的解释显然较汉杜周的解释更具有学理性。③

汉以来的经验与学理的积累，使得律逐渐"经"化，文颖注《汉书》，在解释《宣帝纪》中的"令甲"时言："萧何承秦法所作律令。律，经是也。天子诏所增损，不在律上者为令。"唐代，律完成了官方的统一解释，从魏晋时期的"应经合义"而达到"一准乎礼"的地步，后世的立法者无不奉为圭臬。从纪晓岚作《四库全书总目》对唐、清两朝律之评价，可以看出，律自唐以来，修订审慎，改动极少，已然成为刑之"经"：

"高宗即位，又命长孙无忌等偕律学之士撰为义疏行之，即是书也。论者为唐律一准乎礼，以为出入得古今之平。宋时多采用之，元时断狱，亦每引为据。明洪武初，命儒学同刑官进讲唐律。后命刘惟谦等详定明律，其篇目一准于唐。至洪武二十二年，刑部请编类颁行，始分礼、户、礼、兵、刑、工六律，而以名例冠于律首。本朝折中往制，垂宪万年。钦定《大清律例》。"④

自汉武帝尊儒，作为刑典的律就被赋予了多重历史使命。首先，惩罚犯罪，维护王朝秩序，是律义不容辞的职责。其次，体现并维护王朝的主导思想，比如，体现儒家关于刑的主张；培养官吏"刑为盛世所不尚"的价值观等等。经过近八百年的发展，"一准乎礼"的唐律终于达到了这样一个境界。也许唐律及其疏义的得以流传，正是因为自唐始律就已经不只是量刑定罪并根据时势不同而历代皆有改变的法律实践中的适用之典了，唐律更是一部"刑理"之典。就刑罚而言，唐时的格令、宋时的编敕、明清时的例皆可以因时因势而变

---

① 《汉书·杜周传》。
② 《太平御览·卷六三八》。
③ 关于晋代律学的重大发展与律之篇章体例、术语解释的进步，见高恒《张斐的〈律注要略〉及其法律思想》，载《秦汉法制论考》，厦门：厦门大学出版社，1994年版。
④ 《四库全书总目卷·八二·史部·政书类二》。

通轻重,但律却是相对稳定的,不可变的,因为唐之后,律重在律义,律义所体现的律之理,与"经"并无二致。如薛允升在《唐明律合编》的《例言》中所言:"律与经相辅而行。"

(4) 律制、律义演化之因

汉之后,律的儒家化过程、表现与原因,前辈学者陈寅恪、程树德、杨鸿烈等从不同角度有着精彩的论述,被视为不刊之论,已成学界通识:汉中期董仲舒开法律儒家化之先河,此后律学的发展,使礼的一些条文入于律中,如八议、准五服以制罪等。晋律则是一部尤为儒家化的法典。

笔者认为,关于上述的表述基本符合历史的客观,但一点需要进一步说明,即据《汉书·刑法志》记载,法律之儒家化在汉初就已有端倪。比如:文帝废肉刑,诏书引《诗》文作为依据:"恺弟君子,民之父母。"肉刑不仅施刑手段残酷,而且绝人自新之路,"何其刑之痛而不德也"。为体现儒家君主为民之父母的仁慈心,文帝除肉刑,"具为令",后定律以城旦舂、髡钳城旦舂、笞三百、笞五百、弃市分别代替完、黥、劓、斩左趾、斩右趾。虽然有关肉刑废、复争论,一直持续到魏晋方告一段落,但无论是肉刑的废除论者,还是肉刑的恢复论者,均以儒家仁义之说阐明自己的论点。又记景帝时,令"狱疑者谳",与五听、三宥之法相近,而令"年八十以上,八岁以下,及孕者未乳、师、侏儒,当鞫系之,颂系之",与周之三赦之法相近。

学界之所以将武帝时董仲舒"春秋决狱"视为法律儒家化之始,忽视了汉初的过渡性原因也许是如下几点:第一,学界所言的法律儒家化主要指的是刑律之儒家化,所以对"具于令"的儒家化缺乏关注。如陈顾远以为:"最使礼与律相合而为一者,莫若以经义折狱一事。"①瞿同祖认为儒家之有系统修改法律始自曹魏,其所举资料多是曹魏时期修律的记载。②陈寅恪以为:"(晋)司马氏以东汉末年之儒学大族创建晋室,统制中国,其所制定之刑律尤为儒家化。"③随着律的儒家化,政治家、思想家、学者开始从注重律制的完善到注重律义的阐释。曹魏时,尚书卫觊上书言:"九章之律,自古所传,断定刑罪,其意微妙。百里

---

① 陈顾远著《儒家法学与中国固有法之关系——关于中国法系回顾之一》,载《中国文化与中国法系——陈顾远法律史论集》。
② 参见瞿同祖著《中国法律之儒家化》,载《瞿同祖法学文集》。
③ 陈寅恪著《隋唐制度渊源略论稿》,第100页。

长吏,皆宜知律。刑法者,国家之所贵重,而私议之所轻贱;狱吏者,百姓之所悬命,而选用之所卑下。王政之弊,未必不由此也。请置律博士,转相教授。"①《三国志》中记载的被朝廷所采纳了的卫觊这短短的上书,给我们透露了丰富的历史信息,使我们可以窥探到魏晋之后,律制与律义的演化之因。

首先,与汉武帝置五经博士,使经学成为国学,而研习日深相同,魏晋时律博士的设置,确立了律学的官学地位,对律的研究如同对经的研究一样受到了王朝重视。这也是魏晋至唐,作为刑典的律,体例日益完备而简约的原因。

其次,卫觊提出的置律博士的建议一直到宋,被历代统治者所接纳。《通典·职官九·国子监》记:"律学博士,晋置。""东晋以下因之。"《选举二》记:"四曰律学,生徒五十人。""诸学皆有博士、助教,授其经义。"沈家本在《法学盛衰说》中对律博士的作用给予充分肯定,其言:"盖自魏置律博士一官,下及唐宋,或隶大理,或隶国学,虽员额多寡不同,而国家既设此一途,士人讲求法律者宜视为当学之务,传授不绝于世。"其实,律博士的设立对于律的意义,就如同汉武帝置五经博士之于儒学的意义。五经博士使儒家经典的研究日益深入,而律博士对律的研习与传授,为律义的深度阐发提供了基础。

再次,卫觊上书中言:"百里长吏,皆宜知律。"沿用了秦"以吏为师"、"以法为教"的律之传授形式,但秦对官员习律强调的是对律条文的熟记,而魏晋后更强调官员对律义的理解。律学博士的职掌之一就是"教文武官八品以上及庶人子之为生者"。②如前文所引,律博士所授为律之"经义"所在。沈家本在《法学盛衰说》中进一步论道,元废律博士,而法学衰。此论或有偏颇。因为,唐永徽年间制定律疏议,有两个目的,一是为生徒的"以经注律"的考试提供标准答案;③二是防止因官员对律文理解的不同而产生"同罪异罚"的现象。④自"疏义"完成后,官员在断狱中"皆引疏分析之"。⑤元人柳赟合刊《唐律疏议》,表明律义自唐以来,已经统一且成为官员必备之知识,律博士对律义的研习传授似乎已没有了太大的必要,这也许是废除律博士的原因。而唐

---

① 《三国志·卫觊传》。
② 《册府元龟·五九七·学校部》。
③ 参见《册府元龟·卷六一二·刑法部》。
④ 参见《唐律疏议·名例律》。
⑤ 《旧唐书·刑法志》。

之后，官吏读律，对律的统一理解似乎更为重要。故明清两代的律文中，皆设有"讲读律令"条。明律学家雷梦麟言："讲者，解晓其意；读者，记诵其辞。若不能讲解，不晓律意，虽能记诵，引用犹差，何以剖解事务？"①卫觊针对"刑法者，国家之所贵重，而私议之所轻贱；狱吏者，百姓之所悬命，而选用之所卑下"的"王政之弊"所提出的"置律博士"与"百里长吏，皆亦知律"的建议，可以说适应了汉以来律之儒家化发展的需要，也促成了律与礼相似的发展历程。这一历程，至唐代告一段落。

（四）对本文开篇提出问题的解答

通过定义"律"与"中华法系"、梳理律义由法而儒的发展历程及解释律在发展中逐渐"经"化的现象，我们基本可以对本文开篇提出的问题做一个解答。

第一，律与中华法系的关系问题，可以说，律只是中华法系中的有机组成部分。由于律源于"刑"，中经战国与秦法家的指导而发达，其与儒家"胜残去杀"、提倡礼教而限制刑罚的理念殊为不符。汉中期，王朝主导思想由法家转变为儒学后，起于刑制、深受法家及秦统治者青睐的律，较其他制度的转变显得更为困难。因为中华法系的价值观是"经"，制度核心是礼，其既不是"以刑为主"的，也不是以律为核心的。但是，汉中期以后律义由法而儒的转变，则确实是中华法系之说成立的关键。从这一方面说，学界对律的重视也不无道理。

第二，律在中华法系中的地位，唐以前注重在体例与条文的完善方面，而且也更重实用。唐以后，律不仅仅是适宜于一朝一代的实用的制度，而是有着深刻学理、与经并行的刑之"经"。而且明清时期，律作为一种刑罚轻重的"矫正器"、作为一种"经"化的刑制，其意义远远大于其实用价值。如沈家本所言："律设大法，其随时纂入之例，苟与本律违忤，或律外加重者，盖从删并。"②律的"经"化，正是自唐以后，律典得以完整地流传于后世的原因。但即使"经"化了的律，在中华法系中仍然不具有主要地位，因为对刑（而不是法）的负作用始终抱有戒心，才是中华法系也是儒家思想的特点。

（原文载高明士编《中华法系与儒家思想》，台大出版中心，2014年版）

---

① ［明］雷梦麟撰《读律琐言》，北京：法律出版社，2000年版，第95页。
② ［清］沈家本撰《历代刑法考》（四），第2134页。

参考文献

(一) 基础资料类

十三经注疏附校勘记. 北京：中华书局影印，1980年版。

二十五史中有关传纪、志、表、书等资料. 中华书局点校本。

四部备要·经部. 上海：上海中华书局，据抱经堂本校刊。

四部备要·子部. 上海：上海中华书局，据抱经堂本校刊。

蒙学十篇. 北京：北京师范大学出版社，1991年版。

走向世界丛书. 钟叔河编. 长沙：岳麓书社，2008年版。

清经解. [清]阮元编. 上海：上海书店，1988年版。

清经解续编. [清]王先谦编. 上海：上海书店，1988年版。

易学精华. 济南：齐鲁书社，1990年版。

今文尚书考证. [清]皮锡瑞撰. 北京：中华书局，1989年版。

仪礼通论. [清]姚际恒著，陈祖武点校. 北京：中国社会科学出版社，1998年版。

礼记集解. [清]孙希旦撰，沈啸寰、王星贤点校. 北京：中华书局，1989年版。

礼记今注今译. 王梦鸥注译. 天津：天津古籍出版社，1987年，

周礼正义. [清]孙诒让著，王文锦、陈玉霞点校. 北京：中华书局，1987年版。

春秋左传注. 杨伯峻编著. 北京：中华书局，1981年版。

诸子集成. 北京：中华书局，1954年版。

墨子闲诂. [清]孙诒让著，孙以楷点校. 北京：中华书局，1986年版。

论语译注. 杨伯峻译注. 北京：中华书局，2009年版。

论语今读. 李泽厚著. 合肥：安徽文艺出版社，1998年版。

孟子译注. 兰州大学中文系孟子译注小组. 北京：中华书局，1962年版。

荀子集解. [清]王先谦撰，沈啸寰、王星贤点校. 北京：中华书局，1988年版。

商君书锥指. 蒋礼鸿撰. 北京：中华书局，1986年版。

韩子浅解. 梁启雄著. 北京：中华书局，1962 年版。

韩非子校注. 韩非子校注组. 南京：江苏人民出版社，1982 年版。

老子新译（修订本）. 任继愈译注. 上海：上海古籍出版社，1985 年版。

老子校释. 朱谦之撰. 北京：中华书局，1984 年版。

庄子解.［清］王夫之著，王孝鱼点校. 北京：中华书局，1985 年版。

庄子集释. 郭庆藩辑. 北京：中华书局，1982 年版。

郑板桥集. 上海：上海古籍出版社，1979 年版。

四书章句集注.［宋］朱熹撰. 北京：中华书局，1983 年版。

贾谊集. 上海：上海人民出版社，1976 年版。

论衡注释. 北京大学历史系论衡注释小组. 北京：中华书局，1979 年版。

淮南鸿烈集解. 刘文典撰，冯逸、乔华点校. 北京：中华书局，1989 年版。

盐铁论简注. 马非百注释. 北京：中华书局，1984 年版。

春秋繁露（四部备要本）.［汉］董仲舒. 上海：中华书局据抱经堂本校刊。

白虎通疏证.［清］陈立撰. 北京：中华书局，1994 年版。

新语校注. 王利器撰. 北京：中华书局，1986 年版。

唐律疏议.［唐］长孙无忌等撰，刘俊文点校. 北京：中华书局，1983 年版。

唐律疏议新注. 钱大群撰. 南京：南京师范大学出版社，2008 年版。

贞观政要.［唐］吴兢. 上海：上海古籍出版社，1978 年版。

中古历代刑法志校注. 高潮、马建石主编. 长春：吉林人民出版社，1994 年版。

包拯集校注.［宋］包拯撰，杨国宜校注. 合肥：黄山书社，1994 年版。

陈亮集. 北京：中华书局，1974 年版。

朱子语类.［宋］黎靖德编，王星贤点校. 北京：中华书局，1986 年版。

王阳明全集.［明］王守仁撰，吴光、钱明、董平、妖延福编校. 上海：上海古籍出版社，1992 年版。

藏书.［明］李贽著. 北京：中华书局，1974 年版。

焚藏·续焚书.［明］李贽著. 北京：中华书局，1974 年版。

读通鉴论.［清］王夫之著. 北京：中华书局，1975 年版。

明夷待访录.［清］黄宗羲著. 北京：中华书局，1981 年版

历代刑法考.［清］沈家本撰. 北京：中华书局，1985 年版。

名公书判清明集. 北京：中华书局，1987 年版。

唐明律合编.［清］薛允生撰，怀效锋、李鸣点校.北京：法律出版社，1999年版。

饮冰室合集.梁启超撰.北京：中华书局，1989年版。

孟德斯鸠法意.［法］孟德斯鸠著，严复译.北京：商务印书馆，1981年版。

谭嗣同全集（增订本）.蔡尚思、方行编.北京：中华书局，1981年版。

辛亥革命十年间史论选集.张枬、王忍之编.北京：三联书店，1977年版。

2000年西方看中国.周宁编著.北京：团结出版社，1999年版。

世界通史资料选辑.周一良、吴于廑主编.北京：商务印书馆，1964年版。

（二）著作类

十三经概论.蒋伯潜著.上海：上海古籍出版社，1983年版。

中国文化要义.梁漱溟著.上海：世纪出版集团，上海人民出版社，2011年版。

人心与人生.梁漱溟著.上海：世纪出版集团，上海人民出版社，2011年版。

东西文化及其哲学.梁漱溟著.北京：商务印书馆，1987年版。

国学讲演录.章太炎著.上海：华东师范大学出版社，1995年版。

中国古代思想与学术十论.傅斯年著.桂林：广西师范大学出版社，2006年版。

中国学术史讲话.杨东莼著.北京：东方出版社，1996年版。

汉代学术史话.顾颉刚著.北京：东方出版社，1996年版。

两宋思想史评述.陈钟凡著.北京：东方出版社，1996年版。

晚明思想史论.嵇文甫著.北京：东方出版社，1996年版。

中国人的精神.辜鸿铭著.海口：海南出版社，1996年版。

中国伦理学史.蔡元培著.北京：商务印书馆，1987年版。

中国文化精神.钱穆著.台湾：兰台出版社，2001年版。

中国思想通俗讲话.钱穆著.北京：三联书店，2005年版。

中国近三百年学术史.钱穆著.北京：商务印书馆，1997年版。

先秦诸子的若干研究.杜国庠著.北京：三联书店，1956年版。

中国思想通史.侯外庐、赵纪彬、杜国庠著.北京：人民出版社，1957年版。

明末清初的学风.谢国桢著.北京：人民出版社，1982年版。

中国哲学十九讲.牟宗三著.台湾：台湾学生书局，1983年版。

三松堂全集.冯友兰著.郑州：河南人民出版社，1985年~1992年版。

中国思想研究法.蔡尚思著.上海：复旦大学出版社，2001年版。

中国政治思想史.吕振羽著.北京：三联书店，1955年版。

中国思想史.葛兆光著.上海：复旦大学出版社，2001年版。

中国思想史论.李泽厚著.合肥：安徽文艺出版社，1999年版。

中国近代民主思想史（修订本）.熊月之著.上海：上海社会科学出版社，2002年版。

先秦政治思想史.刘泽华著.天津：南开大学出版社，1984年版。

中国古代思想史·秦汉卷.孙家洲著.南宁：广西人民出版社，2006年版。

史学经学与思想.刘家和著.北京：北京师范大学出版社2005年版。

先秦礼乐文化.杨华著.武汉：湖北教育出版社，1997年版。

宗周礼乐文明考论.沈文倬著.杭州：杭州大学出版社，1999年版。

李贽传——中国第一思想犯.鄢烈山、朱建国著.北京：中国工人出版社，1993年版。

张之洞与清末新政研究.李细珠著.上海：上海书店出版社，2003年版。

梁启超启蒙思想的东学背景.郑匡民著.上海：上海书店出版社，2003年版。

同盟会的革命理论.朱浤源著.台湾：中研院近代史研究所，1995年版。

世界文明史.马克垚主编.北京：北京大学出版社，2004年版。

公道、自由与法.燕树棠著.北京：清华大学出版社，2006年版。

中国法律思想史.杨鸿烈著.北京：商务印书馆，1988年据1936年版影印。

中国法律发达史.杨鸿烈著.上海：上海书店，1990年版。

中国法制之社会史的考察.陶希圣著.台湾：食货出版社，1979年版。

瞿同祖法学论集.北京：中国政法大学出版社，1998年版。

钱端生学术论著自选集.北京：北京师范学院出版社，1991年版。

中国法律对东亚诸国之影响.杨鸿烈著.北京：中国政法大学出版社，1999年版。

中国文化与中国法系——陈顾远法律史论集.范忠信、尤陈俊、翟文喆编校.北京：中国政法大学出版社，2006年版。

中国法律思想史新编.张国华编著.北京：北京大学出版社，1991年版。

中华法系的回顾与前瞻.张晋藩主编.北京：中国政法大学出版社，2007年版。

法律文献学（修订版）.张伯元著.上海：上海人民出版社，2012年版。

契约·神裁·打赌——中国民间习惯法习俗.刘黎明著.成都：四川人民出版社，1993年版。

出土文物与先秦法制.李力著.郑州：大象出版社，1997年版。

中国传统法律文化. 武树臣等著. 北京：北京大学出版社，1994年版。

中西法律文化比较研究. 张中秋著. 北京：中国政法大学出版社，2006年版。

中国法律文化对西方的影响. 史彤彪著. 石家庄：河北人民出版社，1999年版。

法律、资源与时空建构：1644—1945年. 张世明著. 广州：广东人民出版社，2012年版。

知识、信仰与超越——儒家礼法思想解读. 任强著. 北京：北京大学出版社，2007年版。

中华法系研究. 郝铁川著. 上海：复旦大学出版社，1997年版。

寻找自然秩序中的和谐——中国传统法律文化研究. 梁治平著. 北京：中国政法大学出版社，1997年版。

中国法学史（修订本）. 何勤华著. 北京：法律出版社，2006年版。

法治、启蒙与现代法的精神. 陈弘毅著. 北京：中国政法大学出版社，1998年版。

道统与法统. 俞荣根著. 北京：法律出版社，1999年版。

中国传统法学述论. 俞荣根、龙大轩、吕志兴著. 北京：北京大学出版社，2005年版。

礼·法·社会——清代法律转型与社会变迁. 张仁善著. 天津：天津古籍出版社，2001年版。

沈家本年谱长编. 李贵连著. 济南：山东人民出版社，2010年版。

中国近代法理学. 程波著. 北京：商务印书馆，2012年版。

近代中国的法律与学术. 俞江著. 北京：北京大学出版社，2008年版。

清末民初人权思想的肇始与嬗变. 冯江峰著. 北京：社会科学出版社，2011年版。

沟通两个世界的法律意义——晚清西方法的输入与法律新词初探. 王健著. 北京：中国政法大学出版社，2001年版。

法治四章——英德渊源、国际标准和中国问题. 郑永流著. 北京：中国政法大学出版社，2002年版。

破解法学之谜——西方法律思想史与法学流派. 徐爱国著. 北京：学苑出版社，2001年版。

中国古代契约思想史. 刘云生著. 北京：法律出版社，2012年版。

(三) 译著类

西方哲学史——从古希腊到二十世纪. [挪]G. 希尔贝克、N. 伊耶著，童世俊、郁振华、刘进译.上海：上海译文出版社，2004年版。

法律创世纪：从圣经故事寻找法律起源.[美]艾伦·德肖维茨著，林为正译.北京：法律出版社，2011年版。

古代法.[英]梅因著，沈景一译.北京：商务印书馆，1984年版。

中国经学史.[日]本田成之著，孙俍工译.上海：上海书店出版社，2001年版。

理想国.[古希腊]柏拉图著，郭斌和、张竹明译.北京：商务印书馆，2002年版。

风俗论.[法]伏尔泰著，梁守锵译.北京：商务印书馆，1995年版。

政治学.[古希腊]亚里士多德著，吴寿彭译.北京：商务印书馆，1996年版。

论法的精神.[法]孟德斯鸠著，张深雁译.北京：商务印书馆，1987年版。

论法的精神.[法]孟德斯鸠著，许明龙译.北京：商务印书馆，2012年版。

历史哲学.[德]黑格尔著，王造时译.北京：商务印书馆，1963年版。

先贤的民主：杜威、孔子与中国的民主之希望.[美]郝大维、安哲乐著，何刚强译.南京：江苏人民出版社，2004年版。

儒家与道教.[德]马克斯·韦伯著，王容芬译.北京：商务印书馆，1999年版。

韦伯文集：文明的历史脚步.[德]马克斯·韦伯著，黄宪起、张晓琳译.上海：三联书店，1997年版。

政治与学术.[德]马克斯·韦伯著，冯克利译.北京：三联书店，1998年版。

中华帝国的法律.[美]D·布迪、C·莫里斯著，朱勇译.南京：江苏人民出版社，1995年版。

中国与西方的法律观念.[美]金勇义著，陈国平、韦向阳、李存捧译.沈阳：辽宁人民出版社，1989年版。

社会契约论.[法]卢梭著，何兆武译.北京：商务印书馆，1987年版。

法律社会学.[法]亨利·莱维·布律尔著，许钧译.上海：上海人民出版社，1987年版。

法学总论——法学阶梯.[罗马]查士丁尼著，张企泰译.北京：商务印书馆，1989年版。

法律史解释.[美]庞德著，曹玉堂、杨知译.北京：华夏出版社，1989年版。

罗马法史.[意]朱塞佩·格罗索著，黄风译.北京：中国政法大学出版社，1994年版。

法律的概念.[英]哈特著，张文显、郑成良、杜景义、宋金娜译.北京：中国大百科全书出版社,1996年版。

欧洲法学史导论.[葡]叶士朋著,吕平义、苏健译.北京：中国政法大学出版社,1998年版。

古代中国的思想世界.[美]本杰明·史华兹著,程刚译.南京：江苏人民出版社,2004年版。

道德与立法原理导论.[英]边沁著,时殷弘译.北京：商务印书馆,2000年版。

法律与历史.[德]罗尔夫·克尼佩尔著,朱岩译.北京：法律出版社,2003年。。

美国与中国.[美]费正清著,张理京译.北京：世界知识出版社,2002年版。

美国学者论中国法律传统.高道蕴、高鸿钧、贺卫方编.北京：中国政法大学出版社,1994年版。

世界学者论中国传统法律文化.张世明、步德茂、娜鹤雅主编.北京：法律出版社,2009年版。

梁启超与中国思想的过渡.[美]张灏著,崔志海、葛夫平译.南京：江苏人民出版社,1995年版。

寻求富强：严复与西方.[美]本杰明·史华兹著,叶凤美译.南京：江苏人民出版社,1995年版。

主要人名索引

B

包拯 248,272-274,372
鲍敬言 288

C

陈群 211,219

D

董仲舒 40,181-183,188,189,205-211,
　　213,214,221,236,240,282,371,376,
　　377,394-396,401
杜预 212-215,217,218,340,400

F

扶苏 152,153,204

G

顾炎武 257,284,301,302,321
管仲 63,105,111,390,391

H

海瑞 272-274
韩非 40,45-47,53,67,101,105,111,
　　117,118,121-142,144,145,163,173,
　　196,256,285,364,384,392,394
韩愈 231,269,280,365
汉武帝 28,62,68,88,100,177,181,188,
　　190,192,193,195,197,200,203-206,
　　267,347,377,394-398,400,402
黄宗羲 236,284,293,294,300-310,312,
　　315,318,322,379

K

康有为 106,330,331,358
孔子 1,28,39,40,46,53,56-64,67-84,
　　88-91,94,95,98,100,101,105,106,
　　108-110,115,127,134,143,146,149,
　　150,152,160-164,179,182,183,199,
　　202-204,206,210,216,232,233,241,
　　246,249,250,252,256,261,264,265,
　　267,273,292,293,345,346,350,357,
　　358,361-365,371,372,374,375,
　　394,397

L

老子 1,43-45,53,73,106,115,121,161
　　-169,172-174,180-182,283,286,

287,361

李悝　111,116,134,146,383－385,391,
　　　392,399

李斯　40,67,111,126,152,153,202,
　　　285,392

梁启超　1,2,5,7,8,10,25,54,57,60,94,
　　　95,103－105,114,121,144,145,155,
　　　183,192,198,199,322,323,325－331,
　　　333,358－361,386,387

林则徐　323,324

刘安　173,174

刘劭　219

刘颂　212－215,217－219,379

柳宗元　246,253,289,290

陆贾　172－176,203

M

孟子　40,46,56,60,61,63－67,73,76－
　　　79,81－87,89－91,100,103,106－
　　　108,110,115,129,143,160,180,181,
　　　196,199,207,240,264,291,292,294,
　　　301,307,317,358,361－366

墨子　1,39,46－53,57,163,181

Q

秦二世　135,153,201,393

秦始皇　41,111,114,135,150－154,170,
　　　172,174,177,197,201,203,204,261,
　　　276,392－395

丘濬　230,239－242

S

商鞅　40,46,111,116－123,125－128,
　　　130,133－137,139,141,144,147,153,
　　　200,361,384,385,390－394

申不害　111,117,121－123,125,137,141,
　　　142,173,394

慎到　105,111,117,121,123－125,136,
　　　140,141

孙中山　296,333－335

T

唐甄　301,303

W

王充　246,284－286,290,295,396

王夫之　301－303,310－317,322

王艮　291,293,294

王守仁　229,231,236－239,245,284,291
　　　－294

魏源　8,323,324

X

荀子　24,28,40,53,60,61,66,67,76,77,
　　　79－81,85－88,91,92,103,110,125,
　　　129,131,163,180,207,358,364,
　　　375,376

Y

严复　8,60,99,100,323,325,326,328

于成龙　252,258－260,272－274

Z

张斐　212-214,216,217,400

赵高　153

周公　13,20,26-38,40,48,56,61,67,76,
　　83,93,102,232,293,344,365,397

朱熹　40,98,187,198,229-237,239-
　　241,244,245,262,270,277,283,291,
　　292,390

庄子　44,163-165,167,283,286,287

子产　46,53,63,69,105,111,145,146,
　　148,180,250,391

邹衍　41,146,151,170

重要流派索引

D

道家　5,43-45,47,52,53,73,121,123,125,137,151,155,156,159-169,172,173,176-178,180,181,190,192,194-196,204,205,229,282,283,286,287

道统论　269

F

法保守主义　192,198,199

法家　5,36,37,40,43,45,46,49,52,53,57,59-61,63,66-68,73,79,80,83,86,92,103,105-107,111-114,116-118,120-126,128,129,131-144,146-152,154,160,161,163,167-169,172,173,175,176,180,190,192-196,198,200-202,204,205,208,210,211,214,218-221,230,239,240,243,249,261,264,265,270,275,276,283,291,301,304,313,347,353,359,364,376,382-385,388-397,403

法理念　339,352,353

法律工具主义　5,43,111,112,114,142,194,195,200

法律理想主义　5,39,56,57,60,67,114,142,148,195,199,200,249

法律现实主义　5,142,191,195,198-200

非主流法思想　245,246,283,284,290,291

G

功利主义　158,199,200

共和派　333

官学　195,197,206,245,246,261,393,394,402

J

经学　4,104,211,214,267,286,340,341,346,390,393-396,402

L

理学　3,5,57,94,103,104,114,155,158,192,198,199,229-232,236,243-245,262,263,266,269,282,284,291,292,325,326,329,331,333,382,386,387

律学　4,113,198,211-220,222,228,232,261,267,271,288,297,333,369,379,

390,391,394-397,399-403

M

名家　9,163,194

墨家　5,39,46,47,49-53,113,120,129,137,161,166,167,169,180,181,195,204

R

儒家　4,5,28,36-40,43,44,46,47,52,53,56-68,71-76,78-81,88,89,91-97,99,100,103-114,116,120,124,125,127,129,131-133,136-138,141-144,147-150,152,155,156,160-164,166,167,169,172,174,175,177,178,181-184,190-200,202-214,218-221,229,231-233,235,240,242,244-246,249,255,259-262,264,265,267,270,275-278,282,283,286-288,290,291,295,300,318,346,347,353,359,361-365,371,372,374,376,377,382,383,385,387-390,393-403

S

神权法　5,13,14,16,20-22,25-28,30,39,44-47,49,50,52-54,57,114,166,190,206,207

私学　392,393

T

泰州学派　284,292-295,300,321

天治主义　5,25,52,54

W

维新派　326,331

X

心学　231,236,238,269,291-293,302

玄学　212,220,244,246,266,269,286-288,290

Y

阴阳家　5,41-43,53,161,169-172,178,181,184,190,195,197,204,209

Z

主流法思想家　196,289,310

主义　5,11,45,53,56,66,67,87,88,94,103-105,129,137,145,158,159,168,175,180,191-195,198-200,202,204,219,229-232,236,237,240,245,266,267,282,284,287-291,297-301,313,314,328,332,334,335,352,357,388

自然法学派　57-59,156,158,159,192

自然主义　5,43,155,156,159,161-164,166,169,170,172,177,178,181,190-195

重要名词及内容索引

B

霸道　63,65-67,69,83,84,111,113,119,128,142,143,202,265,269,353,366

保类、卫群　314,322

抱法处势　140,141

背法去势　140

彼窃钩者诛,窃国者为诸侯　167

C

垂拱而治　161,168,176

D

大一统　163,172,177,204-206,264-267,283,303,370,394

道法自然　43,155,159,164-166,181

德教　33,80,82,86,101,109,143,186,196,231,241,282,376

德礼为政教之本,刑罚为政教之用　186,221

德政　31,42,83,101,127,171,235,236,242,276,282

德治　61,81,82,84,88,89,92,93,101,102,110,125,126,128,130-133,135,137,141,160,196,209,218,234,258,277,319

德主刑辅　25,42,186,207-210,221,239,286,293,371,377

定分止争　135,136,392

E

二柄　138,139

F

法不阿贵　135,176,270

法出一门　215

法令滋彰,盗贼多有　73,121,168,174,283

法律理想主义　5,39,56,57,60,67,114,142,148,195,199,200,249

法制　4,5,8,24,37,42,45,67,96,97,99-101,104,171,189,199,201,202,206,210,211,219,234,235,239,240,246,247,260-264,269,271,272,274,275,277-279,282,284,289,301,304,312-317,326,332,374,386,387,389-391,396,400

法治　4,5,55,60,61,66,67,71,73,79,

80,83,89,90,94,95,99,102-105,
107,111-122,124-129,131-137,
141,142,144,146,147,150-154,160,
167,168,173,175,190,197,201,202,
220,261,267,269,270,301,302,304,
308-313,315-322,327,329,334,
335,352,355,356,362-364

法治主义　5,103-105,145,192

父为子隐,子为父隐　68,70,71,79,
134,371

G

改法为律　116,384,385,390-392

鬼神　20-22,26,40,46-49,51-54,57,
65,95,97-99,113,161,171,172,179,
180,250,262,344

H

好利恶害　43,111,113,116,119,120,
126,129,131,132,142

和谐　6,7,110,157,161,165,167,182,
185-187,189,195,234,251,258,291,
292,294,311,318,339-347,349-
355,370,378

化性起伪　67,86,88,110,129,364

会通中西　331

混合政体　366,368

J

机工　297,298

机户　297,298

己所不欲,勿施于人　62,110

教化　6,33,35,36,39,42,56,62,64-67,
69,72,74,75,77,81,82,85-90,100,
101,107,108,110,113,115,127,129,
133,143,144,150,151,171,178,184,
187,196,206,207,209,210,238,239,
242,243,250,252,253,268,291,293,
349,351,363-366,377,395,397

教以人伦　82,100,110

敬天保民　20,114

君臣共治　301,308

君权　16,42,52,112,125,133,171,185,
265,284,288,301,302,304,308,309,
314,315,317,353,359

君主政体　356,362,363,367

君子者,法之原也　91

K

宽下严上　315

宽以济猛,猛以济宽　70

L

礼法之争　332

礼教　69,71,78,87,93,100,101,112,
140,145,186,210,213,214,216,221,
246-249,251-254,262,269,270,
287,291,301,330,332,333,345,349,
364,367,372,397,403

礼乐不兴,则刑罚不中　68,70,210,
216,371

礼乐政刑,其极一也　343,346

礼仪　5,38,78,94,95,97,100,108,113,
　　187,241,345,397

礼制　28-31,46,76,78-80,93,95-97,
　　99,102,107,108,110,112,145,147-
　　149,225,241,247,367,388,389,
　　397,398

礼治　28-31,36,37,40,46,61-63,67,
　　73,76,77,79,92-95,101,102,105-
　　108,110,111,126,132,133,135,144-
　　150,160,175,196,227,269,319,345-
　　347,350,354,363,370

礼治主义　5,94,103,104,192

理直刑正　212,216

立法信者,以废私也　134

吏治　269-271,316,350

良贱异法　225,227

隆礼　37,79-81,246

律义　211,263,264,382,385,390,392-403

M

免而无耻　68,69,71,233,346,371

民贵君轻　64,65,294,307

明德慎罚　20,28,31,33,34,36,81,
　　88,207

Q

谴告说　42,171

亲亲也,尊尊也,长长也,男女有别　30,
　　71,99,110,372,398

清官　75,248,254,258,270,272-275,
　　372,374

情法得以两尽　239

权力　13,29,37,38,52,65,66,69,78,80,
　　84,91,93,97,104,105,112,114,116,
　　121,122,128,138,140,142,147,148,
　　154,158,163,169,194,199,201,202,
　　204,215,222,226,228,229,236,247,
　　264,271,275,276,284,303,304,306,
　　308,309,333,335,351,353,356,359,
　　361-368

权利　36,56,59,65,79,80,97,112,122,
　　135,147,158,225,227,249,260,307,
　　310,322,326-329,335,353,355,367,
　　378,379

R

人多物寡　131

人法兼治　241,317

"人口论"　130

人性恶　67,81,85-87,91,116,129,160,
　　180,207,240,363,364

人治　7,8,59,61,75,89-93,102-104,
　　110,116,124,126-128,130-132,
　　135,141,196,232-234,270,307,309,
　　315,316,319,322,331,334,335,361-
　　363,366,374

人治主义　103,104,192

仁政　63-67,78,84,85,108,110,143,
　　184,206,234,235,246,268,276,277,
　　282,283,290,379

肉刑废复　281

S

赏舆同轨,非诛俱行 140

尚贤 80,119,120,124,167

赦 34,42,51,68,102,147,151,171,189,209,218,221,222,224,234,235,261,275-281,283,286,372,390,401

赦小过 218,276

慎刑 37,175,235,242,268,351

胜残去杀 72,73,90,199,362,403

圣人 44,45,50,52,60,72,74,83,87,89,101,104,120,126-128,136,150,155,160,161,166-168,178,182,183,186-188,199,207,210,234,235,240,256,263,289,290,313

时令说 42,170,178,189,209,284-286,289,290

势治 103,113,114,121,141,192

术治 121,142,192

顺天则时 161,189,209

T

天垂象圣人则之 182

天命天罚 20,21,24,25,51,54

天人合一 178,179,181,182,188,209,380

天下之法 303,304,306-310,322,378

天象 41-43,160,162,170,178,181-183,188,189

天之信念 13,52,54

W

王道 63,65-67,69,82-84,113,119,128,142,143,187,202,203,208,265,269,346,353,366

为政在德 83,207,283,286

为政在人 90,91

无讼 68,72-75,107,108,255,258,372-376

无为而治 123,125,137,163,169,173

五权宪法 333,335

X

习惯法 59,96,97,240,391

相权 228,302,308

信赏必罚 81,139,140

兴功禁暴 135,136

刑罚轻重之争 264,282,283,403

刑名 24,45,117,125,134,145,147,163,173,188,194,211-214,216,220,221,262,332,351,377,385,391,392,394,396,399,400

恤刑 234,235,351,376,377

恤狱 242

学校议政 301,307,309

循名责实 123,142,163

Y

一断于法 79,80

一家之法 303-309,322,378

一教、一刑、一赏 121

以德配天 25,26,52
以法为本 111,121,126,137,138,176,200
以经注律 210,211,371,374,389,395,402
以理服人 63,65,202,353,366
以力服人 63,65,84,128,129,143,202,238,353,365,366
以刑去刑 73,121
以刑统罪 117,133,134,145,146
以严为本 234,235,292
以罪统刑 117,134,146,147
阴阳 5,39,41-43,53,98,161,169-172,178,180-184,186,189,190,192,195-197,204,205,207-209,266,286,287,343,371
有耻且格 68,69,81,233,346,371
有治法而后有治人 309
有治人无治法 309
预备立宪 325,331
约法省禁 172-174,177,204,283

Z

制礼作乐 28,61,292,344,397

中华法系 7,11,198,228,256,261,264,323,369,382,383,385-390,403
中庸 53,107,136,150,163,204,264,340
诛暴君 196
铸刑鼎 46,146
专制 104,112,122,134,138,147,177,202,204,205,223,228-231,237,241,243,244,262,263,266,282,284,298,301-303,305,306,308,309,313,320,322,330,331,333-335,356-361,368,393
专制政体 356,358,359,367
自为心 130,131
宗法制 29,30,33,48,72,73,79,88,147,180,296,398
综合治理 37,70,311,355,380
罪名 117,134,145-147,211-213,216,222,223,283,351,385,391,392,394,400

图书在版编目(CIP)数据

中国法思想史新编 / 马小红著. — 南京：南京大学出版社，2015.12（2023.3重印）
（中国学术思想史 / 蒋广学主编）
ISBN 978-7-305-16022-6

Ⅰ.①中… Ⅱ.①马… Ⅲ.①法学史—中国 Ⅳ.
①D909.2

中国版本图书馆 CIP 数据核字(2015)第251113号

出版发行　南京大学出版社
社　　址　南京市汉口路22号　　邮　编　210093
出 版 人　金鑫荣

中国学术思想史
蒋广学　主编
中国法思想史新编
马小红　著

责任编辑　潘琳宁　　　　　　编辑热线　025-83592401
责任校对　卢文婷
装帧设计　赵　秦
封底篆刻　阎明罡

照　　排　南京南琳图文制作有限公司
印　　刷　南京爱德印刷有限公司
开　　本　718×1000　1/16　印张26.75　字数435千
版　　次　2015年12月第1版　2023年3月第2次印刷
ISBN 978-7-305-16022-6
定　　价　118.00元

网址：http://www.njupco.com
官方微博：http://weibo.com/njupco
官方微信号：njupress
销售咨询热线：(025) 83594756

* 版权所有，侵权必究
* 凡购买南大版图书，如有印装质量问题，请与所购
　图书销售部门联系调换

ISBN 978-7-305-16022-6

9 787305 160226